IAN GIBSON (Dublín, 1939) es un hispanista internacionalmente reconocido y, desde 1984, ciudadano español. Entre sus libros más destacados figuran *La represión nacionalista de Granada en 1936 y la muerte de Federico García Lorca* (Ruedo Ibérico, París, 1971) —prohibido inmediatamente por el régimen franquista y ganador del Premio Internacional de la Prensa (Niza, 1972)—, la magna biografía *Federico García Lorca* (1985-1987; reeditado en un solo volumen en 2011), *La vida desaforada de Salvador Dalí* (1998), *El erotómano: La vida secreta de Henry Spencer Ashbee* (Ediciones B, 2003), *Ligero de equipaje. La vida de Antonio Machado* (2006), el presente *Lorca y el mundo gay* (2009), la novela *La berlina de Prim* (2012), *Luis Buñuel. La forja de un cineasta universal, 1900-1938* (2013), *Poeta en Granada. Paseos con Federico García Lorca* (Ediciones B, 2015) y *Yo, Rubén Darío* (2002; B de Bolsillo, 2016).

Vive actualmente en Madrid.

1.ª edición: octubre, 2016

© Ian Gibson, 2009
   Autor representado por Silvia Bastos, S.L. Agencia literaria
© Ediciones B, S. A., 2016
   para el sello B de Bolsillo
   Consell de Cent, 425-427 — 08009 Barcelona (España)
   www.edicionesb.com

Printed in Spain
ISBN: 978-84-9070-223-9
DL B 15994-2016

Impreso por NOVOPRINT
          Energía, 53
          08740 Sant Andreu de la Barca — Barcelona

Lorca y el mundo gay

IAN GIBSON

*Para Rafael e Isabel Borràs,
con mi gratitud y mi amistad de siempre,
y en recuerdo de mi hermano Alan,
que no pudo con sus «dramones».*

Yo siento la nostalgia de mi infancia intranquila,
Mi ilusión de ser grande en el amor, las horas
Pasadas como esta contemplando la lluvia
Con tristeza nativa...

FGL, «Meditación bajo la lluvia» (1919)

Adiós, mi doncellita,
Rosa durmiente,
Tú vas para el amor
Y yo a la muerte...

FGL, «Balada de un día de Julio» (1919)

Las cosas que se van no vuelven nunca,
Todo el mundo lo sabe,
Y entre el claro gentío de los vientos
Es inútil quejarse.
¿Verdad, chopo, maestro de la brisa?
¡Es inútil quejarse!...

FGL, «Veleta» (1920)

«Yo creo que el ser de Granada me inclina a la comprensión simpática de los perseguidos. Del gitano, del negro, del judío..., del morisco, que todos llevamos dentro.»

FGL, entrevistado por Gil Benumeya en 1931

Índice

Agradecimientos

Este libro es el resultado de un inesperado encargo de mi editor y amigo de muchos años, Rafael Borràs. Creía, al aceptarlo, que no me resultaría demasiado exigente. No ha sido así. Me ha forzado no solo a releer toda la obra del poeta —con especial detenimiento la copiosa *juvenilia*— y consultar la bibliografía reciente, sino a replantear distintos aspectos de la vida de Lorca y a pasar meses investigando el caso de un traumático amor adolescente. No me quejo: ha sido una labor detectivesca y fascinante, y he aprendido mucho en el camino.

Quiero dejar constancia del apoyo que recibí a lo largo de la redacción del libro de mi agente literaria Ute Körner, cuya reciente muerte, tan a destiempo, nos ha hundido a todos los que la queríamos en el más acuciante dolor. Nunca hubo ser humano más cálido, ni, a la hora de cuidar a sus autores, representante más eficaz. Todavía me cuesta asumir que ya no está, que nunca más me llamará. No la olvidaré jamás.

Este libro está muy en deuda con los trabajos de Paul Binding, Ángel Sahuquillo y Carlos Jerez Farrán, prácticamente ignorados por la crítica española. Desde aquí les expreso mi gratitud por sus valientes investigaciones sobre la relación existente entre la obra de Lorca y su tan largamente silenciada homosexualidad.

El libro está en deuda con otras personas. Sin doña María del Carmen Hitos Natera no habría sabido nada de la relación del Federico adolescente con María Luisa Natera, su madre, primicia absoluta. También ha sido valiosa la aportación de su hermana Pilar. Mi buen amigo de cuatro décadas, Eutimio Martín, atendió todas mis consultas lorquianas con el rigor y la perspicacia que le caracterizan. Inmaculada Hernández, de la Casa-Museo Federico García Lorca de Fuente Vaqueros, colaboró, como siempre, con eficacia, amabilidad y paciencia. En la Fundación Federico García Lorca de Madrid todo fue, también, amabilidad y atenciones. Mi amigo y colaborador Víctor Fernández Puertas estuvo muy atento, como en otras numerosas ocasiones. El padre Bartolomé Menor Borrego, párroco del Sagrario de la catedral de Córdoba, tuvo a bien buscarme la copia de la perdida acta de nacimiento de María Luisa Natera, esencial para mi tarea: se lo agradezco calurosamente. En la Casa-Museo de Juan Ramón Jiménez en Moguer, Teresa Rodríguez Domínguez y Rocío Bejarano Álvarez colaboraron con su habitual simpatía y buen hacer. Gema Moraleda fue cómplice eficaz, en

Planeta, a la hora de preparar el libro para la imprenta. Finalmente —espero no haber olvidado a nadie— tengo que agradecer una vez más a mi mujer, Carole Elliott, tan aguda editora —en el sentido inglés de la palabra— como exigente crítico. A todos mi sincero reconocimiento.

Prólogo

La dificultad de ser García Lorca

Si el hombre pudiera decir lo que ama,
Si el hombre pudiera levantar su amor por el cielo
Como una nube en la luz...

LUIS CERNUDA, «Si el hombre pudiera decir»,
Los placeres prohibidos (1931)[1]

España estaba en Guerra Civil. En junio de 1937, diez meses después del asesinato de Federico García Lorca, Vicente Aleixandre publicó en *El Mono Azul*, la combativa revista dirigida por Rafael Alberti y María Teresa León, un breve y conmovedor texto titulado, sencillamente, «Federico». Lorca —señalaba allí— tenía una faceta nocturna, lunar, misteriosa, que no podían sospechar los que solo le conocieron de paso. Las raíces de su inspiración se hundían en una Andalucía mítica, antiquísima. Y, si bien capaz de «toda la alegría del mundo», no era esta su «sima profunda». Terminaba así la dolorida prosa:

Su corazón era como pocos apasionado, y una capacidad de amor y de sufrimiento ennoblecía cada día más aquella noble frente. Amó mucho, cualidad que algunos superficiales le negaron. Y sufrió por amor, lo que probablemente nadie supo. Recordaré siempre la lectura que me hizo, tiempo antes de partir para Granada, de su última obra lírica, que no habíamos de ver terminada. Me leía sus *Sonetos del amor oscuro*, prodigio de pasión, de entusiasmo, de felicidad, de tormento, puro y ardiente monumento al amor, en que la primera materia es ya la carne, el corazón, el alma del poeta en trance de destrucción. Sorprendido yo mismo, no pude menos que quedarme mirándole y exclamar: «Federico, ¡qué corazón! ¡Cuánto ha tenido que amar, cuánto que sufrir!» Me miró y se sonrió como un niño. Al hablar así no era yo probablemente el que hablaba. Si esa obra no se ha perdido; si, para honor de la poesía española y deleite de las generaciones hasta la consumación de la lengua, se conservan en alguna parte los originales, cuántos habrá que sepan, que aprendan y conozcan la capacidad extraordinaria, la hondura y la capacidad sin par del corazón de su poeta.[2]

El texto de Aleixandre tuvo una difusión mucho más amplia al ser reproducido poco después en *Hora de España*, la gran revista cultural de la República asediada por el fascismo nacional e internacional, que se editaba en Valencia.[3]

Aleixandre no podía decir, ni apenas insinuar, que el «amor oscuro» de aquellos sonetos tenía un componente, además de torturado y angustiado, gay. Porque en la España de entonces, y más en tiempos de guerra civil, el amor homosexual no se atrevía en absoluto a decir su nombre (para recurrir a la frase inolvidable e inevitable de Alfred Douglas, el dandi aristocrático que tantos estragos causara en la vida de Oscar Wilde medio siglo antes). El mismo Aleixandre, según Luis Antonio de Villena «homosexual practicante, divertido relator de anécdotas nocturnas donde salían Lorca y Cernuda y tantos otros», siempre estuvo muy cauto a la hora de desvelar su íntima realidad.[4]

La prueba acaso más elocuente de lo difícil e incómoda que resultaba la homosexualidad de Lorca, incluso para personas progresistas, fue el trato acordado a la magnífica «Elegía a un poeta muerto» de Cernuda, publicada en el número de *Hora de España* correspondiente a junio de 1937, el mismo mes de la primera salida del texto de Aleixandre en *El Mono Azul*. A muchos lectores del poema les sorprendió, sin duda, encontrarse de repente, después de las cinco estrofas iniciales, con una línea de puntos suspensivos. ¿Supresión? Así parecía, ya que, al final de la elegía, en una nota a pie de página, se indicaba: «Por desearlo así el autor, la versión aquí publicada del anterior poema es incompleta. Si algún día se reunieran en volumen las *Elegías españolas*, entre las cuales figura, allí se restablecería el texto original.» Tal vez, entre dichos lectores, algunos, alertados además por el deseo expresado por Cernuda en la última estrofa de su apasionada poesía («Halle tu gran afán enajenado / el puro amor de un dios adolescente / entre el verdor de las rosas eternas...»), sospecharon que de tal amor se trataba precisamente en los versos a cuya escisión parecían aludir los puntos suspensivos. Si fue así no se equivocaban, pues la estrofa omitida era explícita:

Aquí la primavera luce ahora.
Mira los radiantes mancebos
Que vivo tanto amaste
Efímeros pasar juntos al fulgor del mar.
Desnudos cuerpos bellos que se llevan
Tras de sí los deseos
Con su exquisita forma, y solo encierran
Amargo zumo, que no alberga su espíritu
Un destello de amor ni de alto pensamiento?[5]

¡Ah, de modo que Lorca amaba los desnudos cuerpos bellos de radiantes mancebos, y ello según un testigo de excepción que le había conocido personalmente, y que compartía su condición de gay que no podía vivir en libertad su vida! La República en guerra no podía permitir que en su revista cultural de más prestigio se difundiera tal revelación, que seguramente redundaría en detrimento de la causa.

Según apunta el biógrafo de Cernuda, Antonio Rivero Taravillo, Octavio Paz recordaba que el responsable de la supresión fue Wenceslao Roces, subsecretario de Instrucción Pública y militante del Partido Comunista.[6]

Los sonetos aludidos por Aleixandre, conservados en el archivo de la familia del poeta, tardarían cincuenta años en ver oficialmente la luz. Y digo *oficialmente* porque en los últimos meses de 1983 un lorquista anónimo, atrevido y pícaro, los imprimió, con clandestinidad, con el título de *Sonetos del amor oscuro (1935-1936)*. El colofón del primoroso librito «no venal», de «doscientos cincuenta ejemplares», remitido por correo a ciertos afortunados —entre ellos, al autor de estas líneas—, rezaba: «Esta primera edición de los *Sonetos del amor oscuro* se publica para recordar la pasión de quien los escribió. Granada, en el otoño de 1983.» Hoy se sabe, según ha indicado Miguel García-Posada, que esta se elaboró «a partir de unas fotocopias propiedad del hispanista André Belamich, bajo la responsabilidad del profesor Víctor Infantes, y que la edición se tiró en una imprenta de Ocaña (Toledo)».[7] La iniciativa constituyó toda una hazaña, y provocó la publicación *oficial* de los sonetos por los herederos del poeta unos meses después.

El magno acontecimiento tuvo lugar el 17 de marzo de 1984, día de San Patricio. Fecha a retener. Y en el sitio menos esperado: el suplemento *Sábado Cultural* del diario conservador *Abc*. «Lorca, sonetos de amor», proclamaba la portada del rotativo aquel día, con una fotografía en blanco y negro del poeta adolescente que llenaba toda la página y, destacado en letras blancas contra fondo negro, el siguiente texto:

Meses antes de ser vilmente asesinado, Federico García Lorca trabajaba en un libro de sonetos de amor. En 1968, Pablo Neruda escribió que eran «de increíble belleza». Se los había recitado el autor de *Bodas de sangre*, la última vez que lo vio, cuando sobre los paisajes de España soplaban ya los vientos cercanos de la guerra civil. Después de casi cincuenta años, durante los cuales solo se han conocido algunos de los poemas en lamentables ediciones piratas, plagadas de errores, *Abc* ofrece, con autorización de la familia de García Lorca, la excepcional primicia literaria de estos sonetos. Fernando Lázaro Carreter ha escrito sobre ellos un artículo crítico que publicamos junto al estudio de Miguel García-Posada, uno de los más rigurosos especialistas lorquianos, y artículos de Manuel Fernández-Montesinos, sobrino del poeta, y de Francisco Giner de los Ríos. El pintor Julián Grau ha ilustrado bellamente los sonetos de amor de Federico García Lorca, que constituyen, sin duda, una de las más altas muestras de la poesía española de todos los tiempos.

En la portada de *Abc*, como se aprecia, había desaparecido del título de la colección de sonetos amorosos el adjetivo *oscuro*, atestiguado por Aleixandre. También faltaba en el del editorial, «Sonetos de amor», firmado por L. M. A. (iniciales del director del diario, Luis María Anson). Ahora bien, el lector atento de los versos se habría fijado en que el «tú» del primer cuarteto del poema «El amor duerme en el pecho del poeta» —si no en los otros sonetos— era indudablemente masculino, siendo excluida la posibilidad de un lapsus por la rima:

> *Tú nunca entenderás lo que te quiero*
> *porque duermes en mí y estás dormido.*
> *Yo te oculto llorando, perseguido*
> *por una voz de penetrante acero.*[8]

Acaso se le habría ocurrido a dicho lector atento también que un yo poético capaz de llamarse, dirigiéndose a la persona amada, «perro de tu señorío», como ocurre en el «Soneto de la dulce queja», solo con dificultad se refería a una mujer.[9]

Fernando Lázaro Carreter no rehuyó aludir a la cuestión en su «tercera» del diario, aunque para discrepar con quienes, a su juicio, reducían lo *oscuro* de los sonetos a «la trivialización». Para el académico, lo *oscuro*, en la intención del poeta, decía «mucho más» (mucho más, hay que suponerlo, que su mera proclividad homosexual, palabra que no figura en el artículo). Y Lázaro prosiguió: «Se refería esencialmente al ímpetu indomable y a los martirios ciegos del amor, a su poder para encender cuerpos y almas, y abrasarlos como hogueras que se queman y destruyen en su propio ardimiento...»

El académico casi venía a sugerir que la homosexualidad del poeta, no mencionada por su nombre, era ajena a su creatividad poética.

El título del artículo de Miguel García-Posada, «Un monumento al amor», que encabezaba el cuadernillo de veinte páginas, procedía del texto de Aleixandre que hemos citado. El crítico empezó arremetiendo con saña contra Jean-Louis Schonberg (seudónimo del barón Louis Stinglhamber), autor del libro *Federico García Lorca. L'homme, l'oeuvre*, publicado en París en 1956.

El pecado principal de Schonberg, no especificado por García-Posada, era haber insistido sobre la homosexualidad del poeta y la importancia de tenerla en cuenta a la hora de valorar la obra, la vida y la muerte de este. Propósito que hoy parecería normal y loable. El primer párrafo del artículo decía lo siguiente:

> Es de esperar —o, al menos, de desear— que la publicación, con las debidas garantías jurídicas y textuales, de «todos» los sonetos de amor hasta ahora conocidos de Federico García Lorca contribuya a arrumbar ese muro de equívocos y maledicencias que, desde hace ya algunos años, se ha levantado en torno a la figura del poeta. La consigna del lamentable monsieur Schonberg, un crítico de tercera fila, ha sido bien atendida, y una serie de advenedizos irresponsables se han lanzado sobre la obra y la memoria de Lorca.

Al leer este párrafo, el lector no especializado no podía saber ni quién era el «lamentable monsieur Schonberg», crítico «de tercera fila», cuyo libro se desconocía prácticamente en España, ni dónde había dicho lo dicho, fuera lo que fuera. En cuanto a su nefasta «consigna», ¿quiénes integraban la grey de «advenedizos irresponsables» que se habían atrevido a seguirla, lanzándose sobre la obra y la memoria de Lorca, para difamarlas? El crítico se abstuvo de identificarlos. Yo no sé quiénes eran.

Un par de párrafos más adelante, García-Posada sopesó los posibles significados del término *amor os-*

curo y se empeñó en demostrar que con él Lorca no aludía exclusivamente al amor homosexual (no llamado así por el crítico), sino al amor difícil, desesperado, torturado. Plena coincidencia, pues, con el criterio de Lázaro Carreter. García-Posada entendía, con razón, que Lorca tenía presente en los sonetos la «noche oscura del alma» de san Juan de la Cruz. Y razonaba que lo «realmente decisivo» es que, si bien el poeta «acepta el amor que no busca la perpetuación de la especie» —léase amor homosexual—, no está dispuesto a tolerar en absoluto (ello se aprecia, según el crítico, en *Oda a Walt Whitman*) «la corrupción, la vileza de los "maricas de las ciudades", maricas "de carne tumefacta y pensamiento inmundo" que ensucian y prostituyen el sentimiento amoroso». Y sentenciaba García-Posada a continuación: «Estamos muy lejos de la literatura de signo pederasta a lo Gide o, en otro orden de cosas, al modo de Proust. Nada de discursos apologéticos o sectarios, de presuntas superioridades, incompatibles con la concepción cósmica del amor que se defiende.» Entre Apolo y Baco, concluía, Lorca optó resueltamente por el primero. O sea, por la luz y la armonía contra lo dionisíaco.

Cuesta trabajo creer que el poeta lo entendiera así. Y lo que se nota tanto en García-Posada como en Lázaro Carreter, al releer hoy el suplemento, casi veinticinco años después, es el marcado prurito moralista y *heterosexista*, quizá hasta cierto punto inconsciente, de demostrar que, si Lorca era gay (algo que no dicen), lo era de una manera «pura».

El suplemento incluía también, como se indicaba en

la portada, otros dos textos, debidos a sendos miembros de la familia de Lorca. El título del artículo del sobrino del poeta, Manuel Fernández-Montesinos, entonces diputado del PSOE por Granada, hablaba por sí mismo: «Algunos sonetos de Federico García Lorca: ¿por qué ahora y en el *Abc*?» El «ahora», dijo, se explicaba por la necesidad de editar correctamente los textos «como desagravio a la piratería» que había supuesto su publicación clandestina unos meses atrás. ¿Y la publicación «en un periódico como el *Abc*»? Porque, sencillamente, se le había ocurrido así a su director, Luis María Anson, «buen amigo» de Pablo Neruda. Lo cual a muchos no nos pareció razón suficiente para que los herederos del poeta asesinado aceptasen la propuesta del diario de derechas, pudiendo fácilmente haber publicado los poemas en otro sitio más idóneo.

Francisco Giner de los Ríos afirmó, por su parte, en el breve grupo de textos suyos seleccionados por García-Posada y titulados «Lorca o el asombro», que los sonetos del granadino son expresión «del amor nada oscuro, del amor donde esté y donde surja valedero como amor; limpio amor por amor, sin adjetivos». Recordó que, cuando a él se le ocurrió, tiempo atrás, la posibilidad de publicarlos, Francisco García Lorca, hermano del poeta, se había expresado conforme, pero con una condición: habría que editarlos con el título de *Sonetos*, *Sonetos amorosos* o *Sonetos de amor*, no *Sonetos del amor oscuro*.

Que es lo que hacía, en ese momento, el *Abc*.

Francisco García Lorca ya se había demostrado incapaz de afrontar o admitir la homosexualidad de su hermano. En su libro *Federico y su mundo*, editado cuatro años antes, en 1980, y por desgracia póstumo, no había una sola alusión a la cuestión, como si el «mundo» del poeta no tuviera nada que ver con ella. Tampoco se había referido al asunto en su prólogo Mario Hernández, estrecho amigo de la familia y uno de los máximos especialistas en Lorca. Y es que hasta mediados de los años ochenta ningún crítico o lorquista español estaba dispuesto a decir públicamente que Lorca era gay, y que incumbía tener en cuenta tal circunstancia a la hora de analizar su vida, su obra y su muerte. La razón principal, inconfesable: si lo hacían se les cerraba probablemente el acceso al archivo del poeta.

Hay numerosos testimonios acerca de la imposibilidad de suscitar con Francisco e Isabel García Lorca la cuestión de la homosexualidad de su hermano. El tema era totalmente tabú.

Sonetos de amor, pues, de acuerdo con el titular del *Abc*. Y nada de amor oscuro. Tal era la consigna.

La tarde de la publicación de los sonetos en el diario dirigido por Luis María Anson, Vicente Aleixandre recibió en su casa de la madrileña calle de Velingtonia la visita de un buen amigo suyo, el también andaluz y poeta José Luis Cano. Aleixandre había leído su *Sábado Cultural* de cabo a rabo y, como era inevitable, con intensa fascinación. Cano lo encontró preso de la más viva extrañeza. «Lo curioso —le dijo el Nobel— es cómo en todos los artículos que acompañan a los sonetos se evita cuidadosamente la palabra *homosexual*, aunque se aluda a ello, pues nadie ignora que esos sonetos no están dedicados a una mujer. Se ve que todavía esa es palabra tabú en España, en ciertos medios, como si el confesarlo fuese un descrédito para el poeta. Todo eso viene de muy antiguo, de cuando la Inquisición quemaba vivos a los culpables del delito *nefando*.»[10]

Dos años antes —concretamente el 26 de abril de 1982—, Vicente Aleixandre me había concedido una entrevista. Le pregunté por los *Sonetos del amor oscuro*. Me permitió grabar la conversación. Me dijo que el *amor oscuro*, en el concepto de Lorca, «era el amor de la difícil pasión, de la pasión maltrecha, de la pasión oscura y dolorosa, no correspondida o mal vivida, pero no quería decir específicamente que era el amor homosexual. Eso de *oscuro* puede aplicarse a cualquier clase de *amor amor*. Nunca él me dijo "ese es esto"; no, no, no me dijo nada, era el amor doloroso, el amor con un puñal en el pecho... oscuro por el siniestro destino del amor sin destino, sin futuro». Con todo, Aleixandre no dudó en decirme a continuación que los sonetos fueron inspirados por una persona concreta, por supuesto masculina, a quien no se creía con derecho a identificar. Y siguió: «Ya no existe el tipo de prejuicios que existían antes. Hay que aceptar al hombre entero. ¿Qué importa eso?»

Parece seguro, pese a las reticencias de Aleixandre, que para Lorca el adjetivo *oscuro*, referido al amor, sí tenía un claro matiz homosexual. En la versión original (1926) de su conferencia «La imagen poética de don Luis de Góngora» aludió así a un notorio asesinato ocurrido en 1622: «El delicado gongorino marqués de Villamediana cae atravesado por las espadas del rey.»[11] Dos años después, en 1928, se publicó el libro de Narciso Alonso Cortés, *La muerte del conde de Villamediana*, «que relacionó el asesinato del conde con su bisexualidad».[12]

En 1930, Lorca, sin duda al tanto, revisó la frase correspondiente de su conferencia, que pasó a rezar: «El delicado gongorino Marqués de Villamediana cae atravesado por las espadas de sus amores oscuros.»[13]

En *El público*, escrito durante la estancia del poeta en Nueva York y Cuba y, según el propio Lorca, «de tema *francamente* homosexual» —subrayó el adverbio—,[14] el Caballo Negro exclama: «¡Oh amor, amor, que necesitas pasar tu luz por los calores oscuros! ¡Oh mar apoyado en la penumbra y flor en el culo del muerto!» En el borrador, Lorca escribió primero «mar apoyado en lo oscuro».[15] Ecos de estos «calores oscuros» resuenan en *Diván del Tamarit*. «Déjame en un ansia de oscuros planetas, / pero no me enseñes tu cintura fresca», implora el yo en «Gacela de la terrible presencia». En el poema siguiente, «Gacela del amor», apostrofa a la persona amada en estos términos: «Pero tú vendrás / por las turbias cloacas de la oscuridad.» En ambos casos la crítica homosexual ha encontrado evidentes alusiones al coito anal.[16]

En cuanto a la presencia del adjetivo en los sonetos amorosos, el titulado «Adam» [*sic*], escrito en Nueva York en 1929 y por ende previo a la serie del amor oscuro, no parece dejar lugar a incertidumbres. Se trata de contrastar al Adán genésico, bíblico, evocado en los primeros once versos del poema, con otro bien distinto. Los tercetos lo dicen con claridad:

> *Adam sueña en la fiebre de la arcilla*
> *un niño que se acerca galopando*
> *por el doble latir de su mejilla.*

> *Pero otro Adam oscuro está soñando*
> *neutra luna de piedra sin semilla*
> *donde el niño de luz se irá quemando.*[17]

El «otro Adam» está soñando con una luna que acumula signos de muerte y de esterilidad, y donde se consumirá el niño. ¿Podemos dudar de la homosexualidad, de la condición no procreativa, de este «Adam oscuro»? ¿Y no es lícito deducir que, si Lorca ha dedicado un soneto al tema, es porque se proyecta en el personaje así calificado?

Por lo que respecta a los *Sonetos del amor oscuro* propiamente dichos, en el titulado «El poeta pide a su amor que le escriba» el yo quiere que la persona amada, si no se decide a aliviar su sufrimiento con una carta, le deje por lo menos vivir en su «serena / noche del alma para siempre oscura».[18] La referencia a la «noche oscura del alma» de san Juan de la Cruz es patente. En «Soneto gongorino en que el poeta manda a su amor una paloma», hay otra alusión literaria, esta vez a Diego de San Pedro, en cuya «cárcel del amor», definida ahora como «oscura», el corazón del yo está preso.[19] En ambos casos falta la referencia explícita al amor homosexual, de acuerdo. Pero no así en el soneto sin título que empieza «¡Ay voz secreta del amor oscuro!», voz de tentación a la que ruega el yo:

> *Huye de mí, caliente voz de hielo,*
> *no me quieras perder en la maleza*
> *donde sin fruto gimen carne y cielo.*[20]

Cuando se publicó el hoy famoso suplemento del *Abc*, yo intentaba terminar el primer tomo de mi biografía de Lorca, en el cual hablaba de la homosexualidad del poeta con naturalidad, colocándola donde a mi juicio debía estar, es decir, en el epicentro de su vida y su obra. Había topado, y topaba todavía, con constantes dificultades al abordar, o tratar de abordar, el asunto con amigos suyos, entre ellos ciertas antiguas compañeras de La Barraca, quienes, cuando no me llamaban morboso, solían zanjar con un «nosotras no vimos nunca nada, era todo un caballero», etc. Incluso cuando se concedía que sí, que era homosexual, se hacía con mala gana y se insistía en que tal tendencia no tenía nada que ver con la obra y que, además, el poeta estuvo siempre «muy discreto».

Quien más y mejor bregaba en este sentido, como veremos, era Rafael Martínez Nadal, íntimo amigo del poeta y autor de numerosos ensayos sobre el hombre y su creación.

A partir de mediados de los años ochenta, con todo, la crítica lorquiana española empezó a superar paulatinamente su arraigado problema con la homosexualidad del poeta. Digo *paulatinamente*. En 1987 la editorial Cátedra, de Madrid, publicó, en su prestigiosa colección Letras Hispánicas, sendas ediciones, a cargo de María Clementa Millán, de *Poeta en Nueva York* y *El público*, con largas introducciones, numerosas notas a pie de página y bibliografía. En ambas se eludió rigurosamente cualquier comentario sobre la homosexualidad del poeta y su relación con la obra. Llamaba especialmente la atención en este sentido la paráfrasis ofrecida por Millán de *Oda a Walt Whitman*, donde leemos que el poeta norteamericano «representa la autenticidad en el amor [...] frente a la hipocresía y engaño de "los maricas"» y que «encarna [...] la defensa del amor contra la actuación de los maricas». La palabra *homosexual* no aparece en el comentario.[21] En cuanto a su edición de *El público* (en cuya cubierta se reproduce en color el dibujo lorquiano *Hombre y joven marinero*, de tema abiertamente gay), Alberto Mira hace el siguiente comentario:

La introducción de María Clementa Millán a la edición de Cátedra del texto consta de ciento once páginas. La autora nos pone al corriente de la historia textual de *El público* y propone claves de interpretación. La homosexualidad no es una de ellas. Es como si de todos los significantes [de] que consta el texto, el sentimiento homoerótico fuera el menos importante, el que ha de ser desestimado. La posición desde la que esta ocultación se lleva a cabo es una posición de poder: la autora de la edición pone una mordaza a «Lorca el homosexual». Dado que no puede tratarse de ceguera, ya que la homosexualidad es patente en el texto, hay que calificar sus motivaciones de pura y simple homofobia.[22]

Al hispanista británico Paul Julian Smith, especialista en Lorca, también le había llamado la atención la renuencia por parte de Millán a tener en cuenta la homosexualidad del poeta. «En la introducción a su edición de *El público* Millán no menciona la palabra *homosexual*», constata con asombro.[23]

Lo más escandaloso del asunto es que la colección Letras Hispánicas de Cátedra llega a un inmenso número de estudiantes de Literatura Española alrededor del mundo. Componían entonces su consejo editor, según se señala al principio de las ediciones de Lorca que estamos comentando, Francisco Rico, Domingo Ynduráin y Gustavo Domínguez. ¿Por qué no se dieron cuenta del talante homofóbico de Millán antes de publicar ambos tomos? Sería muy interesante saberlo. Hoy, veintinueve años después, no han sido revisados. *El público* está en su duodécima edición, de 2015; *Poeta en Nueva York*, en su vigésima, de 2016. Ello supone decenas de miles de ejemplares vendidos. El negocio, estupendo para la editorial y los herederos del poeta; la ética, a mi juicio, por los suelos.

En cuanto a Miguel García-Posada, el crítico y estudioso, hoy por desgracia fallecido, sabría modificar su punto de vista con el tiempo, aunque con alguna reticencia residual. En su excelente edición en cuatro tomos de las *Obras completas* de Lorca, publicados por Galaxia Gutenberg en 1996, los once sonetos tan largamente secuestrados se agrupaban por fin bajo el título de *Sonetos del amor oscuro*, «título que, lo queramos o no —señalaba García-Posada en una nota—, es irreversible y que apoyan los mismos poemas».[24] ¿«Lo queramos o no»? ¿Qué significaba frase tan curiosa? ¿Que hubiera preferido que el título no fuera «irreversible», pero que ya no había más remedio que aceptarlo? Además, si los mismos sonetos *apoyaban* en 1996 el título, ¿no lo hacían igualmente doce años antes, en 1984? No sé hasta qué punto exoneraba al crítico la explicación ofrecida en sus notas a los poemas, donde leemos: «Titulé entonces como "Sonetos" la serie amorosa *por petición expresa y razonable de los herederos*» (la cursiva es mía).[25] ¿Fue *razonable* tal petición? Que cada lector decida.

Algo había cambiado, con todo. El García-Posada de 1996 no dudaba en declarar, además, que el «destinatario efectivo» de los sonetos fue Rafael Rodríguez Rapún, sin explicar de quién se trataba (el compañero de Lorca en La Barraca y luego su secretario y, como veremos, su gran amor). Sí, algo había cambiado.[26]

Dado el obstinado silencio «oficial» en torno a la homosexualidad de Lorca, era inevitable que, tarde o temprano, se produjera una reacción por parte de los estudiosos gais de su obra, sobre todo en el extranjero. En este sentido fue sintomática la publicación en Londres, en octubre de 1985, del libro de Paul Binding *Lorca: The Gay Imagination*.

Después de frecuentar durante años la obra del poeta, el crítico y escritor inglés había llegado a la conclusión de que, para entender esta plenamente, era imprescindible tener en cuenta la homosexualidad del autor y el desarrollo de su compleja relación con esta. Tomando como su punto de partida *Poeta en Nueva York*, por el cual sentía una profunda admiración, y muy consciente del peligro de caer en la trampa de un reduccionismo excluyente, Binding había emprendido una revisión de la producción lorquiana desde la óptica gay, sin ocultar su propia homosexualidad. Salió bastante bien parado de la difícil empresa, a mi juicio, pese a cierta ingenuidad en su consideración de la Andalucía «enduendada», y el libro vertía luz sobre numerosos aspectos poco apreciados entonces del mundo de Lorca. Quedan en la memoria unos comentarios especialmente agudos. Sobre *Amor de don Perlimplín con Belisa en su jardín*, por ejemplo, donde Binding sospecha la presencia del resentimiento del poeta ante la hostilidad de la sociedad granadina y, tal vez, el desdén de las chicas de su entorno social (por no corresponder a sus imágenes preconcebidas de la virilidad); sobre los arcángeles del *Romancero gitano*, que inauguran el «tratamiento gay» del cuerpo masculino en la poesía lorquiana; y, de manera muy especial, sobre *Oda a Walt Whitman* —analizada desde un hondo conocimiento del poeta norteamericano—, *El público* y *Así que pasen cinco años*. Binding no dudaba de que fue en Nueva York donde Lorca empezó a afrontar las complejidades de su homosexualidad, experiencia que hizo posible la grandeza de la producción posterior. Razonaba con estilo ameno, entusiasta, animado por el fervoroso deseo de conectar con el lector y de contribuir a una necesaria «revaloración» del granadino. El libro, que no rehuía tocar el tema tabú del componente anal del homoerotismo, y su reflejo en la obra lorquiana, constituía, innegablemente, una valiosa aportación al conocimiento del poeta.

En 1986, un año después, la Universidad de Estocolmo publicaba el libro de Ángel Sahuquillo *Federico García Lorca y la cultura de la homosexualidad*, subtitulado *Lorca, Dalí, Cernuda, Gil-Albert, Prados y la voz silenciada del amor homosexual*. Esta vez se trataba de una meticulosa tesis doctoral, no destinada al gran público, cuya finalidad era descubrir y examinar metódicamente los mecanismos que regían, sobre todo en la obra de Lorca, la expresión del amor prohibido. Ello partiendo de un amplio conocimiento de la historia, y de la brutal represión, de la homosexualidad en Occidente, desde el repudio de la Iglesia y la incomprensión de la profesión médica hasta la persecución por la justicia, la tortura (castración incluida) y la muerte. Sahuquillo entendía que para Lorca, así como para los otros poetas gais de su entorno, era del todo imposible expresar abiertamente su auténtico sentir sexual, entre otras razones porque tenía en parte «internalizado» el discurso homófobo circundante. También le parecía evidente que tal hecho no había sido asumido «por la gran mayoría de críticos y eruditos».

La primera hipótesis de trabajo de Sahuquillo era que la obra de Lorca refleja las duras condiciones de vida impuestas al gay por una sociedad hostil, y que ello se ve sobre todo en el tratamiento que reciben en sus textos el silencio, el secretismo, los sueños, las sombras, el fuego, la enfermedad, la muerte y el suicidio.

La segunda era que Lorca utiliza un «código secreto» para expresar «los problemas y los gozos del amor homosexual». Desde hace milenios, recordaba Sahuquillo, se les ha permitido a los poetas *heterosexuales* hablar abiertamente del amor (dentro de ciertos límites, claro). Pero el poeta gay ha tenido que hacerlo de manera encubierta y someterse a una autocensura permanente. Lorca no era excepción a la regla, padecía «la necesidad (obligada) que tienen los homosexuales de vivir en las sombras». Las incursiones de Sahuquillo en el lenguaje simbólico del poeta (su «código secreto») y en su fascinación con, y utilización de, la mitología grecorromana, que compartía con Cernuda, son de extraordinario interés.

En España la crítica especializada apenas ha prestado atención a sendos trabajos de Binding y Sahuquillo. Una traducción del primero, titulada *García Lorca o la imaginación gay*, fue publicada por la editorial Laertes, de Barcelona, en 1987, y se perdió pronto de vista. El de Sahuquillo, editado por la Universidad de Estocolmo en tirada mínima, no podía esperar difusión alguna en España. Pero sí la nueva edición de la obra, revisada y aumentada, que publicó en 1991 el Instituto de Cultura Juan Gil-Albert, en Alicante, titulada *Federico García Lorca y la cultura de la homosexualidad masculina. Lorca, Dalí, Cernuda, Gil-Albert, Prados y la voz silenciada del amor homosexual*. No fue el caso, sin embargo, y hoy resulta casi imposible conseguir un ejemplar del tomo. Hay que añadir que, como ocurre todavía con demasiada frecuencia en España, el libro no llevaba índice onomástico, lo cual dificultaba extremadamente su consulta. Su reciente edición norteamericana, *Federico García Lorca and the Culture of Male Homosexuality* (2007) —ya sin subtítulo y con combativo prólogo de Alberto Mira—, no comete este error. No solo lleva índice alfabético de nombres, sino de contenidos. Es de esperar que salga pronto una nueva edición española con las mismas características.

A lo largo de 1998 se celebró con multiplicidad de actos y publicaciones el centenario del nacimiento de Lorca. Aquel junio, Camilo José Cela fue entrevistado en Galicia por el escritor Carlos Casares, y manifestó delante de una grabadora: «Ojalá dentro de cien años los homenajes a Lorca sean más sólidos, menos anecdóticos y sin el apoyo de los colectivos gais. No estoy a favor ni en contra de los homosexuales, simplemente me limito a no tomar por el culo.»[27]

El chocante y chulesco comentario, típico del autor de *La colmena*, fue profusamente reproducido y comentado en todo el país. Cela, ni corto ni perezoso, se mantuvo en sus trece al día siguiente: «No hay duda de lo que dije», declaró.[28]

La reacción de los aludidos colectivos gais no se hizo esperar. «El señor Cela se ha manifestado siempre como un reaccionario», afirmó el abogado Pedro González Zerolo, entonces presidente de la Federación Estatal de Gais y Lesbianas —luego concejal del PSOE y hoy fallecido—, que calificó al escritor de intolerante, insolidario, machista, misógino y homófobo.[29]

Expresaron su desaprobación varios políticos de izquierdas. Joaquín Almunia, secretario general del PSOE, declaró: «Siento que una de las personas que tienen méritos literarios como para haber recibido el Nobel y el Cervantes no haga méritos suficientes como para ser un ciudadano a la altura de los tiempos.» Las palabras de Cela le habían producido «asco» y «profunda repugnancia».[30] Matilde Fernández, diputada socialista y ex ministra de Asuntos Sociales, rogó a Cela que «antes de criticar a los homosexuales se lea la Constitución española».[31]

En cuanto a los escritores, el artículo de Terenci Moix, publicado en *El País*, fue el más demoledor. Se titulaba «El Nobel en la letrina», y empezaba así:

Don Camilo, académico, Nobel y marqués, ha conseguido desacreditar de un solo golpe sus tres títulos y al mismo tiempo el concepto de *hombre de cultura* tal como nos habíamos acostumbrado a entenderlo en una sociedad democrática. No ha tenido sin embargo la virtud de sorprenderme: su reiterada utilización de la palabra maricón cada vez que se ha referido a la homosexualidad —o lo que sus luces le permiten entender como tal— autoriza a comprender por dónde van los tiros. Se parecen mucho a los que acabaron con la vida de Federico García Lorca.

A Moix le entristecía que Cela se hubiera rebajado a tal nivel de comportamientos rastreros, entre ellos proclamar (antes de aceptarlo) que el Premio Cervantes estaba «lleno de mierda». El Nobel nada noble utilizaba en público un lenguaje «que ya no usan siquiera los cabos chusqueros». Al novelista catalán le molestaba profundamente la alusión a los homosexuales «como simples tomantes», alusión «digna de un vulgar coñón de pueblo, macho de boina, por así decirlo». Además, ¿quién era el Cela de entonces? Para Moix ya no tenía nada que decir, su rico acervo lingüístico se había convertido «en el único soporte de una obra hueca, repetitiva e innecesaria, bagatelas, saldos de diccionario y santoral».[32]

Maruja Torres, siempre tan incisiva, estuvo contundente: «Es mucho más digno tomar por el culo —opinó— que lamerle el culo al poder, como Cela ha hecho tantas veces.»[33] Tampoco se quedó en barras Fernando Delgado, para quien en el fondo del ataque de Cela había envidia, envidia mala, envidia patética:

> Lo que le jode a Cela es el éxito del otro, incluso el de los muertos. Le ha pasado así siempre. No creo, pues, que haya querido ofender a ningún colectivo. Simplemente ha temido que una vez muerto, llegado su centenario, corra peor suerte su memoria que la del gran poeta. Y tiene razones para temer distinta gloria que la que ha correspondido a Federico.[34]

Por las mismas fechas se publicó en *El País* una carta contra los exabruptos de Cela que acababan de firmar en la Feria del Libro de Madrid más de doscientos escritores, editores, periodistas, libreros y lectores.[35]

¿Y en Granada? ¿Cómo reaccionó el Ayuntamiento, dirigido por el Partido Popular, es decir, por el partido de Cela? Felipe Alcaraz, diputado de Izquierda Unida, le pidió que declarase al Nobel persona non grata en la ciudad donde los franquistas habían fusilado al poeta, entre otras razones por ser homosexual. El PP granadino no declaró persona non grata a Cela, no hizo absolutamente nada, no emitió crítica alguna, no dijo nada, se calló, se lavó las manos.

En Madrid, tampoco nadie del PP protestó. Fue escandaloso. Ni una sola crítica. Todos hechos una piña. La portavoz popular de Cultura en el Congreso de los Diputados Beatriz Rodríguez-Salmones —consignemos su nombre— manifestó que Cela «tiene una manera de hablar que todos conocemos. Son sus opiniones y no tengo nada que decir».[36]

Nada que decir, y eso que Cela acababa de cubrir de basura su premio y su país insultando al poeta asesinado.

Así es, por desgracia, la derecha española.

La edición norteamericana del libro de Ángel Sahuquillo (2007) termina con un breve *compte rendu* de los actos del centenario lorquiano en el cual no falta la ironía. La comisión nacional responsable de la organización de los eventos oficiales no se encargó, naturalmente, de promover a lo largo del año el análisis crítico del componente homosexual en la obra de Lorca. En cuanto a la familia del poeta, la actitud general, según el estudioso, fue o bien ignorar la condición gay de Lorca, o procurar minimizar su importancia. «A mí me parece que tuvo una vida amorosa muy normal y que no estaba especialmente incómodo con su homosexualidad», declaró Laura García-Lorca de los Ríos, hija menor de Francisco García Lorca y Laura de los Ríos. El propio Sahuquillo, invitado por un grupo de estudiantes universitarios a dar una conferencia sobre el tema en Cáceres, creyó atisbar allí una posibilidad de avance. ¿No se insinuaba en *El público* que solo los universitarios pueden efectuar un cambio radical en la sociedad? También deja constancia Sahuquillo de que Jesús Vigorra, el conocido promotor cultural andaluz, trató dignamente el tema de la homosexualidad del poeta en su serie documental para Canal Sur *Buscando a Lorca*. Sahuquillo se despide citando a Manuel Fernández Montesinos. Entrevistado por Francisco Ruiz Antón de *Abc* a principios de 1999, el secretario de la Fundación Federico García Lorca declaró que estaban encantados con el éxito de los múltiples actos celebrados durante el centenario. Entre otras razones porque se había superado, a su juicio, «la visión reduccionista del escritor como homosexual e izquierdista».[37]

Aquel septiembre se publicó en Madrid un libro que, de haber salido durante el centenario, habría tenido mucha resonancia. Su autor: Alberto Mira, profesor de la Oxford Brookes University, en Inglaterra. Su título: *Para entendernos: diccionario de cultura homosexual, gay y lésbica*. La editorial: Ediciones de la Tempestad. No se trataba solo de homosexualidad en España, sino en el mundo entero, el actual y el de antes. Vicente Molina Foix se expresó «impresionado» por el libro en *El País*, y señaló que, en su entrada sobre los *Sonetos del amor oscuro*, Mira «denuncia vehementemente la homofobia de un crítico habitual de este periódico».[38] Se trataba, claro está, de Miguel García-Posada, calificado por el autor como «uno de los adalides contra toda discusión sobre la homosexualidad en la obra literaria».[39] Sin dignarse a mencionar a Mira por su nombre, García-Posada protestó desde *El País*, con mal disimulado enojo, por la acusación lanzada contra «un crítico que ha dedicado treinta años de su vida a estudiar la obra de Federico García Lorca», y se perdió en una serie de generalizaciones sobre los valores literarios sin explicar al lector que él era el crítico en cuestión. Lo traigo a colación para demostrar que el asunto que nos ocupa sigue siendo espinoso y delicado.[40]

¡Y tanto! Como último ejemplo de la continuada resistencia por parte del lorquismo oficial, universitario, a tener en cuenta *de verdad* la homosexualidad del poeta, veamos la obra del catedrático granadino Andrés Soria Olmedo, *Fábula de fuentes. Tradición y vida literaria en Federico García Lorca* (2004).[41] En el índice onomástico del libro no figuran los nombres de Binding y Sahuquillo. El lector deseoso de saber si el autor los menciona en las notas a pie de página, que suman ochocientas diecinueve, no tiene más remedio que llevar a cabo su propio rastreo porque, como señala el propio Soria, el índice onomástico no las incluye (no explica la razón de tal desidia). En las notas al pie solo figuran una vez, si no me equivoco, dichos autores. Ocurre en la número 78, página 53, donde Soria Olmedo comenta la interpretación que hace Charles Marcilly de la presencia del dios Saturno en el poema «Tu infancia en Menton». Interpretación equivocada, a su juicio, que obliga al francés «a exégesis forzadas de las trazas textuales de la homosexualidad». Y sigue Soria Olmedo: «En esa línea, aunque con menos finura y menos acierto, están Paul Binding, *García Lorca o la imaginación gay*, Barcelona Laertes, 1987, y Ángel Sahuquillo, *Federico García Lorca y la homosexualidad masculina*, Alicante, Diputación, 1991. La rebelión contra la sociedad que estigmatiza a los gais no implica la aquisición [*sic*] de la identidad.»

Está claro que no. Yo, por ejemplo, me rebelo contra quienes «estigmatizan» a los gais, y no por ello he *adquirido* la condición homosexual. Pero Lorca sí era gay, como reconoce tácitamente el propio Soria Olmedo en otros momentos de su estudio. Al señalar, por ejemplo, en la página 135, que la correspondencia epistolar del granadino con Emilio Prados revela «una relación apasionada»; o que la poesía de Lorca durante los años treinta sigue buceando en su «intimidad problemática» (página 348). Cuando llega el turno de *Sonetos del amor oscuro*, Soria Olmedo nos asegura, y era ya previsible: «Tampoco es automática la identificación "amor oscuro" con "amor homosexual"», y que «sobre todo no se agotan ahí las connotaciones» (página 385). Claro que no es *automática* tal identificación y que no se agotan allí las connotaciones, pero la insistencia del crítico llama la atención. En la siguiente página leemos: «Sin duda, hay una confesionalidad amorosa muy directa, como dice Mario Hernández. Pero formalmente está contenida en el molde rígido del soneto.» De modo que la «confesionalidad amorosa», aunque existente, aunque explícita, se *contiene* (¿por suerte?) en el «molde rígido del soneto». Y uno se pregunta qué diablos tiene que ver tal molde, necesariamente, con la *contención* erótica (véase Shakespeare, véase Garcilaso...).

Para remate, el crítico nos descubre que «el universo del *kitsch* lorquiano» se extiende, entre otras cosas, al «culto homosexual —no al nivel, complejo, de las relaciones entre su preferencia y sus textos, sino al más accesible y vago de la identificación con un héroe de la "imaginación gay"...» (páginas 425-426).

Es difícil no percibir en el largo y erudito libro de Soria Olmedo si no una *homofobia latente* —que cabe dentro de lo posible—, una *resistencia* a admitir que, para entender plenamente la obra lorquiana, hay que situar en primer plano la «intimidad problemática», «la preferencia», del poeta, así definida por el propio crítico. Creo que ello se aprecia en el rechazo frontal a los postulados de Binding y Sahuquillo, despachados en dos líneas de una nota a pie de página. Y eso que Soria cierra su reflexión asegurándonos que, para Lorca, «no hay vida fuera del amor» y que el poeta puso «la tradición al servicio de la pasión».[42]

Si es así, y estamos de acuerdo, ¿cómo excluir de su consideración, publicados ya los libros de Binding y Sahuquillo, el hecho de que Lorca tuvo que vivir con el estigma secular de pertenecer, como su admirado Wilde, y como Marcel Proust, a una «raza maldita»?

Laura García-Lorca de los Ríos es hoy presidenta de la Fundación Federico García Lorca. En una entrevista con el periodista Juan Luis Tapia, publicada en el diario *Ideal* de Granada el 3 de febrero de 2008, no tuvo empacho en contestar con franqueza una pregunta que unos años antes habría sido considerada muy impertinente:

¿Cómo vivió la familia la homosexualidad de Federico García Lorca?

Creo que hay que separar los tiempos, porque cuando vivía mi padre, que murió poco después que Franco, no se hablaba de ello. No se hablaba y con más razón para que su asesinato no se considerara o se pudiera interpretar como un crimen sexual. Quería destacar que su asesinato fue un crimen político. Para mi padre era difícil aceptar la homosexualidad de su hermano. Sin embargo, mi tía Isabel, en los últimos años, hablaba de forma abierta de la homosexualidad, y acabó aceptándolo como algo natural. Me imagino que mi padre habló de ello con los amigos, pero jamás públicamente.

Fue una declaración de enorme importancia. Me cuesta trabajo, con todo, creer que Isabel García Lorca, en los últimos años, llegara a aceptar la condición gay de su hermano, hablando de ella «de forma abierta» y como «algo natural». En 1985 su reacción ante la tesis homocéntrica de mi biografía fue de repudio y así me lo dijo. Y en enero de 1986, cuando publiqué en *El País* una entrevista con Salvador Dalí en la cual el pintor habló como nunca antes del amor físico que le profesara el poeta, me llamó por teléfono y me amenazó con llevarme a los tribunales.[43] Me alegraría saber que se hubiera producido el cambio de actitud alegado por su sobrina, pero en su libro *Recuerdos míos* (2002), publicado unos meses después de su muerte, no hay una sola alusión a la homosexualidad del poeta, como tampoco la hubo en el de su hermano Francisco, mencionado antes, *Federico y su mundo* (1980).

Ha sido un gran mérito de Laura García-Lorca de los Ríos decirnos claramente que para su padre era «difícil aceptar la homosexualidad de su hermano». De hecho, para él y su hermana el asunto era estrictamente tabú, y los lorquistas que de alguna manera dependíamos de la familia para conseguir documentación sabíamos el peligro de tocarlo públicamente. De ahí, entre otras razones, repito, los silencios del suplemento del *Abc* que hemos comentado.

Quiero explicar —y voy terminando este prólogo— que yo tenía un hermano, cinco años mayor que yo, que padeció el calvario de descubrirse gay en la retrógrada Irlanda católica de los años cincuenta del pasado siglo, cuando los obispos mandaban y cortaban, había censura de libros, películas y revistas, y *Ulises* solo se podía conseguir, y ello con gran dificultad, bajo cuerda. Irlanda era entonces un país irrespirable en muchos aspectos, entre ellos el homófobo. Cuando, después de la triste muerte de mi hermano, tropezaba durante mis investigaciones lorquianas con alguien que negaba tercamente la homosexualidad de Lorca, recordaba a Alan —a quien, al lado de mi editor y su mujer, este estudio va dedicado—, y la tremenda lucha de los gais irlandeses por conseguir unos mínimos derechos fundamentales. También recordaba el grave trastorno que, al principio, supuso para mí, a los catorce o quince años, el descubrimiento de que mi hermano era gay o, como se decía entonces en inglés, *queer* (literalmente, «raro, extraño»). Porque yo, y era inevitable, tenía interiorizado el miedo de aquella sociedad a la sexualidad en general y a la homosexualidad en particular. Por ello entiendo que para la familia de Lorca, sobre todo para Francisco, la homosexualidad del poeta suponía un problema muy difícil de afrontar. Según el testimonio de Philip Cummings, de quien hablaremos, parece que incluso hubo en vida de Lorca rechazo por parte de Francisco —tal vez nunca reconocido por este posteriormente—, rechazo que supondría para el poeta un hondo dolor. Todo ello creo comprenderlo.[44]

Pero ya estamos en otros tiempos más libres. Ochenta años después del asesinato de Lorca, España, con su legislación sobre el matrimonio gay, se ha convertido en una de las sociedades más avanzadas del mundo. Ello les molesta profundamente a los obispos, con los señores Rouco y Cañizares a la cabeza, que contra toda lógica parecen creer que tales enlaces significan una amenaza para las buenas familias católicas... y las familias en general. A mí me produce orgullo vivir en un país con un Gobierno que fue capaz de atender los legítimos derechos de los gais, y espero que a lo largo de los próximos tres años estos se consoliden tanto que ya sea imposible volver el reloj atrás, como quizá trataría de hacer desde el poder una derecha que, con su oposición frontal a la nueva asignatura de Educación para la Ciudadanía, sigue distinguiéndose por su homofobia.

Federico García Lorca fue un revolucionario cristiano y gay que no creía en el Dios bíblico. Un revolucionario con la misión de abogar, desde sus obras, por el amor total, el amor en todos sus matices, libre de puritanismos, de prohibiciones, de castigos, de infiernos. Los reaccionarios oyeron el mensaje, lo entendieron, lo despreciaron y lo condenaron. Les ofendió en lo más hondo. Y, llegado el momento, hicieron pagar al poeta su atrevimiento con la muerte, porque a estas alturas es innegable que, además del odio al «rojo» comprometido con la República, y de la envidia por su fama y sus triunfos e incluso por sus ganancias, desempeñó la homofobia un papel inequívoco en el crimen de Granada. Crimen que, como dijo Pablo Neruda, consiguió que la ciudad de la Alhambra volviera a la historia «con un pabellón negro que se divisa desde todos los puntos del planeta».[45]

IAN GIBSON

1

El artista joven

El año 1994 marcó un hito sin precedentes en nuestro conocimiento de Federico García Lorca con la publicación íntegra, por Cátedra, en tres tomos, de su copiosa obra juvenil inédita. Se trataba de centenares de páginas —prosa, poesía y teatro— escritas entre 1917 y 1920. Algunos fragmentos se habían anticipado en el libro de Francisco García Lorca, hermano del poeta, *Federico y su mundo* (1980); otros, en el primer tomo de mi biografía del poeta (1985); y muchos más, en el libro fundamental de Eutimio Martín, *Federico García Lorca, heterodoxo y mártir* (1986). Pero el conjunto quedaba fuera del alcance no solo del público lector sino de la inmensa mayoría de los especialistas en Lorca. De repente se nos abría paso a una asombrosa cueva de Aladino literaria donde se guardaba un tesoro deslumbrante casi milagrosamente conservado —pese a los vaivenes de la Guerra Civil y del exilio— en el archivo familiar del poeta asesinado.

Si ya conocíamos al joven Lorca en parte por *Im-*

presiones y paisajes (1918), la obrita de teatro *El maleficio de la mariposa* (1919-1920) y *Libro de poemas* (1921), los inéditos arrojaban una nueva y penetrante luz sobre la iniciación literaria del poeta granadino, además de introducirnos, casi a la manera de un diario íntimo (muchos de los manuscritos están fechados) en su atormentada vida interior. Para mi propósito en este libro es imprescindible empezar con la *juvenilia* de Lorca, raíz y prehistoria de una obra brutalmente truncada en 1936.

LORCA Y SU «COMPLEJO AGRARIO»

Cuando le preguntaban de dónde era, al poeta le gustaba contestar que «del corazón de la Vega de Granada».[1] Allí pasó los primeros once años de su vida. Hasta 1907 en Fuente Vaqueros, donde naciera en 1898 y, hasta el traslado de la familia en 1909 a la capital de la provincia, en el colindante pueblo de Asquerosa, anejo de Pinos Puente. Fue, pues, una larga infancia campestre.

Señalemos que después de la Guerra Civil se cambió el nombre de Asquerosa por el de Valderrubio. Por malsonante, claro, aunque el topónimo, según unos procedente del latín *aqua*, según otros del árabe, no tenía nada que ver con el adjetivo ofensivo. Lorca no nombra jamás el pueblo en su obra publicada o en sus entrevistas. En *Libro de poemas*, donde se consigna con cierta frecuencia el lugar de redacción de las composiciones, lo suele encubrir bajo el disfraz de la cercana «Vega de Zujaira» (donde su padre poseía tierras).

Su madre, la ex profesora de escuela Vicenta Lorca Romero, natural de Granada, tenía veintisiete años cuando se casó, en 1897, con Federico García Rodríguez, rico labrador de Fuente Vaqueros, de treinta y ocho, que había perdido poco antes a su primera mujer. Vicenta no gozaba de muy buena salud cuando nació su primogénito. No pudo amamantarlo, y durante los primeros meses de su vida el futuro poeta fue confiado a una nodriza.[2]

El psicoanalista Emilio Valdivielso Miquel ha señalado que cada vez que Vicenta daba a luz le pasaba lo mismo. Llegó a la conclusión de que padecía depresiones posparto o psicosis puerperales. «Lógicamente —escribe—, hay que pensar que Vicenta sufría una depresión crónica, en el mejor de los casos, o un estado prepsicótico que agudizaba en el momento de responsabilidad y de entrega ante el nacimiento del nuevo hijo, con una negación de esa parte importantísima de la sexualidad de la mujer, que es la crianza de su hijo.»[3] Al médico le habían llamado la atención las fotografías de la madre del poeta, «por la expresión de frialdad, distancia, desinterés, ausencia, desgarro e incomunicación» que parecen reflejar.[4] Y es cierto que en ninguna de las que se conocen se la ve risueña, feliz, relajada. Doña Vicenta Lorca se asemeja a la mismísima Máter Dolorosa.

Valdivielso Miquel cree encontrar en la poesía de Lorca indicios de que en su fondo interno el poeta se sentía, en terminología psicoanalítica, «niño abandónico». O, para decirlo de otra manera, que padecía una aguda «ansiedad de separación»:

Federico fue un niño abandónico. Abandónico no es lo mismo que abandonado. Aunque el poeta no fuese totalmente abandonado por su madre, fue dejado en manos de una madre sustituta, y las vivencias habituales de Federico son las que tienen los niños abandónicos: el sentimiento continuo de inseguridad. La amenaza continua de un nuevo abandono está en ellos como una espada de Damocles encima de su cabeza, haciéndoles reaccionar con una urgencia de cariño excesiva, una demostración constante, por parte de los demás, de que no van a ser de nuevo abandonados. En ocasiones estos niños reaccionan con agresividad y negativismo, pero lo más frecuente es que sean insaciables de amor y de atención, y esta fue la tónica general [...] del comportamiento de Federico.[5]

Hay que añadir que Valdivielso Miquel, que incluso encuentra en la calidad de «niño abandónico» de Lorca una de las claves de su homosexualidad, no culpabiliza a Vicenta Lorca por nada de ello, toda vez que fue víctima ella misma de circunstancias infantiles poco favorables.[6]

Se trata de una hipótesis, claro está. Hipótesis que unos dirán extravagante. Lo seguro, de todas maneras, es que hay en la obra de Lorca (como en la de Antonio Machado) una clara identificación o empatía con la angustia de los niños abandonados. En Galicia, por ejemplo, visitó con otros compañeros de la Universidad de Granada el sórdido hospicio compostelano de Santo Domingo de Bonaval. En un indignado pasaje de su primer libro, *Impresiones y paisajes* (1918), evoca el lamentable aspecto de los niños allí recogidos, el desagradable olor de la mala comida, la humedad y la desolación. Los ojos del poeta se clavan en la maciza puerta, roída por la carcoma, a través de la que se entra en la triste institución, y expresa la esperanza de que algún día caiga encima de una comisión de beneficencia municipal y haga con tan indigestos ingredientes «una hermosa tortilla de las que tanta falta hacen en España».[7]

En el poema «Salutación elegíaca a Rosalía de Castro» (29 de marzo 1919) leemos:

> *Dolor de las madres que por los sembrados*
> *Van dejando espigas de desilusión,*
> *Dolor de los niños siempre abandonados.*[8]

Y en «Canción menor» (diciembre 1918) hay una alusión más personal:

> *Daré todo a los demás*
> *Y lloraré mi pasión*
> *Como niño abandonado*
> *En cuento que se borró.*[9]

El tema reaparecerá en *Poeta en Nueva York*, donde

> *A veces las monedas en enjambres furiosos*
> *taladran y devoran abandonados niños.*[10]

Se ha dicho que, unos pocos meses después de su nacimiento, Federico padeció una grave enfermedad que le impidió caminar hasta los cuatro años cumplidos.[11] El poeta, por su parte, solía declarar que, si no podía correr, era porque de joven había sufrido una lesión en las piernas.[12] Su hermana Isabel me manifestó en 1983 que en la familia no había constancia de tal enfermedad, sin embargo, omisión improbable, a su juicio, de haber existido realmente.[13] Carmen Ramos, amiga de infancia de Federico (hija de su nodriza) estaba de acuerdo. Es más, insistía en que a los quince meses caminaba normalmente.[14] Es un hecho, no obstante, que el poeta tenía los pies absolutamente planos,[15] y la pierna izquierda bastante más corta que la derecha, defectos sin duda congénitos que prestaban a su andar un balanceo característico recordado después por numerosas personas, entre ellas su gran amigo Santiago Ontañón, que lo imitaba muy graciosamente.[16] «¡Había que ver su cimbreo desde atrás!», me comentó José María Alfaro.[17] Cuando vino el momento de prestar servicio militar, en marzo de 1919, Lorca alegó ante las autoridades «padecer de las piernas y pecho». Según el informe médico presentaba «síntomas leves de esclerosis espinal», y se le declaró en el acto «inútil total».[18]

Fuesen las que fuesen las causas exactas de su incapacidad física, pues, Federico García Lorca resultó inútil para el servicio militar. Nadie le vio correr nunca, y varios amigos suyos han recordado la angustia que experimentaba al tener que cruzar la calle, temiendo ser arrollado por un coche debido a su falta de agilidad.[19] En el poema «Madrigal de verano» (agosto 1920), el yo se queja de sus «torpes andares», alusión, cabe pensar, a la deficiencia que estamos comentando, y se pregunta, no sin humor, si son el motivo de que la apetitosa Estrella la gitana no le haga caso.[20]

Volviendo a la *juvenilia*, si, como parece, fue en abril de 1916 cuando el joven Federico redactó la muy interesante, aunque fragmentaria, evocación de su infancia en Fuente Vaqueros titulada *Mi pueblo*, estamos ante uno de los escritos más tempranos que se le conocen, tal vez el más.[21]

Se trata de unas cuarenta hojas manuscritas divididas en seis secciones: «El pueblo quieto», «Mi escuela», «Mi compadre pastor», «Mi amiguita rubia», «Mis juegos» y «Los carámbanos». «Cuando yo era niño —empieza el texto— vivía en un pueblecito muy callado y oloroso de la vega de Granada.» La prosa es todavía ingenua y pobre de recursos. El pueblo, que el autor describe en presente histórico, está «todo besado de humedad» (debido a la proximidad del río Genil y su afluente el Cubillas, así como a la abundante agua subterránea que caracteriza el lugar). Tiene una plaza alargada «bordada con bancos y álamos» (de hecho, más prado que plaza), con la fuente que le da nombre. Allí las mujeres tienden la ropa, las niñas cantan en corro y los chicos juegan «al salto de la muerte».

El Lorca adolescente recuerda, con honda nostalgia, a su gran amigo «el compadre pastor», hombre de confianza de su padre, que le contó infinidad de anécdotas e historias y con su sabiduría le hizo amar la Naturaleza. Evoca con nitidez su muerte (ocurrida en 1905), que le afectó profundamente.

Lorca no menciona en *Mi pueblo* la falta de agilidad física que hemos visto, y que le hacía imposible participar plenamente en las actividades infantiles que exigían rapidez y destreza. Sería un error inferir que por ello le faltaran amigos. Al contrario, era muy popular y además pudo contar con el afecto de sus numerosos primos y primas. A menudo acudían sus compañeros a jugar con él en el amplio desván de la casa familiar. *Mi pueblo* da la impresión de que si Federico se encargaba de orquestar aquellas sesiones, era en cierto modo para compensar sus «torpes andares». No le costaba trabajo, ciertamente, ser mandón: el «niño campesino», que a la hora de escribir se ha convertido en «señorito de ciudad», es el «hijo del amo», el labrador más acomodado del pueblo. Lo sabe y se le nota.

Aspecto llamativo de *Mi pueblo* es la vehemente protesta que contiene contra la injusticia social. Lejos de ser un pueblo idílico, el Fuente Vaqueros del texto tiene altas cotas de miseria. Entre las familias pobres está la «amiga rubia» del futuro escritor. El padre es un jornalero envejecido y reumático, y los numerosos partos de la madre la han dejado agotada. Federico los visita a menudo en su lamentable vivienda, pero no puede hacerlo cuando la madre lava la ropa: entonces todos permanecen encerrados y casi desnudos mientras se secan las únicas prendas que poseen. «Por eso —recuerda— cuando volvía a mi casa y miraba al ropero cargado de ropas limpias y fragantes sentía gran inquietud y un peso frío en el corazón [...] Por mucho tiempo que pase, por muchas cosas que pasen por mi alma, nunca se borrará de mi corazón la figura de la madre aquella.» Al meditar sobre el triste destino que a buen seguro la vida le ha deparado a su «amiguita rubia», levanta indignado la voz: «Los hogares pobres de los pueblos son nidales de sufrimiento y vergüenzas. Nadie se atreve a pedir lo que necesita. Nadie osa rogar el pan, por dignidad y por cortedad de espíritu. Yo lo digo, que me he criado entre esas vidas de dolor. Yo protesto contra ese abandono del obrero del campo.»[22]

Esta voz de denuncia, recia ya a los dieciocho años, nunca abandonará a nuestro poeta. Es una de sus características más arraigadas, más genuinas.

Fuente Vaqueros era conocido en la Vega como pueblo liberal, algo rebelde, poco amigo de los curas. Ello no impedía que la madre de Federico, la ex profesora de primera enseñanza, dejara de ir a misa. La iglesia estaba casi literalmente a dos pasos. Encima de la entrada, según *Mi pueblo*, había una imagen de la Virgen de las Paridas con el Niño Jesús, «carcomida por la humedad y cargada de exvotos y medallas». Los lugareños tenían mucha fe en su bondad, «y cuando alguna mujer está santificada por el peso augusto de una vida futura, va y reza delante de la estatua para que aquella vida salga a la luz sin llevársela a la eternidad». Dentro del templo se encontraba una estatua de la Virgen del Amor Hermoso, también con su niño en brazos, que hacía las delicias del pequeño Federico. Cuando la sacaban en procesión, él, niño privilegiado del pueblo, «era rey con una bengala en la mano». A veces iba a misa mayor con su madre. «Cuando sonaba el órgano mi alma se extasiaba —recuerda— y mis ojos miraban muy cariñosos al Niño Jesús y a la Virgen del Amor Hermoso, que estaba siempre riendo bobalicona con su corona de lata y sus estrellas de espejos. Cuando sonaba el órgano me emocionaban el humo del incienso y el sonar de las campanillas y me aterraba de los pecados que hoy no me aterro... Cuando sonaba el órgano y veía a mi madre rezar muy devota rezaba yo también sin dejar de mirar a la Virgen que siempre se ríe y al Niño que bendice con las manitas sin dedos...»

La iglesia de Fuente Vaqueros evocada en *Mi pueblo* se quemó totalmente en los años cincuenta del pasado siglo e incluso se hundió. La actual no tiene nada que ver con ella, y han desaparecido tanto la imagen de la Virgen de las Paridas como la del Amor Hermoso, tan bobalicona y risueña. Solo nos queda el testimonio del poeta.

De su asistencia a los ritos y liturgias de la iglesia de Fuente Vaqueros nacerá el primer teatro de Lorca, que desde muy joven gustaba de improvisar misas en el patio de su casa, disfrazado de sacerdote, con criados y parientes que tenían la obligación de asistir a la ceremonia... y de llorar en el momento álgido del sermón.

La fertilísima Vega de Granada, rodeada de montañas, cruzada por el Genil y el Cubillas, y con la impresionante mole de Sierra Nevada al fondo, será la raíz profunda de la obra del poeta. Espesas choperas cantoras —«río del chopo» llama Lorca al Genil en un poema temprano—,[23] hondos remansos (con sus reflejos, sus ranas, sus juncos, sus insectos, sus mimbres), lunas fabulosas, sol veraniego de justicia, maizales, flores silvestres, pájaros, lagartos, bestias, nubes, acequias, olivares, trigales, cielo inmenso... el niño los ama, el poeta los recreará. Y, al mismo tiempo, se produce la asimilación de la cultura andaluza popular, que la numerosa tribu de los García lleva en la masa de la sangre: leyendas, cuentos, canciones, poesía, corros y rondones, sin olvidar la manera de hablar de las gentes vegueras, que nutrirá el lenguaje, tan densamente metafórico, del poeta y del dramaturgo (¡aquel cauce hondo y de lento discurrir por el campo visto por los ojos de un campesino como *buey de agua!*).[24]

Entre las propiedades de la familia en la Vega de Granada hay que mencionar la espléndida finca de Daimuz Alto, comprada por el padre a finales del siglo XIX y que, plantada con remolacha de azúcar, sería la base de su riqueza. Se encuentra en la ribera derecha del Cubillas, río linde entre Fuente Vaqueros y Asquerosa. Allí, durante su niñez, el futuro poeta pasó momentos inolvidables, entre ellos el de su «primer asombro artístico», contado en una entrevista de 1934:

Fue por el año 1906. Mi tierra, tierra de agricultores, había sido siempre arada por los viejos arados de madera, que apenas arañaban la superficie. Y en aquel año, algunos labradores adquirieron los nuevos arados Bravant —el nombre me ha quedado para siempre en el recuerdo—, que habían sido premiados por su eficacia en la Exposición de París del año 1900. Yo, niño curioso, seguía por todo el campo al vigoroso arado de mi casa. Me gustaba ver cómo la enorme púa de acero abría un tajo en la tierra, tajo del que brotaban raíces en lugar de sangre. Una vez el arado se detuvo. Había tropezado en algo consistente. Un segundo más tarde, la hoja brillante de acero sacaba de la tierra un mosaico romano. Tenía una inscripción que ahora no recuerdo, aunque no sé por qué acude a mi memoria el nombre de los pastores, de Dafnis y Cloe.

Ese mi primer asombro artístico está unido a la tierra. Los nombres de Dafnis y Cloe tienen también sabor a tierra y a amor.[25]

¿Ocurrió de veras la escena, más o menos como la describió el poeta? Francisco García Lorca, cuatro años más joven que Federico, lo ponía en duda. Sin embargo, no parece que hubiera trampa de la memoria. Hace unas décadas aparecieron restos de una alquería romana debajo del fértil suelo de Daimuz. Centenares de monedas romanas se han extraído de allí —todas pertenecientes al período del emperador Constantino—, gran cantidad de mosaicos, y una preciosa estatuilla en bronce de la diosa Minerva, de ocho centímetros de altura, hoy en el Museo Arqueológico de Granada.[26] Parece cierto, pues, que al evocar su primera experiencia de «asombro artístico» el poeta recordaba un hecho real que le abriera, de manera repentina e inolvidable, una página de la vieja historia de Andalucía. ¡En la finca que ahora pertenecía a su padre habían vivido terratenientes romanos, muchos siglos antes de la llegada de los árabes que le dieron el nombre de Daimuz!

Resulta difícil no relacionar aquella epifanía con la Andalucía del *Romancero gitano*: Andalucía mítica, milenaria, asimiladora de numerosas razas. Es llamativo, además, que, años después, el poeta creyera o quisiera creer que en el mosaico de Daimuz figurasen las efigies de los pastores Dafnis y Cloe, protagonistas de una de las historias de amor más intensas que nos han llegado desde la Antigüedad.

Después del traslado a Granada la familia no perdió del todo el contacto con el campo, y cada verano solía pasar una temporada entre Daimuz y Asquerosa. Ello hasta 1925, cuando el padre compró la Huerta de San Vicente en las afueras de la capital. En la Vega escribió Lorca numerosas composiciones de *Libro de poemas*. Concretamente, en la Fuente de la Teja, *locus amoenus* situado cerca de Asquerosa en la orilla del Cubillas, se sentaba muchas tardes a escribir, a veces acompañado de amigos. «27 de julio. Junto al agua», apunta al final del manuscrito del poema «[¿Qué tiene el agua del río?]».[27] «Junto al río» leemos al de «Mañana» (7 de agosto de 1918).[28] Y así en otros muchos momentos.

El Lorca adolescente padeció a menudo la nostalgia de su infancia campestre perdida. «Siento por la vega pasión de belleza / Pero el alma mía de aquí se voló», afirma en «La oración brota de la torre vieja» (30 de julio de 1918), con toda probabilidad escrito en la «innombrable» Asquerosa.[29]

La extraordinaria retentiva del poeta le iba a permitir evocar múltiples y muy pormenorizados detalles de sus primeros años en la Vega. «Las emociones de la infancia están en mí —declaró en 1934—. Yo no he salido de ellas. Contar mi vida sería hablar de lo que soy, y la vida de uno es el relato de lo que se fue. Los recuerdos, hasta los de mi más alejada infancia, son en mí un apasionado tiempo presente [...] Amo a la tierra. Me siento ligado a ella en todas mis emociones. Mis más lejanos recuerdos de niño tienen sabor de tierra. La tierra, el campo, han hecho grandes cosas en mi vida. Los bichos de la tierra, los animales, las gentes campesinas, tienen sugestiones que llegan a muy pocos. Yo las capto ahora con el mismo espíritu de mis años infantiles. De lo contrario, no habría podido escribir *Bodas de sangre*.» De hecho, concluyó, había en su vida «un complejo agrario, que llamarían los psicoanalistas».[30]

«Un complejo agrario.» Comentario agudo que vale la pena tener siempre muy en cuenta cuando se habla de la vida y obra de Lorca.

«Toda mi infancia es pueblo —recalcaría en otra ocasión—. Pastores, campos, cielo, soledad. Sencillez en suma. Yo me sorprendo mucho cuando creen que esas cosas que hay en mis obras son atrevimientos míos, audacias de poeta. No. Son detalles auténticos, que a mucha gente le parecen raros porque es raro también acercarse a la vida con esta actitud tan simple y tan poco practicada: ver y oír [...] Yo tengo un gran archivo en los recuerdos de mi niñez de oír hablar a la gente. Es la memoria poética y a ella me atengo.»[31]

Lástima hoy de la Vega de Granada, cruzada por autovías, afeada por un aeropuerto internacional cada vez más afanoso, y con un derroche de luminosidad nocturna (todos los pueblos han crecido, las construcciones proliferan) muy ajeno a la profunda oscuridad nocturna de aquel «lago azul brumoso»[32] o «imitación» de un mar lejano y misterioso que conoció el poeta.[33] La degradación medioambiental de la llanura parece imparable, y si Lorca volviera a ver su paraíso perdido se moriría de pena. Con todo, ningún admirador suyo querrá terminar sus días sin conocer la Vega, aun cuando esté venida a menos, y visitar sendas casas museo del poeta en Fuente Vaqueros y Valderrubio, ayer Asquerosa.

El calvario del instituto

Aunque el traslado a Granada tuvo lugar en 1909, el poeta solía adjudicar al año siguiente la pérdida de su infancia y el inicio de su dura brega con las exigencias de la sociedad, en primer lugar las exigencias educativas. Ello se ve, por ejemplo, en el hermoso poema «1910. Intermedio», escrito en Nueva York:

> *Aquellos ojos míos de mil novecientos diez*
> *no vieron enterrar a los muertos*
> *ni la feria de ceniza del que llora por la madrugada*
> *ni el corazón que tiembla arrinconado como un*
> *   caballito de mar...*[34]

El 23 de junio de 1955, el investigador norteamericano de origen español Agustín Penón entrevistó en Granada a Francisco Roca, dueño del Hotel Colón, que había sido compañero de bachillerato de Lorca y también de universidad. Según Roca, el Federico joven era un muchacho extraño y huraño a quien los otros chicos del instituto tomaban el pelo: «"¡Federico viene de Asqueroooosa!", decían, dando al nombre del pueblo una entonación ridícula y afeminada.» El futuro poeta no reaccionaba «virilmente» ante los insultos, según Roca. Más bien huía de quienes le perseguían y se refugiaba en la amistad de compañeros de más sensibilidad. Roca dijo a Penón que Federico fue «durante años» a su casa cada noche para leerle poemas y pedir su opinión sobre estos. La rutina llegó a ser algo agobiante, aunque a Roca le atraía la magia personal de su amigo. Federico, recordaba, estaba loco entonces por la poesía de Rubén Darío, que recitaba a sus compañeros de clase cada dos por tres, insistiendo tanto que, una vez más, le llovían las tomaduras de pelo.[35]

Otro compañero de Lorca en el instituto de Granada fue José Rodríguez Contreras, más tarde médico forense, militante republicano y personaje muy conocido en Granada. Me dijo en 1978 —confirmando lo recogido por Agustín Penón de labios de Francisco Roca veintitrés años antes— que el Federico recién llegado de la Vega era un chico tímido que, por proceder del campo, se sentía algo acomplejado en compañía de los muchachos de la capital, socialmente más sofisticados. Según decía recordar el médico —que se escapó por los pelos de ser fusilado como el poeta en 1936—, el joven Lorca tuvo que aguantar no pocas cuchufletas y pullas hechas a sus expensas, y hubo incluso quien le pusiera el apodo de *Federica* por afeminado. «Era el peor de la clase —me contó—, no porque no fuera inteligente, sino porque no trabajaba, porque no le interesaba. Muchas veces no iba a clase. Además tuvo problemas con uno de los profesores, cuyo nombre lamento no recordar, un hombre muy poseído de macho y que no podía verle. Federico estaba siempre en el último banco.»[36]

Algunos versos de la etapa neoyorquina parecen

aludir a aquel calvario recordado, independientemente, por Roca y por Rodríguez Contreras. En «Poema doble del lago Edén», por ejemplo, leemos:

> *Quiero llorar porque me da la gana,*
> *como lloran los niños del último banco,*
> *porque yo no soy un hombre ni un poeta ni una*
>   *hoja,*
> *pero sí un pulso herido que ronda las cosas del otro*
>   *lado.*[37]

Y en el desolador poema «Infancia y muerte», donde el poeta evoca el inicio de su atormentada pubertad, el yo se dirige así al niño que un tiempo fue:

Niño vencido en el colegio y en el vals de la rosa herida,
asombrado con el alba oscura del vello sobre los muslos,
asombrado con su propio hombre que masticaba tabaco
en su costado siniestro.[38]

¡El joven Federico *vencido* en el colegio y en el vals, parece legítimo deducirlo, del amor heterosexual! ¡El joven Federico a quien no han preparado para el *asombro* del vello púbico que de repente descubre sobre su cuerpo!

El doctor Rodríguez Contreras opinaba que Vicenta Lorca, la madre, tuvo «gran responsabilidad de la feminidad de Federico». «Lo vestía con "floripondios" lazos, chalinas», le contó al periodista Eduardo Molina Fajardo.[39]

Los primeros años del bachillerato fueron para el

futuro poeta, no parece haber duda, infelices. Después, con más tablas, con más defensas, con su extraordinario don de gentes, se las arreglaría para salir adelante. Pero la procesión seguiría yendo por dentro.

EL TEMA DEL PRIMER AMOR DESMORONADO

El joven Lorca no fue buen alumno ni en el colegio ni en la universidad. Si se dedicaba poco a sus estudios, la razón principal era, según todos los indicios, su pasión y su gran aptitud por la música. Al poco tiempo de llegar a Granada se hizo evidente para todos que tenía extraordinarias dotes de pianista (como su tío Luis, quien sin haber aprendido una nota tocaba tan estupendamente que causó admiración en el mismísimo Manuel de Falla). Ya para 1915, se le auguraba a Federico una brillante carrera musical. Pero no pudo ser, sus padres se opusieron. ¡A la universidad! ¡Filosofía y Letras! ¡Derecho!

Su decidida apuesta por la literatura, abandonada ya la pretensión de ser músico profesional, ocurrió a principios de 1917. Una carta de su amigo Lorenzo Martínez Fuset, redactada en Baeza la noche de aquel 31 de marzo, refleja su emoción ante la importante confidencia que le acaba de hacer su «hermano» Federico en una comunicación, por desgracia, hoy desconocida. «Me halaga infinitamente —comenta Martínez Fuset— la idea de que hayas entrado de lleno en la clase *literaria* y de veras deseo saborear las enormes frases del novel escritor...»[40]

La frase «de lleno» da a entender que Martínez Fuset está al tanto de tentativas literarias anteriores del amigo, así como de sus dudas acerca de su verdadera vocación. ¿Escritor o músico? La disyuntiva fue acuciante para el artista adolescente, que ahora parecía haber tomado una resolución contundente al respecto.

Lorca, de hecho, acababa de entrar «de lleno» en aquella «clase» y, poseído de un ímpetu torrencial, irresistible, manaba desde hacía semanas un chorro de prosas apasionadas, confesionales y atormentadas.

El 2 de enero de 1917 fechó *Nocturno apasionado. Lento*, tal vez la inicial composición de la serie. «¡Qué misterio tan profundo el de la noche...! —empieza—. Todo está aletargado. La sombra cubre a las cosas como un sudario inmenso. Las estrellas chisporrotean en el infinito. Hay un vago sonido en el aire. Parece que lo producen las estrellas al moverse. El espectro azul de Chopin está oculto en la luna invisible...» El yo oye sollozar en la oscuridad —la acción de la prosa se desarrolla en un prado— y ruega a la misteriosa presencia que se identifique. Contesta una voz de hombre: «Yo suspiraré eternamente. Y gemiré siempre mis desengaños. Soy casto. Nunca fui sacerdote en el sacrificio del amor. Yo me abrasé de ese fuego santo en la tierra. Las mujeres no me amaron nunca. Fui horrible. Soy un alma errante, eterna y universal. Mi cantar de dolor llena toda la tierra. Yo soy amor que no muere. Yo soy pasión que no se mustia a través de los siglos...»

Resulta, así, que uno de los primeros personajes que aparece en la obra de Lorca se percibe como fracasado en el amor. «Yo formo parte de todas las cosas —continúa—. Muchos ojos han derramado amargura por mi culpa. Muchos pechos engendran suspiros por mi causa. Mi piano está mudo. Su alma sueña eternamente con mis manos. Algunas noches mi sombra lo besa con pasión. Soy inmortal.» Estamos, pues, en presencia del fantasma de un famoso músico. ¿Del ya mencionado Chopin, se pregunta el lector? Pero no puede ser, dada la intensa vida amorosa del polaco, por lo demás nada «horrible» físicamente. Otras voces intervienen ahora para compadecer a la misteriosa presencia: la de las rosas, la de los árboles, la del «pájaro rey» (el águila). Y sigue la voz: «Soy corazón de corazones. Soy sangre de fuego. Soy cerebro de la música. Mis sollozos son sonidos de violonchelos...» En este momento, un nuevo interlocutor, «el poeta», le pregunta quién es, por qué no está con los justos, por qué llora siempre. El fantasma, ya «esfumándose», contesta: «Peno siempre mis desengaños de amor. Soy un alma en pena. Yo enseño a cantar a los ruiseñores.» «El poeta», que ya cree adivinar su identidad, insiste. ¿Cómo se llama? Y la voz, que se va extinguiendo, contesta: «Beethoven.»

¡Beethoven! La compenetración del Lorca joven con el compositor se evidencia en numerosos momentos de la *juvenilia*. «Nadie, con palabras, dirá una pasión desgarradora como habló Beethoven en su *Sonata appassionata*», nos asegura.[41] En el poema «Elogio. Beethoven» (20 de diciembre de 1917) le llama «canto doloroso de amor imposible» y alude a su «cuerpo espantoso».[42] Sabemos por distintos testigos que el poeta tocaba a Beethoven con profundo sentimiento. Y llama la atención la dedicatoria de *Impresiones y paisajes*, donde evoca a su llorado profesor de piano, Antonio Segura Mesa, compositor frustrado muerto en 1916, en los siguientes términos: «A la venerable memoria de mi viejo maestro de música, que pasaba sus sarmentosas manos, que tanto habían pulsado pianos y escrito ritmos sobre el aire, por sus cabellos de plata crepuscular, con aire de galán enamorado y que sufría sus antiguas pasiones al conjuro de una sonata beethoveniana...»[43]

La prosa que estamos comentando termina con la llegada paulatina del amanecer. Arriba, en la sierra —Sierra Nevada—, «las luces de los caseríos parecen arañas prendidas con un hilo invisible del cielo». Las campanas comienzan a sonar, llamando a misa del alba. Una de ellas «marca el ritmo lúgubre del *allegretto* de la sinfonía séptima».[44]

El Lorca joven, pues, encuentra en la música de Beethoven la expresión de la honda angustia erótica del compositor, quien, al ser «horrible» para las mujeres, debido a su «cuerpo espantoso», no tiene más remedio que cantar en ella sus «desengaños de amor». Impresiona que sea precisamente este Beethoven, sentimentalmente fracasado, quien presida la iniciación literaria del granadino.

Lorca vuelve a compadecer, en otros momentos de la *juvenilia*, a quienes, por carecer de atractivo físico o sufrir algún grave defecto, saben que nunca gozarán del amor. «"¿Qué hago yo?", gritan los feos, los que nacieron deformes y espantosos, pero con alma superior», leemos en *Comentarios a Omar Kayyam*.[45] Adelaida, en *Retablo de dolor ingenuo* (26 de mayo de ¿1917?), es una chica de campo «delgada, pálida y feísima». Sus padres emigraron, abandonándola; vive sola en una casucha con algunos animalitos, su única compañía, y es pobre de solemnidad. Tiene todo en contra. Los hombres huyen de ella. Está convencida de que no la querrá nunca ninguno, y «que nada tiene remedio cuando se nace con ello». Se entabla entre ella y el narrador un patético diálogo. «Si usted supiera lo que me entra en el pecho cuando veo la felicidad», le confiesa. El narrador no quiere que le mire, por la pena que le da la expresión de sus ojos: «Que sé y veo lo que te encierran esos diamantes de amargura, y siento ansias de blasfemar y de no vivir.»[46]

A Adelaida podemos añadir la poco agraciada Trinidad, que en la prosa incompleta *La soñadora* (¿1917?) espera inútilmente al Lohengrin que no llegará nunca.[47]

La segunda composición de esta serie de prosas, fechada el 13 de enero de 1917, tiene, como la primera, título musical, *La sonata de la nostalgia*. Se divide en cuatro tiempos y es temáticamente más subjetiva que la primera. «Las noches de septiembre son claras y frías», empieza. El yo, delante de su piano con la música de Chopin, piensa en la amada que le ha abandonado y la imagina en el acto de romper en mil pedazos una carta suya. Hay un apasionado diálogo entre los dos. La muchacha explica que, si antes le amaba, ya no puede: se considera «imposible para ningún hombre de la tierra» e insiste en que morirá «virgen sin ningún contacto carnal [...] virgen de contacto con los hombres».

Se trata de una chica «toda marfil y oro»: pálida, de pelo dorado, manos blancas y «figura de espuma».

Al final de la composición se repite la oración inicial, «las noches de septiembre son claras y frías». Y sigue el yo: «En una de esas noches vino al suelo la balumba de mis ilusiones. Las estrellas no brillan... A lo lejos veo una estrella roja que es la vida. Allí iré y encontrará mi espíritu tranquilidad... La fiebre de la actividad sea conmigo y estaré salvado de las nostalgias traidoras... Los árboles agonizan lentamente. Septiembre tiene unas noches claras y con luna azul. Mi primer amor se desmoronó en una noche clara y fría de ese mes.»[48]

En un momento del año muy preciso, pues, «viene al suelo» la balumba de las ilusiones amorosas, el primer amor «se desmorona». Son imágenes de *hundimiento* definitivo.

Los primeros escritos de Lorca demuestran que, como en el caso de su Beethoven, se trata de un «alma en pena», de un alma que *pena* siempre, obsesivamente, «desengaños de amor». El mencionado psicoanalista Emilio Valdivielso Miquel no lo dudaba: los textos juveniles del poeta revelan «unos sentimientos totalmente depresivos».[49]

En el cuento *Historia vulgar* (13 de enero de 1917) el tema es parecido, proyectado esta vez sobre una pareja de campesinos cuya pobreza impide que puedan casarse como está pidiendo a gritos la Naturaleza. Emigrada ya la novia con su familia sin poder despedirse de su amante, este se suicida. El narrador se indigna: «Vosotros, los que derrocháis el dinero en cosas inútiles, no sabéis que hay muchas gentes que serían felices quizá toda su vida con unas cuantas monedas con que empezar a vivir.» Y pide al final del cuento que el lector tenga misericordia del desafortunado campesino muerto de amor.[50]

Unos meses después, en otra prosa, el yo se incluye como necesitado de misericordia:

> Yo me arrodillo ante la grandeza de espíritu de los hombres geniales. Yo soy de oraciones en su honor. Yo los amo y les pido que tengan misericordia de mí. Beethoven que moriste de amar, ten misericordia de mí. Chopin que moriste de pasión, ¡ten misericordia de mí! Hugo que moriste de grandeza, ten misericordia de mí. Juan de la Cruz que moriste de dulzura, ten misericordia de mí [...] Rubén Darío que moriste de sensualidad, ten misericordia de mí.[51]

En *Estado sentimental. La primavera* (27 de marzo de 1917), el yo nos asegura que, en dicha estación del año, los corazones «que son de amargura y recuerdo sufren las nostalgias de lo que pasó» y vuelven a experimentar el dolor del primer amor, perdido para siempre. Cuando llega el hálito de la vida nueva, el olor de la Naturaleza para tales corazones «es puñal». «La primavera la siento llegar —sigue— y de mi espíritu nacen las rosas de pasión que el frío del invierno logró marchitar.» No hay remedio, con la vuelta de la luz llega, fatalmente, «el olor de la que se fue que el corazón tenía en sus cámaras ocultas y que la primavera esparció con ayuda de los recuerdos». «Ahora he bebido las hieles de la primera desilusión de amor —precisa el yo— y en mi corazón se ha clavado una espina de rosa que lo hará sangrar hasta que deje de latir.»[52]

En otras páginas de la *juvenilia* el yo incidirá sobre el mismo tema: que para él la llegada de la primavera es mortal porque aviva el dolor y el recuerdo, amortiguados por el invierno, del «viejo amor único», vivido el verano anterior y luego «desmoronado».[53]

La amante que se fue para siempre tiene ojos azules, cabellera de oro, manos blancas. Son notas características que se le atribuyen con insistencia en otros muchos momentos de la *juvenilia*. «Rubia eres como el mismo sol. Tus cabellos son rayos de sol», empieza la prosa *Sonata que es una fantasía* (¿1917?), en cuyo cuarto tiempo solloza un piano; otra vez, música de Beethoven.[54] En *Un vals de Chopin* (¿1917?), la mujer que se aleja para siempre, «esbelta y rubia», tiene «cabellos dorados».[55] En *Mística de amor infinito y de abandono dulce* (21 de mayo de 1917) el yo recuerda «la música de unas manos blancas, los ojos azules que miraban y adormecían».[56] «Tu figura de oro / aún la guardo en el pecho», leemos en «Canciones verdaderas» (24 de octubre de 1917).[57] «La rubia mujer huyó de mí / Entre tenúes celajes rubí. / Desde entonces jamás la vi. / Su corazón se oculta en pianos sombríos», rezan unos versos de «Bruma del corazón» (12 de diciembre de 1917).[58] En «Nostalgia» (30 de diciembre de 1917) surge el recuerdo de «la tenue figura que amé».[59]

El poema «[¿Por qué será tan triste?]» (18 de mayo de 1918) es quizá uno de los más reveladores:

¡Cuánto sufro contigo!
En mis brazos echada
Como un lirio muy blanco

Muy cerca de mi cara,
Con tus ojos azules
De pájaro o de hada,
Con tus rubios cabellos
Flotando en las espaldas [...]
Cuánto sufro contigo en mis brazos echada.
Sufro porque te quiero tan niña y tan mimada
Con el pelo de oro y el vestido de gasa,
Como si en vez de nena fueras paloma blanca.

Al final del poema aparece otra vez el piano. Va siendo evidente que el instrumento se asocia habitualmente con la amada. Cabe la sospecha de que el intérprete sea el propio poeta:

El piano de cola de sonido sangraba
Con un vago nocturno que un muchacho tocaba.
Ella vino a mi lado con su oro y su gasa.
¿Es Chopin?... Sí, Chopin...
Y no le dije nada.
... Después al separarnos
La tristeza me ahogaba...[60]

El poema «El madrigal triste de los ojos azules» (6 de diciembre de 1918) es todo un elogio a los de la amada, recordada aquí como muy joven («Eres tan niña que mis amarguras / Las oyes distraída y sonriyendo [*sic*]»). Hacia el final del poema leemos: «Mi madrigal no lo sabréis nunca, / Ojos azules que mirar no quiero, / Pero que sin mirarlos dan la muerte / Con el puñal azul de su recuerdo.»[61] En «Madrigal apasionado» (abril de 1919) es, otra vez, el pelo de la amada: «Quisiera en tu cabellera / De oro soñar para siempre.»[62] *Mística que trata del dolor de pensar* (13 de abril de 1917) empieza: «Ayer soñé, y te vi toda de transparencias y sonrisas dulces...»[63] Las transparencias recuerdan el «vestido de gasa» de la amada evocada en «[¿Por qué será tan triste?]», citado arriba. En *Mística que trata de la melancolía* (10 de mayo de 1917), el yo percibe «en el fondo, allá entre los celajes brumosos de las nubes heliotropo, unos ojos azules que me miran apasionados», y que le producen «nostalgia infinita».[64] En *Mística que trata de un amor ideal* (¿mayo de 1917?) encontramos otra vez la asociación musical: «Tu música... son mis manos y Chopin... ¿Por qué eres tan dulce? ¿Por qué eres tan pálida...? ¿Por qué tu aurora de vida fue mi muerte...? Eres tan augusta y tan ligera al mismo tiempo. Apenas fuiste niña cuando te convirtieron en esencia de mujer que lo sabe todo... Yo fui el primero...»[65] Como vimos hace un momento, la alusión al piano vuelve en *Mística de amor infinito y de abandono dulce* (21 de mayo de 1917).[66]

En la prosa *El poema de mis recuerdos* (¿1917?), el yo evoca los ojos azules y «la boca de rosa» de la amada, otra vez en presencia de Beethoven y de Chopin, los dos compositores más aludidos en la *juvenilia*. «Tu corazón fue mío... pero como una estrella loca de verano», se lamenta.[67] *El corazón. Estado sentimental* (22 de enero de 1918) contiene una referencia que da a entender que la muchacha no solo amaba la música sino que tocaba ella misma el piano: «Por mis oídos pasa rumoroso y exquisito un andante de Franz [*sic*] Kuhlau dicho por la que nunca más besaré.»[68] Se trata, al parecer, del alemán Friedrich Kuhlau (1786-1832), algunas de cuyas obras para piano se utilizaban con frecuencia entonces para que el alumno adquiriera una buena técnica.[69] La posibilidad de que la amada fuera pianista se confirma en *Mística de amor infinito y de abandono dulce* (21 de mayo de 1917), donde el yo exclama: «¡Aquellos dedos que eran vida de Beethoven! ¡Aquellos labios que eran sangre y diamantes! ¡Aquellos oros de cabellera, río de suavidades!»[70]

Destaquemos, finalmente, la prosa *Pierrot. Poema íntimo*, donde el protagonista, claro trasunto del poeta, entona una apasionada canción a los ojos azules de la «tenue figura» amada y perdida:

> *Me matan los ojos azules,*
> *Sexos de espíritus vagos.*
> *Me matan los ojos azules*
> *Que sueñan entre abetos y abedules*
> *En países de nieve brumosos y magos.*[71]

En otros muchos momentos de la *juvenilia* recurren estos mismos motivos. ¿Cómo no sospechar la posibilidad de estar ante una lacerante experiencia amorosa vivida de verdad, y no un mero tema literario?

LAS DOS MARÍAS LUISAS

La sospecha ya se me ocurrió mientras escribía mi biografía del poeta, publicada en dos tomos, respectivamente, en 1985 y 1987. Pensé entonces que quizá la amada era María Luisa Egea, según el pintor Manuel Ángeles Ortiz —íntimo amigo de Lorca— una de las chicas más guapas de Granada y «musa» del Rinconcillo, el grupo de jóvenes literatos y artistas que se reunía en el Café Alameda de la plaza del Campillo (hoy restaurante bar Chikito).[72] Parecía apoyar tal hipótesis la dedicatoria «A María Luisa Egea. Bellísima, espléndida y genial... Con toda mi devoción», estampada en *Impresiones y paisajes* al inicio de la prosa «Sonidos».[73] Según me contó Isabel García Lorca, María Luisa Egea, que a veces los visitaba en casa, nunca mostró interés amoroso alguno por su hermano. Si bien era rubia y tocaba bien el piano, como la muchacha de la *juvenilia*, su edad —cuatro o cinco años mayor que Federico, siempre según su hermana— dificultaba su identificación con la hermosa «niña» que ha rechazado el amor del enfervorizado yo de los tempranos escritos lorquianos.[74]

No me fue posible consultar al respecto a la propia María Luisa Egea, que poco tiempo después de publicado *Impresiones y paisajes* en 1918 abandonó Granada. Según Manuel Ángeles Ortiz, estuvo en el estreno madrileño de *El maleficio de la mariposa*, el primero de Lorca, en 1920.[75] Luego desapareció de la vista. Dicen en su pueblo natal de Alomartes, cerca de Illora, que se casó con el embajador de España en Alemania, que tuvieron que huir del nazismo y que ella murió en Argentina. También hay quienes aseveran que se casó con un rico joyero. El hecho es que de ella sabemos poquísimo.

El tema de la posible destinataria de los poemas amorosos de la *juvenilia* quedaba así en el aire.

Y luego ocurrió lo imprevisto.

En la serie televisiva de Juan Antonio Bardem *Muerte de un poeta*, con el actor inglés Nickolas Grace en el papel del poeta, María Luisa Egea figuró como la mujer deseada, pero imposible, del joven poeta. Unas semanas después de su estreno en TVE recibí una carta, fechada en Madrid el 28 de noviembre de 1987, que me produjo creciente extrañeza y fascinación. La firmaba una señora llamada María del Carmen Hitos Natera. Resultaba que en la vida amorosa del Lorca joven había habido una María Luisa previa a María Luisa Egea. Y esta vez parecían encajar los detalles:

Esa joven *era mi madre*. Se llamaba María Luisa Natera Ladrón de Guevara, era cordobesa, su hermano (el amigo de Lorca) era Mariano y su padre era un ganadero cordobés. Se conocieron un verano en un balneario de Granada y Lorca se enamoró de aquella niña rubia, de ojos azules, de trenzas doradas, tan bella, y que tocaba el piano con él a cuatro manos. Mi madre guardaba sus cartas, no se enamoró ella de él (le parecía poco varonil) pero sobre todo era muy pequeña, catorce o quince años, nació en 1903 o 1904. Mi madre se casó luego, a los veinticinco años, con otro granadino, también artista, pintor, pero andaluz y celoso, que un día, siendo sus hijos aún pequeños, rompió las cartas de Lorca... así de terrible [...].

No tenemos, pues, documentos de esto que le cuento, pero supongo que me cree. Cuando vi por TVE la serie, puse boca abajo mi casa, porque sé que había una foto en el balneario y estaban mi madre y Lorca [...] tampoco la encontré.

Contesté poco tiempo después la inesperada comunicación y pedí más datos. «Sé que tocaban el piano a cuatro manos —me escribió María del Carmen Hitos Natera— y que él la llamaba "mi niña, la de los ojos azules y las trenzas rubias".» Luego, en una posdata, la señora Hitos agregaba que siempre había creído que su madre inspiró «Balada interior», de *Libro de poemas*:

> *Mi primer verso,*
> *La niña de las trenzas*
> *Que miraba de frente,*
> *¿Está en ti*
> *Noche negra?*[76]

No seguí entonces la pista de la nueva e insospechada María Luisa. Otras tareas urgentes me ocupaban y creía, equivocadamente, haber acabado con mi cometido biográfico. La redacción del presente libro me ha hecho reabrir mis archivos, retomar el hilo, indagar más. Y conocer personalmente a la hija de la «otra» María Luisa, que me ha explicado que el encuentro con Lorca tuvo lugar en un balneario andaluz al cual acudió o acudía su madre, Luisa Ladrón de Guevara Costi, aquejada de diabetes, acompañada de María Luisa y sin duda de otros miembros de la familia. Acompañada, quizá, en más de una ocasión. Pero ¿qué balneario? María del Carmen no lo sabía. El de Villaharta, en Córdoba, no parecía muy probable. El candidato número uno era indudablemente el muy concurrido de Lanjarón, que sabemos frecuentaba la madre del poeta.[77]

Pero ¿se trataba realmente del primer amor de Lorca, reflejado con tanta insistencia en la *juvenilia*? «Amor de un verano», llamaba aquel encuentro María del Carmen Hitos Natera en la segunda carta que me dirigió, tal vez recogiendo una frase de su madre. «Tu corazón fue mío... pero como una estrella loca de verano», escribe Lorca en la ya citada prosa *El poema de mis recuerdos*, probablemente de 1917.[78]

No ha sido nada fácil obtener una copia de la partida de bautismo de aquella muchacha, toda vez que la iglesia parroquial de la Inmaculada Concepción de Almodóvar del Río, su lugar natal, fue incendiada durante la guerra, con la pérdida de su archivo. Por suerte, cuando en 1930 se iba a casar con el granadino Enrique Hitos Rodríguez en el Sagrario de Córdoba, se pidió copia de su partida de bautismo al párroco de Almodóvar. Ha sido posible localizar este documento en el archivo correspondiente. Por ella sabemos que María Luisa nació en Almodóvar el 12 de abril de 1902, y que le fueron puestos los nombres de Luisa, Pilar, Esperanza y Julia de los Santos Reyes. Su padre era Antonio Natera Junquera; su madre, Luisa Ladrón de Guevara Costi.[79]

En la familia, según me ha contado otra hija suya, Pilar, se la conocía como Luisa o Luisita. No está claro cuándo se le añadió el nombre de María.[80]

Si el encuentro de Luisa y Lorca ocurrió, como creo, en 1916, ella tenía catorce años y él, dieciocho. Por las fotografías que se conservan podemos apreciar la gran belleza y delicadeza de la muchacha (ilustraciones p. I).

En cuanto al Lorca de esta época, las imágenes nos muestran, sobre todo las sacadas por Rogelio Robles, a un joven de pelo negrísimo, hermosos ojos oscuros, mirada intensa, lunares en la cara —procedentes de la madre— y sensibilidad a flor de piel. Está claro que no se trata de un deportista, de un fornido jugador de rugby, de un adiestrado jinete, sino de un artista. ¿De buen ver? Depende de la fotografía. En algunas sí. El guapo de la familia, de todos modos, era Francisco, cuatro años menor que Federico, y es posible que ello constituyera un problema para el poeta, nunca muy satisfecho, me parece, de su aspecto físico, quizá sobre todo por sus «torpes andares».

Según me ha contado Pilar Hitos, a su madre le gustaba mucho la música popular andaluza y tocaba bien a Granados y a Albéniz. Tenía buen oído y era capaz de improvisar. No es sorprendente que el joven Federico se enamorara de ella.[81]

Pero no pudo ser. Eran demasiado jóvenes, vivían lejos el uno de la otra, a ella Federico le parecía, pese a su simpatía y sus talentos artísticos, «poco viril», y según me ha dicho recientemente María del Carmen Hitos, Antonio Natera, el padre, ganadero de ganadería brava y hombre rico, le diría por añadidura a su Luisita algo así como «hija mía, un artista se muere de hambre en esta España inculta». ¡Cómo iba a ser novia de un poetilla sin carrera! Parece ser, por otro lado, que en Córdoba se decía, con graciosa rima, «si quieres hacer carrera, cásate con un Natera». Eran gentes de postín, y es posible que la idea de tener un joven lírico en la familia no les hiciera mucha gracia. Oposición a la posible relación hubo, pues.[82]

Hoy, las hijas de Luisa Natera lamentan profundamente, como es natural, la destrucción, en Madrid, de las cartas de Lorca a su madre, y, después, la pérdida o extravío de la fotografía en que se la veía al lado del poeta en el balneario.

¿Fueron realmente destrozadas las cartas debido a un acceso de celos por parte del marido, como me escribió en un primer momento María del Carmen Hitos? No sabemos. Ella tiende a pensar ahora que la razón, irracional, pudo ser más bien el miedo a un registro franquista —habían padecido varios— y al descubrimiento de que la familia conservaba correspondencia de un poeta rojo fusilado como enemigo del régimen. Fuera la causa la que fuera, su desaparición es trágica.[83]

En el momento de entregar este libro al editor queda abierta la pesquisa sobre la relación del Lorca adolescente, tan sediento de amor, con aquella encantadora niña de ojos azules y trenzas de oro que, según su hija, le rechazó por «poco viril». Si el encuentro tuvo lugar en Lanjarón, como parece seguro, allí podría haber una fotografía, o algún documento, olvidados durante casi un siglo. ¿O es demasiado esperar? Todavía no se ha localizado nada. Veremos si aparece algo.

María Luisa Natera murió en Madrid en 1983, diecisiete años después de su marido. Están enterrados en el cementerio madrileño de la Almudena. Fue, según sus hijas, lectora voraz y tenía en casa las obras de Lorca. No puedo creer que en los últimos años no pensara de vez en cuando, quizá a menudo, en aquel «amor de verano», amor que, si no me equivoco, marcó de modo indeleble al poeta.

Pude haberla conocido, haber escuchado de sus propios labios cómo fue. Pero entonces no sabía nada de ella. Qué rabia me da.

UN PROBLEMA

Hay que reconocer que hay un problema. Se trata de la breve prosa *Estado sentimental. Canción desolada*, fechada el 23 de enero —casi seguramente de 1917— en que el yo culpa a la sociedad de haberle separado de la amada:

> En el frío y la oscuridad de una noche de otoño me mataste con lo que decías, mi cuerpo se aletargó, mis ojos querían llorar, y la vida futura cayó sobre mi espíritu como una gran losa de hielo... Las terribles palabras las dijiste llorando y, pasándome las tibias manos por la cara, suspiraste: «Así tiene que ser. La sociedad sanguinaria nos separa. A mí también se me destroza el corazón...»[84]

Un poco más adelante el yo confirma, por su parte, que la separación se ha debido a «las espantosas conveniencias sociales», y surgen las preguntas y las imprecaciones:

¿Por qué no me puedes pertenecer? ¿Por qué tu cuerpo no puede dormir junto al mío, si lo quisieras así? ¿Por qué tú me amas con locura y no nos podemos amar? La sociedad es cruel, absurda y sanguinaria. ¡Maldita sea! Caiga sobre ella, que no nos deja amarnos libremente, nuestra maldición.

¿Qué importa que haya diferencia de clases si nosotros somos una sola alma? ¿Qué importa que tu familia sea infame y esté prostituida tu madre si tú eres pura y eucarística...? Mi pecho quisiera estallar y muchas veces llamo a la muerte... pero no puede ser... La sociedad nos separa y nos mata.[85]

El problema es que, si sometemos el texto a una mera prueba *biografista*, los datos sobre la familia «infame» de la amada, y la condición de su madre, no encajan en absoluto con lo que sabemos de la familia de María Luisa Natera Ladrón de Guevara, aunque sí coincide el tema de la separación o imposibilidad por razones sociales. Pero, a la hora de ir convirtiendo su experiencia en texto literario, nadie le puede exigir a un escritor que no mezcle hechos «reales» con hechos inventados. Señalo este texto porque no quisiera que se me acusara de una lectura exageradamente reduccionista de estos textos tan personales. El fondo es autobiográfico, y el feroz resentimiento contra una sociedad represiva. Pero nada impide que el relato contenga elementos fabulados. Sigo pensando que detrás de la angustia amorosa de la *juvenilia* está la relación imposible con la bella María Luisa.

El yo de los escritos juveniles ha perdido al gran amor de su vida, fuera como fuese, exactamente, la experiencia amorosa del poeta llamado Federico García Lorca. Está convencido de que ya no habrá otro. Es «un náufrago en la pendiente escabrosa del amor», un «náufrago de amor doliente».[86] Su «ilusión de ser grande en el amor», experimentada así ya en la infancia, ha sido un fracaso.[87] «El amor / Bello y lindo se ha escondido / Bajo una araña.»[88] El amor está «carcomido».[89] El adjetivo vuelve en el poema «Canciones verdaderas» (24 de octubre de 1917): «Soy un Apolo viejo, / Húmedo y carcomido / Blanco donde Cupido / Agotó su carcaj.»[90]

La amargura que al yo le produce su «vida sin fruto» es «infinita».[91] Es «una amargura inmensa tan grande como el mar».[92] En «Angelus» (7 o 9 de febrero de 1918) leemos:

> *Amargura.*
> *¿Dónde mi amor se esconderá?*
> *Está muerto.*[93]

En «Romanzas con palabras» (31 de marzo de 1918) va llegando otra vez la intolerable primavera, y el yo lamenta sus «trágicas bodas / Sin novia y sin altar»:

> *Un velo blanco de desposada*
> *Cubre a la novia que nunca veré.*

Ella era dulce y vaga y sentida,
Era sagrario donde iba mi vida.
Pero una noche callada y dormida
Como princesa de cuento se fue.[94]

Las preguntas puntúan, urgentes, estos textos. ¿Qué es lo que le pasa? ¿Por qué tanto sufrimiento? En el poema «Carnaval. Visión interior» (11 de febrero de 1918) se identifica con Pierrot:

¿Por qué estarán llamando sobre mi corazón
Todas las ilusiones con ansias de llegar,
Si las rosas que huelen a mujer
Se marchitan a mi lento sollozar?...[95]

En *Estado de ánimo de la noche del 8 de enero* (¿1917?) se formula una convicción atroz: «Yo soy un hombre hecho para desear y no poder conseguir.» No sabe la causa de su fracaso. «¿Qué tienen los labios de las mujeres? ¿Por qué su contacto me hace morir? Sin contestación.»[96]

¡Desear y no poder conseguir! El lector puede practicar sus propias calas en estos textos y constatar, abriendo por doquier, que el tema es reincidente. «Mi recuerdo me parte el corazón», confiesa el yo en «Tarde soleada» (11 de junio de 1918). Y añade: «Era una sombra blanca que me dijo No.»[97] En «Alba» (abril de 1919), leemos: «¿Por que te perdí por siempre / En aquella tarde clara? / Hoy mi pecho está reseco / Como una estrella apagada.»[98] Habla por sí mismo el título del poema «Aria de primavera que es casi una elegía del mes de octubre» (30 de abril de 1918). Ya conocemos la alergia a la primavera del primer Lorca. Y aquí, efectivamente, el yo, aquejado por un rebrote de su «antigua pasión», insiste en que está expresando sus sentimientos reales, no imaginados: «No es aria de primavera / Lo que canto. Es verdad.» Los siguientes versos amplían el tema:

> *¡Qué tristeza tan inmensa*
> *Es ser joven y no serlo!*
> *Ver la vida que transcurre*
> *Sin poderla contemplar,*
> *Con los ojos juveniles*
> *Arrasados en amores,*
> *Y en labios frescos y rojos*
> *Su sangre y su luz libar.*[99]

Si en la mayoría de los poemas de la juventud el yo expresa su angustia en términos explícitamente subjetivos, hay una tendencia cada vez más evidente a proyectarla sobre otros personajes. Ya hemos visto que uno de ellos es Pierrot.

«Necesito mi idilio —clama la Carbonerita en la pequeña obra teatral sin título protagonizada por ella (1921)—. Soy un Sueño de amor sin conseguir. Necesito mi idilio.»[100] Se trata de una de esas mujeres a quienes, como a Beethoven, «el amor hizo penar / Hambrientas de placer y de besos».[101]

Otro personaje de la *juvenilia* que quiere su idilio llega a Lorca desde el folclore andaluz. Se trata de «la viudita del conde Laurel», protagonista de una canción infantil, muy conocida, que se cita varias veces en estas páginas tempranas:

Yo soy la viudita
Del conde Laurel.
Que quiero casarme
No tengo con quién.

En la obrita de teatro titulada *La viudita que se quería casar* (¿primera mitad de 1919?), la muchacha espera la llegada del joven príncipe que ha pedido su mano. Falta el final del drama, pero está claro que no tendrá el idilio anhelado: los celos de su guardián, vetusto marqués asesino, se encargarán de que muera el galán antes de alcanzar el castillo. Tal vez vale la pena añadir que la apetecible viudita, como María Luisa Natera, tiene «manos de nácar» y «bellísimas trenzas rubias» (no se especifica el color de sus ojos).[102]

La viudita recuerda a otra víctima que, procedente de la tradición popular, asoma a «Balada triste. Pequeño poema» (abril de 1918) donde se lee:

Y de aquella chiquita, tan bonita,
Que su madre ha casado,
¿En qué oculto rincón del cementerio
Dormirá su fracaso?[103]

Uno de los poemas más intensos de la *juvenilia* lorquiana es el titulado «Elegía» (diciembre de 1918), inspirada por una granadina (Maravillas Pareja) para quien, así lo intuían el poeta y sus amigos, no llegaría la felicidad amorosa:

Llevas en la boca tu melancolía
De pureza muerta, y en la dionisíaca
Copa de tu vientre la araña que teje
El velo infecundo que cubre la entraña
Nunca florecida con las vivas rosas
Fruto de los besos.

En tus manos blancas
Llevas la madeja de tus ilusiones,
Muertas para siempre, y sobre tu alma
La pasión hambrienta de besos de fuego
Y tu amor de madre que sueña lejanas
Visiones de cunas en ambientes quietos,
Hilando en los labios lo azul de la nana.[104]

Esto ya es Lorca «auténtico», Lorca como le conoceremos después, empatizando con otro ser dolorido, en este caso una mujer condenada por una sociedad injusta y machista a no poder vivir la vida que le pertenece, y que padece, en consecuencia, una «melancolía de pureza muerta». La palabra *melancolía* recurre una y otra vez en la *juvenilia* en un contexto de profunda frustración amorosa. Y es que Lorca, en lo más hondo, padece la melancolía de no poder vivir su vida auténtica, la melancolía de «labios cansados de besar en el aire».[105]

Hablando unos años después de la Granada de su juventud, el poeta puso resueltamente los puntos sobre las íes. «Quien ha vivido, como yo —dijo—, y en aquella época, en una ciudad tan bárbara bajo el punto de vista social como Granada, cree que las mujeres o son imposibles o son tontas. Un miedo frenético a lo sexual y un terror al "qué dirán" convertían a las muchachas en autómatas paseantes, bajo las miradas de esas mamás fondonas que llevan zapatos de hombre y unos pelitos en el lado de la barba.»[106]

Hablaba de lo que conocía, de lo que había vivido.

La Viudita, la Carbonerita, Adelaida, la chiquita que duerme el fracaso de su matrimonio forzoso en un rincón del camposanto provincial, la protagonista de «Elegía», Trinidad, Juana la Loca, María Elena, agostada por la ausencia del novio que se marchó...[107] Todas ellas «gustaron marfil de la muerte / Sin haber vislumbrado el amor»,[108] y son las precursoras de las mujeres sedientas de felicidad que poblarán la obra posterior. No creo que hagan falta más ejemplos para demostrar hasta qué punto Soledad Montoya, Mariana Pineda, Yerma, doña Rosita la soltera y los demás personajes femeninos de Lorca, a los cuales se puede añadir don Perlimplín, se anticipan en los textos juveniles... y hasta qué punto son proyección de la angustia del propio poeta.

Añadamos, por otro lado, que en Lorca se da una clara, explícita identificación con quienes padecieron la «toma» de Granada por Fernando e Isabel. «Yo creo que el ser de Granada me inclina a la comprensión simpática de los perseguidos —declaró en 1931—. Del gitano, del negro, del judío..., del morisco, que todos llevamos dentro.»[109] Parece ser que, al pronunciar estas palabras, tenía presentes no solo a los negros norteamericanos, a quienes acababa de conocer en Nueva York, sino a los esclavos negros habituales en la Granada islámica.[110]

La conciencia de pertenecer a la otra Granada, la Granada de las tres culturas machacada por los cristianos a partir de 1492, con prohibiciones y exilios y expolios, ya se encuentra larvada en la *juvenilia* del poeta y formará elemento consustancial de su manera de estar y de actuar en el mundo.

VENUS Y LAS PROSTITUTAS GRANADINAS

En el poema «Mar» (abril de 1919), el yo lorquiano afirma categóricamente:

> *La estrella Venus es*
> *La harmonía del mundo.*
> *¡Calle el Eclesiastés!*
> *Venus es lo profundo*
> *Del alma...*[111]

Los copiosísimos primeros textos del poeta, leídos en su conjunto, confirman que, en efecto, la diosa del amor y del deseo sexual representa para Lorca «lo profundo del alma». O sea, lo más hondo del ser humano. Casi se podría decir que Venus/Afrodita preside la *juvenilia*. «La figura de Venus desnuda sobre un fondo de espuma y de azules tritones, es algo de nuestro cerebro», se nos asegura en una página de *Impresiones y paisajes*.[112] En la prosa *Un prólogo que pudiera servir a muchos libros* leemos: «Brillan nuestras estrellas interiores al sentir la cálida caricia de Venus que tiembla tiernamente en el horizonte.»[113] La desconsolada «Aria

de Primavera que es casi una elegía del mes de Octubre»
(30 de abril de 1918), donde surge otra vez la visión «de
la novia / Que perdió mi corazón», tiene estos versos
algo ingenuos:

> *En los aires cristalinos*
> *Hay música en honor*
> *De Venus virgen y madre,*
> *Símbolo franco de amor*
> *Que en todas las religiones*
> *El hombre sabio implantó.*[114]

En «Mañana» (7 de agosto de 1918), el yo recuerda
—¿cómo lo iba a olvidar?— que «Madre Venus» se en-
gendró en el mar.[115] El tema se amplía en «El macho
cabrío» (1919), composición que no por nada, como
señaló Francisco Umbral en *Lorca, poeta maldito*, ocupa el emblemático último puesto del voluminoso *Libro
de poemas*.[116] Lorca tenía un ejemplar de la espléndida
edición bilingüe de *La teogonía*, de Hesíodo, traducida por Luis Segalá y Estalella, con hermosos dibujos
del inglés John Flaxman (1910).[117] «El macho cabrío»
demuestra que el poeta leyó allí con atención —y asi-
miló— la versión que da el poeta griego del nacimiento
de la diosa. Según ella, Cronos (el Saturno de los romanos) le cortó los testículos a su padre, Urano (el Cielo),
utilizando una hoz, y luego los arrojó al mar, donde
fueron llevados «largo tiempo de acá para allá en el pié-
lago, hasta que la carne inmortal se cubrió de blanca
espuma [*aphros*] y nació una joven, que se dirigió primero a la sagrada Citera y más tarde a Chipre, situada

en medio de las olas. Al salir del mar la veneranda hermosa deidad, brotaba la hierba por doquier que ponía sus tiernas plantas». Hesíodo enumera a continuación los diferentes nombres de la diosa: Afrodita («porque se nutrió de la espuma»), Citerea («la de la hermosa diadema, porque se dirigió a Citera»), Ciprigenia («porque nació en Chipre, la isla azotada por las olas») y Filomnedes («porque brotó de las partes verendas»).[118]

Por el hecho de haber nacido, sin intervención femenina, de los genitales cortados de su padre, Afrodita *Urania* estaba asociada, según se señala en el *Simposio* de Platón, con el amor entre hombres. Ello explica que, a partir de las últimas décadas del siglo XIX, se acuñara y popularizara en Europa el término *uraniano* como sinónimo de «invertido» (la palabra *homosexual* todavía no se había inventado). Cabe conjeturar que Lorca estaba al tanto del neologismo, aunque la palabra no aparece en su obra.[119]

En «El macho cabrío», el yo lorquiano, con Hesíodo muy presente, tropieza, cerca de un río, con un magnífico espécimen de dicho animal acompañado de su rebaño sumiso de cabras. Entre las palabras que dirige al «más intenso animal» encontramos las siguientes:

> *Tu sed de sexo*
> *Nunca se apaga;*
> *¡Bien aprendiste*
> *Del padre Pan!*

Unos versos más adelante, el yo sentencia:

> *Grecia vieja*
> *Te comprenderá.*

«Metamorfosis / De viejos sátiros», derramadores de «lujuria virgen / Que no tuvo otro animal», los machos cabríos —no lo duda el yo— tienen con Venus una relación de íntimo parentesco:

> *¡Machos cornudos*
> *De bravas barbas!*

> *Nacisteis juntos con Filomnedes*
> *Entre la espuma casta del mar,*
> *Y vuestras bocas*
> *La acariciaron*
> *Bajo el asombro astral.*[120]

A Lorca le fascinaba la mitología grecorromana, sobre todo por sus contenidos eróticos. En su brillante análisis de este poema, y de otro de parecido tema del mismo libro, el titulado «Sueño», Ángel Sahuquillo ha rastreado las connotaciones homosexuales y satánicas del macho cabrío en la literatura y la mitología. A él remito al lector interesado.[121] Solo añadiré por mí parte que Lorca, al hacer que nazca el barbudo animal junto con Venus, y de la misma espuma/esperma del castrado dios Urano, se separa de Hesíodo, donde no consta tal asociación (en *La teogonía* acompañan el nacimiento de la diosa Deseo y Eros). Parece ser que el compartido nacimiento fue «corazonada» propia del poeta, aunque no la relación simbólica de la diosa con el macho cabrío. En su magnífico libro *La diosa del amor. El nacimiento, triunfo, muerte y regreso de Afrodita*, Geoffrey Grigson incluye una fotografía de un relieve griego en el cual Afrodita lleva entre sus brazos, cariñosamente, un hermoso ejemplar de la criatura. El mismo autor señala que en una de sus advocaciones la diosa se llamaba Afrodita Epitragia, «Afrodita a lomos del macho cabrío», y que en un famoso templo suyo del Peloponeso había una conocida escultura en la cual se la veía cabalgando así.[122] Quizá Lorca sabía algo de ello. O tal vez influyó su percepción de que el chivo es representante o emisario del lascivo dios Pan, deidad vinculada con Venus en la *juvenilia*, como se aprecia, por ejemplo, en el poema «Tardes estivales» (4 de diciembre de 1917), donde los dos se abrazan «cercados de bacantes».[123] Sea como fuera, el hecho es que en «Sueño» el yo poético va montado, como la diosa, a lomos de un macho cabrío con «ojos luminosos y azulados» que le alumbran el camino. La identificación de poeta y animal es estrecha.[124]

A Lorca no le podía ser indiferente, por otro lado, el hecho de vivir en una ciudad cuyo nombre coincide, si bien no etimológicamente, con la granada, fruta adoptada por los cristianos como símbolo heráldico del último reducto árabe en España, conquistado en 1492. Y no le podía ser indiferente, entre otras razones, porque la granada está íntimamente asociada con Afrodita, quien al pisar tierra por vez primera, en Chipre, se la regaló a los habitantes de la isla como emblema amoroso. El poema lorquiano «Canción oriental» (1920) —acendrado elogio de la fruta y sus singularidades—

demuestra que el poeta conocía bien la fruta... y su relación con la diosa:

> *¡Oh granada abierta!, que eres*
> *Una llama sobre el árbol,*
> *Hermana en carne de Venus,*
> *Risa del huerto oreado.*
> *Te cercan las mariposas*
> *Creyéndote sol parado,*
> *Y por miedo de quemarse*
> *Huyen de ti los gusanos.*
>
> *Porque eres luz de la vida,*
> *Hembra de las frutas. Claro*
> *Lucero de la floresta*
> *Del arroyo enamorado.*
>
> *¡Quién fuera como tú, fruta,*
> *Todo pasión sobre el campo!*[125]

Hay que suponer que Lorca no desconocía tampoco que la palabra *afrodisíaco*, que aparece varias veces en la *juvenilia* —veremos más adelante alguna instancia— procede de *Afrodita*.

Termino este breve *excursus* venusino señalando que en el pequeño poema «Mediterráneo» (25 de marzo de 1922), parte de una *suite*, el poeta vuelve a insistir, con una imagen atrevida, sobre el mito del nacimiento de la diosa:

> *¡Mar latino!*
> *El gran falo del cielo*

> te dio su calor. Tu ritmo
> fluye en ondas concéntricas
> de Venus, que es tu ombligo.
> ¡Mar latino![126]

El «gran falo del cielo», claro, es el de Urano, que se supone incluido con los testículos del dios en la brutal castración edípica llevada a cabo por su hijo Saturno (quien, como veremos, reaparecerá en la obra lorquiana).

La sed de sexo del yo de la *juvenilia* lorquiana, como la de los machos cabríos, no se apaga nunca. El problema es que no encuentra más cauce que el imaginado:

> *Que la vida es eso:*
> *Un afán constante,*
> *Un llanto infinito*
> *De son otoñal,*
> *Un camino triste*
> *Que ilumina el sexo que en vano buscamos,*
> *Un dolor fatal...*[121]

La búsqueda de la plenitud erótica, casi siempre abocada al fracaso, será tema central de toda la obra de Lorca, como ya se ha indicado, desde los primeros textos hasta el último, tanto los poéticos como los dramáticos.

En *Mística de amor infinito y de abandono dulce* (21 de mayo de 1917) se afirma sin ambages que «la sexualidad es la eterna preocupación y la causa de los terribles males de la humanidad». Por ello, con una alusión al famoso discurso de don Quijote sobre la Edad de Oro, el yo se imagina ingenuamente un mundo bucólico donde se practique gozosamente el amor libre, sin que nadie pertenezca a nadie y nadie tenga que sentirse rechazado, «pues las relaciones de amor serían iguales entre todos».[128]

La fatal dicotomía alma/carne es una obsesión constante de las «místicas» lorquianas (que suman unas veinte, la gran mayoría escritas durante mayo y junio de 1917). Es el caso de *Mística de luz infinita y de amor infinito*, a cuyo final se estampa la indicación: «Noche de inspiración / F. García Lorca / Junio 27 de 1917.» En esta prosa el yo discurre incontenible sobre «los derechos que tiene el alma mientras está encerrada en el cuerpo», y anhela ansioso la llegada de una liberadora «luz interior». En la sección «Ansia mortal», con epígrafe de san Juan de la Cruz («y el alma recliné sobre el amado»), hay una desesperada llamada a la persona deseada, y el lenguaje adquiere tono de delirante letanía erótica: «Por ti sería carne sin alma para gozarte en una cópula que haría sonrojar de vergüenza y de espanto a la misma Venus. Por ti sería ojos de esmeralda muy profundos para mirarte e hipnotizarte en gasas mediterráneas y efluvios de plenilunio. Por ti sería manos de Dios para elevarte en la medianoche sobre la tierra como un cáliz de belleza suprema.»

La soledad de este yo «ensangrentado de dolor de amor» es espantosa: «Siempre manando angustias todo mi ser, y los efluvios de luna me recordarán al imposible corazón rubio que huye de mí, y en los *crescendos* de sol sentiré ansias de morder y de ser mordido, ansias de sed y ansias de muerte en el caos de la vida apasionada.» Luego viene un canto tan inesperado como ardoroso a los pechos femeninos. No hay nada comparable en toda la *juvenilia*:

No sé si mi alma resistiría el goce supremo de inclinar la cabeza sobre los senos del amor escondido. ¿Quién no cantaría los senos de una mujer? En ellos está oculto el misterio ancestral de lo infinito y sus pomas son las piedras arrebatadas del pecado. Eva tuvo en sus pechos la boca de Adán. Julieta gustó los escalofríos de las manos de Romeo. Leda tuvo en ellos el pico del cisne Júpiter. La virgen Cecilia sintió en sus hostias de pureza el aire varonil del órgano... Cleopatra se estremeció de la viscosa caricia de la víbora... Y Margarita* murió de espasmos en ellos causados por bocas tísicas. En ellos se esconde una parte del alma femenina. Ellos son la leche blanca y caliente que corre por las gargantas de los ángeles. En sus arcanos de caminitos azules y manchas de constelación está nuestra sangre y nuestro pensamiento. Son instrumentos de placer y de dolor [...] No sé si mi alma resistiría el goce supremo de reclinar la cabeza sobre los senos del amor escondido... Senos los míos de ensueño. De agua, de rosa, de nácar, de miel, de trigo, de violeta, de rubíes, de corazón, de nube, de aire, de verano, de calor de agosto, de nieve de invierno. Goce sublime el reclinarme sobre ellos y al son de ningún son, ser todo y ser nada... como el filósofo de la oscuridad.[129]

* Se trata, creo, de Marguerite Gautier, protagonista de la famosa novela de Dumas *La dama de las camelias*.

Leyendo estos textos obsesivos y reincidentes es difícil no preguntarse por el tema de la masturbación, práctica considerada entonces, en España y fuera, repelente, vergonzosa y hasta muy peligrosa para la salud, la salud mental incluida. La *juvenilia* revela que, efectivamente, la masturbación, nunca así nombrada, fue otro elemento del «calvario carnal» del joven Lorca. Queda muy claro en la prosa sin título *[¿Qué hay detrás de mí?]* (¿1917?), donde el yo se expresa dividido entre el deseo de castidad y «las llamaradas geniales de la pasión». «Las acciones de mi cuerpo las contempla mi espíritu muy alto y soy dos durante el gran sacrificio del semen —nos asegura—. Uno que mira al cielo incensado de azucena y de jacinto, y otro que es todo fuego y carne que esparce muerta vida con perfume de verano y de clavel.»[130] Se puede comparar esta confesión con la que se hace, más veladamente, en otra prosa, *Estrella de junio* (¿1917?), donde se trata de la muerte de un «niño hombre» víctima de una juventud «agostada por el deseo». Niño hombre que forzosamente identificamos con el autor. «Cuando descansaba en sus almohadas —leemos— su deseo era tan constante que sus manos eran sacerdotes de la pasión y derramaba inútilmente el néctar precioso de la vida.» La prosa termina con la escueta indicación: «Febrero. / Federico García Lorca. / Noche de disgusto.»[131]

Aparte del alivio culpable de la masturbación, ¿sintió el joven Lorca la tentación de probar suerte con alguna prostituta? En 1965 conocí en Granada, presentado por Eduardo Molina Fajardo, director del periódico *Patria*, a uno de los mejores amigos de Lorca en los momentos inaugurales de su carrera literaria. Se llamaba Miguel Cerón Rubio. Nos hicimos bastante amigos, y a lo largo del resto de aquel año y durante 1966 recibí muchas confidencias suyas, lorquianas y otras. Miguel Cerón era hombre de gran elegancia, amante fervoroso de la música e íntimo de Manuel de Falla, con quien él y Lorca colaboraron en la organización del Festival de Cante Jondo celebrado en la Alhambra en 1922. En el piso de Cerón —en el paseo de la Bomba—, donde una vez por semana se reunían con él cuatro o cinco amigos de toda la vida para escuchar discos y charlar, lo principal eran las reminiscencias de los días anteriores a la guerra, antes del horror.

Cerón me habló a menudo de los burdeles del famoso barrio galante de La Manigua, donde era normal y corriente que muchachos granadinos de la burguesía tuviesen su iniciación sexual, no pocas veces con la aprobación paterna. Me habló del lujo de algunos establecimientos de la zona y me contó que, en uno de ellos, el poeta, según confesión propia, se dio cuenta de que su reacción ante el cuerpo femenino era de frialdad, de impotencia.

No se puede acordar a lo contado por Cerón valor de verdad absoluta, desde luego, pero visos de verisimilitud tenía su relato. Por otro lado, la compasión que al joven Lorca le inspiraban las prostitutas, explícita en la *juvenilia*, no hubiera actuado precisamente como afrodisíaco en aquella posible aventura.[132]

También me contó Miguel Cerón —y esta vez era más difícil dudar de la veracidad de su testimonio— que llegó el momento en que Lorca le visitaba con tanta frecuencia, a veces quedándose hasta altas horas de la noche, que le tuvo que decir, con excusas, que redujera aquella asiduidad. Ya rumoreaba la *vox populi* que Federico era «marica», y Cerón temía —no tuvo empacho en confesármelo— que sus vecinos decidieran que los unía una relación sospechosa. Descubrí luego que diez años antes le había dicho lo mismo al investigador norteamericano Agustín Penón.[133]

Que los temores de Cerón estaban bien fundados lo confirma el libro *Mujeres en la vida de García Lorca* (1980), de la escritora Eulalia Dolores de la Higuera, que recoge unas declaraciones de una señora granadina de buena sociedad, Cristina Gómez Contreras, que le dijo:

Mucho se ha escrito sobre Federico. Y mucho más se ha inventado y mentido también. Nosotros, en vida de él, nunca oímos nada que pudiera manchar su persona. Y mucho menos que fuera un invertido. Nunca se habló de tal cosa. Entonces, el serlo era un baldón de los más grandes para un hombre y una familia. Y nunca, ni mi marido ni mi cuñado [...] notaron nada anormal, ni comentaron en su vida nada. Y de haber habido algo raro, ellos se hubieran dado cuenta enseguida y no hubieran permitido que Federico entrara en sus casas y que sus mujeres, sus hijos y familiares tuvieran relación con él. Estas son cosas de pura patraña; y poca y mala fantasía, que inventan los seres mezquinos, envidiosos y bajos.[134]

Ángel Sahuquillo ha puesto estas declaraciones tan homófobas en relación con dos versos del poema «Infancia y muerte», escrito en Estados Unidos y ya mencionado brevemente:

Aquí, solo, veo que ya me han cerrado la puerta.
Me han cerrado la puerta y hay un grupo de muertos...[135]

Ser gay en aquella Granada era la peor tragedia que se le podía venir encima a un joven de buena familia. La ciudad siempre tuvo fama de brutal, desdeñosa y despectiva con los homosexuales. Era —como acabamos de ver— una lacra que había que ocultar sigilosamente, un calvario para las familias, los amigos, los parientes. No hay claros indicios en los textos de 1917 de que se le hubiera ocurrido todavía al joven Lorca la terrible sospecha, y menos la convicción, de pertenecer a la nefanda minoría proscrita. Al contrario, todo su afán *consciente* va dirigido hacia las mujeres. Pero sí habrá indicios al año siguiente.

EL RINCONCILLO

José Mora Guarnido (*Federico García Lorca y su mundo*, 1958) y Francisco García Lorca (*Federico y su mundo*, 1980) han evocado las apasionadas reuniones literarias que tenían lugar en el «Rinconcillo» del Café Alameda donde, por la noche, interpretaba música clásica una pequeña orquesta. Formaban el grupo unos veinte o treinta jóvenes inquietos, inconformistas y ambiciosos, en su mayoría universitarios. Algunos de ellos alcanzarían cierta celebridad en España, otros, si bien de indudable interés y originalidad, solo se recuerdan hoy por su vinculación con el poeta.[136]

Aquí únicamente cabe mencionar a algunos de ellos, en primer lugar al sumo pontífice de la tertulia, Francisco Soriano Lapresa (1893-1934), gran amigo de Lorca y objeto de una cálida dedicatoria en *Impresiones y paisajes* («Jardines»): «A Paquito Soriano. Espíritu exótico y admirable.»[137]

Doctor en Filosofía y Letras, brillante, excéntrico, alto y exageradamente gordo por disposición hereditaria —tenía, según bromeaba Lorca, vientre «de presbítero prolongado»—,[138] Soriano, cinco años mayor que el poeta, era dueño de una cara redonda y pálida, labios gruesos y sensuales, pelo negro y lacio y «aire cansado de dandi o de Buda con chalina».[139] Estaba casado con una mujer llamativa y muy libre, Concha Hidalgo, y la pareja escandalizaba a los buenos burgueses granadinos.

«El Buda con chalina» gozaba de medios privados y podía permitirse el lujo de satisfacer casi todos sus antojos bibliófilos y demás. Le devoraba una curiosidad insaciable, y sus aficiones abarcaban desde la poesía y la música contemporáneas hasta las lenguas orientales, pasando por la pintura y la arqueología. En 1919 dirigió la revista granadina *El Estudiante*, de la cual, por desgracia, solo se conocen un par de números.[140] Ganó oposiciones al cuerpo consular, pero no siguió adelante con la carrera, acaso por razones de salud. Fue, sucesivamente, maestro nacional, auxiliar de la Facultad de

Filosofía y Letras de la Universidad de Granada y profesor de la Escuela de Estudios Árabes. Entretanto, había ingresado en el Partido Socialista Obrero Español y participado en la organización de la sección cultural de la Casa del Pueblo. Fue un conferenciante notable, un conversador incomparable. Aparecían con cierta frecuencia en la prensa local noticias sobre sus actividades, así como caricaturas suyas, inspiradas por su peculiar aspecto físico.[141] «Sin pedantería ni pretensiones de maestro, simplemente exteriorizando con sencillez las cosas tan profundamente sabidas por él, Soriano nos descubría a todos perspectivas y caminos insospechados», apunta Mora Guarnido.[142]

La casa de Soriano estaba abarrotada de libros, que no dudaba en prestar a sus íntimos. «Nos ha dado lectura a todos con su gran biblioteca», manifestó Lorca en 1928.[143] Su hermano Francisco ha recordado por su parte que Lapresa los inició en la lectura de Francis Jammes, así como en la de otros autores franceses «inclinados hacia un erotismo más o menos exquisito».[144]

Soriano se especializaba, efectivamente, en libros eróticos, que figuraban entre los más pedidos por sus contertulianos del Rinconcillo.

Hay que añadir que se rumoreaba que en su casa se practicaban sesiones de sadomasoquismo e *inversión*. Así me lo declaró en 1978 el doctor Rodríguez Contreras, ya mencionado, que era pariente suyo.[145] Al periodista Eduardo Molina Fajardo le concretó el médico: «Allí había unas sesiones de sadismo, inversión, etc. A una alumna de francés del Conservatorio le atrajeron aquellas reuniones, que eran feroces, y terminó metiéndose en un convento [...] Soriano era impotente... Federico, afeminado...»[146]

Cuando Paquito Soriano murió en 1934 a la edad de cuarenta y un años, Lorca contó su «gran pena» en una carta a su amigo Rafael Martínez Nadal: «Bien puedes suponer el duelo que hemos tenido sus amigos. Se ha muerto uno de los hombres más maravillosos que he conocido en mi vida.»[147]

A Soriano Lapresa hoy apenas se le recuerda en Granada. Su espléndida biblioteca se ha desperdigado, sus papeles y su correspondencia se desconocen. Es una lástima que no sepamos más acerca de su relación con Lorca y que no tengamos su propio testimonio sobre esta, pues, como veremos un poco más adelante, fue uno de los primeros en intuir la homosexualidad del poeta.[148]

Otro *rinconcillista* que hay que mencionar en relación con el Lorca que va descubriendo su condición de gay es Ramón Pérez Roda (1887-1943), autoridad en todo lo relativo a Inglaterra y fervoroso admirador de Byron, Shelley, Rubén Darío, Ravel y Oscar Wilde. Según Mora Guarnido, Pérez Roda les hablaba de las «amarguras» del escritor irlandés.[149] Acaso fue bajo su influencia que Lorca adquirió un ejemplar de la primera edición castellana (1919) del *De profundis* de Wilde —escrito desde las tétricas «profundidades» de la cárcel de Reading—, libro que leyó con detenimiento, subrayando algunos pasajes que le llamaban especialmente la atención. Como este: «Ahora me parece que el amor, sea cual fuere su calidad, es la sola explicación posible de la extraordinaria suma de sufrimiento que hay en el mundo.»[150] Es posible que se fijara también en el siguiente comentario: «Nuestro arte es un arte lunar, y juega con las sombras, mientras el arte griego era el arte del sol y se dirigía directamente a las cosas.» Lorca, como Wilde, va a ser artista más lunar que solar, forzado por las circunstancias que no le permiten «hablar claro» de su realidad más íntima.[151] Por las mismas fechas se hizo con otro libro de Wilde, *Intenciones* (lleva la firma «Federico 1919»), que integraban *La decadencia de la mentira*, *El crítico artista* y, más importante, *Balada de la cárcel de Reading*.[152] Parece indudable que el juicio y brutal encarcelamiento de Wilde, así como las secuelas sociales del caso, impresionaron fuertemente al joven Lorca. No era para menos. Veinte años después de la muerte del escritor irlandés en París, donde le conocieron brevemente Antonio Machado y Rubén Darío, la homosexualidad era más tabú que nunca en Europa, y no solo en Inglaterra. A este respecto vale la pena transcribir un comentario de John Boswell, autor de *Christianity. Social Tolerance and Homosexuality* (1980): «Es probable que en ningún momento de toda la historia occidental hayan sido los homosexuales víctimas de una intolerancia tan extendida y vehemente como durante la primera mitad del siglo XX.» Sobre todo, añadiríamos nosotros, durante el primer cuarto de este.[153]

Otro *rinconcillista* íntimo de Lorca, hoy aún más olvidado que Soriano, era José María García Carrillo, bohemio aficionado a las artes, de oficio aparejador, fauno simpático, ocurrente y llamativamente guapo que llevaba sin mayores problemas —caso entonces rarísimo— su condición de gay. Gracias a Agustín Penón, que habló largo y tendido con él en 1955-1956 y recogió de sus labios anécdotas lorquianas a menudo desternillantes, sabemos que su relación con Federico fue de profunda y jocosa complicidad.[134] Lo veremos más adelante. El poeta granadino Miguel Ruiz Castillo me contó en 1985 que García Carrillo conservaba muchas cartas del poeta. Se desconocen. ¿Dónde estarán, si no es que fueron destruidas?

Mencionemos finalmente a José Murciano, cuya pasión por la filosofía india y la teosofía influyó hondamente en Lorca, según testimonio de la amiga de ambos, Emilia Llanos.[155] Francisco García Lorca recuerda aquellas lecturas de su hermano, «que se cruzaban con otras de místicos españoles»;[156] y es de interés constatar que entre los libros del poeta había un ejemplar de *La filosofía esotérica de la India* (1914), de Brahmacharin Bodhabhikshu (J. C. Chatterji).[157] Murciano —también algo poeta— y Lorca compusieron juntos varios textos, entre ellos un ensayo sobre el sueño.[158] Una carta del primero fechada el 24 de marzo de 1924 es elocuente por lo que revela de su compartido apego a lo indio: «Estás viviendo doblemente el símbolo y la realidad de Arjuna en el campo de batalla; los Kurus y los Pandavas, las pasiones y los inconvenientes materiales, el dolor espiritual y el dolor corporal, te asedian por todas partes: sé fuerte. Dentro de ti, en la parte inmaculada y generosa de tu espíritu, podrás armarte caballero, tomando la espada de oro de tu Ideal...»[159] Dado su rechazo del monoteísmo cristiano, como vamos a ver ahora, con su énfasis sobre un Dios personal y castigador, era inevitable que a Lorca le atrajesen el panteísmo y el panerotismo orientales pregonados por Murciano; y no nos puede sorprender que, entre sus poemas juveniles, haya uno (fechado en enero de 1918) inspirado por el budismo.[160] Tampoco que escribiera al final de una de sus prosas de esa época: «Galileo de luz, Buda, Mahoma, sois los grandes consoladores de los hombres.»[161] Según Luis Jiménez Pérez, amigo de ambos, Murciano, que era médico de profesión, se interesaba tanto por la parapsicología que puso en peligro su salud mental. Murió muy joven, en 1927.[162]

DIOS, EL TIRANO

En su libro *La vida contra la muerte. El sentido psicoanalítico de la historia* (1959), Norman Brown razona que el cristianismo, con su odio al cuerpo y al placer, no solo no hace nada por la vida aquí abajo, sino que ni siquiera garantiza a los fieles, acabado su breve tránsito por este valle de lágrimas, un paraíso razonablemente placentero. ¿Para qué tanta abnegación, tanto sufrimiento, tanto sacrificio si, ganado el cielo, este resulta aburrido y desprovisto de sensualidad? Los escritos juveniles de Lorca demuestran que habría estado de acuerdo. «El Reino de Dios debe de ser, según nos lo pintan, un enorme paraje sombrío y monótono», leemos en *Mística en que se habla de la eterna mansión* (¿mayo o junio de 1917?).[163] A los diecinueve años el artista joven ya rechaza radicalmente al Dios cruel e iracundo del Antiguo Testamento y su más allá. Dios, «la hipótesis Dios»,[164] no merece que uno se sacrifique:

Esto es reino de dolor
Y no existe el Dios de Amor
Que nos pintan.
Contemplando los cielos
Se adivina el imposible de Dios,
Dios que es eterno mudo,
Dios inconsciente, rudo,
El abismo...[165]

El joven Lorca insiste en que es imposible amar de verdad a un Dios que inspira terror, y que para colmo ha inventado un infierno para quienes no se comportan bien. Se trata de «la trágica fe del temor».[166] En *El primitivo auto sentimental* (4 de diciembre de 1918) lo tiene claro «el fantasma poeta», que explica al Ángel del Señor: «El amor a Dios no lo sentí nunca, ni lo siento ahora que estoy cerca de Él. El hombre teme sus castigos como teme su grandeza. El amor a Dios no ha sido sentido por nadie en la tierra.» Dios creó a la primera pareja y luego «les permitió de todos los goces menos el goce del amor». Y sigue el personaje, cada segundo más exaltado: «Adán y Eva arrastraron las iras de Dios para entregarse al amor y ni la visión de la desgracia y del sufrimiento les causó miedo. Ni fuera del paraíso dejaron de amarse hasta la muerte. Y el Amor, que es la causa de las causas, fue hecho prisionero por Dios.»[167]

En realidad, Dios es un sádico que ha creado a la humanidad para su propio entretenimiento. En «Prólogo» (24 de julio de 1920) el yo pregunta:

> ¿Has querido
> Jugar como si fuéramos
> Soldaditos?
> Dime, Señor,
> ¡Dios mío!
> ¿No llega el dolor nuestro
> A tus oídos?[163]

En *Mística de sensatez, extravío y dudas crueles* (28 de mayo de ¿1917?) vuelve la noción de que Dios ha creado al hombre para su *divertimiento* (la palabra y el subrayado son de Lorca).[169] El concepto se desarrolla en otros textos de la primera época. En uno de ellos, *Mística en que se habla de la eterna mansión* (mayo o junio de ¿1917?), leemos: «Si en la tierra existen los hombres para ser juzgados y en los demás mundos no existe nada, ¿no pudiera ser que fuéramos creados para servir de juguete al Altísimo?»[170] En un pequeño fragmento teatral sin título, Dios se refiere a su «última caja de juguetes» —los hombres— con el comentario: «¡Cuánto nos hemos reído haciéndolos! Pero aquí me estorbaban. ¡Son tan feos! Solo tengo unos moldes por si otro día nos da la humorada de hacer más.»[171]

El Dios de estos textos no solo se burla del hombre que Él mismo ha creado, sino de su propio Hijo. En otro esbozo teatral sin título, un ángel alude delante del Todopoderoso a santa Teresa (a quien el joven Lorca profesa devoción, según demuestra la *juvenilia*). La de Ávila molesta en el cielo. «¿No fue esta la loca que llegó con el pelo suelto preguntándonos por Cristo?», pregunta Dios, irritado. «Y continúa más loca», contesta el ángel. «Dadle duchas frías», ordena el Creador. Unos segundos después quiere saber si se han acordado de cargar de cadenas a Jesús. El ángel asiente. «Ten mucho cuidado con él —amonesta Dios—; un loco así nos puede dar un disgusto el día menos pensado.»[172]

Para Lorca, como para el inglés Swinburne —otro joven poeta que odiaba al Dios de las prohibiciones—, solo una deidad repugnante sería capaz de crear el deseo sexual y luego condenarlo como pecaminoso. «La culpa no existe en nadie, porque nadie sabe quién es, por qué existe y para qué existe», afirma tajante el yo de las «místicas».[173] Por ello surge, casi inevitablemente, el elogio del Cantar de los Cantares. En *Mística que trata del freno puesto por la sociedad a la naturaleza de nuestros cuerpos y nuestras almas. Vision de juventud* (¿1917?), Lorca coloca en boca del rey David palabras consoladoras: «Si tomáis por pecados los que no son sino vuestra naturaleza, que canta con todos sus sonidos, habréis caído en el pozo negro del egoísmo... Yo fui el que guio al pueblo griego en su gran sabiduría terrenal. Tended los corazones hacia la mar en que vive Eros.»[174] El problema para el yo de estos textos es que, por mucho que rechace intelectualmente la moral sexual católica, esta se ha hecho carne de su carne y alma de su alma. Intenta liberarse de ella pero sigue siendo víctima de los dictámenes de una voz *interiorizada* —en términos freudianos, un *superyo*— que le dificulta afrontar con desenfado su sexualidad (desenfado que por otra parte resultaba entonces difícil para casi todos, especialmente para las mujeres). De ahí que en la *juvenilia* abunden versos como estos:

¡Mi corazón es malo, Señor!
Siento en mi carne
La inaplacable brasa
Del pecado. Mis mares interiores
Se quedaron sin playas.[175]

Llueve sobre mi alma muy lento
Rara pasión.
Se apaga el corazón con el viento
Del pecado.[176]

Para el joven Lorca, no cabe duda, Dios es acérrimo enemigo del hombre. Y su Iglesia. Pero no así, en absoluto, Jesús.

JESÚS, EL CLERO... Y LOS MILITARES

Cristo, lo subrayan una y otra vez los textos juveniles, es la expresión suprema de la caridad, la piedad, la compasión, la misericordia y el perdón. Es el «romántico peregrino del bien».[177] El poeta no puede olvidar al «Jesús con amor de hombre de la última cena», evidente referencia al discípulo «amado» que, según Juan 13, 13, estuvo recostado sobre el pecho del Salvador durante el ágape, pormenor que ha dado lugar a lo largo de los siglos, como probablemente sabía Lorca, a especulaciones homoeróticas.[178] En otro momento, Lorca califica de «socialista divino» a Jesús y dice amarlo «con frenesí».[179] En *Mística. El hombre del traje blanco* leemos:

Era el amor. Predicó la dulzura de las lágrimas y el encanto de la hermandad... Clamó contra los odios y contra la mentira. Esparció su melancolía de fracasado por las montañas, por los bosques, por las playas. Fue azucena y lago, inmensidad y flor silvestre, corazón y maravilla del desconocido. Vio y lloró. Sus ojos miraban y convencían. Sus largas andanzas por los campos las empleó en hacer amar a todos los seres. Explicó la igualdad y se llenó de pasión por la pobreza... y por eso lo amaron los humildes... Y pasó.[180]

Pasó, sí —nótese bien su «melancolía de fracasado»—, y los hombres se olvidaron de él. Los primeros escritos de Lorca tienen una clara raíz evangélica, y revelan una fuerte tendencia por parte del joven poeta a identificarse con el Cristo al que tanto admira. «Caballeros andantes de tu bien seremos los pocos que te amamos», promete en *Mística en que se trata de Dios* (17 de octubre de 1917).[181]

Este aspecto de la *juvenilia*, analizado agudamente por Eutimio Martín en *Federico García Lorca, heterodoxo y mártir* (1986), aparece con toda claridad en la obra inacabada *Cristo. Tragedia religiosa*, cuyo primer esbozo corresponde casi seguramente a los años 1917-1918. En ella, Jesús tiene diecinueve años, la misma edad que el poeta en el momento de componerla. La vocación evangélica de Cristo, que choca con los deseos de su familia, nos recuerda la insistencia de los padres de Lorca en que abandonara su vocación musical y consiguiera como fuera un título universitario. Al enterarnos de que este Jesús, de niño, «se iba muy despacio siguiendo a una hormiga», recordamos que Lorca decía que en Fuente Vaqueros solía hablar con ellas.[182] Luego, como el Federico niño, Cristo pasa horas y horas charlando con la gente del pueblo, y a menudo su familia tiene que ir a buscarle. Declara que su alma está «triste desde que nació» y que está «hecho para el dolor»: sentimientos que, como sabemos, se expresan obsesivamente, en primera persona, en los poemas juveniles de Lorca. Y, quizá lo más notable, este Jesús, como el poeta, está sumido en un mar de desesperación erótica ante el hecho femenino.

En el poema «Oración» (mayo de 1918), el yo afirma «que la madre es lo único cierto / Que en la vida podemos gozar».[183] En la prosa El patriotismo (27 de octubre de 1917) nos asegura que «la madre es el amor gigante, la piedad, el sacrificio. El único amor verdadero que poseemos en la vida».[184] La relación del poeta con la suya fue al parecer estrechísima. La escena más conmovedora de Cristo. Tragedia religiosa ocurre cuando Jesús intenta explicar a María su incapacidad para corresponder a los sentimientos amorosos de Esther. Por mucho que quisiera, por mucho que la compadezca, le resulta imposible;

JESÚS. Venía ya por el camino y en el silencio de la noche quería amarla y la amé con todas mis fuerzas... Veía su sonrisa de transfigurada cuando yo me acercara a decirle: «¡Esther, yo te amo, sé mi esposa!» Madre, yo imaginaba entonces para mí una vida tranquila y dulce, mi huerto lleno de lirios, mi campo de trigo y las risas de mis hijos. Yo soñaba con un monte de paz donde mi alma se adormeciera sin dolores y con unos soles muy plácidos y unas noches muy tranquilas. Quise dar gracias al Señor por el bien que me concedía y al mirar hacia el cielo, todas las estrellas que se ven y que no se ven cayeron sobre mí y me taladraron con sus puñales de luz la carne y el alma y me incendiaron de locura este corazón que era de fuego, dejándome la carne fría y dura como la nieve de las cumbres.

MARÍA. ¡Ay, quién pudiera darte la tranquilidad que tienen los lagos dormidos...!

JESÚS. ¡Madre, si yo fuera lago lloverían constantemente piedras sobre mi superficie! ¡Estoy hecho para el dolor!

MARÍA. ¿Qué quieres que haga frente a tu amargura sino desesperarme como tú?[185]

En el intercambio que sigue, Jesús repite que tiene «la carne de nieve», clara metáfora de impotencia sexual ante el cuerpo femenino, que le deja «frío». ¿Se trata de homoerotismo latente? Es difícil dudarlo: el joven Lorca ya sospecha que pertenece a la raza de los heterodoxos sexuales, y proyecta esta angustia sobre el Cristo, con quien se identifica y que le sirve de vehículo para su propio sentir.

«¡Dios mío! ¡Quitad a mi hijo la amargura infinita que tiene en el corazón! —ha exclamado María antes en un monólogo—. ¡Haced que la risa brote de sus labios! ¿Qué río de dolor debe de cruzar? ¿Por qué lo habéis ungido en el óleo de la tristeza? ¿Para qué pasa las noches sollozando y mirando a las estrellas? ¡Hacédmelo como todos los jóvenes son!»[186] ¿Cómo no inferir que Lorca tenía muy presente a su propia madre al escribir estas palabras, toda vez que ella difícilmente podía no intuir que su primogénito, pese a sus dones, su encanto y su aparente alegría, no era «como todos los jóvenes son»?

El Lorca adolescente, tan admirador de Jesús, desprecia a quienes proclaman, a su juicio con profunda hipocresía, representarlo oficialmente en la tierra, empezando con el Papa. Dirigiéndose a los católicos en *Mística en que se trata de Dios* (15 de octubre de 1917), el yo exclama: «Al sumo sacerdote que representa a Cristo, le besáis los pies y lo tenéis encerrado en palacios de mármol. Mirad que las calles están llenas de niños sin madres que les den la leche de sus pechos.» Los demás «sacerdotes elevados» visten de púrpura «y otros pasean en coches fastuosos y viven como príncipes». ¡Y eso cuando existen «hospitales que se derrumban, hombres que blasfeman porque no comen y desamores en las sendas»! Unas líneas más adelante hay una acusación directa: «Sois unos miserables políticos del mal, ángeles exterminadores de la luz. Predicáis la guerra en nombre del Dios de las batallas y enseñáis a odiar refinadamente al que no es de vuestras ideas.»[187] Estamos ya muy cerca de la tremenda protesta y denuncia lanzada doce años después, en «Grito hacia Roma», contra el Vaticano y «el hombre vestido de blanco», que esta vez no es Cristo, sino el Sumo Pontífice de la Iglesia. Lanzada, para que se oiga bien, desde el rascacielos entonces más alto de Nueva York y del Nuevo Mundo, el Chrysler Building:

El hombre que desprecia la paloma debía hablar,
debía gritar desnudo entre las columnas
y ponerse una inyección para adquirir la lepra
y llorar un llanto tan terrible
que disolviera sus anillos y sus teléfonos de diamante.
Pero el hombre vestido de blanco
ignora el misterio de la espiga,
ignora el gemido de la parturienta,
ignora que Cristo puede dar agua todavía,
ignora que la moneda quema el beso de prodigio
y da la sangre del cordero al pico idiota del faisán...[188]

El sacerdote, sigue *Mística en que se trata de Dios*, es «un sátiro que sonríe idiota envuelto en mantos de castidad». Y la Iglesia «una institución de perversos y sacrílegos» a la cual hay que combatir denodadamente: «Contra vosotros hay que ir, armado de Amor y de convencimiento. Ya sé que el mundo que ha sido educado por vosotros es un mundo imbécil con las alas cortadas. Ya sé que quizá cortaréis mi alma antes de que os muerda en nombre del Bien pero contra vosotros dirigiré mis odios y mis cóleras y mi maldad de hombre. Contra vosotros hay que ir. Es necesario, preciso, rescatar las ideas de Jesús de vuestros manejos ruines.»[189]

Lorca vuelve al tema en el poema «Salmo de noche» (19 de julio de 1918), donde el yo insiste en la necesidad de...

> ... *emprender cruzadas*
> *Con espadas de amor*
> *Contra los fariseos de tanta religión,*
> *Contra leyes infames de dinero y honor* [...].
> *Contra los sacerdotes que solo son de nombre...*[190]

Siempre con el clero, en *Mística en que se trata de una angustia suprema que no se borra nunca* (16 de mayo de 1917) el yo, indignado, se dirige a Jesús: «Con tu amparo de piedad, con tus doctrinas de amor se ha creado una sociedad de hombres sombríos que tostaron herejes, y los tostarían ahora si pudieran, y que roban cautelosamente mientras se ríen de ti...» Los representantes de Cristo en la tierra, los «nuevos fariseos», van cubiertos de esmeraldas y topacios «mientras hay niños que se mueren de hambre, y hombres desnudos que tienen sed de justicia». ¡Pobre Cristo! Los sacerdotes «creen que estás en la hostia y sin embargo pecan y son malvados. Creen en tus ideas y, si encarnaras otra vez, el papa semidiós te excomulgaría por pecador y el juez te encarcelaría por vago y loco».[191]

Si el joven Lorca rechaza al Dios judeocristiano por tiránico, y a sus sacerdotes por hipócritas y traidores, también ha llegado a odiar el militarismo en una época en que las primeras planas de la prensa española informan día tras día sobre las sangrientas luchas que se libran al otro lado de los Pirineos, así como sobre los centenares de vidas de españoles que se están sacrificando en la inútil e interminable guerra africana contra Abd el-Krim.

En *El patriotismo*, ya mencionado, Lorca ataca con

saña a los que engañan a los niños con nociones falsas de la patria, incompatibles con la caridad. Que los jóvenes españoles tengan que besar «una cruz infame formada por la bandera y una espada» le produce especial repugnancia. En la adulación de las enseñas estatales descubre una flagrante negación de Cristo. Lo peor de todo es que el nombre de Jesús, utilizado con finalidades nacionalistas espurias, ha sido causa de incontables atrocidades. «España tomó para encubrir sus maldades a Cristo crucificado —sentencia—. Por eso aún vemos su ultrajada imagen por todos los rincones. Con el nombre de Jesús se tostaban hombres. En el nombre de Jesús se consumó el gran crimen de la Inquisición. Con el nombre de Jesús se echó a la ciencia de nuestro suelo. Con el nombre de Jesús ampararon infamias de la guerra. Con el nombre de Jesús inventaron la leyenda de Santiago guerrero.»[192]

La única solución radica en la escuela, cuyo propósito fundamental debe ser liberar a la juventud del miedo y del odio. Aquí es inevitable descubrir la fuerte influencia de la Institución Libre de Enseñanza, filtrada a través de los maestros de Lorca en la Universidad de Granada, Martín Domínguez Berrueta y Fernando de los Ríos:

Debemos de formar en las escuelas ciudadanos amantes de la paz y conocedores del Evangelio. Debemos de crear hombres que no sepan que existió el desdichado Fernando el santo, ni Isabel la fanática ni Carlos el inflexible ni Pedros ni Felipes ni Alfonsos ni Ramiros. Debemos de resucitar las almas niñas contándoles que España fue la cuna de Teresa la admirable, de Juan el maravilloso, de Don Quijote divino y de todos nuestros poetas y cantores [...] Hay que arrancar las nefastas ideas patrióticas de la juventud como hay que arrancar a los patrioteros por honor a nuestras madres el concepto de la patria madre. ¡Nunca puede ser madre nuestra la que según decís tenemos que dar la última gota de nuestra sangre por ella! [...] Hay que ser hijos de la verdadera patria: la patria del amor y de la igualdad...[193]

«Hay que... hay que...»: la fórmula, insistente, menudea en los textos juveniles. El Lorca adolescente quiere cambiar el mundo. Hay que tener fe, hay que luchar, hay que afirmar la vida frente a las tinieblas, hay que tratar de seguir, hay que cantar, «hay que dar el perfume / Que encierran nuestras almas...».[194] Lo que no hay que hacer, nunca, es huir. Por ello al joven poeta le horroriza la idea de los conventos, sobre todo los conventos de clausura.

CONVENTOS

En sus viajes por Castilla con el benemérito catedrático Domínguez Berrueta, reflejados en *Impresiones y paisajes*, Lorca tuvo más de una ocasión para meditar sobre la futilidad, según él, de la vida conventual. Para quienes la practican no manifiesta, sin embargo, el desprecio reservado a los curas. Al contrario, los compadece profundamente, sobre todo a las mujeres. «Nuestras almas no pueden comprender ni comprenderán nunca a una monja enclaustrada —escribe con respecto de las de las Huelgas, en Burgos—. Son esencias rotas de amor y maternidad, que al encontrarse solas en el mundo se buscan unas a otras para convertirse en sombras en una tumba antigua.»[195]

Vuelve el tema en el poema «Romántica» (3 de enero de 1918), donde el yo medita sobre las estancias de los conventos y proyecta sobre ellas, está claro, la angustia del propio poeta:

> *Sitios donde la risa no penetró jamás,*
> *Sitios de melancolía.*
> *Altares de amargo dulzor*
> *De las monjitas que piensan*
> *Siempre de noche y de día*
> *En el amor.*[196]

Unos pocos años más tarde, archivada ya la *juvenilia* inédita, Lorca dará genial expresión al mismo asunto en su romance «La monja gitana», donde la enclaustrada, mientras borda alhelíes sobre su tela pajiza, sueña con el amor que se le niega, y «se quiebra su corazón / de azúcar y yerbaluisa».[197]

En cuanto a los hombres, el convento que más impacta al poeta en Castilla es la burgalesa Cartuja de Miraflores, donde «husmea Satanás en medio de la soledad». El dilema de los cartujos, para el joven Lorca, es que «huyen de las asechanzas de la carne y entran en el silencio y la soledad que son los grandes afrodisíacos».

El alma no olvida, no puede olvidar. «Es harta cobardía estos ejemplos de los cartujos —remacha—. Ansían vivir cerca de Dios aislándose... pero yo pregunto, ¿qué Dios será el que buscan los cartujos? No será el Jesús seguramente... No, no... Si estos hombres desdichados por los golpes de la vida soñaran con la doctrina de Cristo, no entrarían en la senda de la penitencia sino en la de la caridad. La penitencia es inútil, es algo muy egoísta y lleno de frialdad. Con la oración nada se consigue, como nada se consigue tampoco con la maceración [...] La única senda es la caridad, el amor los unos a los otros.» Estos «sepulcros de hombres», que solo se hablan entre sí un rato los domingos, no conocen a Jesús. Y surge otra vez la protesta: «El alma siente deseos de amar, de amar locamente y deseo de otra alma que se funda con la nuestra... deseos de gritar, de llorar, de llamar a aquellos infelices que meditan en las celdas, para decirles que hay sol, y luna, y mujeres, y música, de llamarlos para que se despierten para hacer bien por su alma, que está en las tinieblas de la oración, y cantarles algo muy optimista y agradable.»[198]

Santo Domingo de Silos resulta algo menos opresivo: los benedictinos trabajan con sus manos, se puede hablar con ellos, algunos tienen aficiones intelectuales. Pero aquí también hay sufrimiento, soledad, tal vez desesperación. Tiene lugar en Silos la escena acaso más memorable del libro. Entre los monjes hay uno que, según se dice, ingresó con el objeto de expiar las faltas de una vida sumamente desordenada. Una tarde, cansado del canto gregoriano —la única música permitida en el convento—, Federico sube al órgano e interpreta,

¡es casi un sacrilegio!, los primeros compases del *allegretto* de la *Séptima sinfonía*, «esa obra de dolor extrahumano, esa lamentación de amor patético». Apenas comienza a tocar cuando aparece el monje. Está pálido de emoción. «¡Siga usted, siga usted!», implora. Pero, «quizá por una misericordia de Dios», el profanador solo es capaz de recordar un poco más, y sus dedos se paran. El monje, como hipnotizado, tiene los ojos fijos «en un sitio muy lejos». Expresan «toda la amargura de un espíritu que acababa de despertar de un ensueño ficticio».

Más tarde, recobrada la calma, el desventurado —que ha sido amigo del pintor Darío de Regoyos y ahora lo es de Unamuno y Zuloaga— explica que fue un apasionado amante de la música y que, temiendo que le fuera a embrutecer (la música es «la lujuria misma»), decidió renunciar a ella para siempre y encerrarse en Silos. ¡Y ahora un joven alumno universitario de Granada le ha recordado, sin pretenderlo, todo lo que ha querido olvidar![199]

Dos compañeros de Federico estuvieron presentes en la iglesia cuando se improvisó aquel inaudito concierto. El episodio ocurrió realmente.[200] Unos días después, en un artículo publicado en la prensa burgalesa, Lorca aludió discretamente a lo ocurrido:

Yo conozco a personas que se retiraron de oír música, abrumadas por las ideas que sentían. Un arte así no cabe en las reglas. La noche no tiene reglas ni el día tampoco. Ahora bien, que muy pocos son y serán los que hablen trágicamente con ella...

Es una vampiresa que devora lentamente al cerebro y al corazón... ¿Ejemplos? Todos los músicos.[201]

Parece indudable: el convento representa el profundo temor del Lorca adolescente, terror más bien, a no poder disfrutar la plenitud amorosa y sexual.

Rubén, Verlaine

Lorca nace a la poesía bajo la influencia de Rubén Darío, el poeta nombrado más a menudo, y con más admiración, en la *juvenilia*. Creo que fue lord Byron quien dijo: «Yo soy lo que admiro.» No está nada mal. Lorca admira profundamente a Rubén (muerto en 1916, justo cuando él «empezaba»), y su influencia impregna toda la obra temprana. Lo admira, en primer lugar, porque Darío cantó al sexo como ningún poeta del mundo hispánico de entonces. Tengo para mí que interiorizó e hizo suyo, entre otros muchos poemas de Rubén, su reflexión poética sobre Salomé, en *Cantos de vida y esperanza*:

> *En el país de las Alegorías*
> *Salomé siempre danza,*
> *ante el tiarado Herodes,*
> *eternamente;*
> *y la cabeza de Juan el Bautista,*
> *ante quien tiemblan los leones,*
> *cae al hachazo. Sangre llueve.*
> *Pues la rosa sexual*

> *al entreabrirse*
> *conmueve todo lo que existe,*
> *con su efluvio carnal*
> *y con su enigma espiritual.*[202]

La rosa sexual conmueve al abrirse, ciertamente, todo lo que existe. ¡Y cómo se abre en toda la obra lorquiana, tan en deuda con el nicaragüense!

El joven Federico tenía otras muchas razones para admirar a Rubén. Porque, además del sexo, cantó, con fervor, a Cristo y a la Virgen; porque le importaban un bledo las reglas («a su vista huyeron los sempiternos sonetistas de oficio que son académicos y tienen cruces»);[203] porque creía en el poder salvador del arte; y porque hay en él un anhelo inmenso de amor total. Comparte con Darío, asimismo, la obsesión del más allá (en la ornamentación sepulcral de Burgos encuentra «todo un espanto Rubeniano hacia la muerte»),[204] el apego al misterio y el deseo de apurar hasta las heces la copa de la vida. Acaso, con todo, la mayor atracción de Darío fue su decidida apuesta por una síntesis de lo apolíneo y de lo dionisíaco, de lo pagano y de lo cristiano. Cuando en el prólogo de *Impresiones y paisajes* el granadino insiste en que hay que ser a la vez «religioso y profano» y «reunir el misticismo de una severa catedral gótica con la maravilla de la Grecia pagana»,[205] tiene muy presente el extraordinario poema «Divina Psiquis», de *Cantos de vida y esperanza*, donde Rubén compara su alma con una mariposa que vuela equilibradamente entre las ruinas paganas y una catedral.[206]

Sin Rubén no hay Lorca, o, si se quiere, Lorca no

sería el Lorca que tenemos. Consideremos, por ejemplo, los siguientes versos:

La nostalgia terrible de una vida perdida,
El fatal sentimiento de haber nacido tarde,
O la ilusión inquieta de un mañana imposible
Con la inquietud cercana del color de la carne.[207]

Se encuentran en «Lluvia» (enero de 1919), y creo que no existirían si no fuera por el espléndido poema con el cual Rubén cierra *Cantos de vida y esperanza*, titulado, precisamente, «Lo fatal»:

Dichoso el árbol que es apenas sensitivo,
y más la piedra dura, porque esta ya no siente,
pues no hay dolor más grande que el dolor de ser vivo,
ni mayor pesadumbre que la vida consciente...[208]

Pero hay mucho más, y es que el joven Lorca conoce no solo la poesía de Rubén (*Azul...*, *Prosas profanas*, *Cantos de vida y esperanza*), sino su libro en prosa *Los raros*. Lo sabemos por unas alusiones de *Impresiones y paisajes*, y por el testimonio de su hermano Francisco.[209] Integran *Los raros* una veintena de breves y entusiastas semblanzas de escritores franceses bohemios, rebeldes y pintorescos del siglo XIX, entre ellos Camille Mauclair, Leconte de Lisle, Paul Verlaine, Villiers de l'Isle Adam, Jean Richepin, el conde de Lautréamont y Rachilde. Hay también unas páginas dedicadas al norteamericano Edgar Allan Poe, al noruego Ibsen, al portugués Eugénio de Castro y al médico germanohúngaro Max Nordau, flagelador despiadado de los decadentes de fin de siglo en su celebérrimo libro *Entartung (Degeneración)*.

Fascinó especialmente a Lorca la viñeta de Paul Verlaine, escrita por Rubén en el momento del dolor causado por la muerte del maestro en 1896, motivo también de su famosísima elegía «Responso». «Y al fin vas a descansar —empieza la necrología—; y al fin has dejado de arrastrar tu pierna lamentable y anquilótica, y tu existencia extraña llena de dolor y de ensueños, ¡oh pobre viejo divino! Ya no padeces el mal de la vida, complicado en ti con la maligna influencia de Saturno.»

Ángel Sahuquillo ha señalado que a fines del siglo XIX la palabra *saturnien* era casi «palabra-código» *(code word)* para homosexual, como se aprecia en Proust.[210] Darío lo sabía, a juzgar por la frase que sigue: «Seguramente, has muerto rodeado de los tuyos, de los hijos de tu espíritu, de *los jóvenes oficiantes de tu iglesia, de los alumnos de tu escuela*, ¡oh lírico Sócrates de un tiempo imposible!» (las cursivas son mías). Para Darío, Verlaine, «el más grande de los poetas de este siglo», es «mitad cornudo flautista de la selva, violador de hamadriadas, mitad asceta del Señor, eremita que, extático, canta sus salmos». Es «viviente doble símbolo de la grandeza angélica y de la miseria humana», y Rubén supone con razón que habrá terminado sus días, rodeado de bienamados discípulos, en uno de los hospitales parisienses que, con amargo humor, denominaba sus «palacios de invierno».

Cabe pensar que Lorca se fijó en el párrafo donde Darío evoca la lucha del Verlaine católico contra el

Mundo, el Demonio y la Carne. «De los tres Enemigos, quien menos mal le hizo fue el Mundo —nos asegura Rubén—. El Demonio le atacaba; se defendía de él, como podía, con el escudo de la plegaria. La Carne sí, fue invencible e implacable. Raras veces ha mordido cerebro humano con más furia y ponzoña la serpiente del Sexo. Su cuerpo era la lira del pecado. Era un eterno prisionero del deseo. Al andar, hubiera podido buscarse en su huella lo hendido del pie...» Del pie del macho cabrío, de Pan. Ademas —y Lorca tomó nota, seguramente—, «esc carnal pagano aumentaba su lujuria primitiva y natural a medida que crecía su concepción católica de la culpa».

Es evidente que Darío estaba al tanto, como no podía ser de otra mancra, de la homosexualidad de Verlaine. Hacia el final de la nota necrológica vuelve, con diplomacia, al tema. «En la vida de Verlaine —escribe— hay una nebulosa leyenda que ha hecho crecer una verde pradera en que ha pastado a su placer el *pan-muſlisme*.* No me detendré en tales miserias. En estas líneas escritas al vuelo, y cn el momento de la impresión causada por su muerte, no puedo ser tan extenso como quisiera.» La implicación es que, si quisiera, podría hablar largo y tendido de aquella «nebulosa leyenda», de aquellas «miserias».

Al llegar Rubén a París en 1893, uno de sus «grandes deseos» había sido hablar con el Verlaine de carne y hueso. Lo consiguió. Así empieza a relatar el anhelado momento en su autobiografía *La vida de Rubén Da-*

* «Estupidez generalizada.»

río contada por sí mismo: «Cierta noche, en el café D'Harcourt, encontramos al Fauno, rodeado de equívocos acólitos.»[211]

Darío, pues, estaba en el ajo desde el principio. La pequeña autobiografía se publicó en Barcelona en 1915 o 1916, y es posible que Lorca la leyera.

A partir del mencionado libro de Max Nordau, *Degeneración*, Verlaine, hasta entonces desconocido de la muchedumbre, cobró fama, en palabras de Rubén, «como uno de los más patentes casos demostrativos de la afirmación seudocientífica de que los modos estéticos contemporáneos son formas de descomposición intelectual». Se trata, para el nicaragüense, «del más curiosamente abominable de los retratos», que convertía al poeta en el «tipo» del artista depravado. En un párrafo de Nordau citado por Darío se describe a Verlaine de esta manera: «Tenemos ante nosotros la figura bien neta del jefe más famoso de los simbolistas. Vemos un espantoso degenerado, de cráneo asimétrico y rostro mongoloide, un vagabundo impulsivo, un dipsómano... un erótico [...] un viejo chocho, etc.» ¡Y este juicio sobre el autor de *Sagesse* se publicó, para más inri, en vida del poeta![212]

Dada su enorme importancia para el joven Lorca, reproducimos en apéndice el texto completo de la nota necrológica dedicada por Darío a Verlaine.

Para el Lorca de las «místicas», desgarrado como Verlaine y Rubén entre lo cristiano y lo dionisíaco, la carne y el espíritu, el descubrimiento del poeta francés, propiciado por Darío, llegó con toda la fuerza de una revelación. Luego lo veremos.

Hay que atribuir a Darío también, en parte considerable, el apego del joven Lorca a la Grecia antigua y su mitología, explícito en el prólogo de *Impresiones y paisajes* («la maravilla de la Grecia pagana») y en otras páginas de la *juvenilia*. Ya hemos tocado el tema al hablar de la presencia de Venus en los textos tempranos. Para el poeta incipiente, aquella Grecia tenía una actitud ante la vida y la divinidad muy superior a la del cristianismo, sobre todo porque las deidades griegas, a diferencia del Dios cristiano, no solo no condenaban el erotismo, sino que lo disfrutaban, ¡y tanto!, ellos mismos. El poema «La religión del porvenir» (16 de enero de 1918) es muy elocuente en este sentido, y confirma que Lorca conocía bien *La teogonía* de Hesíodo. Cuando llegue la religión futura, gracias a «la cálida Grecia», y desplace el cristianismo:

> *Las estatuas de nuestros jardines*
> *Vida tendrán.*
> *Los Apolos entre los jazmines*
> *Suspirarán.*
> *En los parques dulces y brumosos*
> *Sensualidad*
> *Pondrá en los labios de los esposos*
> *Diafanidad...*[213]

Lorca no tarda en percatarse de otra ventaja de la Grecia antigua, no aludida por Rubén: su falta de complejos ante el hecho de la homosexualidad. Ello se reflejará en la obra posterior, especialmente en *El público*.

No sabemos con precisión cuándo Lorca empezó a

temer ser gay, pero hay una carta suya muy reveladora de mayo de 1918 —es decir, escrita justo antes de su vigésimo cumpleaños— en la que ya se aprecia su inquietud al respecto. Se trata de la respuesta a la comunicación que acaba de recibir del poeta sevillano Adriano del Valle y Rossi, algunos de cuyos exaltados versos —de clara estirpe rubeniana— ya conocía. En estos momentos ruge todavía la Gran Guerra (terminará en noviembre), y Del Valle, férvido francófilo, quiere saber si Lorca es «admirador de las turbias castalias bárbaras, o de la nevada espuma mediterránea de que surgió Afrodita». El sevillano, tres años mayor que Federico, acaba de leer *Impresiones y paisajes*. «Me gusta más que muchísimo —escribe—. Tiene V. un espíritu nutridísimo de lecturas clásicas y modernas y una rara y sensible psiquis de artista.» Y sigue: «El libro que más se acerca —en fondo y forma— a *Tierras solares* del Pan nicaragüense es, a mi entender, *Impresiones y paisajes*. Es el mayor elogio que creo poder hacerle, de momento.» Era, desde luego, un elogio notable, y más si tenemos en cuenta que Lorca se consideraba discípulo de Rubén y con casi toda seguridad conocía aquel libro de viajes, que incluye la evocación de una estancia en Granada (no le podía ser nada indiferente que Rubén hubiera transitado por los salones y jardines de la Alhambra ni que, en su concepto, un carmen granadino —Alhambra en miniatura— era el lugar más idóneo del mundo para el amor y, por extensión, el menos para la soledad y la inútil espera).[214]

La contestación de Lorca no tardó en llegar. Del Valle había estampado al pie de su carta la frase «SEVI-

LLA; en la PRIMAVERA DE LA SANGRE DEL AÑO 1918»
(la sangre era la de la Gran Guerra). «Hoy. Mayo en el
tiempo y Octubre sobre mi cabeza», encabeza el granadino su respuesta, que, arrancando con una confesión sumamente reveladora, desarrolla el tema *otoñal*
así indicado:

PAZ

Amigo: Mucho me agradó recibir su carta y
puede V. asegurar que ha sido un rato de gran satis-
facción espiritual. Yo no me presento a su vista nada
más que como un compañero (un compañero lleno
de tristeza) que ha leído algunas de sus preciosas
poesías. Soy un pobre muchacho apasionado y silencioso que casi casi como el maravilloso Verlaine
tiene dentro una azucena imposible de regar y presento a los ojos bobos de los que me miran una rosa
muy encarnada con el matiz sexual de peonía abrileña, que no es la verdad de mi corazón...

La comparación con Verlaine es de enorme interés.
Lorca conocía el magnífico «Responso» compuesto
por Rubén Darío a la muerte del gran poeta en 1896.
Lo demuestra «La oración de las rosas» (7 de mayo
de 1918), escrita en estas mismas fechas, donde califica de «panidas» («hijas de Pan») a dichas flores:

> *Panidas, sí, panidas;*
> *El trágico Rubén*
> *Así llamó en sus versos*

Al lánguido Verlaine,
Que era rosa sangrienta
Y amarilla a la vez...[213]

Si Lorca puntualiza aquí que el autor de *Fiestas galantes* era «rosa sangrienta y amarilla a la vez», a Adriano del Valle, como acabamos de ver, le asegura que él, Federico, es, por fuera, «casi casi como el maravilloso Verlaine», «una rosa muy encarnada con el matiz sexual de peonía abrileña» —rosa que no es «la verdad» de su corazón— y, dentro, una azucena que tiene «polen amarillo» y resulta «imposible de regar». La identificación con el atormentado poeta francés es absoluta: Lorca, como él, está obligado a llevar una máscara, no puede vivir su vida auténtica porque la sociedad se lo prohíbe. Vale la pena recordar que tanto la azucena como el color amarillo simbolizaban el movimiento «decadente» de fin de siglo, con Oscar Wilde —el gay más notorio de Europa— a la cabeza.

Lorca amplía la revelación de su acuciante dilema en el resto de la larga carta. Confiesa que, si bien aparece ante los demás como «un oriental borracho de luna llena», se siente dentro «un Gerineldo Chopinesco», desorientado en «una época odiosa y despreciable», «un siglo de zeppelines y de muertes estúpidas». Si su «tipo» y sus poemas «dan la impresión de algo muy formidablemente pasional», en su fuero interno experimenta «un deseo enorme de ser muy niño, muy pobre, muy escondido». Vuelve la imagen del polen: «Por lira tengo un piano y, en vez de tinta, sudor de anhelo, polen amarillo de mi azucena interior y mi gran amor.»

Prevé muchos «problemas» futuros. Cada día trae «una duda y una tristeza mas». Y hay siempre, para hundir las buenas intenciones, «la fuerza exterior de la tentación y la abrumadora tragedia de la fisiología». En cuanto a la guerra europea, el poeta se declara «gran admirador de Francia» y se ratifica como enemigo acérrimo del militarismo.[216]

En el poema «Crepúsculo espiritual» (6 de febrero de 1918), Lorca sigue afinando:

> *¡Ay! ¿Quién solloza?*
> *¿Acaso el Verlaine de las saturnales*
> *Sus liras roza,*
> *En infinito rumor de rosales?*[217]

Ángel Sahuquillo nos recuerda, como hemos visto, que la palabra *saturnien* era casi «palabra-código» para *homosexual* a finales del siglo XIX.[218] La alusión específica aquí a *Poèmes saturniens* (y no, por ejemplo, a *Fêtes galantes*) es muy interesante. Parece difícil que sea casualidad.

El conocimiento que tenía Lorca de la poesía de Verlaine procedía en primer lugar, casi seguramente, de la nutrida antología —en cuidada versión literal— de Manuel Machado, el hermano de Antonio. El libro, que obraba en su biblioteca y se conserva hoy en la fundación que lleva su nombre,[219] integra, completos, los veintidós poemas de *Fêtes galantes* y una copiosa selección de *Poèmes saturniens*, *La bonne chanson*, *Romances sans paroles*, *Sagesse*, *Amour*, *Chansons pour elle*, *Dédicaces*, *Jadis et Naguère* y *Parallèlement*. Lo prologa Enrique Gómez Carrillo, amigo personal de Verlaine y de Rubén Darío.[220]

Alberto Mira ha señalado que algunos de los poemas de *Parallèlement* «manifiestan una mirada explícitamente homoerótica», entre ellos «Pierrot Gamin».[221] Manuel Machado incluyó dicha composición en su antología. Dado el gran interés del Lorca adolescente por Pierrot, es posible que le llamara la atención el poema, pese a carecer de la gracia alada del original:

PIERROT MUCHACHO

No es Pierrot en ciernes y tampoco en pañales, / es Pierrot, Pierrot y Pierrot, / Pierrot muchacho, Pierrot chiquillo, / pimpollo fuera del cascarón, / ¡Pierrot, Pierrot, Pierrot!

Aunque un nada más alto que un metro / el muchacho sabe poner / en sus ojos el fulgor de acero / que conviene a un genio sutil / de su malicia infinita / de poeta burlón.

Labios rojo-de-herida / donde adormece lujuria, / cara pálida de finos rasgos, / larga, acentuada, que se creería acostumbrada / a contemplar toda finura.

Cuerpo fluido y no delgado, / voz de niña y nada agria, / cuerpo de efebo en pequeño, / voz de cabeza, / cuerpo en fiesta, / criatura siempre dispuesta / a embriagarse en todo apetito.

Ve, hermano, ve, camarada / haz el diablo, tiende la escala / en tu sueño y sobre París y sobre el mundo, / sé el alma / rápida, / noble, alta / infame / de nuestros inocentes espíritus.

Crece, pues, es la costumbre, / cubica tu rica amargura, / exagera tu alegría / caricatura, aureola / mueca y símbolo / de nuestra candidez.[222]

Tal es la identificación de Lorca con el lírico francés, patente en otros momentos de la *juvenilia*, que hasta lo califica de «Verlaine evangelista».[223] Evangelista en el sentido, se supone, de portador de la «buena nueva» del homoerotismo o de la bisexualidad. Creo que, al leer la selección de *Sagesse* incluida por Manuel Machado, Lorca se sentiría aún más cerca del poeta. El fervoroso amor profesado por Verlaine a Cristo y a la Virgen («yo no quiero más amor que el de mi madre María») se parece mucho, de hecho, al reflejado en las prosas que, según anunció Lorca al final de *Impresiones y paisajes*, se iban a publicar con el título de *Místicas (de la carne y del espíritu)* —no se publicaron nunca—, algunas de las cuales hemos tomado en consideración.

La influencia de Verlaine en Lorca no será pasajera, además. El poeta francés reaparece en el primero de los «Tres retratos con sombra» del libro *Canciones* (1927), con alusión al amor prohibido, al amor que no se atreve a decir su nombre:

> *La canción,*
> *que nunca diré,*
> *se ha dormido en mis labios.*[224]

Una gran amiga de Federico durante los años treinta, Pura Ucelay, confirmaba en 1956, hablando con Agustín Penón, la intensa admiración que sentía Lorca por Verlaine: «Era una adoración tremenda, inmensa. Lo leía en francés. Supongo que no sabía muy bien francés, pero, con la sensibilidad que tenía y con su milagrosa intuición, estoy convencida de que lo entendía a la perfección.»[225]

Las alusiones al homoerotismo contenidas en la carta a Adriano del Valle se pueden confrontar con el diálogo de Platón y Safo que se encuentra en la prosa *El poema de la carne. Nostalgia olorosa y ensoñadora*, con toda probabilidad del mismo año 1918. Lorca no podía quedarse indiferente, como hemos dicho, ante el hecho de que en la Grecia antigua se consideraba normal la homosexualidad. La prosa contiene un muy revelador diálogo al respecto entre el autor del *Simposio* —texto al parecer que Lorca ya conocía— y la poetisa de Lesbos:

PLATÓN. Yo soy el sabio que aprendió lo que el gran Sócrates proclamaba. Yo soy el que adora y ama a los efebos... Sus pechos serán rectos, pero tienen un olor genial... Sus cabelleras serán cortas pero tienen luz y aroma de naranjas en sus bocas... ¡Safo! ¡Safo! Tú eres mi hermana del espíritu, tú eres en tu sexo lo que yo en el mío... ¿Por qué lloras?

SAFO. Lloro porque deseo demasiado. Mi alma es ardiente y grande y ansía lo que es imposible. Las doncellas de Lesbia, tan rubias y tan blancas, no me aman todas, y yo las deseo. Cuando poseo a una de ellas, al agotar sus caricias siento dentro de mí la aguja del deseo de otra y así, siempre insaciable y ardorosa, suspiro amores y paso las noches en vela, recostada sobre los senos de una doncella.[226]

¿Cómo dudar, a la luz de la carta a Adriano del Valle, y de este cálido intercambio entre Platón y Safo, que Lorca ya sospecha que pertenece a la «raza maldita» de los homosexuales?

La llamada de Madrid

En uno de los comentarios sobre *Impresiones y paisajes* publicados en la prensa granadina durante la primavera de 1918 se auguró que Lorca se escaparía pronto de su jaula local.[227] Era evidente para todos los amigos del poeta. Además, Antonio Machado, cuando Federico todavía pensaba en una carrera musical, le había recomendado en Baeza que así lo hiciera.[228] El poeta no necesitaba, en realidad, que nadie se lo dijese. Desde 1916 le atraía Madrid con la fuerza de un poderoso imán, y ahora más que nunca a través de los adelantados allí del Rinconcillo, José Fernández-Montesinos, Melchor Fernández Almagro y José Mora Guarnido.

Lorca sabía que necesitaba volar a la capital para poder empezar a vivir más libremente y para que su obra avanzara. Los tiempos cambiaban, el modernismo se iba superando (ya había anotado su anacronismo en *Impresiones y paisajes*), con el final de la Gran Guerra el contacto con París y las nuevas corrientes se reabría (aunque nunca se había cerrado del todo). En este sentido fue paradigmática la evolución de la revista sevillana *Grecia*, la más al día de Andalucía, en cuyo número inaugural, de mediados de octubre de 1918, Adriano del Valle, redactor jefe de la publicación, había recogido unas páginas de aquel libro primerizo de Lorca.[229] Nacida bajo la égida de Rubén, *Grecia* empezó a girar hacia la vanguardia más reciente en marzo de 1919 con la publicación del manifiesto de un flamante movimiento joven, Ultra, que proclamaba su voluntad de asimilar «todas las tendencias sin distinción» con tal de que expresaran «un anhelo nuevo».[230]

El 27 de febrero de 1919, José Mora Guarnido, Lorenzo Martínez Fuset y Melchor Fernández Almagro escribieron juntos al poeta desde la capital. «Debías venir», insistía uno de ellos.[231] El poeta ya estaba en ello, y poco después logró que sus padres le diesen su beneplácito para pasar una temporada en la Villa y Corte aquella primavera. Fernando de los Ríos escribió una nota de presentación para Juan Ramón Jiménez, y parece que también intervino con Alberto Jiménez Fraud, director de la ya célebre Residencia de Estudiantes, para que hiciera todo lo posible por conceder a Federico una plaza aquel octubre y así facilitar el traslado de sus estudios a la Universidad de Madrid.[232]

No cuesta trabajo imaginar con qué ilusión subió Lorca al tren a finales de abril de 1919, con el firme propósito de emprender con la máxima energía su conquista de la capital de España. Llevó consigo poemas y ejemplares de *Impresiones y paisajes* (con su anuncio al final de nuevos libros). Era dueño, aunque muy pocos lo sabían, de un vasto corpus inédito en verso y prosa. Tenía padres acomodados dispuestos a ayudarle con tal de que aprobara sus exámenes —lo cual iba a ser difícil—, una vocación literaria indudable, un don de gentes fuera de lo común y una personalidad artística arrolladora ante la cual casi nadie podía quedar indiferente, sobre todo cuando recitaba o tocaba el piano. No iba ni mucho menos ligero de equipaje.

En realidad todo parecía sonreírle. Menos, claro, el urgente problema de su sexualidad, que, hay que suponerlo, esperaba poder resolver con más facilidad lejos de los fisgones y meapilas de Granada, así como de la vigilancia familiar. A Madrid, pues, y a probar suerte.

2

Residencia en Madrid
(1919-1929)

LA PRIMERA VISITA

Lorca para en una pensión barata de la calle de San Marcos, recomendada por Mora Guarnido, y establece su base de operaciones en el Ateneo, donde no tarda en conocer a Guillermo de Torre, Gerardo Diego y otros jóvenes escritores. Visita a Juan Ramón Jiménez y recibe su beneplácito. Dos célebres hombres de teatro, Eduardo Marquina y Gregorio Martínez Sierra, lo acogen con afabilidad. Asiste a alguna representación, compra libros, hojea las nuevas revistas... Lo más importante, el director de la Residencia de Estudiantes, donde ofrece un recital, le promete una plaza para aquel otoño, aunque todas están ya concedidas. Alberto Jiménez Fraud recordará años después la fuerte impresión que le hiciera, durante la entrevista, el vehemente granadino de ojos oscuros, cabellos lacios e impecables traje y corbata.[1]

La estancia, que dura mes y medio, es un éxito rotundo, y las cartas a sus padres recogen la febril excitación del poeta al encontrarse por fin en la Villa y Corte: «Me parece que soy de aquí, todo lo encuentro natural. No me choca nada y sobre todo esta barahúnda le da a uno fuerza y valentía [...] Madrid es un sitio de estudio para el que quiere trabajar. Va muy bien con mi carácter.»[2]

Estando Lorca en Madrid, la revista *Cervantes* publica una nutrida antología de los poetas ultraístas, entre ellos Torre, Juan Larrea y Gerardo Diego. Cuesta esfuerzo creer que no la leyera con avidez. Rafael Cansinos Asséns evocaba en su introducción la llegada del chileno Vicente Huidobro a Madrid el año anterior y la inspiración que supuso su presencia para los jóvenes. «Huidobro fue, sobre todo, un documento personal, un evangelio vivo —escribe—; su llegada, un hecho poderoso y animador. La guerra terminaba y nos ofrecía sus últimas consecuencias. Era preciso renovarse.» Huidobro había publicado cuatro *plaquettes* en la capital: *Ecuatorial*, *Poemas árticos*, *Tour Eiffel* y *Hallali*, expresivos «de una nueva modalidad lírica: el creacionismo». Todo un impacto.[3]

Siguiendo las pautas francesas, introducidas por Huidobro, los ultraístas proponían una revolución no solo temática, sino léxica y tipográfica. Tenían muy claro que el sentimentalismo estaba muerto, que el momento del modernismo había pasado. En su comentario final, Cansinos Asséns lo proclamó así, con la autoridad de su liderazgo: «Las normas novecentistas que culminaron en Rubén Darío pueden darse por abolidas.»

El Lorca que acaba de arribar a Madrid se da cuenta de que a él también, tan imbuido de Darío, le toca ya renovarse. No se va a comprometer con el movimiento ultraísta, que cobrará fuerza durante los siguientes dos años, pero es indudable que el contacto con Guillermo de Torre y su grupo influyó beneficiosamente en su poesía, la cual, desde el momento de su traslado a la Residencia de Estudiantes aquel otoño, empezó a desprenderse de su excesiva exuberancia.

¿Se contagia de la cinefilia que ya cunde entre los madrileños? Creo que sí. Las nuevas salas, que se multiplican, suponen para los teatros una competencia cada vez más acusada. Los ultraístas son fervorosos partidarios, Torre sobre todo. El 20 de mayo de 1919, durante la estancia de Lorca, publica en la revista *Grecia* un poema titulado «Friso ultraísta», donde leemos: «Un clamor concéntrico / estremece a los espectadores, / de nervios velivolantes [...] ¡Oh el vibrar multánime de la pantalla cinemática! [...] ¡HURRA POR EL / FILM / NORTEAMERICANO!» En esos momentos se está poniendo en Madrid, con enorme éxito, *Armas al hombro (Shoulder Arms)*, la hilarante cinta de Chaplin inspirada por la Gran Guerra. También está triunfando la italiana Francesca Bertini en *Pereza*. El cine está revolucionando las costumbres y la manera de ver el mundo. El Lorca joven en absoluto podía estar ajeno, y ello se reflejará luego en su obra.

La «Resi», que sería el «puerto seguro» del granadino en Madrid durante casi una década, era la institución española que más se aproximaba a un campus universitario británico estilo Oxford o Cambridge.

En 1919 llevaba tres años en sus nuevas instalaciones al final de la Castellana, y la que había sido desnuda colina en las afueras de la ciudad se iba convirtiendo en un oasis de paz, agua y frondosidad. «El año que viene si no me vengo aquí me tiro por el cubo de la Alhambra», escribe el poeta a sus padres.[4]

La Residencia acaba de editar los *Ensayos* de Unamuno, buen amigo de la casa. Lorca adquiere el sexto y último volumen de la obra. Subraya varios pasajes en los que el vasco insiste sobre la vital importancia de la sinceridad, por ejemplo en el titulado «Soledad». Se trata de una «nueva edad» del espíritu no ajena a la futura Edad de Oro que, como vimos, preconizaba Lorca en una de sus «místicas». Unamuno imagina que la «gran institución» de aquella utopía será la confesión pública, garante de la ausencia de «secretos»:

> Nadie estimará malo abrigar tal o cual deseo impuro, o el sentir este o el otro afecto poco caritativo, o el guardar una u otra mala intención, solo el callarlo. Y cuando eso llegue, y anden las almas desnudas, descubrirán los hombres que son mucho mejores de lo que se creían, y sentirán piedad los unos a los otros, y cada uno se perdonará a sí mismo y luego a todos los demás.[5]

¡Una sociedad en la que nadie tenga por qué ocultar sus deseos más secretos, sus angustias más profundas! ¡Qué alivio para, entre otros, los homosexuales!

Lorca transmitió su entusiasmo en una carta a Adriano del Valle, redactada aquel otoño, al parecer, antes de dar el definitivo salto a Madrid. «Me siento lleno de poesía, poesía fuerte, llana, fantástica, religiosa, mala, honda, canalla, mística. ¡Todo, todo! —escribe—. ¡Quiero ser todas las cosas! Bien sé que la aurora tiene llave escondida en bosques raros, pero yo la sabré encontrar... ¿Ha leído V. los últimos ensayos de Unamuno? Léalos; gozará extraordinariamente.»[6]

De regreso en Granada después de su visita a la capital, Lorca vuelve a ver a Martínez Sierra, cuya compañía de teatro actúa en la ciudad durante las tradicionales fiestas del Corpus. En una torre del Generalife recita para el empresario una composición, hoy desconocida, que relata, mezclando poesía narrativa y diálogo, la historia de una mariposa que cae herida en un prado. Allí la asisten una colonia de cucarachas, una de las cuales se enamora de la bella y misteriosa criatura y muere de pena cuando esta recupera el uso de sus alas y huye.[7] Martínez Sierra, impresionado, hace en el acto un ofrecimiento: si Federico convierte el poema de la mariposa en obrita dramática se la estrenará la temporada siguiente en su teatro, el Eslava. Lorca acepta el reto.[8]

La metamorfosis del poema en comedia no fue tarea fácil, ni mucho menos, pero casi estaba terminada cuando se instaló en la Residencia de Estudiantes aquel noviembre. Le puso punto final unas semanas después en el estudio madrileño de su amigo Manuel Ángeles Ortiz. El pintor diría que allí, un día, el poeta se quejó amargamente, sollozando, de Francisco Soriano Lapresa. Quien creía ser su amigo iba por Granada contando a todo el mundo que él, Lorca, era «marica».[9]

Al tema de la homosexualidad no era ajena la obra

que con tanto esfuerzo remataba entonces el poeta para un impaciente Gregorio Martínez Sierra.

El maleficio de la mariposa

En un poema sin título fechado el 23 de octubre de 1917, el yo lorquiano contempla, triste, «frente a los sembrados», la tarde otoñal. Le acompaña un ejemplar de *Sueño de una noche de verano*. Descansan los arados cerca del agua, hay hermosas nubes, se va aproximando la noche, los perros ladran lejos, anticipando los del *Romancero gitano*. Como siempre en la *juvenilia*, el tema es el amor, el amor que no puede ser, el amor que se fue y no vino:

> *Mi distancia*
> *Interior se hace turbia.*
> *Tiene mi corazón telas de araña...*
> *¡El demonio de Shakespeare*
> *Qué ponzoña me ha vertido en el alma!*
> *¡Casualidad temible es el amor!*
> *Nos dormimos y un hada*
> *Hace que al despertarnos adoremos*
> *Al primero que pasa.*[10]

El maleficio de la mariposa, así titulada solo en el último momento antes del estreno, tras muchas dudas, desarrolla el tema shakespeariano apuntado en el poema: la accidentalidad del amor. Siendo que el amor es pura casualidad, nada de particular tiene que Curianito el Nene tenga la desgracia de enamorarse de una hermosa mariposa que cae herida en el prado donde vive con su familia.

Es innegable que Lorca proyecta sobre el desafortunado ortóptero de *El maleficio de la mariposa*, poeta como él, sus propios deseos eróticos, su angustia y hasta sus dudas metafísicas. A veces las quejas del insecto repiten, casi palabra por palabra, las que encontramos, en primera persona, en distintas composiciones de la *juvenilia*. Cuando, por ejemplo, pregunta: «¿Qué haré sobre estos prados sin amor y sin besos?», recordamos el llanto del yo en el poema «Alba» (abril de 1919):

> *¡Qué haré yo sobre estos campos*
> *Cogiendo nidos y ramas,*
> *Rodeado de la aurora*
> *Y llena de noche el alma!*
> *¡Qué haré si tienes tus ojos*
> *Muertos a las luces claras*
> *Y no ha de sentir mi carne*
> *El calor de tus miradas!*
> *¿Por qué te perdí por siempre*
> *En aquella tarde clara?*
> *Hoy mi pecho está reseco*
> *Como una estrella apagada.*[11]

El maleficio de la mariposa constituye la traslación al teatro del propio dilema del poeta, y llama la atención que, para su amante frustrado, Lorca haya escogido un bicho considerado casi universalmente repugnante. Curianito el Nene nos recuerda al Beethoven feo y abandonado de la *juvenilia* y a tantos personajes lorquianos posteriores para quienes el amor no puede ser.

Pero hay más. Cuando Curianito aparece por primera vez en escena, la acotación le describe así: «Es un gentil y atildado muchachito, cuya originalidad consiste en pintarse las puntas de las antenas y la pata derecha con polen de azucena.»[12] Se trata de una «originalidad» llamativa... y difícilmente casual. Más tarde el bichito aparecerá «pintado graciosamente de amarillo».[13] Y, cuando ya esté enfermo de amor por la mariposa, la Curiana Nigromántica propondrá: «Dale el rocío añejo y ponle un tibio paño / Con emplastes de ortigas y polen de azucenas.»[14] El «polen de azucena» de Curianito remite a la importantísima carta dirigida por Lorca a Adriano del Valle en 1918, citada en el capítulo anterior, en la cual el granadino confiesa, después de compararse con Verlaine: «Por lira tengo un piano y, en vez de tinta, sudor de anhelo, polen amarillo de mi azucena interior y mi gran amor.»[15] *El maleficio de la mariposa* confirma que el amarillo tiene un valor emblemático para el Lorca joven, angustiado ante la naturaleza heterodoxa de su instinto sexual, y retoma el tema que hemos visto en toda la *juvenilia*. Víctima de un amor imposible, Curianito, que habla como el yo de los primeros poemas de su «rara pasión», no tiene más salvación que la muerte.

Como es bien sabido, el estreno, en marzo de 1920, fue un fracaso notable.[16] No parece ser que ello preocupara demasiado a Lorca, muy consciente como era de las deficiencias de la pieza en momentos en que la joven literatura renegaba del modernismo y renunciaba al sentimentalismo. Ahora bien, el estreno tuvo la ventaja de abrirle la puerta a futuras iniciativas dramáticas —el Eslava era el teatro más avanzado de Madrid—, y le introdujo de lleno en el mundo artístico de la capital, donde se hizo nuevos amigos. Entre ellos, el pintor y decorador uruguayo Rafael Barradas, muy admirado de los ultraístas. Tampoco hay que olvidar que desempeñó el papel de la mariposa la bailarina Argentinita, con quien, diez años después, Lorca grabaría varios discos de canciones populares andaluzas, acompañándola al piano.

LORCA, «RESIDENTE»

Ya tenemos a Lorca en la famosa Residencia de Estudiantes de Madrid, donde vivirá esporádicamente hasta su viaje a Nueva York —su primera salida del país— en el verano de 1929. De los múltiples testimonios relativos a aquella década del poeta, el de José Moreno Villa (1887-1955) es para nuestro propósito el más relevante. Brazo derecho de Alberto Jiménez Fraud, malagueño como él, pintor, escritor y crítico de arte, Moreno Villa se refiere a la homosexualidad de Lorca en su autobiografía *Vida en claro*, publicada en México en 1944. «No todos los estudiantes le querían —escribe allí—. Algunos olfateaban su defecto y se alejaban de él. No obstante, cuando abría el piano y se ponía a cantar, todos perdían su fortaleza.»[17] Notemos la palabra *defecto*. Es posible que Moreno Villa la utilizara con cierta ironía. O no. Lo importante, de todas maneras, es la constatación, por una persona que vivió de cerca aquel ambiente, y que conocía mucho a Lorca, de que no era nada fácil ser gay en la Residencia. Y eso que la Residencia (que se jactaba de no tener capilla) era el espacio más liberal de toda España. No nos hagamos ilusiones al respecto: la casa regida por Alberto Jiménez Fraud era algo puritana, muy seria.

Entre los que «olfatearon el defecto» de Lorca estaba Luis Buñuel. Dos años más joven que el poeta, nacido en Calanda en 1900 y educado por los jesuitas de Zaragoza, el futuro cineasta había llegado a la Residencia en 1917. Nos falta documentación acerca del inicio de su amistad con Federico. En sus memorias muy posteriores, *Mi último suspiro* (1982) —dictadas a su amigo y coguionista Jean-Claude Carrière—, Buñuel dice que empezó en el momento de su primer encuentro.[18] Es posible que así fuera. De todas maneras, por el hecho de que participaron juntos en una *profanación* del *Don Juan* de Zorrilla, representada en la Residencia el Día de Todos los Santos de 1920, podemos suponer que ya para entonces se trataban con cierta intimidad. Parece ser que fue Buñuel quien ideó aquel burlesco montaje. Reservó para sí mismo el papel principal (sería durante toda su vida un fanático admirador de la obra). Lorca hizo el del escultor.[19]

En *Mi último suspiro* Buñuel dice recordar un episodio desagradable ocurrido cuando se enteró de que uno de los residentes, un vasco de nombre Martín Domínguez, iba diciendo que Lorca era homosexual. «No podía creerlo —relata—. En Madrid en aquella época no se conocían más que dos o tres pederastas y nada me hacía sospechar que Federico lo fuera.» Alega a continuación haber confrontado enseguida a Lorca. «¿Es verdad que eres maricón?» «Tú y yo hemos acabado», contestaría el poeta, levantándose. Y sigue Buñuel: «Desde luego, nos reconciliamos aquella misma noche. Federico no tenía nada de afeminado ni había en él la menor afectación. Tampoco le gustaban las parodias ni las bromas al respecto.» Y allí deja el ya viejo cineasta el asunto, sin más comentarios.[20]

¿Invento, vago recuerdo convertido en más perfilado a la hora de contarlo, con el dato incluido, ¡vaya retentiva!, de que aquel mismo día comieron Unamuno y Eugenio d'Ors con ellos en la Residencia? ¿Cómo podemos saber la verdad del asunto? Imposible. En aquel refectorio, donde no se permitía el vino —con la excusa, según las memorias de Buñuel, de que podía manchar los manteles—,[21] Lorca situó un delicioso poemilla de *Canciones*, dedicado a Pepín Bello, con connotaciones gais tan obvias que no necesitan comentario:

SUSTO EN EL COMEDOR

Eras rosa.
Te pusiste alimonada.

¿Qué intención viste en mi mano
que casi te amenazaba?

Quise las manzanas verdes.
No las manzanas rosadas...

alimonada...

(Grulla dormida la tarde,
puso en tierra la otra pata.)[22]

Creo que no cabe duda de que para Buñuel la homosexualidad constituía un problema. En otro momento de su libro cuenta lo siguiente:

En nuestra juventud, no nos agradaban los pederastas. Ya he contado mi reacción cuando tuve noticia de las sospechas que recaían sobre Federico. Debo añadir que yo llegué a desempeñar el papel de agente provocador en un urinario madrileño. Mis amigos esperaban afuera, yo entraba en el edículo y representaba mi papel de cebo. Una tarde, un hombre se inclinó hacia mí. Cuando el desgraciado salía del urinario, le dimos una paliza, cosa que hoy me parece absurda.

En aquella época, la homosexualidad era en España algo oscuro y secreto. En Madrid solo se conocían tres o cuatro pederastas declarados, oficiales. Uno de ellos era un aristócrata, un marqués, que debía de tener unos quince años más que yo. Un día, me lo encuentro en la plataforma de un tranvía y le aseguro al amigo que tengo al lado que voy a ganarme veinticinco pesetas. Me acerco al marqués, le miro tiernamente, entablamos conversación y él acaba citándome para el día siguiente en un café. Yo hago valer el hecho de que soy joven, que el material escolar es caro. Me da veinticinco pesetas.

Como puede suponerse, no acudí a la cita. Una semana después, también en el tranvía, encontré al mismo marqués. Me hizo un gesto de reconocimiento, pero yo le respondí con un ademán grosero del brazo. Y no le volví a ver más.[23]

¿Dijo realmente Buñuel, un año antes de su muerte, que la paliza propinada a aquel homosexual madrileño sesenta años atrás le parecía ahora una cosa «absurda»? ¿Solo absurda? ¿Por qué no repugnante, bestial, vil? Jean-Claude Carrière me ha explicado que cuando trabajaba con Buñuel en sus memorias no utilizaban una grabadora (al cineasta no le gustaban nada). Cabe, pues, que la palabra realmente utilizada por Buñuel fuera otra. Pero aun así la cosa es fuerte. Carlos Jerez Farrán ha dicho que Buñuel fue el «amigo más homófobo» de Lorca.[24] Es posible, pero acaso habría que matizar y decir que fue el amigo heterosexual de Lorca con más dificultades ante el hecho gay. Incluso se podría aventurar la hipótesis de que su homofobia aparente encubría un profundo temor a ser gay él mismo. Años después, hablando con Max Aub, dijo ante la grabadora (sí, esta vez grabadora): «Con los maricones nunca pisa uno terreno firme.»[25]

Lorca, naturalmente, era muy consciente del problema que suponía su homosexualidad para Buñuel... para el Buñuel macho aficionado al boxeo, a la jabalina y los pulsos, tan orgulloso de sus músculos, cuya «verdadera efigie» captó Dalí en su luego célebre retrato del aragonés (1924). Y quizá no sea casualidad que el poemilla «Canción del mariquita», de registro burlesco, figure en una sección de *Canciones* (1927) —«Juegos»— dedicada «a la cabeza de Luis Buñuel. En gros plan»:

> *El mariquita se peina*
> *con su peinador de seda.*
>
> *Los vecinos se sonríen*
> *en sus ventanas postreras...*[26]

En este poema, que anticipa el ataque a los maricas en *Oda a Walt Whitman*, Jerez Farrán identifica al «homosexual moralista que dictamina lo que es aceptable o no en prácticas sexuales». Lorca teme, ya lo sabemos, que le tomen por afeminado. Y es probable que nunca superara aquel miedo.[27]

Pese a sus dificultades con el problema de la homosexualidad, pese a las vicisitudes de su amistad con Lorca, Buñuel siempre reconocería después cuánto le debía. En *Mi último suspiro*, sabiendo que le quedaba poco tiempo, hizo una solemne declaración:

> De todos los seres vivos que he conocido, Federico es el primero. No hablo ni de su teatro ni de su poesía, hablo de él. La obra maestra era él. Me parece, incluso, difícil encontrar alguien semejante. Ya se pusiera al piano para interpretar a Chopin, ya improvisara una pantomima o una breve escena teatral, era irresistible. Podía leer cualquier cosa, y la belleza brotaba siempre de sus labios. Tenía pasión, alegría, juventud. Era como una llama.

Cuando le conocí, en la Residencia de Estudiantes, yo era un atleta provinciano bastante rudo. Por la fuerza de nuestra amistad, él me transformó, me hizo conocer otro mundo. Le debo más de cuanto podría expresar.[28]

Esto fue la reflexión final. En los años veinte, Buñuel no tenía la cosa tan clara, como tendremos otras ocasiones de comprobar.

LIBRO DE POEMAS

Hacia finales de 1920, al irse aproximando la Navidad, Federico García Rodríguez, el padre, empezó a impacientarse con su primogénito. Tenía ya sesenta y un años; el poeta, veintidós: una gran diferencia de edad, más entonces que hoy. Acerca del labrador de Fuente Vaqueros nuestras noticias son relativamente parcas. La impresión que recibimos, como ya dije, es que la relación del hijo con la madre era más estrecha. Pues bien, García Rodríguez sospechaba que Federico no estudiaba apenas nada en Madrid, lo cual no distaba de ser verdad. También sospechaba que no quería volver a casa para las vacaciones de fin de año, lo cual era del todo incierto. Probablemente rumiaba el hecho de que con su obra literaria Federico no había ganado nada hasta la fecha (*Impresiones y paisajes* apenas tuvo repercusión, *El maleficio de la mariposa* fue un fracaso) y consideraba que iba a ser muy difícil, si no imposible, que se ganara la vida escribiendo. Seguía pensando, en resumen, que era imprescindible que terminara cuanto antes y como fuera la carrera. Así que, a principios de diciembre, le escribió para decirle que, si no volvía pronto a casa para la Navidad, él mismo iría a Madrid y se lo llevaría con él a Granada. Más o menos eso. Lo sabemos por la contestación a vuelta de correo del poeta, que le explicó que se encontraba en un «momento crítico» de su arte y de su vida, y que estaba poniendo todo su esfuerzo en «levantar un vuelo atrevido por encima del arte actual». Que no se preocupara, le pidió, y que abandonara, por favor, su injustificada «actitud árabe». Nada más terminar el «trabajillo» sobre Platón que le habían encargado en la Facultad de Filosofía y Letras volvería a casa, como el buen hijo que siempre había sido. ¿Cómo podía haber imaginado su padre que no lo haría?[29]

Se hicieron las paces y aquella primavera García Rodríguez aceptó financiar *Libro de poemas*, como había hecho con *Impresiones y paisajes*.

Fue publicado en Madrid, en julio de 1921, por el pintor e impresor manchego Gabriel García Maroto.

Se trataba de un tomo hermosamente impreso integrado por 69 poemas entresacados, con la ayuda de Francisco García Lorca, de la vasta masa de la *juvenilia*. En total, una compilación enjundiosa de 299 páginas y unas quince mil palabras. Cada composición, según requerimiento del editor, estaba fechada, tal vez en algunos casos al azar. Iban desde 1918 a 1920 (no había ninguno adscrito a 1917). En sus «Palabras de justificación», el poeta insistía, con razón, sobre el carácter íntimo del poemario: «Ofrezco en este libro, todo ardor juvenil y tortura, y ambición sin medida, la imagen exacta de mis días de adolescencia y juventud [...] En estas páginas desordenadas va el reflejo fiel de mi corazón y de mi espíritu [...] Se hermana el nacimiento de cada una de estas poesías que tienes en tus manos, lector, al propio nacer de un brote nuevo del árbol músico de mi vida en flor...»[30]

Era insistir mucho sobre la naturaleza personal de cada uno de los poemas incluidos en el libro. Interesantes «palabras de justificación» que aconsejaban y, sí, *justificaban*, una interpretación en clave biográfica.

Con todo el mundo de vacaciones, no era el mejor momento del año para editar un libro, y menos un libro de versos. A pesar de ello salieron algunas reseñas.

La más interesante fue la de Adolfo Salazar, publicada el 30 de julio en el diario liberal *El Sol*, muy leído en todo el país. Salazar era probablemente el crítico musical más eminente de España, colaborador ocasional de la revista *Ultra* y ya excelente amigo de Lorca. Además era homosexual. Señaló que *Libro de poemas* era una obra de *transición* en la cual, antes de publicar su producción nueva, el autor quería ofrecer una selección representativa de su poesía anterior y mostrar su evolución. El poeta le había informado de su intención de dar a conocer aquel otoño una recopilación de sus versos recientes, y el crítico comentó que, de hecho, las últimas composiciones del volumen, correspondientes a 1920, tenían un «perfil moderno» que las distinguía marcadamente de las anteriores. Leyendo entre líneas era evidente que, en opinión de Salazar, el contacto del granadino con las nuevas tendencias que se hacían sentir entonces en Madrid ejercía una influencia positiva sobre su creación actual, lo cual era cierto.[31]

Salazar no aludió en su reseña a la angustia erótica que impregna casi cada composición de *Libro de poemas* y que, para un lector de sensibilidad, era difícil no reconocer. ¿Tal omisión correspondía más a razones de prudencia que a las de una momentánea ceguera crítica? Creo que sí.

A Lorca le entusiasmó la reseña, de todas maneras, así como la larga carta (29 de julio de 1921) en la que Salazar formuló algunas reservas sobre el libro que había omitido en *El Sol*.[32] Federico estaba de acuerdo y explicó en su respuesta (2 de agosto) que, si bien en *Libro de poemas* no había encontrado todavía su auténtica voz, ahora creía haber dado con «un caminito inefable lleno de margaritas y lagartijas multicolores».[33]

Que sepamos, *Libro de poemas* solo fue objeto de dos críticas más, debidas, respectivamente, a Cipriano Rivas Cherif y a Guillermo de Torre.[34] Ni el uno ni el otro comentaron su temática amorosa angustiada. Ambos se habían percatado, eso sí, de su panteísmo. El ultraísta Torre reprochó, como no podía ser de otro modo, sus momentos de excesiva sentimentalidad. Pero elogió la capacidad metaforizante de Lorca y citó algunos ejemplos. Terminó augurando que, si el granadino lograba desprenderse de los aspectos desfasados de su expresión, se podría convertir en «genuino poeta de la nueva generación de vanguardia».

Torre no cejaría en sus intentos de convencer a su amigo para que se hiciera del todo ultraísta, pero siguió manteniéndose al margen del movimiento.[35] No hay duda, de todas maneras, de que el empeño de Torre y sus correligionarios en erradicar los últimos vestigios de la ampulosidad modernista, y su énfasis sobre la primacía de la imagen poética, influyeron en un Lorca ya muy consciente de los peligros que entrañaba su tendencia a una excesiva verbosidad («la palabrería es odiosa —había escrito a casa el 4 de abril de 1921— y nada odio tanto precisamente por llevarlo en el temperamento como la exageración»).[36]

Pese a que la reseña de Salazar se había publicado en uno de los diarios más importantes de España, los padres del poeta no estaban satisfechos. Federico confió al crítico que le consideraban «un fracasado» porque el libro no había tenido más resonancia, y le preguntó desde Granada si habían aparecido otras notas en la prensa. Estaba seguro de que, si salían más, le perdonarían el no haber aprobado algunas asignaturas aquel verano y le dejarían en paz con su poesía actual que, según dijo a Salazar, consideraba «lo mejor y más exquisito» que había producido hasta la fecha.[37]

Se trataba de las *Suites*. Pero digamos primero unas palabras acerca de un amor que no pudo ser y de otro que solo podemos atisbar.

Emilio Prados y Gustavo Durán

Durante las vacaciones veraniegas de 1918, Lorca había coincidido e intimado en Málaga con otro poeta andaluz, Emilio Prados, nacido en la ciudad mediterránea en 1899.[38] Se reencontraron en la Residencia de Estudiantes un año después. Extremadamente sensible, introvertido y angustiado, Prados, tísico desde la infancia, llevaba un diario íntimo, escrito con intermitencias entre 1919 y 1921, en el cual daba rienda suelta a su infelicidad, apuntaba detalles de sus amores frustrados con Blanca, la musa de sus primeros poemas, y manifestaba un autodesprecio que le acercaba al suicidio. El joven, que poco a poco se fue dando cuenta de su homosexualidad, creyó haber encontrado en Lorca al amigo perfecto. El diario nos revela que confió sus inquietudes al granadino, que este supo comprenderlas, y que hablaron largamente de sus mutuas y parecidas aspiraciones vitales (entre ellas, el afán «por subir a la cumbre de la gloria» y el deseo de contribuir a una mayor justicia social). «Sus ideales políticos, contrarios a su bienestar, son los mismos míos —apunta Prados—, y esto le hace que sea más querido por mí.»[39]

Otros pasajes del diario revelan que esbozaron un programa conjunto para llevar a la práctica dicho ideario. En uno de ellos, durante una ausencia de Lorca, leemos:

Quisiera tenerlo estos días aquí para poderle contar todo lo que en estos días siento, y estoy seguro que sabría consolarme y alegrarme en mis tristezas. Tengo grandes ganas también de que esté aquí para organizar la propaganda de nuestros comunes ideales, que tantas ganas tengo de ver realizados. Mi sangre toda la daría por ver la humanidad unida con amor, y que la igualdad fuera completa para todos. Me da horror pensar cuánta hambre y cuántos sufrimientos hay que pueden cambiarse en alegrías. En fin, cuando venga Federico trabajaremos con ardor por esta causa.[40]

No tardó en desilusionarse con Lorca, sin embargo, y se quejó amargamente en su diario de que este ya no le comprendía. Poco tiempo después se internó en una clínica suiza (había empeorado su tuberculosis), donde el declive de la relación le obsesionaba. ¿Qué había ocurrido? El diario no es explícito al respecto. Parece lógico inferir que Prados, que no se cansa de repetir que había «abierto su alma» al poeta hermano, exigía demasiado del amigo.[41]

Cuando vuelve de Suiza se reanima la amistad, pero llega el momento en que la tibieza de Lorca empieza a atormentarle. Dan fe de ello unas cartas suyas al granadino correspondientes a estos años (1921-1922). Solo hace falta citar una de ellas, redactada quizá en la primavera de 1922. Lorca no le ha escrito, Emilio está desesperado. Finalmente llega la misiva tan anhelada. Pero no es la que esperaba. «Temblando he cogido tu carta y temblando sigo, hermano mío queridísimo. / ¡Te veo tan lejos! A través de la tela de araña brillas siempre con el sol; pero tú huyes, huyes siempre detrás de la tela de araña. No digas que no, ya no me quieres.» Y unas líneas después: «¡Oh, qué tristeza tener las pasiones con flechas! ¿Es que se ha acabado el vino de tus barriles? Ven, hermano mío, yo te regaré con mi vino rojo y mi vino de miel. Pero que tus nuevas flores se abran otra vez en mis manos.»[42]

Prados se había forjado la ilusión de que vivirían juntos, de que Federico accedería con él a «romper las ligaduras de la responsabilidad». Pero no pudo ser. El propósito era imposible desde todos los puntos de vista y, lo más importante, no hay indicios de que Lorca estuviera nunca enamorado de él. Años después el psicoanalista Ángel Garma me dijo en Buenos Aires que su primer paciente en el Madrid de los años veinte fue un joven de la Residencia de Estudiantes que había sido «rechazado» por Lorca. ¿Se trataba de Prados? No lo sé. Lo cierto es que el carisma del poeta era tan poderoso que causó no pocos estragos. Las cartas que le dirigió Prados recuerdan mucho las de Lorenzo Martínez Fuset unos años antes. Todos creían que Federico era el único amigo, el amigo del alma esperado desde hacía siempre, el que reservaba el destino para ellos solos. Luego se daban cuenta de que no, de que el poeta estaba rodeado de otros, quizá con más posibilidades, que querían ocupar el mismo puesto y ser los predilectos de quien iba, inexorablemente, camino del éxito y de la fama.

Unos años después, ya calmadas las aguas, Emilio Prados montó en Málaga, con su paisano Manuel Altolaguirre, la editorial Litoral y la revista del mismo nombre, y reanudó su amistad y correspondencia epistolar con Lorca. Prados publicó, en 1927, el poemario *Canciones* del granadino, que además sería colaborador habitual de la revista de la casa, y hubo otros proyectos compartidos. Es una lástima que nuestro conocimiento de los primeros años de aquella relación que no pudo ser sea tan incompleto.

Muchos de los poemas escritos por Lorca entre 1921 y 1924, e incluidos en *Canciones*, reflejan el espíritu de la Residencia, con sus tés, su humor y su camaradería. Varias de las composiciones del libro están dedicadas a residentes o amigos que visitaban con frecuencia la casa, entre ellos José *(Pepín)* Bello, Buñuel, Prados *(Ca-*

zador de Nubes), José Fernández-Montesinos, el inglés Campbell *(Colín)* Hackforth-Jones, Alberti, Bergamín y los jóvenes músicos Ernesto Halffter y Gustavo Durán Martínez.

Aragonés nacido en Barcelona en 1906, Gustavo Durán iba a ser tal vez el militar republicano más insólito de la Guerra Civil, durante la cual alcanzó el grado de coronel. Es no solo uno de los personajes de *L'Espoir*, la novela de André Malraux, sino que Hemingway, que le admiraba profundamente, le nombra por su nombre en *Por quién doblan las campanas*. De Durán «se podrían contar muchos más episodios novelísticos», escribe Rafael Alberti en la segunda parte de *La arboleda perdida*.[43] El gaditano no los cuenta, sin embargo. Buñuel sí, o por lo menos algunos de ellos. Para el cineasta, con quien trabajó Durán en el doblaje de películas para la Warner durante los años treinta y luego en el MOMA de Nueva York, Gustavo era «el único homosexual de verdad» del grupo de la Residencia. Con Lorca, según quería recordar Buñuel décadas después, equivocándose de cabo a rabo, todo se reducía a «afeminamientos, cobardías, pequeñas ñoñeces, toqueteos». Pero Durán fue hombre de acción, y no solo en el campo de batalla. «¡Y con obreros! —dijo Buñuel a Max Aub—. Eso a mí, creyente en el proletariado, me hería doblemente.»[44]

No sabemos exactamente cuándo llegó Gustavo Durán a la «Resi», pero probablemente en 1922, cuando tenía dieciséis años. Él y Lorca intimaron enseguida. Prueba de ello es que el aragonés le dedicó su primera obra musical conocida, *El corazón de Hafiz*.[45] «He venido tan temprano porque Gustavito Durán no quiere separarse de mí ni medio minuto», escribe el poeta al cubano José María Chacón y Calvo el verano de 1923, en vísperas de volver a Granada.[46] Poco después, Manuel de Falla recibe una carta de Adolfo Salazar desde Madrid. Se trata de Durán. «Hay un muchachito con quien ahora está entusiasmado Federico —dice— y que, empeñado en ser compositor modernista, "liba" por cuantas nuevas partituras salen, y a Ernesto [Halffter] le fusila hasta los títulos. Por él sé que el gran Federico anda bien, pues parece que le escribe todos los días [...] toma lecciones de Turina, pero me temo que esto le termine de desorientar.»[47] En esos momentos, Lorca está con su familia en Asquerosa, aislado del mundanal ruido. El 11 de agosto, Salazar escribe otra vez a Falla: «No he recibido aún noticias de Federico sobre la sorpresa, pero me figuro en qué consiste, por lo que le ha escrito al joven discípulo de Turina.»[48] La *sorpresa* tenía que ver con un proyectado teatro de guiñol. El 18 de agosto Falla añade una posdata a la carta que acaba de redactar para Lorca. «¿Escribió usted a Adolfo y a Halffter sobre lo del teatrillo? —pregunta—. Salazar me ha escrito *que sabe por Durán de qué se trata.*»[49]

Durán, pues, tiene importancia para Lorca y se escriben con frecuencia. Hasta qué punto la relación pudo ser apasionada no lo sabemos. Según me dijo María Luisa González (la mujer de Juan Vicéns) en 1978, Federico admiraba intensamente al joven y guapo músico, excelente pianista, que se consideraba hasta cierto punto su discípulo.[50]

Por desgracia se desconoce su correspondencia epistolar, menos tres postales y una nota intrascendente de Durán conservadas en la Fundación Federico García Lorca de Madrid. Es probable que destruyera las cartas del poeta. Siempre reacio a hablar de su vida personal, no dejó constancia escrita alguna acerca de aquella amistad, y tampoco habló de ella con sus hijas. Daba la impresión de querer correr una tupida cortina de silencio sobre su juventud.[51]

Tal vez vale la pena añadir que Pepín Bello tuvo en 1927 un breve noviazgo con Araceli Durán, hermana de Gustavo e inspiradora de un famoso soneto de Alberti. «Recibe mi enhorabuena más cordial por haberte puesto en relaciones con Araceli Durán —le escribió Lorca aquel abril de 1927—. Es una preciosa novia.»[52]

Durán fue una de las grandes admiraciones del pintor canario gay Néstor Martín-Fernández de la Torre (1887-1938), especialista en retratos de hermosos efebos, y aparece en varias obras suyas. A través de Gustavo, Néstor trabó amistad con Lorca y otros residentes. En una carta del verano de 1924, escrita en Asquerosa, el poeta le cuenta a Pepín Bello: «Néstor me había hecho la maleta. ¡Qué maravilla! Cuando llegué a casa, todo el mundo estaba asombrado. Todo tan dobladito y tan bien puesto. Me dijo: "Yo, en esta maleta tuya metería una casa entera."»[53]

SUITES

Lorca había empezado a componer sus *Suites* a finales de 1920: secuencias de poemas breves enlazados temáticamente y construidos por analogía con la *suite* musical de los siglos XVII y XVIII. También barajó la posibilidad de dar el título de *El libro de las diferencias* al proyectado poemario, por las variaciones musicales o «diferencias» de los vihuelistas del siglo XVI como Antonio de Cabezón, Luis Milán y Alfonso Mudarra.[54] A pesar de su optimismo, sin embargo, no conseguiría publicar sus *Suites* ni aquel otoño ni nunca, y ello que le mantendrían intensamente ocupado entre 1920 y 1923 y se referiría a menudo, en declaraciones y cartas, a su inminente edición. Solo en 1983, cuarenta y siete años después de su muerte, se *reconstruiría* el libro, gracias a la paciente labor de André Belamich. El tomo publicado por el hispanista francés contenía más de dos mil versos: una recopilación —y una recuperación— impresionante.

Belamich escribió en su introducción que las *Suites* marcan «el punto de partida del gran río negro, meditativo y visionario, radicalmente pesimista que, corriendo por debajo de las *Canciones* y del *Romancero gitano*, anegaría *Poeta en Nueva York* y el *Diván del Tamarit*».[55] Hoy, a la luz de la *juvenilia*, sabemos que no es cierta tal aseveración, y que la originalidad de las *Suites* reside mucho menos en su temática que en su estructura y en su lenguaje poético, que, sin duda alguna, significan un notable avance con respecto a la producción anterior. En las *Suites* compuestas durante los veranos de 1921-1923, que Lorca pasó mayormente en la Vega de Granada con su familia, son omnipresentes las alusiones a la pérdida y a la frustración definitiva del amor, como en la obra anterior. Hay un momento en que el yo califica de «San Sebastián de Cupido» a su «corazón desolado», por las brutales flechas recibidas,[56] y aparece con insistencia la nostalgia de la infancia. En el poema «Canción bajo lágrimas», de la *suite* titulada «Momentos de canción» (10 de julio de 1921), ambos temas se fusionan, de la misma manera que había ocurrido en versos de cuatro años antes:

> *En aquel sitio,*
> *muchachita de la fuente,*
> *que hay junto al río,*
> *te quitaré la rosa*
> *que te dio mi amigo,*
> *y en aquel sitio,*
> *muchachita de la fuente,*
> *yo te daré mi lirio.*
> *¿Por qué he llorado tanto?*
> *¡Es todo tan sencillo!...*
> *Esto lo haré ¿no sabes?*
> *cuando vuelva a ser niño,*
> *¡ay! ¡ay!*
> *cuando vuelva a ser niño.*[57]

Son varios los poemas de la *juvenilia* en los cuales, como aquí, Lorca opone el lirio, emblema repetido de su erotismo angustiado —se trata del lirio morado, asociado en la tradición andaluza a la pasión de Cristo— a la rosa (o el clavel), símbolo tradicional de la pasión heterosexual.[58] ¿Es posible dudar de que en este pequeño poema esté aludiendo otra vez —como hiciera en sus confidencias epistolares a Adriano del Valle en 1918— al sentimiento de marginación sexual que está padeciendo, a la creciente convicción de pertenecer sin remedio a la «raza maldita» de los homosexuales?

La amistad con Adolfo Salazar se ha convertido ya en extremadamente importante para Lorca. Salazar llevaba con mayor naturalidad que él su condición de gay (según varios testigos muy patente), y sus cartas a Lorca, las que conocemos —que por desgracia forman solo una mínima parte de la densa correspondencia mantenida con el poeta—, tienden a demostrar que los dos se entendían bien. El 2 de agosto de 1921, justo después de la reseña de *Libro de poemas* publicado por Salazar en *El Sol*, Federico le confía: «Veo que la vida ya me va echando sus cadenas. La vida tiene razón, pero... ¡qué lástima de mis alas!, ¡qué lástima de mi niñez seca!»[59] Aunque no lo dice, está componiendo en esos momentos una *suite* titulada «El camino conocido» (6 de agosto de 1921), luego rebautizada «El regreso», acaso su mejor poema de aquel verano, que empieza:

Yo vuelvo hacia atrás.

¡Dejadme que retorne
a mi manantial!

Yo no quiero perderme
por el mar.

Me voy a la brisa pura
de mi primera edad
a que mi madre me prenda
una rosa en el ojal.[60]

Mientras cada una de las diez «variaciones» o «diferencias» de esta *suite* desarrolla el tema del paraíso infantil perdido, tal vez la que más llama la atención es la titulada «Realidad». Aparece en ella la figura de Vicenta Lorca que, una oscura tarde de invierno, en la finca familiar de Daimuz, lee en voz alta, junto a la chimenea, el final de *Hernani*, donde doña Sol muere «como un cisne rubio / de melancolía» (lectura recordada en 1932 por Lorca en una carta a su amigo Carlos Martínez Barbeito).[61] Y el yo reflexiona:

> *Yo debí cortar*
> *mi rosa aquel día*
> *Pura apasionada*
> *de color sombría*
> *al par que los troncos*
> *dorados ardían.*[62]

¿Hay aquí un implícito reconocimiento —como en *Cristo. Tragedia religiosa*— de que es el excesivo apego a la madre lo que imposibilita al poeta tener una relación con otra mujer? Creo que no se puede descartar.

En las dos últimas secciones de la *suite*, «Despedida» y «Ráfaga», el yo vuelve a expresar su sensación de futilidad ante la visión de una vida sin amor, y recuerda de nuevo a la amada que no pudo ser:

> *Pasaba mi niña,*
> *¡qué bonita iba!,*
> *con su vestidito*
> *de muselina*

y una mariposa
prendida...[63]

Sigue, pues, la persistente obsesión con el amor fracasado o inalcanzable. El tema aparece por doquier en las *Suites*, a decir verdad, y en ningún lugar más escalofriante que en el prólogo de «En el bosque de las toronjas de luna», donde el yo explica que está preparando «un largo viaje» a un destino extraño: «Pobre y tranquilo, quiero visitar el mundo extático donde viven todas mis posibilidades y paisajes perdidos. Quiero entrar frío pero agudo en el jardín de las simientes no florecidas y de las teorías ciegas, en busca del amor que no tuve pero que era mío.»[64]

Lorca no tira la toalla, sin embargo, y hubiera podido decir con el Satán de Milton, echado por Dios del Paraíso: «¿He perdido la batalla? ¡Y qué, no todo se ha perdido!» Le queda la fe inquebrantable en su vocación poética, se sabe dueño de extraordinarios talentos y de un don de gentes como pocos. ¿No aparecerá pronto un amor nuevo?

Y es justo entonces cuando se produce en la vida del poeta, tan adicto a Paul Verlaine, la epifanía de un Rimbaud en versión... catalana.

DALÍ, EL TENTADOR

Salvador Dalí Domènech llega a la Residencia de Estudiantes en septiembre de 1922. Tiene dieciocho años, seis menos que Lorca, y ha sido enviado a la Escuela Especial de Pintura, Escultura y Grabado de la Real Academia de San Fernando por su padre, el *tonitronante* notario de Figueres. Salvador Dalí Cusí —así se llama— lo ve claro, como Federico García Rodríguez: para su hijo carrera, carrera, nada de tonterías, carrera y título y, luego, todos los cuadros y dibujos que quiera.

Dalí en absoluto tiene la intención de ser profesor de Arte, como desea su padre. Pero por el momento hay que obedecer al agresivo autor de sus días (la madre había muerto el año anterior). Tímido, timidísimo —se ruboriza por nada—, Salvador está absolutamente convencido no solo de poseer vocación artística, sino de que *va a ser un genio*. Dos años antes, en abril de 1920, había apuntado la gran noticia de que su padre le iba a mandar a Madrid. ¡Se trataba tal vez de la decisión más importante jamás tomada en relación con su futuro! Y escribió: «Allí pienso pasar tres años trabajando locamente *(treballant bojament)*. También tiene su belleza la Academia. Nunca es de más sacrificarme y someterme a la verdad. Después ganaré la pensión para irme cuatro años a Roma. Y al volver de Roma seré un genio, y el mundo me admirará. Podré ser menospreciado e incomprendido, pero seré un genio, un gran genio, estoy convencido de ello.»[65]

Es impresionante constatar que, a los dieciséis años, Dalí ya había elaborado su programa para la siguiente década, con la meta de ser genio, «un gran genio». Tenía razones de sobra para sentirse especial. Y más en 1922. Había expuesto sus obras con éxito, y los diarios figuerenses y alguno barcelonés ya le auguraban un futuro brillante. Cuando llega a Madrid ha dejado atrás su iniciación impresionista. Ahora son los cubistas, con Picasso a la cabeza, y los italianos actuales, quienes acaparan su admiración. Es rabiosamente de izquierdas, es ateo, pertenece a una célula marxista de Figueres, desprecia al Gobierno, a Alfonso XIII y a los burgueses «putrefactos», y espera que llegue pronto a España la revolución roja. Con su padre tiene una relación tormentosa, es cierto, pero sus interminables conversaciones o debates —las sobremesas son furibundas— han aguzado el ingenio que todavía le cuesta poner en funcionamiento cuando está con extraños. Y hay otra cosa. Cuando quiere, cuando le da la gana, Salvador es tan divertido que la gente se muere de risa con sus ocurrencias.

Otros pasajes del diario revelan que ya para 1920, preocupado por el tamaño de su pene, que cree demasiado pequeño, y compulsivo y avergonzado masturbador, el joven Dalí calcula al milímetro cada movimiento y gesto suyo en función de producir el máximo efecto sobre los demás. Es un redomado dandi. A imitación del autorretrato de su idolatrado Rafael, lleva el pelo muy largo y unas patillas extravagantes. Usa sombrero oscuro, de ala ancha, una chalina descomunal, una chaqueta que le llega hasta las rodillas, un bastón elegante... y polainas. Tiene por costumbre echarse el abrigo sobre los hombros como si fuera una capa.[66]

«Deseaba darme lo antes posible un aspecto insólito —recordará en su autobiografía, *La vida secreta de Salvador Dalí* (1942)—; componer una obra maestra con mi cabeza.»[67]

El físico del Dalí joven llama la atención, ciertamente. Es muy delgado, de complexión casi atlética (aunque no tanto como el fornido Buñuel). Su pelo negrísimo contrasta con la tez olivácea de la cara. Tiene ojos verdigrises, nariz correcta y estatura normal (un metro setenta, como Lorca).[68] Las pequeñas y saledizas orejas son el único rasgo irregular. Los diarios adolescentes demuestran que tanto él como las chicas consideran que es muy guapo (en Figueres ha dejado atrás a una novia estupenda, Carme Roget, que le escribe cartas apasionadas). Ser consciente de su atractivo le ayuda a compensar su acuciante timidez habitual, que, según uno de sus mejores amigos en la Residencia, José (Pepín) Bello, era auténticamente «patológica».[69]

Tal vez se debió a Pepín la revelación de que había llegado a la «Resi» un pintor cubista, algo nunca visto en Madrid. Así, por lo menos, lo contó Dalí:

Un día en que me hallaba fuera, la camarera dejó mi puerta abierta, y Pepín Bello vio, al pasar, mis dos pinturas cubistas. No pudo esperar a divulgar tal descubrimiento a los miembros del grupo. Estos me conocían de vista y me hacían blanco de su cáustico humor. Me llamaban *el Músico*, o *el Artista*, o *el Polaco*. Mi manera de vestir antieuropea les había hecho juzgarme desfavorablemente, como un residuo romántico más bien vulgar y más o menos velludo. Mi aspecto serio y estudioso, completamente desprovisto de humor, me hacía aparecer a sus sarcásticos ojos como un ser lamentable, estigmatizado por la deficiencia mental y, en el mejor de los casos, pintoresco. En efecto, nada podía formar un contraste más violento con sus ternos a la inglesa y sus chaquetas de golf que mis chaquetas de terciopelo y mis chalinas flotantes; nada podía ser más diametralmente opuesto que mis largas greñas, que bajaban hasta mis hombros, y sus cabellos elegantemente cortados en que trabajaban con regularidad los barberos del Ritz o del Palace. En la época en que conocí al grupo, especialmente, todos estaban poseídos de un complejo de dandismo combinado con cinismo, que manifestaban con consumada mundanidad. Esto me inspiró al principio tanto pavor, que cada vez que venían a buscarme a mi cuarto creía que me iba a desmayar.[70]

Lorca estaba en Granada cuando Dalí llegó a la Residencia aquel septiembre de 1922, tratando de acabar de una vez por todas con sus estudios universitarios. Cabe inferir que Salvador no tardó en enterarse, a través de Pepín Bello y Buñuel, entre otros, de que pronto volvería a la casa uno de sus inquilinos más fascinantes. Lo hizo en enero de 1923, terminada por fin la odiada carrera de Derecho.

La amistad que nació enseguida entre pintor y poeta, con Buñuel en medio, fue para ambos de las que marcan toda una vida. Un antes y un después. A Lorca, cuando arranca, le quedaban solo trece años de vida. Impacta caer en ello. A Dalí (y a Buñuel) muchísimos más, con tiempo de sobra para reflexionar sobre, y a veces tergiversar, su relación con el amigo muerto. Por lo que toca a su coincidencia en la Residencia, hubo frecuentes ausencias de unos y otros. Establecer con exactitud la cronología de sus idas y venidas es a veces difícil, incluso imposible. Buñuel se va a París a principios de 1925, esto sí lo sabemos; también que Dalí se autoexpulsa de la Real Academia de San Fernando en la primavera de 1926 y vuelve a Cataluña con los ojos puestos en la conquista de la capital francesa. Buñuel regresa a Madrid con cierta frecuencia; Dalí solo una vez, en 1930, acompañado de Gala, cuando Lorca está en Cuba. Los años heroicos de la triple relación en la Residencia, pues, son en realidad solo dos, desde enero de 1923 hasta enero de 1925, y con ausencias y vacaciones. Vale la pena tenerlo en cuenta, porque al leer a Dalí y a Buñuel recibimos la impresión de que fueron más años de convivencia. Y es que, claro, fue una etapa de trepidante intensidad.

La vida secreta de Salvador Dalí es extraordinariamente reveladora en cuanto al impacto producido sobre el pintor por Lorca, máxime si acudimos a la versión original del texto, escrita en francés macarrónico con la ayuda de Gala, que solo se dio a conocer en 2006. Tras recordar su convicción de que sus nuevos amigos de la Residencia se lo iban a tomar todo sin darle nada a cambio, Dalí reconoce que hubo una excepción a la regla. «La personalidad de Federico García Lorca —escribe— produjo en mí una inmensa impresión. El fenómeno poético total y en bruto se presentó de repente delante de mí en carne viva *(en chair et en os)*, confuso, sanguinolento, viscoso y sublime, temblando con mil fuegos de oscuridad y biología subterránea como toda materia dotada de *(apte à)* la originalidad de su propia forma.»[71]

Más adelante, Dalí hace una confesión asombrosa por su franqueza. Empieza recordando que en aquella época leía —como muchos residentes, entre ellos Pepín Bello— *Los cantos de Maldoror*, del sedicente conde de Lautréamont (Isidore Ducasse), cuya traducción se acababa de publicar en Madrid (el Lorca de *Impresiones y paisajes* ya tenía noticias de Lautréamont a través de Rubén Darío). Y sigue Dalí:

La sombra de Maldoror planeaba sobre mi vida justo en la época en que, precisamente, la sombra de otro hombre —Federico García Lorca— vino a oscurecer por el tiempo que dura un eclipse la originalidad virginal de mi espíritu y de mi carne. Conocía en aquel período a varias mujeres elegantes que fueron, moral y eróticamente, pasto encarnizado de mi odio. Huía de Lorca y del grupo, que cada vez se convertía más en *su* grupo, era el momento culminante de su irresistible influencia personal... y el único momento de mi vida en que he creído atisbar la tortura que puede haber en la envidia. A veces el grupo entero íbamos bajando a pie por el paseo de la Castellana, en dirección al café donde nos esperaban nuestras habituales reuniones literarias y yo sabía que Lorca iba a brillar como un diamante loco y fogoso *(diamant fou et en feu)*. De repente me ponía a correr y no se me veía en tres días. Nadie ha podido nunca arrancarme el secreto de aquellas huidas, y no tengo todavía la intención de desvelarlas.[72]

Conociendo el tremendo problema que suponía para el Dalí joven su extremada timidez, para combatir la cual iría construyendo poco a poco su fabulosa máscara exhibicionista, no es sorprendente que tener que presenciar el arrollador éxito social de Lorca se le hiciera intolerable. Ahora bien, el reconocimiento de que el poeta era la única persona capaz hasta entonces (1941-1942) de hacerle sufrir la envidia, eso, viniendo de él, era el mayor elogio imaginable.

Dalí siempre negaría ser gay o haber sentido la tentación de serlo. Había en su familia una marcada tendencia paranoica, le producía terror la posibilidad de haberla heredado, y el descubrimiento de que, para Freud, tal cuadro es una defensa contra la homosexualidad, reforzó su determinación de negar cualquier posibilidad de pertenecer a dicha minoría. Así las cosas, no cuesta trabajo comprender que vino el momento en que la insistencia amorosa del poeta llegó a inquietarle hondamente. Porque de insistencia se iba a tratar.

ODA A SALVADOR DALÍ

Lorca pasa la Semana Santa de 1925 con Dalí en Cadaqués, como es bien sabido, y cuando vuelve con él a Madrid ya está perdidamente enamorado. El verano en Granada, sin Salvador, es durísimo. El pintor Benjamín Palencia, buen amigo de Lorca y también gay, está al tanto de su pasión por el catalán y de cuánto sufre en consecuencia. «Tu carta ha sido un motivo de alegría en este verano melancólico y turbio que estoy pasando

—le escribe el poeta—. Atravieso una de las crisis más fuertes que he tenido. Mi obra literaria y mi obra sentimental se me vienen al suelo. No creo en nadie. No me gusta nadie.» Espera ir pronto al mar, a su adorada Málaga, donde «Dionisio te roza la cabeza con sus cuernos sesgados y tu alma se pone color de vino». De vino tinto, por supuesto. Tal vez se sentirá un poco mejor al lado de las olas mediterráneas de la ciudad mediterránea, surcadas milenios atrás por barcos griegos.[73]

Ya tiene en marcha su luego celebérrima oda a Dalí. A lo largo de los siguientes meses el pintor no dejará de preguntarle por ella. «Cuando podre conocer entera tu oda! ¡No hay derecho a darmela en cuenta gotas!», le pregunta con su ortografía peculiar, y a veces hilarante, aquel verano.[74] «¡Hay mi Hoda!», exclama en noviembre.[75] A principios de 1926 relee todas las cartas que ha recibido del poeta, que ya son muchas. «Fillet! son algo extraordinario —le escribe—, en cada linia hay sugestiones para numerosos libros, obras teatrales ect. ect. ect. Que japonesito mas gordo eres, coño!» A continuación reproduce una estrofa de *su* oda que le produce intensa admiración (las cursivas son del pintor):

Una dura corona de blancos bergantines
ciñe frentes amargos y cabellos de arena.
Las sirenas convencen pero no sugestionan
y salen si mostramos un vaso de agua dulce.

«Esto ultimo es gordo porque es casi —ARITMETICA», sentencia. Luego hay más elogios. Federico es superior a Jean Cocteau: Dalí concede que el francés tiene versos estupendos, pero estima que Lorca le supera ¡simplemente conversando! Cocteau se mueve en el mundo de las sensaciones. Es, al lado de lo que está escribiendo Federico, «puro impresionismo». En la estrofa que ha citado, «ya no hay sensacion de nada, sino "comprension – abstraccion – antiputrefaccion"»[76] Son las cualidades que busca Dalí ahora en su propia obra —asepsia, objetividad, precisión, rechazo de lo sentimental— y que, para complacerle, ensalzará Lorca en su poema.

Oda a Salvador Dalí, compuesta en alejandrinos, tiene cinco secciones y más de cien versos. Se publica en abril de 1926. Y en el lugar más destacado posible de la España culta de entonces: la *Revista de Occidente* de José Ortega y Gasset. Para entender los sentimientos que Dalí suscitaba en Lorca, y que el poeta solo podía expresar públicamente de manera oblicua, la oda es imprescindible.

En la primera sección, Lorca sitúa a Dalí en el contexto del arte actual, «deshumanizado» y esencialmente cubista:

Una rosa en el alto jardín que tú deseas.
Una rueda en la pura sintaxis del acero.
Desnuda la montaña de niebla impresionista.
Los grises oteando sus balaustradas últimas.

Los pintores modernos en sus blancos estudios
cortan la flor aséptica de la raíz cuadrada.
En las aguas del Sena un iceberg de mármol
enfría las ventanas y disipa las yedras...

Un deseo de formas y límites nos gana.
Viene el hombre que mira con el metro amarillo.
Venus es una blanca naturaleza muerta
y los coleccionistas de mariposas huyen.

El verso inicial de la oda deja claro que entre pintor y poeta existe una relación íntima, confidencial. El «nos gana» (de la sexta estrofa) se vincula con el «tú deseas» de la primera e identifica al yo, explícitamente, con la estética daliniana actual de la asepsia y de la objetividad (el afán de «formas y límites»). Lorca conoce bien los cuadros que en esos momentos está realizando Salvador, muchos de ellos inspirados por el paisaje mineral de Cadaqués y el colindante cabo de Creus (que han visitado juntos en barca). Los ha podido admirar en Madrid y en la casa de los Dalí al lado del mar. Le consta que, de acuerdo con las premisas de los «pintores modernos» —escribió primero «pintores cubistas»—,[77] no hacen ninguna concesión a «la niebla impresionista». Y que en ellos yerra, como por los tejados de las casas parisienses donde trabajan los pintores de la contemporaneidad, «una ausencia de bosques, biombos y entrecejos», es decir, de elementos que enmarañen, oculten, emocionen o perturben.

Pero ¿qué es la rosa que *desea* Dalí? ¿Y el «alto jardín» de su ubicación? El enigma se aclarará poco a poco al ir desgranando el yo poético su concepto del arte actual... y su admiración por el pintor.

Vale la pena señalar que José Moreno Villa, tan buen amigo y compañero de ambos, consideraba que el pintor, como hijo que era de Cadaqués (aunque nacido en

Figueres), no podía evitar ser «un sostenedor de la tendencia arquitectónica, constructiva y formal en pintura».[78] Era cierto. Y de Cadaqués, «en el fiel del agua y la colina» y ya atisbado en la primera sección de la oda, se trata precisamente en la segunda (de la cual vimos antes la última estrofa, la de los blancos bergantines, que tanto gustó a Salvador cuando se la envió el poeta).

Pasar la Semana Santa de 1925 con Dalí en Cadaqués, el lugar que más amaba el pintor en el mundo, resultaría para Lorca una de las experiencias más felices de su vida. Se nota mucho en el poema. La familia de Salvador —su padre, su madrastra, Catalina, su hermana, Anna Maria— se deshizo en atenciones hacia su invitado, y este correspondió con recitales poéticos, improvisadas sesiones musicales y un derroche de su arrolladora simpatía personal. Hizo buen tiempo y el pequeño pueblo pesquero, cortado del interior por la ingente mole del Pení, le pareció al poeta la encarnación del Mediterráneo pagano y bucólico con el cual siempre se había identificado (las flautas, el dios silvestre, las sirenas, Rubén Darío...). Bergantines había habido en realidad —y no hacía tanto tiempo— en la profunda bahía de Cadaqués. Tal vez Salvador le mostró fotografías o postales de ellos. Pero hacía falta que llegara Lorca, dueño de la metáfora, para inventar la imagen nunca vista de la corona de barcos que ciñe las frentes de las sirenas cadaquenses, frentes «amargas» de sal marina.

Después del introito sobre la pintura contemporánea y la evocación de Cadaqués, el discurso se vuelve más personal y el poeta retoma el «tú» y el «nos» de la

primera sección, empezando con un originalísimo (y
para Dalí nunca olvidado) piropo:

¡Oh Salvador Dalí, de voz aceitunada!
No elogio tu imperfecto pincel adolescente
ni tu color que ronda la color de tu tiempo,
pero alabo tus ansias de eterno limitado.

Alma higiénica, vives sobre mármoles nuevos.
Huyes la oscura selva de formas increíbles.
Tu fantasía llega donde llegan tus manos,
y gozas el soneto del mar en tu ventana...

Después de leer estas y las siguientes estrofas, ya
sabemos lo que ama Dalí... y lo que teme y rechaza. Lo
realmente interesante, a mi entender, es la insistencia del
yo poético sobre la renuencia del pintor a dejar paso en
su vida y obra a la emoción. Dalí es un «alma higiénica»
que opone una «materia definida y exacta» a la «flora
inexacta» del sueño. Solo cree en lo que se puede tocar con las manos, necesita realidades tangibles, ausencia
de blanduras y algodones. Lo resume la magnífica estrofa:

Pides la luz antigua que se queda en la frente,
sin bajar a la boca ni al corazón del hombre.
Luz que temen las vides entrañables de Baco
y la fuerza sin orden que lleva el agua curva.

Esta luz que pide Dalí se concentra en la actividad
de la inteligencia (frente), no del corazón. Es una luz

serena incompatible con el vino —que trastorna los sentidos (Baco, Dionisio)— y con la turbulencia emotiva (el *agua curva* de las olas). Las cartas enviadas por Dalí a Lorca en esta época inciden sobre el mismo afán de asepsia. De asepsia que incluye —y ahí está el problema para Lorca— el no corresponder físicamente a la pasión que provoca, con cada vez mayor intensidad, en el amigo.

Es significativo que la sección termine con los versos:

Dice la línea recta su vertical esfuerzo
y los sabios cristales cantan sus geometrías

pues la geometría es una de las claves de la estética de un Dalí que en estos momentos profesa el culto de la Santa Objetividad. Y en este punto, después de una pausa, el poeta retoma el hilo del enigmático primer verso del poema:

Pero también la rosa del jardín donde vives.
¡Siempre la rosa, siempre, norte y sur de nosotros!
Tranquila y concentrada como una estatua ciega,
ignorante de esfuerzos soterrados que causa.

Rosa pura que limpia de artificios y croquis
y nos abre las alas tenues de la sonrisa.
(Mariposa clavada que medita su vuelo.)
Rosa del equilibrio sin dolores buscados.
¡Siempre la rosa!

Ahora tenemos más información acerca de la rosa daliniana, protagonista del verso inicial de la oda. Salvador comparte el afán geométrico, aséptico, de los pintores cubistas, lo sabemos, pero en su mundo hay sitio, *además*, para la rosa del «alto jardín» donde, según ahora se nos dice, vive el artista. Puede ser el jardín de las aspiraciones artísticas puras pero, al mismo tiempo, el jardín en la colina detrás de la casa de los Dalí en Cadaqués, cercado por las paredes secas tan características del lugar, que el padre ha creado con tanta paciencia como amor y desde donde se contempla la bahía. De todas maneras, la rosa de Dalí, que el yo admite ser también la suya, no excluye la emoción. Equidistante entre la pasión y la impasibilidad, entre Dionisio y Apolo, cabe en ella la tranquila sonrisa. Es «rosa del equilibrio sin dolores buscados», y recordamos que es, también, una de las flores asociadas con Venus.

La penúltima sección del poema empieza con la ampliación del elogio contenido en la segunda, y que ahora se vuelve himno:

¡Oh Salvador Dalí de voz aceitunada!
Digo lo que me dicen tu persona y tus cuadros.
No alabo tu imperfecto pincel adolescente,
pero canto la firme dirección de tus flechas.

Canto tu bello esfuerzo de luces catalanas,
tu amor a lo que tiene explicación posible.
Canto tu corazón astronómico y tierno,
de baraja francesa y sin ninguna herida...

Llama la atención, entre los atributos de Dalí que aquí se celebran, su «corazón astronómico y tierno, / de baraja francesa y sin ninguna herida». Comentando estos versos, Eutimio Martín ha señalado que el palo de «corazones», que existe en la baraja francesa pero no en la española, «tiene las figuras con el corazón fuera». Fuera, para el crítico, «como si se les hubieran salido en un alarde de generosidad».[79] Pero parece difícil que estemos ante tal alarde generoso, rasgo que nadie ha asociado nunca con Dalí. Ahora bien, corazón *superficial*, sí, en el sentido de no querer entregarse a la pasión, de preferir no arriesgarse (el propio Dalí se jactaba de ello). Lo cual no quería decir que tal *superficialidad* sea incompatible con la ternura, con cierta ternura reconocida en la oda y que aflora a veces en las cartas de Salvador al poeta, como cuando le dice, a principios de diciembre de 1927: «Ola señor; debes ser rico, si estuviera contigo haria de putito para conmoverte y robarte billetitos [...] Hestoy tentado de mandarte un retazo de mi pijama color langosta, mejor dicho color 'sueño de langosta', para ver si te enterneces desde tu opulencia y me mandas dinerito.»[80]

El corazón de baraja francesa del pintor está, según la oda, «sin ninguna herida». La frase refuerza lo anterior: Dalí, como dice Martín, rehúye de modo sistemático «la emotividad, tanto en la vida como en el arte».[81] ¿Por qué? El yo poético lo atribuye al miedo, miedo a la emoción que le «espera» en la calle. No se podría decir de manera más clara. Se trata de una estrategia de defensa. ¿Y qué emoción produce miedo en Dalí? La de la pasión homoerótica, sobre todo. Lorca no puede recriminar abiertamente al amigo el no devolverle el amor que le profesa, pero sí decir que lo que los une «ante todo» —¡qué fuerza tienen aquí estas dos palabras!— es su «común pensamiento» a todas horas, las bajas (oscuras, difíciles) y las gloriosas, como si viviesen juntos en pareja. No es el arte lo que en primer lugar los une, sino «el amor, la amistad o la esgrima» (esgrima, hay que suponerlo, como actitud lúdica y competitiva).

Además:

Es primero que el cuadro que paciente dibujas
el seno de Teresa, la de cutis insomne,
el apretado bucle de Matilde la ingrata,
nuestra amistad pintada como un juego de oca.

¿Por qué estos nombres y no otros? Acerca de la identidad de Teresa y de Matilde, real o inventada, caben todas las especulaciones. Antes de optar por el *seno* de la primera, de todas maneras, el poeta escribió *culo*. Sabía que, por lo que se refería al cuerpo femenino, la preferencia de Salvador se inclinaba decididamente hacia las nalgas, pero tal vez era más prudente no decirlo. Un estudioso de Lorca ha señalado, a propósito, que es la única variante de la oda, de las muchas que hay, que he señalado en mis trabajos biográficos sobre Lorca. Quería decir con ello, supongo, que soy un obsesionado sexual.[82] Pero se trata de una variante muy llamativa. Dalí se ufanaría después no solo de ser culómano redomado sino el mejor pintor del trasero femenino de toda la historia. Como iremos viendo, a Lorca tampoco le era indiferente para nada dicha parte del cuerpo.

Si Dalí, según un verso anterior, admite la bandera como «una simple broma» —en su función, se supone, de símbolo patriótico—, no es menos cierto que, a ojos del yo, el pintor representa lo más granado de su tierra catalana. Por ello, al final de la oda, entre deseos y consejos para el futuro del amigo —su vida y su arte—, hacen acto de presencia las barras rojas de la *senyera*, dibujadas, según la tradición, por cuatro dedos ensangrentados sobre fondo dorado:

> *Huellas dactilográficas de sangre sobre el oro,*
> *rayen el corazón de Cataluña eterna.*
> *Estrellas como puños sin halcón te relumbren,*
> *mientras que tu pintura y tu vida florecen.*
>
> *No mires la clepsidra con alas membranosas,*
> *ni la dura guadaña de las alegorías.*
> *Viste y desnuda siempre tu pincel en el aire*
> *frente a la mar poblada con barcos y marinos.*[83]

La *Oda a Salvador Dalí* no es solo una ferviente proclamación pública de la amistad que une a Lorca y Dalí, amistad no exenta de rivalidad («esgrima»), ni un panegírico al esfuerzo incansable que dedica el pintor a crear una obra en la cual primen la simetría y la ausencia de sentimentalismo, simbolizadas por las clásicas serenidad y armonía de Cadaqués (y por la rosa, «tranquila y concentrada como una estatua antigua»). Es también la constatación de que entre los dos hay una radical diferencia temperamental. Por mucho que Lorca admire la estética de la «Santa Objetividad», y hasta cierto punto comparte las consecuencias formales de la misma, su personalidad no es de las que quieren evitar las emociones que le esperan en la calle. Entre líneas, el poeta está sugiriendo al Dalí de «alma higiénica» que no tema tanto perder el control, que se atreva a aventurarse por territorios que, si bien peligrosos —con sus campamentos de hongos y selvas oscuras de increíbles formas— también son ricos en potenciales estímulos creativos. Que esté más abierto, es decir, a la vida, sobre todo a la experiencia amorosa.

El propio Dalí, en una interesante carta al crítico Sebastià Gasch, parece que de 1927, explicó que su amistad con Lorca se basó, inicialmente, en el «violento antagonismo» que existía entre el espíritu «eminentemente religioso» del poeta y la «anti-religiosidad» suya. «A mí —escribió— todo lo que hacía referencia al mundo interior me dejaba absolutamente indiferente, mejor dicho, se me ofrecía como algo extraordinariamente desagradable. En aquel momento me apasionaba por la geometría, todo lo que fuera emoción humana era rechazado; solo tenía cabida en mis preferencias la emoción puramente intelectual [...] Es sobre todo a este momento a lo que se refiere la *Oda a Salvador Dalí* de Lorca, en la que se exponen maravillosamente toda aquella serie de aspiraciones [...] Conozco a Lorca y empieza nuestra amistad basada en un total antagonismo.»[84]

El hecho de que la última palabra de la oda sea «marinos» —marinos que el yo poético sitúa en la mar de Cadaqués, frente al estudio de Dalí— no puede ser casual. Porque si los marineros, como dice Cernuda en *Los placeres prohibidos*, «son las alas del amor», lo son sobre todo en el contexto de los poetas homosexuales.[85] A mí no me cabe la menor duda de que Lorca estaba ya convencido de que Dalí, pese a sus protestaciones en contra, era gay —gay incapaz de «salir»—, y de que su «asepsia» era una defensa contra una inclinación que encontraba intolerable. Quién sabe, tal vez la presencia de los marinos al final del poema está pensada para alentarle a superar esa resistencia.

MARGARITA MANSO

Parece ser que fue en mayo de 1926 cuando, poco después de publicarse la oda, ocurrió entre Lorca, Dalí y una íntima amiga suya una escena nunca olvidada por el pintor. En 1955, casi treinta años más tarde, el pintor le contó a Alain Bosquet que Lorca, que era «pederasta», trató en dos ocasiones de sodomizarle, pero que no había ocurrido nada porque él, Dalí, no lo era y, encima, «le dolía»:

> Pero yo me sentí muy halagado desde el punto de vista del prestigio. En el fondo me decía que era un maravilloso poeta y que le debía un poco del ojo del c... del Divino Dalí. Al final tuvo que echar mano de una muchacha, y fue ella la que me reemplazó en el sacrificio. No habiendo conseguido que yo pusiera el ojo de mi c... a su disposición, me juró que el sacrificio de la muchacha estaba compensado por el suyo propio: era la primera vez que hacía el amor con una mujer.[86]

En la entrevista que me concedió en enero de 1986, Dalí recordó con emoción aquel episodio, sin que yo le preguntara al respecto, y explicó que la muchacha en cuestión era una compañera suya de la Real Academia de San Fernando llamada Margarita Manso. Añadió que era una chica muy joven, muy delgada, guapísima y sexualmente muy liberada, con un cuerpo casi de chico, de poco pecho. Según me aseguró, Margarita estaba fascinada tanto con él como con Lorca, quería estar siempre con ellos, y aceptó sumisa, aquella tarde, sustituirle en el «sacrificio». Consumado el acto, me dijo Dalí, Federico, en vez de tratar a Margarita con desprecio —reacción que esperaba el pintor—, se comportó con exquisito tacto, meciéndola en sus brazos y susurrándole al oído los versos de su romance «Thamar y Amnón» en el que este, a punto de violar a su hermana, exclama:

> *Thamar, en tus pechos altos*
> *hay dos peces que me llaman,*
> *y en la yema de tus dedos*
> *rumor de rosa encerrada.*[87]

Dalí tenía ochenta y dos años en el momento de nuestra entrevista y era físicamente una ruina. Pero conservaba clara la mente y despejada la memoria. Se conmovió al relatarme la escena con Lorca y Margarita. Tuve la sensación de que me había llamado casi específicamente para contármela. «En la yema de tus dedos, rumor de rosa encerrada», musitó varias veces, mientras su mano, esclava del Parkinson, tamborileaba insistente sobre el brazo del sillón.[88]

Cuando publiqué la entrevista en el suplemento *Domingo* de *El País*, el 26 de enero de 1986, me llamó indignada Isabel García Lorca, hermana del poeta, para decirme que me iba a llevar a los tribunales. La carta enviada al director del periódico por María del Carmen García Lasgoity, una de las mejores actrices de La Barraca, fue tremenda. «Me extraña la falta de sensibilidad de ese diario que usted dirige —fulminó—. Es indignante que haya permitido la publicación de determinado acto de lo más vil y bajo, en detrimento de la imagen de Federico García Lorca manifestada por Salvador Dalí [...] tan poco fiable y con la cobardía de saber que la otra parte no puede defenderse, ya que fue asesinado. No opino sobre las inclinaciones de Federico, pero lo que sí sé, al igual que mis compañeras y compañeros de La Barraca, es que jamás en Federico vimos ningún comportamiento anormal, y sí que era un gran señor, sensible, cariñoso, culto, agradable y todo lo loable que incluye el diccionario castellano.»[89]

La escena que la señora García Lasgoity calificaba de «acto de lo más vil y bajo» no le pareció así a todo el mundo, por supuesto. Los tiempos iban cambiando. Y por lo que me toca a mí, sigo considerando que fue un inmenso privilegio poder reproducir, sin pudibundez, lo que el pintor me había contado con tanta rotundidad.

El propio Dalí, por más señas, no solo ratificó en una carta a *El País* lo que me había dicho, sino que insistió en que su relación con Lorca no tenía nada que ver con «una azucarada novela rosa» y que fue «todo lo contrario [...] un amor erótico y trágico, por el hecho de no poderlo compartir».[90]

Es decir, por el hecho de que Dalí era incapaz de corresponderle, aunque hubiera querido.

El atractivo y el desenfado sexual de la joven Margarita Manso cautivaron a otros muchachos del entorno artístico madrileño de entonces. Por ejemplo, al pintor y escenógrafo Santiago Ontañón, gran amigo de Lorca en los años treinta, que la recordaba, en 1987, «muy bonita y muy como las de ahora, lo que en aquella época la hacía doblemente interesante».[91] En 1992, de forma más llamativa, me declaró el escritor José María Alfaro: «Era encantadora, era adorable, era, mira, la veías y daba a uno unas ganas de violarla, cuando éramos jóvenes [...] tenía una boca grande, muy espectacular, y con esa cosa del artista, que sabía vestirse de manera más original y descarada. Todos nosotros teníamos nuestros sueños eróticos con ella.»[92]

Margarita Manso nació en Valladolid en 1908 e ingresó en la Real Academia de San Fernando en el otoño de 1925. Es decir, que el episodio contado por Dalí tuvo lugar cuando tenía como máximo diecisiete años.[93] La escena marcó profundamente al pintor, que aludió a ella en una carta al poeta del verano de 1926, donde leemos: «Tampoco he comprendido nada nada a Margarita ¿Era tonta? ¿Loca?»[94] El comentario parece indicar que en su última carta, Lorca le había manifestado su propio desconcierto al respecto.

En mayo de 1927, en otra comunicación al poeta, Dalí volvió a referirse a la muchacha: «Recuerdos a la Margarita, debe ser casi una chica grande y todo.»[95] Y un año más tarde, al editar Lorca *Romancero gitano*, Dalí le dijo que, en su opinión, el poema «Thamar y

Amnón», con sus «pedazos de incesto» y el verso «rumor de rosa encerrada», era uno de los mejores del libro.[96] Debió de tomar nota, además, de que el romance «Muerto de amor» estaba dedicado a la hermosa joven de aquella inolvidable tarde madrileña de dos años antes.

Margarita Manso se casó con el pintor Alfonso Ponce de León, compañero suyo de San Fernando y, en los años treinta, uno de los escenógrafos de La Barraca de Lorca y falangista. Fue asesinado en Madrid al principio de la guerra. Margarita se volvió a casar, con un médico. Nunca habló con sus hijas de Lorca o de Dalí, y la revelación, en 1986, de su apasionada amistad con ellos les sorprendió de manera extraordinaria y —a diferencia de la hermana del poeta y las ex actrices de La Barraca— muy grata.

DON PERLIMPLÍN Y BUÑUEL

En la primavera de 1926, cuando parece que tuvo lugar el episodio con Margarita Manso, Lorca trabajaba en *Amor de don Perlimplín con Belisa en su jardín*, sin duda una de sus creaciones maestras, variación sobre el tema del viejo casado con una mujer joven (ya abordado en *La zapatera prodigiosa*). Perlimplín no es un viejo, aunque lo parezca. Tiene exactamente cincuenta años, y si es virgen e impotente ello se debe a razones estrictamente sicológicas vinculadas con el temor a la castración y al hecho de haber tenido una madre muy dominadora (ya fallecida). Achaca el miedo que le producen las mujeres a una escena ocurrida durante su infancia. «Cuando yo era niño —explica—, una mujer estranguló a su esposo. Era zapatero. No se me olvida. Siempre he pensado no casarme. Yo con mis libros tengo bastante. ¿De qué me va a servir?»[97]

Quizá el aspecto más interesante de la pequeña obra sea la reacción de Perlimplín al descubrirse impotente la noche de la boda, y su decisión de llevar a cabo una imaginativa y sutil forma de venganza antes de suicidarse. Cuando se disfraza de joven galán, cubierto de una simbólica capa roja, recobra su libido y satisface a Belisa (que dice haber sentido no solo el calor sino el *peso* de aquel «delicioso joven de mi alma»).[98] Darse cuenta de que solo recurriendo a la fantasía puede alcanzar la potencia es la amarga píldora que el matrimonio le hace tragar a Perlimplín. Su suicidio se presta a diferentes interpretaciones, pero él mismo no entretiene dudas al respecto: se quita la vida para liberarse de la «oscura pesadilla» del «cuerpo grandioso» de Belisa. Y también, generosamente, para que su pareja recobre la libertad.[99]

En la muerte de Perlimplín, como en la de Mariana Pineda, es imposible no reconocer una dimensión cristológica. Dice a Belisa que va a sacrificarse por ella, y la acotación del cuadro segundo indica que la mesa del comedor debe ser «como en una Cena primitiva». La capa roja del *alter ego* de Perlimplín se puede relacionar con el manto púrpura de la pasión de Cristo. Y son explícitas las palabras de Marcolfa después del suicidio: «Belisa, ya eres otra mujer... Estás vestida por la sangre gloriosísima de mi señor».[100] Todo ello remite a la permanente angustia religiosa de Lorca, que tanto sorprendía a Dalí, además de a la angustia sexual, que nunca deja de hostigarlo.

En relación con *Don Perlimplín* hay una anécdota de Buñuel que merece la pena recoger aquí. La contó delante de una grabadora hablando con Max Aub en 1969. Son, pues, por suerte nuestra, sus palabras exactas:

Recuerdo que una vez, cuando volví de Nueva York, [Lorca] me dijo: «Tú eres *mu* bruto y no entiendes *na* de *na*, pero que te diga este (Dalí) qué tal es lo que he hecho.» Y Dalí, con ese acento catalán, que no ha perdido nunca, asegurábame: «Sí, sí, es una cosa magnífica magnífica.» Total, que quedamos en que Federico me leyera su *Don Perlimplín*. Nos reunimos en el sótano del Nacional ¿Te acuerdas? Había allí una especie de cervecería.

—Sí, en lo que allí llaman «caballerizas».

—Sí, Federico empezó a leer. Y al final del primer acto salía no sé quién de la concha del apuntador, o algo así. Y yo le dije: «Esto es muy malo.» Federico se levantó muy indignado: «Pues Dalí no opina lo mismo. No mereces ser amigo mío.» Y volviéndose hacia Dalí, le preguntó: «¿Verdad?» Y Dalí le dijo: «Pues sí, no es bueno, no.» Entonces, Federico se levantó airadamente, recogió sus papeles y se fue. Nosotros le seguimos, hablando en voz alta, para que se diera cuenta. Así llegó hasta una iglesia que había a la entrada de la Gran Vía. Entró y se hincó de rodillas con los brazos abiertos. El muy indio sabía muy bien que nosotros le estábamos viendo. Dalí y yo nos fuimos por ahí y seguimos bebiendo. Y, a la mañana siguiente, le pregunté a Salvador, que compartía la habitación con Federico: «¿Qué tal?» «Ya está todo arreglado. Intentó hacerme el amor, pero no pudo.»[101]

El episodio, contado en 1969, no pudo ocurrir tras un viaje de Buñuel a Nueva York, pues su primera visita a la metrópoli norteamericana tuvo lugar a finales de 1930 cuando tanto él como Dalí ya habían abandonado la Residencia. Si Lorca realmente les leyó un fragmento de *Don Perlimplín*, y parece indudable, sería antes de la primavera de 1926, fecha en que el pintor se ausentó definitivamente de Madrid. Después, imposible. ¿Qué fiabilidad tiene la anécdota de Buñuel? Solo relativa. Diez u once años después de la entrevista grabada con Aub, no publicada hasta 1985, repitió la anécdota en sus conversaciones con Jean-Claude Carrière, esta vez sin micrófono y hay que deducir que con variantes, porque en *Mi último suspiro* no se menciona ni el viaje a Nueva York, ni la visita de Lorca a la iglesia al inicio de la Gran Vía, ni el fracasado intento amoroso con Dalí aquella noche en la Residencia de Estudiantes, donde, según el cineasta, pintor y poeta compartían entonces habitación. Y es que la memoria, que tanto temía perder Buñuel, es a veces muy traidora, incluso cuando no hay intención consciente de tergiversar los hechos.[102]

Volvamos a modo de *post scriptum* al comentario que Buñuel hizo a Aub después de referir la escena de la alegada lectura de *Perlimplín* y sus secuelas: «Federico era impotente. Homosexual de verdad, en todo el grupo, solo Gustavo [Durán]. Una vez fuimos a pasar unos días al Monasterio de Piedra en un Renault que yo tenía entonces. Me estuvo contando muchas cosas de su vida sexual. ¡Y con obreros! Eso, a mí, creyente en el proletariado, me hería doblemente. Federico, no. No podía. Afeminamientos, cobardías, pequeñas ñoñeces, toqueteos... No.»[103]

Si no tuviéramos la grabación de Max Aub, y la insistencia del escritor en sus preguntas, nuestro conocimiento del triángulo Buñuel-Lorca-Dalí sería muchísimo más pobre. Quizá ello no se haya apreciado debidamente.

SAN SEBASTIÁN

A Lorca le fascinó descubrir que el patrón de Cadaqués era san Sebastián, pues no cabe duda de que él y Dalí estaban al tanto de la larga tradición artística que, desde el Renacimiento hasta nuestros días, ha elevado al mártir a la categoría de protector oficioso de homosexuales (y sadomasoquistas).[104] Para Alberto Savinio, hermano de Giorgio de Chirico y ensayista admirado por Dalí, tal tradición no se debe solo a la juventud del santo y a su «cuerpo de efebo» tan hermoso. «La razón por la cual los invertidos sienten tal atracción por san Sebastián —aventura, midiendo con cautela sus palabras— puede hallarse en la analogía entre ciertos detalles sexuales y las flechas que laceran el cuerpo desnudo del joven pariente de Diocleciano.» Las flechas, es decir, entendidas como símbolos fálicos.[105] Dalí estaba de acuerdo. También, como probablemente sabía, Freud.[106]

En una carta de esta época a Lorca. Dalí le informa que Lidia, su amiga paranoica de Cadaqués, le acaba de contar una historia del santo «que prueva lo atado que esta a la columna i la seguridad de lo intacto de su espalda [*sic*]». Y le pregunta: «No habias pensado en lo *sin herir* del culo de san Sebastián?» Alusión guasona, me atrevo a inferirlo, a los recientes y frustrados intentos del poeta, relativos a su persona, en Madrid.[107]

La misma carta demuestra que Dalí ve ahora a san Sebastián como encarnación de la objetividad a la que debe aspirar el arte contemporáneo, el suyo incluido. La impasividad y la serenidad del santo cuando las flechas penetran su cuerpo son cualidades que el pintor quiere expresar en su vida y en su obra, como ha señalado Lorca en su oda. Y sigue Dalí:

> Otra vez te hablare de Santa Obgetividad, que ahora se llama con el nombre de San Sebastian.
>
> Cadaques es un «hecho suficiente», superacion es ya un exceso, un pecado benial; tambien la profundidad excesiva podria ser peor, podria ser extasis. A mi no me gusta que nada me guste extraordinariamente, huyo de las cosas que me podrian extasiar, como de los autos, el extasis es un peligro para la inteligencia.[108]

Lo cual era toda una advertencia en cuanto a las pretensiones amorosas del poeta. Durante el verano de 1926, Lorca prepara tres conferencias sobre san Sebastián y reúne reproducciones de cuadros y esculturas del mártir. El tema ya casi le obsesiona. Dalí, por su parte, hace dibujos donde equipara a Federico con el santo, le llama a veces Sebastián en sus cartas, y está elaborando un texto teórico al respecto. Si Lorca le había hecho sufrir al solo mandarle con cuentagotas fragmentos de la oda, el pintor es igualmente reacio a que Federico vea trozos de su *San Sebastián* antes de terminarlo. Entretanto —ya estamos en 1927—, el poeta publica *Canciones* y, después de muchas dificultades, consigue que Margarita Xirgu acepte estrenar *Mariana Pineda* en Barcelona durante su temporada de verano, con decorados de Dalí. La estancia del poeta en la capital catalana, donde la obra tiene una moderada aceptación, y, a continuación, su segunda visita a Dalí en Cadaqués, significan el punto culminante de su relación con el pintor.

Dalí pone unos reparos a *Canciones* que luego procura dulcificar en una estupenda carta al poeta. En ella se aprecia no solo el intenso cariño que le suscita el amigo sino, una vez más, su perspicacia crítica. En estos momentos el pintor está haciendo el servicio militar. Dentro de unos días tendrá un permiso de tres meses. Pronto podrán hablar «sin tasa de tiempo». Pero primero unas aclaraciones:

Tontisimo hijito, por que tendria que ser yo tan estupido en engañarte respecto a mi *verdadero entusiasmo* por tus canciones deliciosas; lo que pasa es que se me ocurrieron una serie de cosas seguramente, como tu dices, inadecuadas y vistas a traves de una exterior pero pura modernidad; (*plastica* nada mas).

Una cancion tuya (todo eso es mera impresion mia) me gusta quiza *mas* que el verso mas puro de las «Mil y una noches» o de una cancion popular, pero me gusta de la misma *classe* de manera [...].[109]

Yo pienso eso, ninguna epoca havia conocido la perfecion como la nuestra, hasta el invento de las Maquinas no havia habido cosas perfectas, y el hombre no havia visto nunca nada tan *vello* ni *poetico* como un motor *niquelado* — La maquina ha canviado *todo*, la epoca actual respecto a las otras es MAS distinta que la grecia del Partenon a lo gotico. No hay mas que pensar en los obgetos mal hechos y *feisimos* anteriores a la mecanica, estamos pues rodeados de una velleza perfecta inedita, motivadora de estados nuevos de poesia [...].

Tus canciones son Granada sin tranvias sin habiones ahun, son una Granada antigua con elementos naturales, lejos de hoy, puramente populares y *constantes*, constantes, eso me diras, pero eso constante, eterno que decis vosotros toma cada epoca un sabor que es el savor que preferimos los que vivimos en nuevas maneras de los mismos constantes...

Para asegurarse de que Lorca capte bien lo que le quiere decir, Dalí añade un posdata ingenioso en el cual insiste en que la única canción que sirve hoy es el jazz, y el único instrumento válido... el gramófono.[110]

Desconocemos la reacción de Lorca ante la lectura

de la carta, tan aguda, pero le debió de afectar hondamente. Si así era la opinión que tenía su «hijito» de *Canciones*, pese a sus elogios, ¿cómo no iba a reaccionar ante la publicación del *Romancero gitano*?

Durante el verano de 1927, antes de pasar unas semanas con Dalí en Cadaqués, Lorca da a conocer una pequeña muestra de sus dibujos en las Galeries Dalmau de Barcelona. En uno de ellos, *El beso*, se superpone al autorretrato del poeta el perfil de Salvador, y se juntan los labios de ambos en el ósculo del título. Detrás, la sombra de la cabeza de Lorca, en rojo, es una cita directa de dos cuadros de Dalí, *Naturaleza muerta al claro de luna* (1926-1927) y *Maniquí barcelonesa* (1926-1927),[111] en los cuales se funden las cabezas de Lorca y la suya. Al poeta le haría gracia, probablemente, saber que la significación de *El beso* pasaba inadvertida para todos menos para él y Dalí.

La exposición incluía también un retrato lorquiano muy interesante del pintor. Ataviado como sacerdote o mago con blancos vestido y gorro (en forma de huevo), Dalí está sentado al pie de una alta torre. Preside la escena una luna menguante amarilla. Del agujero de la paleta que el pintor lleva en su mano derecha asoma un descarado dedo fálico. Se adhieren sendos pequeños peces rojos a la punta de cada dedo de la otra mano, y el poeta le ha colocado, en medio del pecho, un gran pez rojo en posición vertical. «Lorca me vio como la encarnación de la vida, tocado como uno de los dioscuros —dirá Dalí más tarde—. Cada dedo de mi mano derecha había sido convertido en un pez cromosoma.» Parece evidente que se les había ocurrido a los amigos que, como Cástor y Pólux, eran almas gemelas.[112]

Por las mismas fechas se publicaron dos dibujos de Dalí que aludían a su estrecha relación con Lorca. El primero, *La playa*, acompañó una selección de poemas del granadino dada a conocer en *Verso y Prosa*, la revista murciana dirigida por Juan Guerrero Ruiz. Se trataba de una bella variación sobre el motivo de las cabezas fundidas de pintor y poeta. El segundo, *El poeta en la platja d'Empúries*, salió al lado de un romance de Lorca («Reyerta de gitanos») en *L'Amic de les Arts*, de Sitges (los dos dibujos se reproducen en Gibson, *Lorca-Dalí*, pp. 168-169).

Los dos dibujos están temáticamente vinculados. En ambos aparecen cabezas cortadas, siendo inconfundibles, en *La playa*, la de Lorca, que proyecta la sombra de la de Dalí; el brazo amputado del segundo es idéntico a los que aparecen en el primero; en ambos encontramos los aparatos *(aparells)* triangulares tan frecuentes en la obra de Dalí en su «época lorquiana» (así bautizada por Rafael Santos Torroella), y que parecen aludir a la sexualidad femenina que tanto pavor inspiraba en los dos amigos. En el dorso de la mano derecha de Lorca, en el segundo dibujo, así como en el reverso de las muñecas de las manos cortadas que yacen sobre la playa en ambos, Dalí ha dibujado el motivo de la vena expuesta que se repite obsesivamente en otras obras suyas de esta época.

Ambos dibujos, publicados como complementos de los poemas de Lorca (circunstancia que obedecía, sin duda, a un acuerdo previo entre poeta y artista), encerraban alusiones personales cuyo pleno significado solo era conocido por ellos. Lo confirma una fotografía que se hizo sacar Lorca en la plaza de Urquinaona, en Barcelona (ilustración p. III). En ella el poeta adopta la misma postura que tiene en el segundo de los dibujos dalinianos mencionados, y que seguramente conocía antes de su publicación en *L'Amic de les Arts*. Añadió a la fotografía, con tinta, varios detalles alusivos al mismo dibujo de Dalí y al tema de san Sebastián, y luego se la mandó al pintor en Figueres. En el dorso de su mano izquierda ha imitado el motivo de la vena expuesta que aparece en ambos dibujos de Dalí. A la derecha de la fotografía, junto al capitel, hay una cabeza cortada, mientras, a la izquierda, encontramos un aparato inspirado por Dalí, pero muy lorquiano. La vinculación de la fotografía «extrailustrada» con los dibujos dalinianos es evidente. Se trata de un mensaje cuyas connotaciones amorosas no podía desconocer el pintor. De un código secreto indescifrable para los demás.

La extraordinaria carta que el poeta envió a Dalí desde Barcelona a las pocas horas de abandonar Cadaqués aquel verano demuestra que algo muy perturbador había ocurrido allí entre ellos. Parece ser que otro fracasado intento de posesión por parte de Lorca. «Me he portado como un burro indecente contigo que eres lo mejor que hay para mí —escribe—. A medida que pasan los minutos lo veo claro y tengo verdadero sentimiento. Pero esto solo aumenta mi cariño por ti y mi adhesión por tu pensamiento y calidad humana.»[113] Unos días después, quizá desde Madrid, vuelve sobre el asunto: «Yo pienso en ti y en tu casita. Y nunca pensé más intensamente que ahora. Es ya el colmo. Yo espero que tú me escribirás [...] Y me dirás si me guardas resquemor o si me has borrado de tus amistades.»[114]

Dalí no había borrado a Federico de sus amistades, pero sí había decidido que nunca iba a pertenecer al poeta. En tal propósito le ayudó Luis Buñuel.

BUÑUEL, EL «ASQUEROSO» LORCA, Y DALÍ, EL SUPERFICIAL

Las cartas enviadas desde París por Buñuel a José Bello demuestran que el cineasta en ciernes estaba cada vez más celoso de la intensa relación que se había ido forjando en su ausencia entre Lorca y Dalí. Durante el verano de 1927 estos le escribieron juntos desde Cataluña. «Pepín —reacciona Buñuel el 28 de julio—: Recibí una carta asquerosa de Federico y su acólito Dalí. Lo tiene esclavizado.»[115]

Buñuel sabe que la familia del poeta tiene una casa en el pueblo granadino de Asquerosa. El 5 de agosto vuelve a escribir a Bello. El tono jocoso de la carta no consigue disimular cierto desprecio. ¿O es rencor disfrazado?:

Dalí me escribe cartas asquerosas.
Es un asqueroso.
Y Federico, dos asquerosos.
Uno por ser de Asquerosa y otro porque es un asqueroso.[116]

El 5 de septiembre vuelve a la carga y, después de algunos comentarios picantes, e informaciones de última hora, acerca de sus actividades cinematográficas en París, lanza el más feroz ataque que le conocemos contra Lorca y Dalí, demostrando otra vez con ello la ansiedad que, sin reconocerlo, le produce el hecho homosexual:

> Federico me revienta de un modo increíble. Yo creía que el novio [Dalí] es un putrefacto pero veo que lo más contrario [sic] es aún más. Es su terrible estetismo el que lo ha apartado de nosotros. Ya solo con su Narcisismo extremado era bastante para alejarlo de la pura amistad. Allá él. Lo malo es que hasta su obra podría resentirse.
>
> Dalí influenciadísimo. Se cree un genio, imbuido por el amor que le profesa Federico. Me escribe diciendo: «Federico está mejor que nunca. Es el gran hombre. Sus dibujos son geniales. Yo hago cosas extraordinarias, etc., etc.» Y es el triunfo fácil de Barcelona. Con que gusto le vería llegar aquí y rehacerse lejos de la nefasta influencia del García. Porque Dalí, eso sí, es un hombre y tiene mucho talento.[117]

Buñuel tiene sus motivos para envidiar a Lorca en momentos en que *Canciones* sigue recibiendo excelentes reseñas, y la carrera teatral del granadino empieza a despegar con fuerza. La íntima amistad del poeta con Dalí es una espina más, y a partir de esas fechas Buñuel hará cuanto esté en su mano para apartar a Dalí de «la nefasta influencia del García» y animarlo a que se traslade a París. Se tratará de una auténtica labor de zapa.

Durante el verano en Granada, después de Cadaqués, Lorca piensa con desesperación en Salvador mientras espera, a menudo en vano, una palabra del amado. Por suerte, ha sobrevivido un fragmento de otra carta suya a Dalí. Es todavía, insistente, el tema del santo patrón de los homosexuales, específicamente el de las flechas —recordemos el comentario de Alberto Savinio sobre su simbolismo fálico—, y del *San Sebastián* de Salvador, cuya publicación es inminente:

Las flechas de San Sebastián son de acero, pero la diferencia que yo tengo contigo es que tú las ves clavadas, fijas y robustas, flechas cortas *que no descompongan*, y yo las veo *largas*... en el *momento* de la herida. Tu San Sebastián de mármol se opone al mío de carne que muere en todos los momentos, y así tiene que ser. Si mi San Sebastián fuera *demasiado plástico* yo no sería un poeta lírico, sino un *escultor* (no pintor). Creo que no tengo que explicarte por qué no sería pintor. La distinción es sutil. Pero lo que a mí me conmueve de San Sebastián es su *serenidad* en medio de su desgracia, y hay que hacer constar que la desgracia es siempre barroca; me conmueve su *gracia* en medio de la tortura, y esa carencia absoluta de *resignación* que ostenta en su rostro helénico, porque no es un *resignado* sino un *triunfador*, un triunfador lleno de elegancia y de tonos grises como un remero [¿romero?] constante que desconociese los paseos de la ciudad. Por eso San

Sebastián es la figura más bella, si no de todo el arte, del arte que *se ve* con los ojos.

¿No es verdad que San Sebastián está lejos del mar? ¿Verdad que [ni] las olas, ni las montañas lo entienden? San Sebastián es un mito de agua dulce en vaso de cristal puro. Fue martirizado dentro de una habitación y no amarrado a un árbol rugoso como lo representaron los *románticos* del Renacimiento, sino amarrado a una columna de jaspe, amarillo y traslúcido como su carne. El árbol lo había inventado la Edad Media.[118]

A finales de julio de 1927, el *San Sebastián* de Dalí se publica en *L'Amic de les Arts*, en el catalán original. Está dedicado al poeta. Al releerlo impreso, Lorca no puede contener su admiración. Si él ha expuesto en su oda la que le produce Dalí, y veladamente la pasión que le suscita, el pintor ahora ha correspondido con una exposición de su estética no solo dedicada a él, sino que le tiene muy presente en su razonamiento.[119]

Consecuencia directa de esta conmoción es el «poema en prosa» (así lo califica Lorca) *Santa Lucía y San Lázaro*, donde la creación de un escenario netamente onírico, el uso de párrafos y frases cortas sin verbo, y la voz del narrador evocan enseguida el texto daliniano. La descripción de la solemne novena a los ojos de santa Lucía, por ejemplo, nos recuerda al Dalí orgulloso de su *superficialidad*:

Se glorificaba el exterior de las cosas, la belleza limpia y oreada de la piel, el encanto de las superficies delgadas, y se pedía auxilio contra las oscuras fisiologías del cuerpo, contra el fuego central y los embudos de la noche, levantando, bajo la cúpula sin pepitas, una lámina de cristal purísimo acribillada en todas direcciones por finos reflectores de oro. El mundo de la hierba se oponía al mundo del mineral. La uña, contra el corazón. Dios de contorno, transparencia y superficie. Con el miedo al latido, y el horror al chorro de sangre, se pedía la tranquilidad de las ágatas y la desnudez sin sombra de la medusa.[120]

Está claro que Lorca quiere impresionar a Dalí, con la esperanza de retenerle. Aquel otoño escribe a su común amigo Sebastià Gasch:

Yo siento cada día más el talento de Dalí. Me parece único y posee una serenidad y una *claridad* de juicio para lo que piensa, que es verdaderamente emocionante. Se equivoca y no importa. Está *vivo*. Su inteligencia agudísima se une a su infantilidad desconcertante en una mezcla tan insólita que es absolutamente original y cautivadora. Lo que más me conmueve en él ahora, es su *delirio* de construcción (es decir, de creación), en donde pretende crear de la *nada* y hace unos esfuerzos y se lanza a unas ráfagas con tanta fe y tanta intensidad que parece increíble. Nada más dramático que esta objetividad y esta busca de la alegría por la alegría misma. Recuerda que este ha sido siempre el canon mediterráneo. «Creo en la resurrección de la carne», dice Roma.

Dalí es el hombre que lucha con hacha de oro contra los fantasmas. «No me hable usted de cosas sobrenaturales. ¡Qué antipática es santa Catalina!», dice Falla.

> *¡Oh línea recta!*
> *¡Pura lanza sin caballero!*
> *¡Cómo sueña tu luz*
> *mi senda salomónica!*

digo yo. Pero Dalí no quiere dejarse llevar. Necesita llevar el volante y además la fe en la geometría astral.

Me conmueve; me produce Dalí la misma emoción pura (y que Dios nuestro Señor me perdone) que me produce el niño Jesús abandonado en el portal de Belén, con todo el germen de la crucifixión ya latente bajo las pajas de la cuna...[121]

El problema es que el Dalí que le conmueve tanto quiere, precisamente, *llevar el volante* de su relación (estamos en la edad de oro del automóvil) y le ha puesto los «banderines de aviso» de la oda. El catalán dice apreciar *Santa Lucía y San Lázaro*, cuando se publica aquel noviembre en la *Revista de Occidente*. Reconoce su influencia sobre el poeta. Pero no por ello se rendirá». No cuesta trabajo entender el sufrimiento de Lorca después de su apasionado verano en Cataluña.

Los crípticos versos citados en la carta a Gasch, cuyo alcance difícilmente podía captar el crítico procedían del poemilla «Espiral», escrito por Lorca en noviembre de 1922 y perteneciente a la pequeña *suite* titulada «Caracol»:

> *Mi tiempo*
> *avanza en espiral.*
> *La espiral*
> *limita mi paisaje,*
> *deja en tinieblas lo pasado*
> *y me hace caminar*
> *lleno de incertidumbre.*
>
> *¡Oh línea recta! Pura*
> *lanza sin caballero.*
> *¡Cómo sueña tu luz*
> *mi senda salomónica!*[122]

Desde sus más tempranos escritos hasta los últimos, Lorca dejará constancia de la naturaleza tortuosa de su camino por la vida. Como ha escrito Eutimio Martín, en un agudo comentario a este poema: «Es el suyo un caminar en espiral, de derecha a izquierda y de izquierda a derecha desde un polo místico al otro erótico, desgarrado por una irresistible llamada de la más diáfana espiritualidad y de apetitos carnales tan irreprimibles como heterodoxos. Con este dolor "salomónico" a cuestas entra en el año 1928.»[123]

Con el dolor, añadimos nosotros, de saber que Dalí se le escapa.

Emilio Aladrén Perojo

Este libro pretende iluminar algunos aspectos de la vida y obra de Lorca antes silenciados, oscurecidos o tergiversados por el miedo o la renuncia/renuencia a tener en cuenta su homosexualidad. Ha sido preciso seleccionar, reducir, ordenar. Y he visto con más claridad y angustia que nunca que nos faltan muchos datos esenciales: testimonios personales, dietarios íntimos, cartas. Acerca de la relación amorosa que abordo ahora, ha sido muy difícil, una vez más, conseguir información fidedigna.

Pese a los sentimientos que le seguía inspirando Dalí, Lorca estaba muy estrechamente relacionado a la altura de 1928 con el joven escultor Emilio Aladrén Perojo, que había ingresado en la Escuela Especial de Bellas Artes de San Fernando en 1922, el mismo año que el catalán.[124]

Nacido en Madrid en 1906, Aladrén tenía ocho años menos que Lorca. Extremadamente guapo, con el pelo azabache (como Dalí), ojos grandes y algo oblicuos que le prestaban un aire ligeramente oriental, pómulos marcados y temperamento fogoso, era hijo de un militar zaragozano, Ángel Aladrén Guedes, y de Carmen Perojo Tomachevsky, natural de Viena con madre rusa oriunda de San Petersburgo.[125]

En el archivo de Lorca hay una postal de Aladrén del verano de 1925, enviada desde El Paular, en las afueras de Madrid. En ella pide al poeta que le escriba con frecuencia. También hay una carta sin fecha enviada aquel otoño, ya desde la capital. Da una buena idea del carácter superficial y obsesivamente egoísta del muchacho, así como del tenor incoherente de sus misivas (se transcriben entre corchetes las palabras o frases tachadas):

Mi querido Federico:
Te escribo en un descanso del modelo. No te he escrito antes no sé por qué, pero te hubiera querido escribir todos los días. No te enfades. Todo este verano he pasado como si fuera un puente que al final llegar [*sic*] a Madrid te encontraría. Ahora llego y es como si el puente terminara en el aire.

¡No sabes como quisiera verte! ¡Escríbeme, escríbeme todos los días! No te vayas a enfadar porque yo tarde. Recibe todos los días una carta mía tú también porque yo te aseguro que todos los días pienso contarte algo.

Anoche al acostarme tuve una cosa rarísima. ¿Tú conoces esa sensación cuando estás en la cama, de que o todo está lejos, lejos de ti y muy grande o todo muy cerca? Pues a mí me pasaba eso y tenía *yo* la sensación exacta de que *yo* todo era de *piedra*, una piedra como eléctrica! En ese estado [me creía] no me creía, no, estaba seguro de que era algo muy grande, fuerte, dominaba mucho, y cree [*sic*] que era verdad todo lo que pensaba. Era muy valiente [cosa rara en mí]. Tú fíjate en esto, oigo, tac, tac, tac, el reloj que tengo a la cabecera de mi cama. Espérate, no te digo bien. A la vez que estaba en ese estado grande tenía a la vez el miedo y el deleite de que iba a caer de el, que yo no tenía fuerza moral (no sé si moral) de aguantarlo pero también bastante seguridad. ¡Y de repente ese montón de ruedas y de hierros de reloj! ¡Qué cosa más matemática! No se callaban. Seguían inferior a mí. ¿Ves? No sé, ya no puedo decirte lo que te iba a decir. Me hace el efecto de que vino, si estoy tranquilo en la punta de una pirámide que desde luego tiene la base muy sólida. Pero yo estoy muy incómodo en aquella punta. Si estoy tranquilo, la pirámide al revés [la pun] el vértice.

Yo arriba en la base grande, pero si no ando por el centro hago perder el equilibrio al cacharro ese y me voy abajo. Pero te aseguro que estoy satisfecho, aunque no sea más que en este momento. Y lo bueno del caso es que no tengo motivos.

¿Vas a venir a Madrid? Ven. Oye, Federico, ven aunque sea por poco tiempo. ¿Qué tienes que hacer? También yo trabajo muchísimo. ¿Por qué me dices con el pie en el estribo? Escríbeme mucho, mándame un Federico (2 0 3). Escríbeme tú tú.

Cada vez me gusta más mi *grandiosa* y *fuerte* escultura.

Adiós,
Emilio[126]

Por desgracia no se conoce una sola carta, postal u otra comunicación de Lorca a Aladrén. Parece que su amistad solo empezó a adquirir un carácter apasionado hacia finales de 1927, tras la segunda visita del poeta a Cadaqués y el siguiente distanciamiento de Dalí, presionado por Buñuel. A partir de aquel otoño el poeta visitaba a menudo a Aladrén y los suyos en su casa de la calle Goya, número 61, donde solía tocar el piano, según recordaba en 1983 una hermana de Emilio, Margarita.[127]

José María Alfaro, buen amigo de Aladrén, me aseguró en 1985 que el escultor en absoluto era homosexual. Que, al contrario, se trataba de un mujeriego empedernido. Emilio, me dijo, era «muy negociante», capaz de hacer lo que fuera con tal de cobrar, y se desvivía por ser artista famoso. Quizá por ello, aventuraba Alfaro, cultivó a Lorca. Según el mismo testigo, el «escenario» predilecto de Emilio era el bar del Hotel Palace, tan frecuentado en los años veinte por el granadino, Dalí y Buñuel.[128]

La pintora Maruja Mallo, también alumna de la Escuela de Bellas Artes de San Fernando, precedió a Lorca en los favores de Aladrén. «Emilio era un lindo chico, muy guapo, muy guapo, como un efebo griego —me declaró en 1982—. Era un festejante mío (como dicen en Argentina) y Federico me lo quitó, entre otras cosas porque le decía que tenía un temperamento ruso, y le decía tantas cosas que, claro, Emilio se enardeció y se fue con él.»[129]

El hermano de Maruja, el escultor Cristino Mallo, estuvo en el mismo curso que Aladrén. Emilio no era homosexual, me manifestó en 1977, pero probablemente afectaba serlo, o serlo en potencia, para estar con Federico. Bebía mucho, era «un poco desaprensivo» y llevaba «una vida disparatada».[130] En marzo de 1926, de hecho, el director de la Escuela Especial le informó que había recibido de los profesores «repetidas quejas por indisciplina y conducta poco seria», y que le imponía, en consecuencia, un «castigo de apercibimiento» que constaría en su expediente. Esperaba que, «moderándose en adelante», sería «ejemplo de buen alumno», lo cual no iba a ser el caso.[131]

Parece ser que la mayor parte de los demás amigos de Lorca despreciaban a Aladrén como artista y consideraban que ejercía una influencia muy adversa sobre el poeta. Buñuel, por ejemplo, escribió a Pepín Bello el 17 de febrero de 1929: «Alberti llega a producir en mí un malestar más grande que la idea de un Dios, que la materia fecal que fluye en el vientre de las mujeres bonitas, que la Sociedad de Cursos y Conferencias, que la jota aragonesa, que los conciertos de la sinfónica, que Aladrén.» ¡Pobre Alberti![132]

A Lorca todo ello le traía sin cuidado y le encantaba llevar a Emilio a actos y fiestas y presentarlo como uno de los nuevos escultores españoles más prometedores. Según José María García Carrillo, el cómplice gay de Lorca en Granada, la relación provocó en ocasiones escenas violentas. Le contó a Agustín Penón, en 1956, que un día le dijo a Lorca que se había acostado con Emilio, esperando apartarlo así del escultor. Unos meses después coincidió con ambos en un café madrileño. «No os presento puesto que ya os conocéis», dijo Lorca con sorna. Y Emilio: «No creo que nos conozcamos.» «¡Claro que no! —exclamaría García Carrillo sin poder contenerse—. ¡Me alegro de nunca haber conocido a un hijo de puta tan grande como tú!» Lorca, temiendo que se pegasen, trató de calmar a sus dos admiradores. ¡Iban a terminar todos en la cárcel!

García Carrillo, como dijimos antes, cruzaba frecuentes cartas con el poeta (hoy desconocidas), y le veía cada vez que volvía a Granada. Cabe conceder, pues, cierta veracidad a esta anécdota. «El escultor fue el gran amor de Federico —aseguró a Penón—. Él fue la causa de que Federico quisiera escaparse de España, huir... Él fue la causa de todo.» A mí me dijo lo mismo diez años después.[133]

El 6 de enero de 1928, Aladrén escribió a Lorca, que estaba entonces en Granada, inmerso en los preparativos para el lanzamiento de la revista de vanguardia *gallo*. La carta demuestra que se comunicaban con cierta asiduidad. Y que Emilio seguía con el autobombo de siempre:

> Querido Federico:
> Ya sabía que no vendrías. Para ti debe tener Granada una fuerza que no encuentras en Madrid. No te he escrito antes porque no me gustaba este papel negro, pero como pasan días y no encuentro otro me decido a escribirte una carta rodeada por todas partes de negro todo lo contrario de como yo estoy porque debes saber que estoy haciendo una obra *estupenda* (por lo menos para mí) y debe ser buena porque verás. Estoy en un estado que he *convencido* a todas las personas que la han visto de que es extraordinaria y no por su manera de *juzgar propio* sino por la mía y cuando se está en esa fuerza todo lo que se hace se hace bien. Aparte que a mí me da una alegría grande porque hago lo *que quiero* sin dificultades. Siento que no vengas. He recibido todas tus cartas y postales telegra [*sic*]. Yo te mandé dos telefonemas, uno a la vez que el último tuyo (¡qué grande me ha salido aquel «yo» de ahí arriba!). *(Sin pensar.)*

Adiós, Federico. Siento que no vengas pero no puedo meterme en tus cosas.

Emilio[134]

Gracias a Rafael Martínez Nadal, que empezó a frecuentar a Lorca en el otoño de 1923, cuando tenía veinte años, sabemos algo más de la relación del poeta con el escultor. Según Nadal, Federico acompañaba a Aladrén a todas partes y lo presentaba a todo el mundo. No duda en afirmar que, durante algunos años, aquel chico —«entre ruso y tahitiano», en frase de Lorca— fue para el poeta «fuente de alegría». Publica una intensa fotografía inédita de los dos juntos, dedicada a él y firmada: «Recuerdo de los DOSITOS», enigma que no explica (ilustración p. VII).[135]

Una escena evocada por Nadal, situada por este —tal vez equivocadamente— en el verano de 1928, muestra el carácter festivo de aquella relación. Una noche, volviendo a pie a su casa, tropezó con Ignacio Sánchez Mejías y su amante Encarnación López Júlvez, *la Argentinita*, que decidieron acompañarle. Al entrar en la plaza de la Independencia se encontraron con Aladrén y Federico, los dos riéndose y cantando. Hubo abrazos y besos... y una de aquellas improvisaciones en que se especializaba el granadino:

«¿Habéis visto el nuevo circo?... ¡Emilio —gritó Federico—, quítate el impermeable y rueda por el suelo!» Había llovido y la plaza estaba cubierta de ese barrillo grasiento que dejan los breves chaparrones estivales. Emilio dio la gabardina a Lorca.

Vestía un buen traje gris perla. Sin vacilar, se arrojó a la calzada y fingiendo rugidos de león rodaba por el suelo. A las tres o cuatro volteretas irrumpió Federico: «¡Emilio, en pie!» Le ayudó a ponerse la gabardina y haciendo los dos un cómico saludo de circo, se fueron abrazados, alegres, muertos de risa, la botella de ginebra asomando por el bolsillo de la gabardina de Emilio.[136]

Aladrén, señala Martínez Nadal en otro lugar, era «incansable bebedor de ginebra»,[137] rasgo recogido por Lorca en el poema «Fábula y rueda de los tres amigos», donde imagina a Emilio enterrado «en la yerta ginebra que se olvida en el vaso».[138]

Un día, en fecha imposible de determinar, Lorca invitó a Jorge Guillén y a su esposa, Germaine, a ir con él al estudio de Aladrén. El autor de *Cántico* encontró al escultor serio, envarado y ceremonioso... y no notó nada más. Pero Germaine intuyó que entre él y Federico había una relación apasionada. «A veces las mujeres tienen más olfato que los hombres para estas cosas», nos comentó Guillén, sonriendo, en 1979.[139]

En la primavera de 1928, Aladrén terminó una cabeza de Lorca en escayola. Halagado, el poeta hizo lo imposible por promocionar la carrera de su joven amigo. Tenía especial interés en que saliera una fotografía de la escultura en *Abc*, y a estos efectos se puso en contacto con Cipriano Rivas Cherif, colaborador del diario monárquico. Solo existe un fragmento de la carta de Lorca:

Yo quisiera que se reprodujera en algún sitio, bien reproducido, no por mí, *naturalmente*, sino por él y por su familia.

Si en el *Abc* pudiera reproducirse bien, yo te enviaba la foto. Esto no es *compromiso*, de ninguna manera. Si a ti te ocasiona la más leve molestia, quiere decir que no se hace, pero si es fácil que salga *decentemente puesto*, me gustaría dar esta sorpresa a un buen amigo mío, *artista novel*. Esto en la más discreta reserva. Me sonrojo un poco de pedir que *salga* como foto mía en los papeles, pero te repito que se trata de otra persona, aunque sea yo el modelo.[140]

Rivas Cherif se mostró poco dispuesto a aceptar tan comprometedor encargo. El 28 de agosto de 1928 le contestó que las únicas personas del diario con quienes tenía confianza (Juan Ignacio Luca de Tena y Luis Calvo) estaban fuera, y que, en cualquier caso, la propuesta sería considerada por los redactores del diario como un intento de conseguir publicidad gratuita para un artista desconocido. Le rogó que llamara a otra puerta.[141] Entretanto, el poeta había conseguido que saliera una fotografía de la cabeza en *La Gaceta Literaria*, donde acompañó una reseña del *Romancero gitano*, pero sin adscripción a Aladrén, para rabia, cabe imaginar, de este.[142] En septiembre saldría una fotografía diferente de la obra en *El Defensor de Granada* (ilustración p. XV), donde el pic, casi seguramente redactado por el propio Lorca (con la connivencia del director del diario, Constantino Ruiz Carnero) rezaba: «La personalidad de este joven escultor comienza a destacarse entre los artistas de la última generación como una de las más brillantes promesas de la juventud.»[143]

Las otras dos cartas de Aladrén que se conocen, ambas sin fechar, también son previas al viaje del poeta a Nueva York. Reflejan muy bien el temperamento bullicioso y desordenado del joven: letra grande, poca puntuación, estilo desenfadado, conversacional y... trivialidad. En la más corta leemos:

La primera cosa que hago en este día es escribirte Federico! Como estás? Escríbeme tú, si quieres... me alegraré mucho de recibir una carta tuya, pero... larga! Qué haces en Granada? Escríbeme donde siempre, Goya 61; aquí [*una flecha indica el membrete de la carta*: hotel Nacional, Madrid] estuve unos días pero ya he vuelto al hogar (¡!) paterno. Es probable que en Decembre vaya a París. Hago retratos a señores con *bigote y uniforme* y a señoras semidesnudas, trabajo mucho, para esa gente y para mí.

Adiós Federico espero que me escribirás a vuelta de correo. Hazlo! Poeta! Tú eres mi amigo de Primavera de jardín de residencia recien florida. No tengas mala idea de mí...

Emilio[144]

La carta tiene cierta similitud con las de Dalí en su vertiente guasona, y que Lorca tal vez le había mostrado al escultor. Es aún más el caso de la segunda, que da la impresión de que Aladrén está haciendo verdaderos esfuerzos por emular las elucubraciones epistolares del catalán. Que juzgue el lector:

Federico, quisiera ser franco contigo y no sé si puedo. A veces pienso, estos días lo he pensado, ahora ya no, pero como ha habido un momento que lo he pensado y admitido, como máquina lo recuerdo y te lo escribo, y es que fíjate, he pensado que no comprendía como tú te habías interesado por mí. (te diré una cosa, desde la otra página donde hay una cruz, hasta aquí, lo escribo después de cenar, p.º 1 y 2 es de antes de cenar, en la cena un hermano mío ha hablado de una serie de cosas de que vivir no es nada, que me ha cambiado un poco le *curso de mis ideas* (¡!) que no comprendía etc. por mí que todo lo que yo te había dicho era una cosa sin interés para nadie, tan ridículo y tan mezquino me parecían esas cosas ahí!!! me gustaría ser taquígrafo, porque pienso una cosa y en el rato que tardo en escribírtela ya pienso otra. Que mal he hecho Federico y como me has castigado tu en tu carta sin decírmelo de lo mal que he hecho hablándote en mis cartas de gente de fuera. Verdad que es como una profanación? Estoy leyendo *Du Côté de chez Swann* de Marcel Proust. Cómo me gusta lo fino, grande, misterioso, abierto y escondido que es! Te copio un párrafo que acabo de leer, bueno, que leí anoche, ¿sabes por que te digo que acabo de leer, y luego que leí anoche? Verás. Si lo leo anoche lo he pensado todo el día y en todo el día me ha podido llegar a parecer feo y tú juzgarme mal gusto el mío, porque ya fríamente etc. etc. En cambio si lo acabo de leer está más en caliente y tú en vista de eso me disculpas. Pero no, verás que es bonito: «*Nous sommes très longs à reconnaî-*

tre dans la physionomie particulière d'un nouvel écrivain le modèle qui porte le nom du "grand talent" dans la musée des idées générales. Justement parce que cette physionomie est nouvelle nous ne la trouvons pas tout à fait rassemblante à ce que nous appellons talent.» Te quería haber buscado otro párrafo un poco poético también [...] Página novena y aun no te he dicho nada, ¿tú ves? Federico a ratos me tengo mucha rabia a mí, soy un afectao (he borrado la «d» porque *afectao* es natural y *afectado* no lo es). Y sin embargo empiezo a tener muchísima ambición, también soy un idiota y tu un buenazo de aguantarme. Me despido ya de ti. Adiós escríbeme mucho y dime muchas cosas. *Tengo ambición de progreso.*[145]

Es muy posible que Aladrén considerase que, imitando la manera de Salvador, lograría fascinar aún más al poeta. No sabemos si era consciente de la opinión que tenía de él el catalán. Maruja Mallo recordaba que, como otros amigos de Federico, Dalí le respetaba poco.[146]

Al margen de ello es muy interesante descubrir que en esos momentos Aladrén está leyendo *Du Côte de chez Swann (Por la parte de Swann)*, y que es dueño de un francés a la altura de la tarea. La frase citada ocurre en el pasaje donde el narrador recuerda la extraordinaria impresión que le hizo la lectura de Bergotte, novelista inventado por Proust, sobre todo por la riqueza de sus imágenes y por su manera original de ver las cosas. Cabe pensar que Aladrén no eligió la cita al azar, ya que tiene que ver con el «gran talento», todavía no reconocido ni entendido por todos, de un escritor nuevo. La alusión a Lorca parece clara. Era otra manera de halagarlo.[147]

Y halagar a Lorca era una de las especialidades de Emilio Aladrén.

«DOS NORMAS»

A finales de marzo de 1928, el poeta le comunica a Jorge Guillén, desde Granada, que no tardará en enviarle las décimas que le ha dedicado.[148] Son dos y forman un solo poema, titulado «Dos normas», que se publica aquel mayo, en vísperas de la salida del *Romancero gitano*, en la efímera revista burgalesa *Parábola*.[149] En el primer verso de la primera décima se deslizó una errata. Debe decir «Norma de ayer encontrada». Veamos:

DOS NORMAS

Dedicadas al gran poeta
Jorge Guillés.

Norma si ayer encontrada
sobre mi noche presente.
Resplandor adolescente
que se opone a la nevada.
No pueden darte posada
mis dos niñas de sigilo,
morenas de luna en vilo

con el corazón abierto;
pero mi amor busca el huerto
donde no muere tu estilo

Norma de seno y cadera
bajo la rama tendida,
antigua y recién nacida
virtud de la primavera.
Ya mi desnudo quisiera
ser dalia de tu destino,
abeja, rumor o vino
de tu número y locura;
pero mi amor busca pura
locura de brisa y trino.

Se trata de dos normas amorosas opuestas. ¿Cuál es la «de ayer», la de la primera décima, ahora de repente reencontrada o descubierta? Si al principio puede parecer que se trata de una norma anterior propia, es mucho más probable que la alusión vaya por una norma de *otra época* cuando la homosexualidad era considerada... «normal». Sabemos por la *juvenilia* la poderosa atracción que tenía para el poeta adolescente la Grecia antigua, entre otras razones por su actitud relajada hacia la sexualidad en general y la inclinación gay en particular. Un comentario de Ángel Sahuquillo viene a cuento: «Es bien sabido que la homosexualidad no es generalmente vista ni aceptada como *norma*, sino como *anormalidad*, con todas las implicaciones negativas que este término connota [...] En sentido estricto, la homosexualidad solo es anormal si se acepta el etnocentrismo y la voluntaria ceguera histórica de los países *civilizados*, con su implícito desprecio por los *primitivos*. Charlotte Wolff nos recuerda que la homosexualidad fue practicada abiertamente en el período helénico "como un modo ideal de vida".»[150]

Acabamos de ver que Emilio Aladrén fue apasionado lector de Proust, hasta el punto de citar *Por la parte de Swann* en una carta a Lorca. Hay que suponer que los dos hablaron juntos del novelista francés, y que a la altura de 1928 el poeta estaba ya al tanto de la primera parte de *Sodoma y Gomorra* (1922), con el *Corydon* de André Gide (1924) la defensa más célebre de la homosexualidad que se había publicado últimamente en Europa. Cada relectura de dicho texto de Proust, que tiene unas treinta páginas impresas y se titula «Primera aparición de los hombres-mujeres descendientes de los habitantes de Sodoma perdonados por el fuego del cielo», me suscita más «ecos lorquianos», sobre todo de *El público*, y me vuelve a convencer de que el poeta lo conocía, aunque fuera de manera superficial, antes de salir para Nueva York en 1929. El libro no se publicó en traducción española hasta 1932,[151] pero ello no impedía en absoluto que Lorca lo conociera antes, pese a su francés muy deficiente, ni que Aladrén u otros le hubiesen comentado su contenido. ¿Cómo no iba a familiarizarse todo lo posible y cuanto antes con un texto que se discutía profusamente en los círculos gais de aquellos momentos?

Se trata en dicha primera parte de *Sodoma y Gomorra* del descubrimiento por parte del narrador —descubrimiento que le produce asombro por totalmente inesperado— de la homosexualidad de Charlus, aristócrata reputado como espejo de caballeros «normales», además de ser reconocido despreciador público de «afeminados». El episodio permite a Proust exponer como nunca antes en la historia de la literatura la angustia, la soledad, la desesperación y a menudo el autodesprecio de los homosexuales en una sociedad que les cierra las puertas. Son «una raza sobre la que pesa una maldición y que tiene que vivir en la mentira y el perjurio, porque sabe que se considera punible y vergonzoso, sin derecho a confesarse, su deseo sexual, deseo que representa, para todas las criaturas, la máxima dulzura de vivir».[152] Y eso que «no había anormales cuando la homosexualidad era la norma, ni anticristianos antes de Cristo».[153] Los gais tienen que negar lo que es «su vida misma», mentir a su propia madre y hasta a sus amigos. No pueden mirar a alguien con embeleso en un grupo porque alguien se enterará. Sí, son una «raza maldita», aún más maldita que los judíos, que tienen por lo menos el consuelo de pertenecer a una comunidad de seres humanos con señas de identidad admitidas. Sobre todo el texto proustiano planea la sombra del pobre Oscar Wilde, antes de su condena festejado y celebrado en los mejores salones de Londres y luego dejado caer como un trapo sucio por quienes se decían sus amigos. Ostracismo, oprobio, persecución, máscaras, «amor incomprendido», «admisión difícil», «parte reprobada de la colectividad humana», «restricción social» (contrainte sociale), «peligro frecuente y vergüenza permanente», «medusa estéril que morirá sobre la playa»... son solo algunos de los términos y frases que cabe destacar en este de verdad conmovedor documento humano, auténtica declaración de los derechos del hombre gay. Declaración que tiene la gran virtud, además, de distinguir entre distintas *homosexualidades*, de insistir sobre las subvariedades que se dan en el mundo gay, así como en el mundo de los insectos tan caro a Proust y al cual acude el narrador, con afán comparativo, a lo largo de todo su discurso. Entre estas subvariedades está el tipo de homosexual que, como Charlus, habiendo interiorizado el odio de la sociedad hacia tal proclividad, no deja de arremeter públicamente, para cubrir las apariencias, contra los suyos, y que «tiene buen cuidado de incriminar la sodomía, habiendo heredado la mentira que permitió a sus ancestros abandonar la ciudad maldita».[154]

Volviendo a la primera décima de «Dos normas», la expresión «resplandor adolescente» del tercer verso, de resonancia griega, hace pensar en la poesía de Cernuda, con sus efebos de procedencia clásica (llamativamente presentes unos años después en su elegía a Lorca). En cuanto a «la nevada» a que se opone tal resplandor, no creo que sugiera la vejez, como propone Rafael Martínez Nadal,[155] sino a la mujer, evocada en «Pequeño poema infinito», escrito año y medio después, en los siguientes términos:

Equivocar el camino
es llegar a la nieve
y llegar a la nieve
es pacer durante varios siglos las hierbas de los cementerios.
Equivocar el camino
es llegar a la mujer...[156]

Los ojos del yo («mis niñas») tienen que ser sigilosos: la norma de ayer está prohibida *hoy*, y la sociedad circundante vive al acecho (como insiste el narrador proustiano). Por ello no pueden darle «posada» sus pupilas. En una variante posterior del segundo verso, Lorca sustituyó «pecho» por «noche», enfatizando así el sufrimiento implicado en verse forzado a ocultar la íntima verdad, y anticipando los *Sonetos del amor oscuro*.[157] A pesar del «no poder» de ahora, sin embargo, el yo seguirá buscando un espacio seguro, tranquilo (huerto) donde intentar recuperar la norma de ayer tan denostada en la actualidad.

La segunda décima es menos compleja. La «norma de seno y cadera» es, claramente, la de la ortodoxia sexual, la procreativa, la de hombre y mujer, la única permitida por la sociedad contemporánea. El yo es tajante: aunque quisiera que su cuerpo reaccionara afirmativamente ante la hembra (creo que aquí la dalia simboliza alegría), y que pudiera acompañarla en su destino, no puede ser. Su destino es otro. Los dos versos finales retoman, a modo de *ritornelo*, los últimos de la primera décima. Si allí el yo buscaba, pese a todos los obstáculos, un huerto donde conservar el «estilo» de la norma de ayer, es decir, de su íntima autenticidad erótica, ahora deja patente, después de afirmar su rechazo de la heterosexualidad, que es otra locura la que él busca, «pura locura / de brisa y trino», es decir, su libertad amorosa y su alegría según la recuperada norma de la Antigüedad helénica.

En un manuscrito posterior del poema, sin título, Lorca encabezó la décima inicial con el dibujo de una luna, y con otro del sol la segunda. Eutimio Martín entiende, creo que con razón, que lo hizo para que no hubiera dudas acerca del tema de la composición: la inclinación del yo poético hacia la norma amorosa relacionada con la noche, es decir, la norma del amor secreto, oscuro, prohibido (primera décima), y su incapacidad para asumir la norma amorosa solar, la que recibe de la sociedad patriarcal el *nihil obstat* para decir su nombre, sin miedo, a la luz del día (segunda décima).[158]

Lorca tenía una necesidad confesional imperiosa que le impelía a mostrarse en su obra tal como era realmente. La dificultad estribaba en cómo hacerlo sin que fuera demasiado obvio... o arriesgado. Si no me equivoco, «Dos normas» es el primer texto en el que manifestó en público y sin ambages (para entendidos, claro) su condición de gay, de gay que no podía vivir su vida. Digo *en público*, pero el poeta sabía que poquísimas personas leerían el poema en aquella pequeña revista de Burgos (de la cual apenas han sobrevivido cuatro o cinco colecciones). Con todo, darlo a conocer entonces, aunque en lugar tan recóndito, fue indudablemente un acto de valor, de afirmación, de rebeldía. Tomado el primer paso, además, las alusiones a las «dos normas» no tardarían en reaparecer en su obra, como luego veremos.

ROMANCERO GITANO Y DESGARRO AMOROSO

El *Romancero gitano* se publicó en julio de 1928 y se convirtió casi de la noche a la mañana en *best seller*. Cada uno de los dieciocho romances llevaba una dedicatoria. Lorca reservó «El emplazado» para Aladrén,

«Muerto de amor» para Margarita Manso y ninguno, significativamente, para Dalí o Buñuel.

A principios de agosto volvió a Granada.[159] Allí le llegaron numerosas reseñas del libro, todas muy positivas, y los parabienes, a veces extáticos, de amigos y admiradores. «Creo será el libro de poesía que adquirirá mayor gloria popular de toda la obra poética de los poetas nuevos», le escribe Juan Guerrero Ruiz desde Murcia el 24 de agosto.[160] Y sigue: «Tus romances sabiamente recogidos del pueblo volverán a él después de haber sido delicia en los paladares más finos de la España inteligente de nuestros días. De un salto, te coloca este libro junto a los más grandes poetas de nuestra lengua.»[161] Vicente Aleixandre, desde su refugio veraniego en Miraflores de la Sierra, cerca de Madrid, no es menos entusiasta. «Te agradezco del todo la magnífica, la vehementísima fiesta de poesía a la que me has convidado —escribe con la generosidad que le caracteriza—. Pocas veces —¡qué pocas!— puede uno tan totalmente abandonarse a una fruición de belleza tan íntegra con tan absoluto contento.»[162]

Pese al fulgurante éxito del libro, Lorca está sumamente deprimido. «He atravesado (estoy atravesando) una de las crisis más hondas de mi vida. Es mi destino poético», le confiesa a otro amigo de la Residencia de Estudiantes, José Antonio Rubio Sacristán, sin duda en el secreto:

No se puede jugar con lo que nos da la vida y la sangre, porque se carga uno de cadenas cuando menos lo *desea*.

Ahora me doy cuenta qué es eso del fuego de amor de que hablan los poetas eróticos y me doy cuenta, cuando tengo necesariamente que cortarlo de mi vida para no sucumbir. Es más fuerte [de lo] que yo sospechaba. Si hubiera seguido alentándolo, habría acabado con mi corazón. Tú nunca me habías visto más amargo, y es verdad. Ahora estoy lleno de desesperanza, sin ganas de nada, tullido. Esto me hace sentir una extraordinaria humildad.

Veremos a ver si mis versos consiguen lo que deseo, veremos a ver si al fin corto las terribles amarras y vuelvo yo con mi alegría, a mi alegría vieja, coraza contra la amargura.[163]

Se trata claramente de Aladrén, ya al parecer en relaciones con una inglesa, Eleanor Dove, que ha llegado a Madrid como representante de la empresa cosmética Elizabeth Arden.[164] El fragmento de una carta de Lorca a Rafael Martínez Nadal, con alusión a la Pasión de Cristo, discurre en el mismo sentido. Su recipiente ha escrito que «alude al término de su relación» con el escultor:[165]

Estoy convaleciente de una gran batalla y necesito poner en orden mi corazón. Ahora solo siento una grandísima inquietud. Es una inquietud de *vivir*, que me parece que mañana me van a quitar la vida.

No te intereses *por nadie*, Rafael; es mejor ser cruel con los demás que no tener que sufrir después calvario, pasión y muerte. No puedo escribir más que poesía. Y poesía lírica. Digo más bien... elegíaca, pero *intensa*. Es triste que los golpes que el poeta recibe, sean su semilla y su escala de luz [...] Estoy muy aislado y algunos momentos son tristísimos todavía. Cada día me entero menos de lo que es amor. Cuando más encendido estoy, menos lo comprendo.[166]

Confirman el intenso sufrimiento del poeta las cartas de este verano a Sebastià Gasch,[167] y sobre todo a otro amigo, Jorge Zalamea, joven colombiano, inteligente y frágil, nacido en Bogotá en 1905, que abrigaba una desmedida pasión por Goethe y quería ser escritor. No se sabe cómo o cuándo se conocieron, pero para 1928 su relación era ya estrecha. Lorca le escribió al poco tiempo de su regreso a Granada. Esperaba respuesta rápida y, cuando esta no llegaba, le volvió a escribir, preocupado. Años después, Zalamea dio a conocer dos fragmentos de las misivas. «Yo hablo siempre igual —empieza el primero— y esta carta lleva versos míos inéditos, sentimientos de amigo y de hombre que no quisiera divulgar. Quiero y retequiero mi intimidad. Si le temo a la *fama estúpida* es por esto precisamente. El hombre famoso tiene la amargura de llevar el pecho frío y traspasado por linternas sordas que dirigen sobre él los otros.» El problema de la celebridad para quien lleva una vida secreta es grave, sobre todo si la vida secreta es sexualmente heterodoxa. Ahora, con su libro de romances arrasando, Lorca lo está comprobando. Cita a continuación unas líneas de una carta que acaba de recibir de Dalí (cuyo original se desconoce). «Tú eres una borrasca cristiana y necesitas de mi paganismo —le ha asegurado el pintor—. La última temporada de Madrid te entregaste a lo que no debiste entregarte nunca. Yo iré a buscarte para hacerte una cura de mar. Será invierno y encenderemos lumbre. Las pobres bestias estarán ateridas. Tú te acordarás que eres inventor de cosas maravillosas y viviremos juntos con una máquina de retratar.»

Es otra vez, de repente, el Dalí tierno. «Es así este maravilloso amigo mío», exulta el poeta. Y es verdad que el trozo citado es muy hermoso.[168]

Parece evidente que Dalí se refería a la tormentosa relación de Lorca con Aladrén, acerca de la cual quizá le había escrito el poeta.

Durante el verano, Lorca recibe una carta de Zalamea. Después de mencionar la depresión que a él también le está atenazando, el colombiano promete no enseñar nunca las de Federico a nadie («te quiero y me quiero demasiado para jugar a los manuscritos famosos»). Luego añade crípticamente: «A E. no he vuelto a verle.» ¿Cómo no deducir que E. es Emilio, y que, si Zalamea se niega a estampar su nombre, es porque sabe cuánto está padeciendo Federico por él?

La contestación del poeta revela hasta qué punto se siente abatido, ¡y ello cuando por fin está triunfando! El sufrimiento de Zalamea le ha decidido a hablar del suyo, y a ofrecerle algún consejo. Es una de las cartas más desgarradoras de Lorca que se conocen, comparable, en lo íntimo de sus revelaciones, a la recibida diez años atrás por Adriano del Valle:

Lo pasas mal y no debes. Dibuja un plano de tu deseo y vive en ese plano dentro siempre de una norma de belleza. Yo lo hago así, querido amigo... ¡y qué difícil me es!, pero lo vivo. Estoy un poco en contra de todos, pero la belleza viva que pulsan mis manos me conforta de todos los sinsabores. Y teniendo conflictos de sentimientos muy graves y estando *transido* de amor, de suciedad, de cosas feas, tengo y sigo mi norma de alegría a toda costa. No quiero que me venzan. Tú no debes dejarte vencer. Yo sé muy bien lo que te pasa.

Estás en una triste edad de duda y llevas un problema artístico a cuestas, que no sabes cómo resolver. No te apures. Ese problema se soluciona solo. Una mañana empezarás a ver claro. Lo sé. Me apena que te pasen cosas malas. Pero debes aprender a vencerlas sea como sea. Todo es preferible a verse comido, roto, machacado por ellas. Yo he *resuelto* estos días con voluntad uno de los estados más dolorosos que he tenido en mi vida. Tú no te puedes imaginar lo que es pasarse noches enteras en el balcón viendo una Granada nocturna, *vacía* para mí y sin tener el menor consuelo en nada.

Y luego... procurando constantemente que tu estado no se filtre en tu poesía, porque ella te jugaría la trastada de abrir lo más puro tuyo ante las miradas de los que no deben *nunca* verlo. Por eso, por disciplina, hago estas *academias* precisas de ahora y abro mi alma ante el símbolo del Sacramento, y mi erotismo en la «Oda a Sesostris», que llevo mediada.

Te hablo de estas cosas, porque tú me lo pides; yo no hablaría más que de lo que, exterior a mí, me hiere de lejos de una manera segura y sapientísima.

¡Pero me defiendo! Soy más valiente que el Cid (Campeador)...[169]

Granada, en el concepto del poeta, es, además de levítica, una ciudad de alma ausente. Ya lo sabemos. Ningún lugar menos apropiado para él ahora, cuando está deshecho, víctima de «conflictos de sentimientos muy graves» y «transido de amor, de suciedad, de cosas feas» (términos que quizá sugieren asco de sí mismo). Es valiosa, por ello, la determinación de seguir adelante, como nuevo Cid, enarbolando su «norma de belleza» y su «norma de alegría a toda costa». Por otro lado reconoce que consuela tener obra en marcha, obra que, sin su sufrimiento, no existiría.

Desde la Huerta de San Vicente se veía entonces, allí arriba, la Alhambra —hoy una muralla de edificios la tapa inmisericorde— y el panorama era de los más bellos concebibles. En un poema de *Canciones*, Lorca había imaginado su muerte y pedido que, venido el momento, le dejasen el balcón abierto. También había dicho, ¡y tenía razón!, que para vivir en Granada no cabe más residencia posible que un carmen, reflejo árabe del paraíso... un carmen, con su jardín, su surtidor y la compañía de la persona amada, como había intuido Rubén Darío durante su visita. Pero ahora no hay ni carmen ni amante, ni consuelo de nada. Solo desolación... y el esfuerzo por superar con voluntad su «estado», así lo llama, e impedir que este se «filtre» en su poesía, pues, si lo consigue, las gentes sabrán la verdad de su dolorido corazón.

¿Cómo no querer huir?

Está terminando, como dice a Zalamea —o procurando terminar—, la *Oda al Santísimo Sacramento*, empezada a principios de año. Incluye unas estrofas de esta. Dice que concede mucha importancia al poema, que le parece de «gran intensidad». Piensa que tal vez es «el más grande» que haya emprendido.

Se comprende que, en un período de tan profunda infelicidad, se hayan reavivado de alguna manera los rescoldos de la antigua fe perdida años atrás. Y es significativo que, en el fragmento que envía a Zalamea (de la sección «Demonio, segundo enemigo del alma»), el énfasis se pone sobre la sexualidad desaprensiva de Satanás, abogado del éxtasis del momento, del placer por el placer, sin trabas ni compromiso personal:

Honda luz cegadora de materia crujiente,
luz oblicua de espadas y mercurio de estrella,
anunciaban el cuerpo sin amor que llegaba
por todas las esquinas del abierto domingo.

Forma de la belleza sin nostalgia ni sueño.
Rumor de superficies libertadas y locas.
Médula de presente. Seguridad fingida
de flotar sobre el agua con el torso de mármol.

Cuerpo de la belleza que late y que se escapa.
Un momento de venas y ternura de ombligo.

Amor entre paredes y besos limitados,
con el miedo seguro de la meta encendida.

Bello de luz, oriente de la mano que palpa.
Vendaval y mancebo de rizos y moluscos,
fuego para la carne sensible que se quema,
níquel para el sollozo que busca a Dios volando.

«Me parece que este Demonio es bien Demonio —comenta el poeta a continuación—. Cada vez esta parte se va haciendo más oscura, más metafísica, hasta que al final surge la belleza cruelísima del enemigo, belleza hiriente, enemiga del amor.»[170] Uno se pregunta si este demonio de «belleza hiriente» no refleja, por lo menos en parte, el cinismo con el cual, según varios amigos de Lorca, Emilio Aladrén explotaba su magnífico físico, igualmente atractivo para ambos sexos, y su gran poder de seducción.

En cuanto a la *Oda a Sesostris* —titulada en el manuscrito más depurado del incompleto poema *Oda y burla de Sesostris y Sardanápalo*—,[171] Lorca explica a Zalamea, como acabamos de ver, que en ella abre su erotismo.

Se trata de un proyecto ambicioso e inacabado del cual solo conocemos unos cincuenta versos.

Miguel García-Posada fue el primero en desvelar que en esta oda de la cual existen dos borradores muy enmarañados, Lorca se propuso «poetizar [...] el problema del erotismo homosexual».[172] Sardanápalo, legendario rey de Asiria, fue, según parece, gay notorio: «Gran mariquita asirio» lo llama el yo de la *Oda y bur-*

la. En cuanto a Sesostris, el pequeño diálogo entre el niño y el maestro antepuesto al poema a modo de epigrama aclara que se trata del faraón Ramsés II. Si comparamos estos versos con los de la *Oda al Santísimo Sacramento* compuestos coetáneamente, parece indudable que se proyecta sobre ambos poemas la sombra de Emilio Aladrén. Tanto Sardanápalo como Sesostris traicionan el amor. El primero tiene «falo de quita y pon» o «cinco falos y ningún deseo».[173] El segundo se describe así:

> *Chulo Sesostris, bello, gran marchoso,*
> *maestro en escupir y cortar brazos.*
> *Ojos de triste vendedor de pieles,*
> *y cintura de arena sin sosiego.*[174]

El último verso reaparecerá en el poema «Tu infancia en Mentón», comentado más adelante:

> *Tu cintura de arena sin sosiego*
> *atiende solo rastros que no escalan.*[175]

Aladrén, además, como Sardanápalo, era muy dado al alcohol —hemos visto que Martínez Nadal le evoca con una botella de ginebra en el bolsillo de su gabardina—,[176] y es un hecho que para Lorca, como se comprobará en *Oda a Walt Whitman*, lo báquico se asocia a lo cruel, a lo egoísta, a lo efímero, a lo opuesto al amor.[177]

Dalí y el «pleito poético interesante»

En septiembre de 1928, todavía en Granada, Lorca recibe una larga carta de Dalí sobre el *Romancero gitano*. Conociendo su opinión de *Canciones*, como vimos bastante negativa —por sus elementos «tradicionales»—, no podía esperar que la reacción de Salvador ante la lectura del nuevo poemario fuera muy benévola. Y así resultó. El pintor no está de acuerdo con los críticos que han elogiado el libro. Son «grandes puercos putrefactos». Los romances que más le gustan son los más recientes, los menos «andaluces»: el dedicado al martirio de santa Olalla y el de Thamar y Amnón, con sus «pedazos de incesto» y el verso «rumor de rosa encerrada» (para él tan relacionado con el episodio de Margarita Manso). Estos dos, sí, han perdido «ya buena parte de costumbrismo». Lo peor del libro le parece «lo de aquel senyor que se la llevó al río» («La casada infiel»). Me imagino que Lorca leyó con fascinación el siguiente apartado de la carta, donde la crítica se mezclaba con el elogio más halagador (indico las tachaduras entre corchetes):

Tu poesia actual cae de lleno dentro *de lo tradicional*, en ella atvierto la substancia *poetica mas gorda que ha existido*: pero! ligada en absoluto a las normas de la poesia antigua, incapaz de emocionarnos ya ni de satisfacer nuestros deseos actuales. Tu poesia esta ligada de piez i brazos [al arte] a la poesia vieja. Tu quizas creeras atrevidas ciertas imagenes, pero yo puedo decirte que tu poesia se mueve dentro de la *ilustración* de los lugares comunes mas estereotipados i mas conformistas, [o gran Federico Tu] Precisamente estoy convencido que el esfuerzo oy en poesia solo tiene sentido con la evasion de las —ideas— que nuestra inteligencia a ido forjando artificialmente, asta dotar a *estas* de su exacto sentido real.

Sigue una serie de consideraciones teóricas que Dalí desarrollará luego en *La Gaceta Literaria* de Giménez Caballero, y que demuestran la atracción que ya va ejerciendo sobre sus ideas el surrealismo. Luego el tono se vuelve intensamente personal, con alusiones a la intimidad vivida por ellos en la Residencia de Estudiantes. Al Lorca angustiado le ha reconocido Dalí sobre todo en los romances «Muerto de amor» (el dedicado a Margarita Manso) y «El emplazado» (a Aladrén):

Federiquito, en el libro tuyo que me lo he llevado por esos sitios minerales de por aqui a leer, te he visto a ti, la vestiecita que tu eres, vestiecita erotica con tu sexo i *tus pequeños ojos de tu cuerpo*, i tus pelos i tu miedo de la muerte i tus ganas de que si te mueres se *enteren los señores*, tu misterioso espiritu echo de pequeños *enigmas* tontos de una estrecha correspondencia horóscopa i tu dedo gordo en estrecha correspondencia con tu polla i con las humedeces de los lagos de baba de ciertas especies de *planetas peludos* que hay. Te quiero por lo que tu libro revela que eres, que es todo el rebes de la realidad que los putrefactos an forjado de ti, un gitano moreno de cabello negro corazon infantil ect ect todo ese Lorca *Nestoriano** decorativo anti-real, inexistente, solo posible de haber sido creado por los cerdos artistas lejos de los pelitos i de los ositos i siluetas blondas, duras i liquidas que nos rodean ect ect. ti vestia con tus pequeñas huñas — ti que abeces la muerte te coge la mitad el cuerpo, o que te suve por [el brazo asta] las uñitas asta el ombro en esfuerzo esterilisimo! yo he vevido la muerte en tu espalda en aquellos momentos en que te ausentabas de tus grandes brazos que no eran otra cosa que dos fundas crispadas del plegamiento inconciente e inutil del planchado de las tapices de la residencia— ...a ti, al Lenguado que se ve en tu libro quiero i admiro, a ese lenguado gordo que el dia que pierdas el miedo te cagues con los Salinas, abandones la Rima, en fin el arte tal como se entiende entre los puercos — aras cosas divertidas, orripilantes, crispadas, poeticas como ningun poeta a realizado.

Adiós —creo en tu inspiracion, en tu *sudor*, en tu fatalidad astronomica.

Este invierto te invito a l'anzarnos en el *vacio*. Yo ya estoy en el desde hace dias, nunca abia tenido tanta seguridad aora se algo de *Estatuaria* y de claridad real ahora lejos de toda Estetica

Abrazos.

Dali

* Alusión al pintor Néstor Martín-Fernández de la Torre.

El surrealismo es *uno* de los medios de Evasión
Es *esa* Evasión lo importante
Yo voy teniendo mis maneras al margen del surrealismo, pero esto es algo vivo. Ya ves que no hablo de el como antes, tengo la alegria de pensar muy distintamente de el verano pasado, que fino he?[178]

Piensa muy distintamente, es cierto. Ha terminado la época de la Santa Objetividad, de la asepsia, del verano anterior cuando el tema de san Sebastián centraba su correspondencia con el poeta. No conocemos la contestación de Lorca, pero podemos tener la seguridad de que estaba mayormente de acuerdo con el criterio del pintor sobre sus romances, ya que él mismo estaba cansado de ellos y del *tema gitano*. Leyó la carta, «sonriendo», a algunos amigos de Madrid, entre ellos Rafael Martínez Nadal, y elogió «la inteligencia, la gracia y la agudeza de su amigo».[179] «Carta aguda y arbitraria que plantea un pleito poético interesante —comentó, lacónico, en una carta a Gasch—. Claro que mi libro no lo han entendido los putrefactos, aunque ellos digan que sí. A pesar de todo, a mí ya no me interesa nada o casi nada. Se me ha muerto en las manos de la manera más tierna. Mi poesía tiende ahora otro vuelo más agudo todavía. Me parece que un vuelo personal.» Y luego: «No te olvides de recomendar a Dalí que venga por Granada. Es preciso que nos veamos para muchas cosas.»[180]

Una semana después vuelve a la carga en otra carta a Gasch: «Insiste con Dalí que venga a Granada.» Pero no hay nada que hacer: el pintor sigue en el empeño de no abandonar un segundo su trabajo, con los ojos más puestos que nunca en París.[181]

EL ROMANCE «SAN MIGUEL» Y LUIS BUÑUEL

La ermita de San Miguel el Alto en Granada alberga al arcángel más andrógino de Andalucía. Obra de Bernardo Francisco de Mora, tallada en 1675, inspiró doscientos cincuenta años después el siguiente comentario de un periodista granadino contemporáneo de Lorca: «Es digno de notarse el que, teniendo el *sumun* [*sic*] de belleza, no pueda decirse con precisión que lo sea de hombre o de mujer.»[182] Para poder derrotar al enemigo, como es su cometido, uno se imagina a san Miguel como un tipo forzudo, pero no así el que aquí tenemos, con sus encajes y enaguas, su pulsera tan mona, sus plumas y sus brazos blandengues. Está pisando al diablo, de acuerdo —un diablo encadenado realmente grotesco con patas de cigarrón y cola de serpiente—, pero sospechamos que no será capaz de hacerle el más mínimo daño, y que a lo mejor ni quiere (ilustración p. VIII).

La romería que cada 29 de septiembre, onomástica del arcángel, subía por el Albaicín al cerro del Aceituno, coronado por su santuario, era antes concurridísima. Hoy ya no. Se instalaban puestos ambulantes a lo largo del empinado acceso a la iglesia, y en la explanada delante de la misma se vendían gran variedad de productos locales (algunos específicamente otoñoles): buñuelos, aguardiente, vinos, licores, cacahuetes, nueces, acerolas, pasteles, higos chumbos y demás delicias. Se soltaban globos llenos de gas, se cantaba, se bailaba. Para los enamorados se trataba de un día muy especial y existía la costumbre de regalar un girasol a la persona querida, por lo cual cantidades ingentes de la flor eran subidas al cerro la noche antes a lomos de animales.

La imagen del arcángel no podía por menos de fascinar a Lorca, dada la ambigüedad sexual de esta. Y cuando se le ocurrió dedicar un tríptico de sendos romances a Sevilla, Córdoba y Granada, se atrevió a elegir al *San Miguel* de Mora, tan notoriamente afeminado, para representar a la ciudad de la Alhambra, «ciudad de torrentes y montañas»,[183] y no a su patrón oficial, el anodino y espúreo san Cecilio. Ello no dejaría de molestar, seguramente, a más de un meapilas granadino (o meapilas granadina).

En la primera parte de su romance, Lorca evoca los preparativos nocturnos que hemos indicado, y la llegada del alba. Luego nos introduce en el camarín situado detrás del altar mayor de la ermita, donde el arcángel, con el brazo derecho alzado como el minutero del reloj «en el gesto de las doce», espera a sus devotos:

San Miguel lleno de encajes
en la alcoba de su torre,
enseña sus bellos muslos
ceñidos por los faroles.

Arcángel domesticado
en el gesto de las doce,
finge una cólera dulce
de plumas y ruiseñores.

San Miguel canta en los vidrios;
Efebo de tres mil noches,
fragante de agua colonia
y lejano de las flores.

Al narrador, como se ve, no le cabe la menor duda de
que este san Miguel es gay (en todas las ediciones del
Romancero gitano el poeta mantuvo la E mayúscula de
«Efebo», enfatizando su calidad de tal). Estamos ante un
arcángel «domesticado» cuya cólera es camp, dulce y
fingida. Flota en el camarín una intensa fragancia de agua
colonia. Después de poner tanto esmero en su delicado
atuendo, ¿cómo iba a olvidarse san Miguel del toque
final del perfume?

Está amaneciendo y van llegando los primeros romeros al templo. El poeta selecciona para nuestra atención, a algunos de ellos. Primero, unas manolas que
comen las simbólicas semillas de girasol, como incumbe en este día relacionado con el amor. Lo inesperado
es la descripción que se nos ofrece de su aspecto físico,
pues vienen con «los culos grandes y ocultos / como
planetas de cobre», culos que provocarán seguramente
el interés de otros participantes en la romería, así como
han provocado el del narrador.

Después vienen unos «altos caballeros» y unas «da-
mas de triste porte» que nos suscitan compasión porque se han vuelto, como luego doña Rosita la soltera,

morenas por la nostalgia
de un ayer de ruiseñores.

Pertenecen, es decir, a diferencia de las alegres manolas, a la larga lista de mujeres del mundo lorquiano que no han podido vivir plenamente su vida y que, quizá, dado el componente amatorio de la fiesta, han subido al cerro con la vaga e ingenua esperanza de conocer por fin a su príncipe.

Los romeros se acomodan dentro del templo. Sorpresa. El oficiante es el menos esperado:

> *Y el obispo de Manila*
> *ciego de azafrán y pobre,*
> *dice misa con dos filos*
> *para hombres y mujeres.*

Yo no sé por qué Lorca ha dispuesto que sea precisamente el obispo de Manila quien diga esta misa, misa «con dos filos» (ojo, no dos *filas*, como han leído algunos) para hombres y mujeres. Creo que no hay constancia de que un obispo de Manila subiera jamás a san Miguel el Alto. Y que yo sepa, Lorca no explicó nunca la presencia de este individuo en su romance. Tampoco se me alcanza por qué está «ciego de azafrán». Los comentaristas pasan por alto estas pequeñas dificultades, como si no existiesen. Y la misa, ¿tiene dos filos en el sentido de ser sexualmente ambigua? Pienso que sí. En la versión lorquiana de la ceremonia religiosa que se celebra el día del arcángel en su alto santuario granadino, no podía faltar una alusión a la verdadera personalidad del «patrón».

El final del romance nos permite dirigir una última mirada al camarín del santo (su «alcoba») y añade un enigma más:

San Miguel se estaba quieto
en la alcoba de su torre,
con las enaguas cuajadas
de espejitos y entredoses.

San Miguel, rey de los globos,
y de los números nones,
en el primor berberisco
de gritos y miradores.[184]

San Miguel es rey de los globos porque, como hemos señalado, se soltaban el 29 de septiembre desde el cerro del Aceituno y volaban alegremente por el cielo de Granada. El enigma está en los números nones. ¿Por qué los preside el arcángel? Creo que la duda se resuelve confrontando el romance con *El público*, donde el Emperador homosexual busca, desesperado, «el uno», y con «Pequeño poema infinito», del ciclo neoyorquino, donde leemos:

Pero el dos no ha sido nunca un número
porque es una angustia y su sombra,
porque es la guitarra donde el amor se desespera,
porque es la demostración del otro infinito que no es
     suyo...[185]

El san Miguel del romance pertenece a la «raza maldita» y, en consecuencia, es rey de los números nones, de los que no pueden o no quieren formar pareja convencional, procreativa. Por ello, cabe deducir ahora, el obispo que viene desde Manila, nada menos, para oficiar la misa «con dos filos» el día del arcángel es portador de un mensaje que poco tiene que ver con la ortodoxia católica en materia de relaciones sexuales.

Si a Dalí le parecía «La casada infiel» el peor poema del *Romancero gitano*, fue «San Miguel» el que más provocó el desprecio de Buñuel. Lo sabemos por una carta suya a Pepín Bello, fechada el 14 de septiembre de 1928. Buñuel da la impresión de haber intercambiado impresiones sobre el libro con Salvador. No le han gustado las reseñas publicadas en la prensa diaria (señala sendas críticas de Ricardo Baeza y *Andrenio*, seudónimo de Eduardo Gómez de Baquero). El *Romancero gitano*, en resumidas cuentas, es «muy malo», y hablando de él no puede reprimir su homofobia:

> Es una poesía que participa de lo fino y *aproximadamente* moderno que debe tener cualquier poesía de hoy para que guste a los Andrenios, a los Baezas y a los poetas maricones y cernudos de Sevilla. Pero de ahí a tener que ver con los verdaderos, exquisitos y grandes poetas de hoy existe un abismo. Abro el libro al azar:
>
> *San Miguel lleno de encajes*
> *en la alcoba de su torre*
> *enseña sus bellos muslos*
> *ceñido por los faroles.*
> (Bueno ¡y qué!)[186]

Me cuesta trabajo creer que los cuatro versos fueron citados «al azar». Para el aragonés los «bellos muslos» que enseñaba el san Miguel del poema eran, hay que imaginarlo, repelentes. Tampoco gustaban a Jorge Guillén. Cuando Lorca le mandó el romance para su publicación en *La Verdad* de Murcia, el autor de *Cántico* comentó en una carta a Juan Guerrero Ruiz que era «imposible ("enseña sus bellos muslos", y otras cosas)».[187]

Todo ello indica cuán difícil era para Lorca vivir, abiertamente, su vida auténtica, incluso, a veces, entre quienes consideraba sus mejores amigos.

HUIDA

Llegado el otoño de 1928, el poeta confiesa a Jorge Zalamea, dos veces, que ha pasado «muy mal» el verano. «Se necesita tener la cantidad de alegría que Dios me ha dado —añade— para no sucumbir ante la cantidad de conflictos que me han asaltado últimamente. Pero Dios no me abandona nunca.» *Sucumbir, conflictos...* es el vocabulario que viene utilizando desde hace meses.[188]

Pese a su infelicidad no ha dejado de trabajar mucho. Siguiendo las sugerencias de su mejor crítico, Dalí, en su carta sobre el *Romancero gitano*, ha compuesto unas prosas de corte modernísimo, *Nadadora sumergida* y *Suicidio en Alejandría*, con alusiones a su relación con el pintor transparentes para el interesado. Las publica estratégicamente en *L'Amic de les Arts*, acompañadas de unos dibujos extraordinarios.[189] Ha preparado dos conferencias que reflejan su estética actual:

Imaginación, inspiración y evasión en la poesía y *Sketch de la pintura nueva*. Y continúa creyendo en la «necesidad de ser alegre, el *deber* de ser alegre».[190]

Las conferencias confirman hasta qué punto sigue bajo la influencia de Dalí. Algunos de sus comentarios se toman casi literalmente de cartas del pintor. Lorca ya cree, con Salvador, que el arte, su arte, necesita estar en contacto con las profundidades inconscientes. Y sabe, como otros poetas de su generación —Cernuda y Aleixandre entre ellos— que el surrealismo le ayudará en su intento. No se equivoca.

En diciembre de 1928 da una conferencia en la Residencia de Estudiantes sobre las nanas infantiles. Ya han pasado casi diez años desde su primer recital en la casa. ¿Cómo no tener muy presente a Salvador? Evoca en su charla un incidente ocurrido, dice, durante una visita suya a una de las «últimas exposiciones cubistas» del pintor. Allí, una niña catalana se había emocionado hasta tal punto ante los «cocos» que creía ver en algunos de los cuadros que costó mucho trabajo sacarla de la sala.[191] Pero ¿a qué muestra cubista se refería el poeta? La última exposición individual de Dalí que podía considerarse en cierto modo cubista fue la barcelonesa de 1927, y sabemos que Lorca no la vio. Tampoco estuvo en la de 1925, celebrada asimismo en la Ciudad Condal. Parece ser, por consiguiente, que la anécdota de la niña catalana era o bien puro invento, o algo que le había contado el propio Salvador.

En estos momentos hablaba de su amistad con Dalí en todas partes y con cualquier pretexto. Era motivo de intenso orgullo. Dos días después de la conferencia, Ernesto Giménez Caballero publicó en *La Gaceta Litera-ria* el resumen de una conversación telefónica con el poeta. Le había pedido que le contara la anécdota más divertida de sus años «residenciales». Lorca accedió gustoso. Se trataba de «la cabaña en el desierto». «Un día nos quedamos sin dinero Dalí y yo —le dijo—. Un día como tantos otros. Hicimos en nuestro cuarto de la Residencia un desierto. Con una cabaña y un ángel maravilloso (trípode fotográfico, cabeza angélica y alas de cuellos almidonados). ¡Abrimos la ventana y pedimos socorro a las gentes, perdidos como estábamos en el desierto! Dos días sin afeitarnos, sin salir de la habitación. Medio Madrid desfiló por nuestra cabaña.»[192]

No cabe duda de que Lorca y Dalí compartían realmente dormitorio en la Residencia cuando ocurrió dicho episodio, pues el pintor lo confirmó independientemente en 1969. «Habíamos hecho una especie de *camping* dentro del cuarto —le manifestó a Max Aub—, hacíamos una cabaña con sábanas, como si fuera una tienda de campaña, íbamos a la ducha a buscar agua y abríamos latas de sardinas, vivíamos como *hippies*, pero dentro del cuarto, en vez de vivir "en" el cuarto...»[192]

Es imposible poner fecha exacta a aquel divertido espectáculo conjunto, y no sabemos si pintor y poeta compartieron habitación en otra ocasión. Pero aunque solo hubiera sido una vez, ello significaba que los dos «vivieron juntos» una temporada en la Residencia, con las posibilidades para la intimidad que ello suponía. Tal vez fue en 1926 cuando tuvo lugar la nunca olvidada escena con Margarita Manso.

El 15 de enero de 1929, fecha para la historia, Lorca,

Dalí y Buñuel aparecieron juntos en *La Gaceta Literaria*. La primera plana de la revista ostentaba *La degollación de los inocentes*, prosa de Lorca ilustrada con un escalofriante dibujo de Dalí (a quien en esta época fascinaban los cuerpos mutilados). En la segunda había un poema y un texto en prosa de Buñuel, ambos de inspiración surrealista. El aragonés consideraba detestables y patéticos los actuales esfuerzos de Lorca en la misma línea. Los juzgaba producto más de la inteligencia que del instinto, del automatismo. *¿La degollación de los inocentes?* Era tan falsamente «artística» como la *Oda al Santísimo Sacramento*, de la cual Lorca acababa de publicar dos fragmentos en la *Revista de Occidente*, y que a Buñuel le habían producido asco. Es una «oda fétida —asegura en una carta a Pepín Bello— que pondrá erecto el débil miembro de Falla y de tantos otros artistas». Buñuel no tenía más remedio que admitir, sin embargo, que Lorca era el que más valía entre la ralea tradicional. Hay que suponer que el poeta estaba al tanto de lo que iba diciendo de él en esos momentos.[194]

Lorca está preparando el estreno de *Amor de don Perlimplín con Belisa en su jardín*, empezada tres o cuatro años atrás. ¡Otra variante sobre el tema del amor que no puede ser! Por razones políticas, el estreno, previsto para febrero, se prohíbe. El incidente intensifica la repugnancia que siente el poeta por el ya anquilosado régimen del general Primo de Rivera, y en Nueva York dirá que «se prohibió indecentemente».[195]

Por estas mismas fechas se entera de que Dalí y Buñuel han elaborado juntos un guion cinematográfico surrealista. Lo que no sabe, todavía, es que lo han escrito pensando en él, aprovechando material suyo —*El paseo de Buster Keaton*, por ejemplo— y aludiendo, maliciosamente, a su homosexualidad. Se trata de la cinta cuyo título definitivo, después de muchas dudas, será *Un perro andaluz*.

En marzo tiene aún más motivo para acordarse de su «hijito» cuando, en una exposición celebrada en Madrid de cuadros y esculturas de artistas españoles residentes en París, se cuelgan dos extraordinarias obras de Dalí con asociaciones lorquianas: *Cenicitas* (hoy en el Reina Sofía) y *La miel es más dulce que la sangre* (cuyo paradero se desconoce). Es imposible creer que el poeta no visitase la muestra, en la que estaban representados no solo Dalí, sino otros amigos suyos, entre ellos Manuel Ángeles Ortiz e Ismael González de la Serna. Al contemplar su cabeza entre los extraños objetos desparramados por las fantasmagóricas playas dalinianas que figuran en ambos cuadros, recordaría sin duda, y con intensa nostalgia, sus estancias en Cadaqués y la felicidad que había conocido entonces junto al pintor, sobre todo en julio de 1927.

El solo hecho de que Dalí estuviera representado en la exposición debió de doler a Lorca. Era como si su inclusión entre los pintores españoles residentes en París anunciara su salida inmediata para la capital francesa. Y en realidad así sería.

Este mismo marzo, Lorca conoce en Madrid al chileno Carlos Morla Lynch, *chargé d'affaires* de la embajada de su país desde hace tres meses. Intiman enseguida y parece indudable que el poeta le habla de su relación con Aladrén y de la dolorosa ruptura de esta.

A mediados de abril vuelve a Granada. Desde allí escribe a Morla una carta no fechada, solo dada a conocer en 2008. Recuerda los fragmentos que tenemos de las dirigidas a Jorge Zalamea el otoño anterior. En el primer párrafo parece haber una alusión a Colomba, la hija de Morla y su mujer, Bebé, cuya muerte en 1928, a los nueve años, sigue atormentándolos. Continúa Lorca:

> Yo estoy desolado. No tengo minuto tranquilo y me siento vacío, lleno de arañas y sin solución posible. Después que dejo mis horas de poeta (horas para los demás y para la emoción de los demás) encuentro muy duras mis horas de hombre.
>
> No quiero entristecerte. Pero he tenido que renunciar a lo que más quería en el mundo y como es la primera vez se me hace duro y amargo.

El poeta querría irse «lejos», quizá a París. Necesita urgentemente respirar otro ambiente. Le apenan la «amabilidad y el cariño» de los suyos. Se siente extraño en su propia casa. Sube y baja las escaleras, sale a la calle y vuelve, como si estuviera buscando a alguien. En Granada está como Jonás dentro de la ballena, «rodeado de un ambiente puramente fisiológico, rumor y latido, que me achica hasta lo último». Se ahoga. Comprende el dolor de los Morla, pero estima que el suyo es peor porque es el dolor de perder *a una persona viva*. Le ruega a Carlos que no repita a nadie lo que le está diciendo, que rompa la carta si quiere...[196]

Conozco pocos documentos de Lorca tan íntimos. La frase «me siento vacío, lleno de arañas y sin posible solución» remite a la *juvenilia*, concretamente al poema «Canción menor» (1918), donde el yo se compara a don Quijote y Cyrano de Bergerac, va llorando por la calle «grotesco y sin solución» y leemos que el amor «Bello y lindo se ha escondido / Bajo una araña».[197] Lo que más me llama la atención de la carta, empero, es su parecido con el «Romance de la pena negra», cuya protagonista, Soledad Montoya, busca obsesionadamente a la persona anhelada que no aparece, corre su casa «como una loca», las dos trenzas por el suelo, sube y baja el monte oscuro como Lorca las escaleras de la Huerta de San Vicente, y declara al narrador que le «ahoga» la pena negra, así como al poeta el ambiente granadino:

Soledad: ¿por quién preguntas
sin compaña y a estas horas?
Pregunte por quién pregunte,
Dime: ¿a ti qué se te importa?
Vengo a buscar lo que busco,
mi alegría y mi persona.[198]

Abandonado por Aladrén. Abandonado por Dalí. La situación no mejora cuando Lorca descubre que el último número de la revista *L'Amic de les Arts* (marzo de 1929), confeccionado casi exclusivamente por Salvador, no solo no incluye el extracto de una carta suya al pintor anunciado por *La Gaceta Literaria*, sino que da una gran prominencia a Buñuel, descrito por el catalán, en la entrevista que allí le hace, como «"metteur en scène" cinematográfico, de quien puede esperar mucho el cinema europeo».[199]

Los padres del poeta son conscientes de que algo grave le pasa. ¿Pero qué? Un día, según Rafael Martínez Nadal, Federico García Rodríguez, que ya tenía casi setenta años, le visita en Madrid. El terrateniente quiere que Rafael le diga qué le ocurre a su hijo y si, a su juicio, le vendría bien un cambio de aire. Nadal no le dice todo lo que sabe acerca de los problemas de Federico, obviamente, pero contesta que, en su opinión, un viaje al extranjero le podría ir muy bien. Poco después, Lorca empieza a difundir la noticia de que pronto viajará a Nueva York y Cuba.[200]

Martínez Nadal está al tanto de que la depresión del poeta procede en parte, y acaso en gran medida, de su relación con Emilio Aladrén, ya en peligro por el noviazgo de este con la inglesa Eleanor Dove. «Aunque no lo quisieran —escribe—, se iba produciendo el inevitable distanciamiento entre escultor y poeta dando a este la sensación de haber perdido una compañía que tanto le había exultado.»[201]

Decidido el viaje a Estados Unidos, el poeta comunica la nueva a sus íntimos. «New York me parece horrible, pero por eso mismo me voy allí», escribe a Carlos Morla Lynch. Y añade: «Tengo además un gran deseo de escribir, un amor irrefrenable por la poesía, por el verso puro que llena mi alma todavía estremecida como un pequeño antílope por las últimas brutales flechas.»[202]

El poeta sale de Madrid rumbo a París el 12 de junio de 1929, acompañado de Fernando de los Ríos y una sobrina de este que va a pasar una temporada en Inglaterra. Y no solo de ellos, sino, durante aquella noche, de un joven norteamericano con quien había intimado en la Residencia de Estudiantes, Philip Cummings, y a quien volverá a ver en Estados Unidos.[203] En París están los españoles un par de días antes de seguir hasta Londres y Oxford, y el 19 embarcan en Southampton. Dos hispanistas —Mathilde Pomès en París y Helen Grant en Oxford— notaron que Federico parecía deprimido y que se iba a Nueva York con menos ganas de las que aparentaba.[204]

¿Se enteró Lorca durante sus pocas horas en la capital francesa de que se acababa de estrenar allí en pase privado, y con gran éxito, *Un perro andaluz*? Es probable que sí, sobre todo por su conversación con Mathilde Pomès. No sabemos si trató de contactar con Buñuel durante su breve estancia, pero el aragonés, de todas maneras, no se dio cuenta de su llegada. El 24 de junio escribió a Salvador para ponerle al tanto de las últimas noticias relativas a la película, cuya fama crecía a paso de gigante, pese a no haberse estrenado todavía comercialmente. Luego vino lo fuerte:

Federico, el hijo de puta, no ha pasado por aquí. Pero me han llegado sus pederásticas noticias. Concha Méndez, la zorra ágil, ha escrito a Venssensss [Juan Vicéns] diciéndole:

«Federico ha estado en Londres y me ha contado el gran fracaso de Buñuel y Dalí. Lo siento, pobres chicos.»

Como ves las putas llenan la tierra y pronto llegarán a desalojar las custodias de sus nidos.[205]

La carta confirma, además de su homofobia, el empeño puesto por Buñuel desde por lo menos 1927 en socavar el afecto y la admiración que sentía Dalí por Lorca, y de atraer al pintor definitivamente a París. Cabe pensar que algo de ello intuiría, u oiría, Federico. Con motivos de sobra se sentía rechazado por ambos entrañables «ex amigos» al encaminarse hacia el Nuevo Mundo.

3

Nueva York, Cuba

Primeros pasos por la megalópolis

«Me siento deprimido y lleno de añoranzas. Tengo hambre de mi tierra y de tu saloncito de todos los días», escribe Lorca a Carlos Morla Lynch durante la travesía. «No sé para qué he partido; me lo pregunto cien veces al día. Me miro en el espejo del estrecho camarote y no me reconozco. Parezco otro Federico.»[1] Si está deprimido y lleno de añoranzas, es sobre todo, como sabemos, por Emilio Aladrén. Luis Rosales creía que estaba al borde del suicidio cuando desembarcó en Estados Unidos. Es posible.[2]

Desde el día de su llegada, por otro lado, Lorca está rodeado de amigos y admiradores y de gente que le quiere conocer. En absoluto le falta compañía. En la Columbia University, donde se instala, hay unos setecientos estudiantes de español, y para no pocos de ellos su nombre es ya familiar, o lo será pronto. Entre los profesores están Angel del Río —con quien coincidió en Madrid a principios de la década— y Federico de Onís, todo atenciones, ambos, para con el granadino. Lorca el músico, experto en canciones populares, no tarda en hacerse apreciar, y algo más adelante aceptará la invitación de dirigir el coro del Instituto de las Españas. Cuando se ofrece la ocasión —y se ofrece con frecuencia— toca el piano y la guitarra, canta, cuenta anécdotas y es el éxito social de siempre. La periodista Mildred Adams, que le visitó en Granada, le organiza fiestas en su casa y le presenta a gente influyente. El dinero que recibe cada mes de su padre, si bien no muy generoso, le permite desenvolverse con relativa holgura. O sea, está deprimido, echa intensamente de menos a Aladrén, es un gay que no puede vivir con plenitud su vida y que sufre por ello. Pero es autor del *Romancero gitano* y un artista con múltiples dones. «Niño mimado», le llama su amigo Gabriel García Maroto, editor de *Libro de poemas*, a quien vuelve a ver en la ciudad.[3] En una carta a su familia les habla de la ventaja de ser «hombre de fama que empieza a ser conocido», porque «todas las puertas se le abren».[4]

Entre las nuevas y enriquecedoras amistades del poeta hay que mencionar especialmente a Ángel Flores, director de una revista, *Alhambra*, que edita la Alianza Hispano Americana, asociación cuya función es propiciar las relaciones culturales entre Estados Unidos y el mundo de habla española. Dos años más joven que Lorca, traductor de T. S. Eliot (en estos momentos de *Tierra baldía*), Flores da a conocer en *Alhambra* aquel agosto versiones inglesas de dos romances del poeta, acompañadas de cinco fotografías suyas. En una de ellas se le ve en el balneario de Lanjarón en Granada. Las demás captan momentos de sus estancias en Cadaqués con Dalí. Entre ellas hay una que le muestra «haciendo el muerto» en la playa delante de la casa del pintor (ilustración p. V). El que llevara estas fotos consigo a Nueva York es un hecho de indudable relevancia biográfica, y aún más que las entregara para su publicación. ¡Toda una demostración de cuánto seguía significando para él el pintor, del orgullo que le producía aquella amistad!

El mismo número de *Alhambra* incluía un artículo sobre Lorca con unos detalles pintorescos que nos ayudan a situarlo al comienzo de su estancia neoyorquina:

> Los estudiantes de la Universidad de Columbia, el operador negro del ascensor de Furnald Hall, la telefonista abajo, todos ya conocen bien las profundas reverencias, la extraña forma de andar, las piruetas, las exageraciones y la simpatía de Federico García Lorca. Porque, naturalmente, el poeta del *Romancero gitano* ni escribe ni se expresa en otro idioma que el español de Andalucía; y en este momento no posee más manera de hacerse entender por sus asombrados y ávidos amigos norteamericanos que a través de la música de sus canciones, sus risas y su atropellada forma de hablar, como un niño precoz mimado por hadas locas.[5]

¡Un niño precoz mimado por hadas locas! La frase es estupenda. Pero el autor del artículo, Daniel Solana, no podía saber nada de la procesión que iba por dentro. Tampoco lo contaba el poeta en sus cartas a casa, donde todo es *émerveillement* ante la realidad de Nueva York y lo bien que lo está pasando.

En una de dichas misivas, de la segunda semana de agosto, describe una visita a la Bolsa, «el espectáculo del dinero del mundo en todo su esplendor». Imposible expresar «el inmenso tumulto de voces, gritos, carreras, ascensores, en la punzante y dionisíaca exaltación del dinero». En contraste, «la vuelta a la Universidad es como retornar a otro país. Todo es quietud».[6]

HART CRANE Y LA NUEVA YORK GAY

En una fecha no determinada, pero parece que poco tiempo después de su llegada a la ciudad, Ángel Flores presentó a Lorca en Brooklyn al poeta Hart Crane, gay que vivía con dificultad su condición de tal y que trabajaba entonces en su largo (y nunca acabado) poema *El puente*. Aquella noche, Crane, un año más joven que el granadino, daba una de sus famosas fiestas, y cuando llegaron Flores y Federico a su casa lo encontraron rodeado de marineros ebrios. Crane experimentaba un vivo interés por todo lo español, pero no hablaba el idioma. Según Flores, los poetas se comunicaron en mal francés. Observó, intrigado, su compartido interés por los marineros, y se retiró discretamente. Al salir, volvió la vista atrás: Crane estaba en medio de un grupo y Lorca de otro.[7]

El impagable testimonio de Flores encuentra cierto apoyo en el del escritor inglés A. L. Rowse, que evoca en su libro *Homosexuals in History* aquellas fiestas del poeta norteamericano, donde no faltaba nunca el alcohol y siempre había marineros y soldados «disponibles» (*available*).[8]

Como a muchos homosexuales —es inevitable recordar al Genet de *Querelle de Brest*, así como a Jean Cocteau—, a Lorca le fascinaban los marineros, que aparecen a menudo en sus poemas y dibujos neoyorquinos asociados con el sexo y el alcohol. En uno de ellos, un hombre fornido con abundante pelo en el pecho tiene sobre las rodillas, agarrándole por la cintura, a un joven marino guapo y afeminado. En el balcón de detrás de ellos una mujer protesta gritando y meneando los brazos. Es difícil no recordar aquel poema de *Canciones*, «Canción del mariquita», donde «El escándalo temblaba / rayado como una cebra».[9] Mario Hernández no lo duda: «Dentro de la producción neoyorquina este dibujo se individualiza por su directo y excepcional tratamiento de la pareja homosexual, pese al tono burlesco de algunos detalles y la mitificación de los personajes.»[10]

Para Ángel Sahuquillo algunos de los motivos centrales de *Poeta en Nueva York* son el alcohol —sexualmente desinhibidor—, los marineros y «un yo poético que apenas se reconoce a sí mismo, al compararse con quien él era antes».[11] Sahuquillo se apoya en el alucinante «Paisaje de la multitud que vomita. Anochecer de Coney Island», fechado el 29 de diciembre de 1929, donde, en un ambiente de pesadilla dominado por la espeluznante mujer gorda, «enemiga de la luna», que «vuelve del revés los pulpos agonizantes», el yo hace una confesión insólita:

Esta mirada mía fue mía, pero ya no es mía.
Esta mirada que tiembla desnuda por el alcohol
y despide barcos increíbles
por las anémonas de los muelles.
Me defiendo con esta mirada
que mana de las ondas por donde el alba no se atreve.
Yo, poeta sin brazos, perdido
entre la multitud que vomita,
sin caballo efusivo que corte
los espesos musgos de mis sienes.[12]

Para Sahuquillo, el poema da a entender que el alcohol ha despertado en el yo «algo, o le hace ver algo suyo, que le causa temblor». Y sigue: «Su mirada ya no es suya, ya no es la de antes, la que conocía y controlaba. Es ahora una mirada que se ha liberado de las máscaras y de las vestiduras o disfraces que le habían sido impuestos. Una mirada desnuda, cuya desnudez tiene probablemente dimensiones existenciales y eróticas. Una mirada que llega de "las ondas por donde el alba no se atreve", es decir, de los lados ocultos y proscritos del poeta.»[13]

El comentario me parece sumamente acertado. A Lorca le gustaba beber, necesitaba un trago de vez en cuando, e incluso, cuando incumbía, caía en el exceso. No sería sorprendente que en Nueva York, lejos de España, deprimido, pero decidido a vivir más libremente, encontrara un aliado en las copas, ni que bajo sus efectos tuviera experiencias que le hiciesen cuestionar anteriores prejuicios.

No sabemos si Lorca y Crane se volvieron a ver.

Dos años después el norteamericano se suicidó tirándose al mar cuando regresaba a Nueva York desde Cuba.

Si en casa de Crane se produjo el contacto de Lorca con soldados y marineros dispuestos al amor físico, donde encontró un ambiente gay en toda regla fue en Harlem, «la ciudad negra más importante del mundo».[14]

En su conferencia-recital sobre Nueva York, ya de regreso en España, Lorca se referiría a uno de los *dance halls* entonces más famosos del barrio, Small's Paradise, «cuya masa de público danzante era negra, mojada y grumosa como una caja de huevos de caviar». El poeta ya había preparado a sus oyentes para la evocación de aquel lugar explicando que en Harlem «lo lúbrico tiene un acento de inocencia que lo hace perturbador y religioso». Ahora les daba un ejemplo. En Small's Paradise había visto, dijo, a «una bailarina desnuda que se agitaba convulsamente bajo una invisible lluvia de fuego. Pero, cuando todo el mundo gritaba como creyéndola poseída por el ritmo, pude sorprender un momento en sus ojos la reserva, la lejanía, la certeza de su ausencia ante el público de extranjeros y americanos que la admiraban. Como ella era todo Harlem».[15]

No explicó el poeta que Small's Paradise era también uno de los locales neoyorquinos más frecuentados por lesbianas y homosexuales. Otros en la misma línea eran los cercanos Hobby Horse, Tillie's Kitchen y Hamilton Lodge, especializado, este último, en espectáculos de travestís, y donde, según el investigador George

Chauncey, «la diferencia entre los dos sexos se hacía cada vez más conjetural».[16]

Lorca describió con pelos y señales el ambiente gay de Harlem en una carta a Rafael Martínez Nadal nunca publicada por este. Lo sabemos gracias al testimonio del escritor Luis Antonio de Villena, a quien Nadal se la mostró en 1982. En ella, según escribió Villena en un artículo publicado en 1995, el poeta «relataba vivamente, sin pudores, una pequeña orgía con negros». Y sigue Villena: «La carta era (y temo que lo siga siendo) inédita. Tras la firma, "Federico", decía: "Cuando la leas, *rómpela.*" El destinatario —cincuenta años después— aún no lo había hecho.»[17]

Si a la altura de 1982, cincuenta años después de recibir aquella carta, Nadal no había obedecido todavía la orden de destruirla, ¿lo hizo con posteridad? No lo sabemos. Llama la atención, de todos modos, la instrucción. Parece claro que Lorca quería evitar con ella que la misiva, con sus picantes detalles orgiásticos, cayera en manos ajenas, lo cual podía ser muy contraproducente.

Poquísimas cartas realmente íntimas del poeta se conocen. Por ello el testimonio de Luis Antonio de Villena, dadas las reticencias de Martínez Nadal y otros, es de un valor incalculable.

Lorca no tardó en comprender que los negros iban a ser tema principal de su producción neoyorquina. Cabe imaginar que el magno poema *El rey de Harlem*, fechado el 5 de agosto de 1929, fue motivo de regocijo suyo, pues demostraba que la renovación que tanto deseaba para su obra ya estaba en vías de hacerse realidad. Fue una genial corazonada, ciertamente, la invención del mítico y desesperado monarca negro, «prisionero en un traje de conserje», símbolo de la raza de esclavos arrancada de su África milenaria, trasplantada al Nuevo Mundo y forzada a servir al hombre blanco.[18]

«Son poemas típicamente norteamericanos, con asunto de negros casi todos ellos», escribe a sus padres tres días después. Añade que saldrán en su «libro sobre Nueva York».[19] De modo que, a las seis semanas de su llegada a la metrópoli, Lorca ya tiene tema, obra hecha y gran proyecto.

Los negros, cuyo «ímpetu primitivo»[20] y «fondo espiritual insobornable»[21] no ha tardado en reconocer y admirar profundamente el poeta, amén de su espontaneidad, energía, música y desenfadada sexualidad, van a prolongar el simbolismo de los gitanos de su romancero, pero en un contexto mucho más amplio. Esta vez Dalí y Buñuel no le podrán acusar de localismo.

Las cartas a casa demuestran, por otro lado, que le preocupa mucho en esos momentos el teatro. El de Nueva York le parece «magnífico», y espera sacar «gran partido de él» para sus propias «cosas».[22]

Aquel colimbo lúgubre de Eden Mills

A mediados de agosto de 1929, cuando hace en Nueva York un calor «estilo ecijano»,[23] Lorca viaja en tren a Vermont («la distancia de Cádiz a Madrid»),[24] donde pasa diez días a orillas del lago Eden con Philip Cummings, su joven amigo de la Residencia de Estudiantes, y su familia.

Cummings sabe que Federico está pasando por una grave crisis. Durante su estancia, Lorca le confía un paquete que contiene papeles privados y le pide que lo guarde en lugar seguro. Philip luego se olvida del asunto. En 1961 encontró el paquete y lo abrió. Dentro había un manuscrito autobiográfico, de cincuenta y tres hojas. Constituía, según contó a Daniel Eisenberg, «una amarga y severa denuncia de gente que estaba tratando de acabar con él, de acabar con su poesía y de impedir que fuera famoso. De manera más o menos confusa atacaba a personas en las que había depositado su confianza sin que fueran merecedoras de ella».[25]

El único nombre que Philip decía haber reconocido entre los que según Lorca le atacaban era el de Salvador Dalí. Al final del manuscrito había un mensaje que decía más o menos: «Felipe, si no te pido estas hojas en diez años y si algo me pasa, ten la bondad, por Dios, de quemármelas.» Movido por un sentimiento de lealtad hacia el poeta muerto, Cummings hizo lo que le había pedido y las quemó al día siguiente, decisión que más adelante lamentaría profundamente.[26]

Es trágica la desaparición del documento. El comentario de Cummings confirma que Lorca se sentía traicionado al llegar a Estados Unidos, y que a su juicio Dalí era uno de los culpables.

Cummings me dijo en 1986 que Lorca escribió numerosas cartas cuando estaba con él en Eden Mills.[27] Solo conocemos, sin embargo, una larga misiva, y una breve postal, a su familia, una nota específicamente dirigida a sus hermanas y un mensaje urgente a Ángel del Río, a quien visitó a continuación. En la carta a su familia les dice que el ambiente algo primitivo del lugar, con sus luces de petróleo, le recuerda su niñez en la finca de Daimuz, en plena Vega de Granada, y que en el lago «no canta ni una rana».[28] A Ángel del Río le cuenta que, si bien la familia de Philip es muy simpática y «llena de un encanto suave», él solo quiere marcharse. Llueve sin parar, el paisaje es hermoso, pero «de una melancolía infinita», tanto los bosques como el lago le están sumiendo en «un estado de desesperación poética muy difícil de sostener», se ahoga «en esta niebla y esta tranquilidad que hacen surgir mis recuerdos de una manera que me queman», se pasa el día entero escribiendo, y, cuando cae la noche, está agotado. Para colmo, en Eden Mills no hay alcohol, y se muere por el coñac que sabe le espera en la casa veraniega de su amigo español.[29]

Muchos años después, hablando con el hispanista Daniel Eisenberg, Cummings alegaría, sin complejos, haber practicado sexo oral con el poeta durante su breve estancia. Quién sabe.[30]

Lorca escribió allí, como mínimo, tres poemas muy íntimos: «Poema doble del lago Eden» (no fechado), «Cielo vivo» (24 de agosto) y «Tierra y luna» (28 de agosto).

El primero es el más explícito de los tres a la hora de plasmar su dolorido estado de ánimo. En su aludida conferencia recital de Nueva York, dada en numerosas ocasiones a su vuelta a España, explicó así el nacimiento del poema: «Yo bajaba al lago y el silencio del agua, el cuco, etc., etc., hacía que no pudiera estar sentado de ninguna manera porque en todas las posturas me sentía litografía romántica con el siguiente pie: "Federico dejaba vagar su pensamiento." Pero, al fin, un espléndido verso de Garcilaso me arrebató esta testarudez plástica. Un verso de Garcilaso: "Nuestro ganado pace. El viento espira." Y nació este poema doble del lago Eden Mills.»[31]

La cita procede de la *Égloga segunda* (v. 1146). Nemoroso acaba de contarle a Salicio cómo el viejo y sabio Severo le ha curado de su mal de amores. Su amigo, todo oídos, quiere conocer cada pormenor del caso. ¡A ver si le ayuda a él! El momento y el lugar son propicios:

> *Nuestro ganado pace, el viento espira,*
> *Filomena sospira en dulce canto,*
> *y en amoroso llanto se amancilla;*
> *gime la tortolilla sobre el olmo,*
> *preséntanos a colmo el prado flores,*
> *y esmalta en mil colores en verdura;*
> *la fuente clara y pura murmurando*
> *nos está convidando a dulce trato.*[32]

Lorca no aclara en su conferencia-recital si había llevado consigo a Eden Mills un ejemplar del poema de Garcilaso, si lo leía en un ejemplar de Cummings, o si el recuerdo del verso de marras se le afloró a la memoria por «cerebración inconsciente» (que diría su maestro Rubén Darío). Sea como fuera, la relación entre la fuente literaria y el tema del «Poema doble» es indudable: en ambos casos se trata de amores infelices y de su deseada curación, en ambos de un *locus amoenus*, aunque, en el caso de Eden Mills, la *amenidad* del lugar no excluye, como ha dicho Lorca a Ángel del Río, su tristeza.

Me refiero en el breve comentario que sigue a la versión de «Poema doble del lago Eden» correspondiente a 1930, por ser la más cercana a su nacimiento (luego habría modificaciones). La reproduce Eutimio Martín en su edición de *Poeta en Nueva York*.[33]

¿Por qué califica Lorca el poema de «doble»? Vista la acumulación de referencias hechas en él por el yo a la «voz antigua» de su amor, parece lógico deducir que el término obedece a la discrepancia entre la angustia que está experimentando en el aquí y el ahora y su felicidad o inocencia, real o imaginada, en una prístina edad de oro cuando no tenía todavía la conciencia de ser «diferente», cuando desconocía el tormento erótico. Así lo parecen declarar las primeras estrofas del poema:

Era mi voz antigua,
ignorante de los densos jugos amargos,
la que vino lamiendo mis pies
sobre los frágiles helechos mojados.

¡Ay, voz antigua de mi amor!
¡Ay, voz de mi verdad! Voz de mi abierto costado
cuando todas las rosas brotaban de mi saliva
y el césped no conocía la impasible dentadura del caballo.

¡Ay, voz antigua que todos tenemos
pero que todos olvidamos
sobre el hombro de la hora, en las últimas expresiones,
en los espejos de los otros o en el juego del tiro al blanco!...[34]

En «Poema doble del lago Eden» ha desaparecido la distancia entre el yo poético y el ciudadano de carne y hueso llamado Federico García Lorca, específicamente identificado como tal. Se trata de un dolor personalísimo, exacerbado en vez de aliviado por el lago de aguas profundas ceñido por espesos bosques húmedos donde proliferan helechos, setas y musgos, y apenas se registra actividad humana.[35] A Lorca no se le podía escapar la ironía del nombre del lugar, como ha señalado Derek Harris, pues este «Edén» no fue para él ningún paraíso.[36] Además, por la noche llegaba desde el fondo del agua el misterioso llanto del colimbo, según me explicó Philip Cummings cuando tuvo la amabilidad de llevarme a esas riberas en 1986 (colimbo, como hemos visto, convertido en «cuco» por un Lorca poco ornitólogo en su conferencia-recital sobre Nueva York).

En una versión posterior de la composición el poeta suprimió la explícita identificación del yo con su propio nombre, se supone que por parecerle demasiado autobiográfica. La sustitución merece nuestra atención:

Quiero llorar diciendo mi nombre,
rosa, niño y abeto, a la orilla de este lago,
para decir mi verdad de hombre de sangre
matando en mí la burla y la sugestión del vocablo.[37]

El auténtico Federico García Lorca, pues, según él mismo, se llama «rosa, niño y abeto». Y deja al lector la tarea de descifrar, si le interesa, el simbolismo de cada vocablo, indagando sobre su presencia en otros momentos de la obra y consultando tal vez diccionarios y diversas autoridades (Freud, por ejemplo). Ángel Sahuquillo ha sugerido que «rosa» puede indicar aquí la presencia de cierta sensibilidad femenina, objeto de burlas machistas; «niño», el estado de indiferenciación afectiva característica de la infancia, cuando es normal —y aceptada por la sociedad como tal— la atracción hacía personas del mismo sexo; y «abeto» (árbol que puebla las orillas del lago Eden), una connotación parecida a la que Lorca le otorga en el poema «Idilio», de *Canciones*:

Tú querías que yo te dijera
el secreto de la primavera.

Y yo soy para el secreto
lo mismo que el abeto.

Árbol cuyos mil deditos
señalan mil caminitos...[38]

«Esta abundancia de caminos es contraria a los designios de Dios», comenta el mismo estudioso. Se trata de caminos amorosos ajenos al que conduce al matrimonio cristiano, no anhelado para sí por Lorca, quien, en otro poema del ciclo neoyorquino, «Pequeño poema infinito», hace explícito su renuncia en unos versos ya citados:

Equivocar el camino
es llegar a la nieve
y llegar a la nieve

> es pacer durante veinte siglos las hierbas de los
>   cementerios.
> Equivocar el camino
> es llegar a la mujer...[39]

«El sentido del camino ha sido invertido», resume Sahuquillo, no sé si con humor inconsciente.[40]

«Poema doble del lago Edén» —dolorida constatación de una herida permanente, acendrada protesta a favor de la libertad individual y en contra de la injusticia sufrida— termina con una enigmática alusión al dios que hemos encontrado antes en los versos neoyorquinos de Lorca:

> No. No. Yo no pregunto. Yo deseo.
> Voz mía libertada que me lames las manos.
> En el laberinto de biombos es mi desnudo el que recibe
> la luna de castigo y el reloj encenizado.

> Aquí me quedo solo, hombrecillo de la cresta,
> con la voz que es mi hijo. Esperando
> no la vuelta al rubor y al primer gusto de la alcoba
> pero sí mi moneda de sangre que entre todos me habéis
>   quitado.

> Así hablaba yo cuando Saturno detuvo los trenes
> y la bruma y el sueño y la muerte me estaban buscando
> allí donde mugen las vacas que tienen rojas patitas de
>   paje
> y allí donde flota mi cuerpo sobre los equilibrios
>   contrarios.[41]

¿Cómo explicar esta reaparición inesperada de Saturno? La enigmática imagen ha tenido múltiples y divergentes interpretaciones. Para cualquier buen conocedor de Goya, y Lorca lo fue, el nombre evoca automáticamente el famoso y repelente cuadro *Saturno devorando a uno de sus hijos*, conservado en el Prado, en el cual se aprecia al hijo de Urano, con la boca enrojecida de sangre y los ojos exorbitados, en el acto de despachar a su retoño más reciente. Saturno —el Cronos de los griegos— era el dios del tiempo (además de la agricultura) y tenía la costumbre de comerse a sus hijos por temor a ser usurpado. Su crueldad no se limitaba a tan repetido infanticidio, y, como sabemos, castró a su propio padre y arrojó al mar sus testículos, de cuya espuma nació Afrodita. Si Saturno, una deidad reiteradamente violenta, se encarga de parar los trenes lorquianos, hay que inferir que no es por ningún motivo altruista, sino porque va a cometer o participar en una acción brutal. Y es lo que ocurre efectivamente en los últimos tres versos del poema, donde buscan al yo, para aniquilarlo, la muerte, la bruma y el sueño.

No nos puede quedar la menor duda de que este «poema doble» refleja el verdadero estado anímico del poeta durante su estancia con Cummins a orillas del lago Eden. Podemos imaginar el alivio que experimentó cuando, el 29 de agosto de 1929, el padre de Philip le llevó a Burlington y le dejó en el tren de Nueva York, camino de la casa de Ángel del Río... y de aquellos anhelados sorbos de coñac.[42]

Cielo asesino sobre Nueva York

En Burlington, aquel 6 de septiembre de 1929, Lorca fechó «Vuelta de paseo», empezado al poco tiempo de llegar a Estados Unidos y que unos años después decidiría colocar al inicio de *Poeta en Nueva York*. Es tremendo constatar que la primera palabra del primer poema del incipiente libro (aunque no el primero compuesto por Lorca en la ciudad) sea «asesinado», y ello referido por el poeta a sí mismo:

> *Asesinado por el cielo.*
> *Entre las formas que van hacia la sierpe*
> *y las formas que buscan el cristal,*
> *dejaré crecer mis cabellos.*[43]

Al llegar a Nueva York, Lorca se siente mortalmente herido, lo sabemos. Pero ¿qué «cielo» es este que le ha *asesinado* o le está asesinando? ¿La mínima, y por tanto opresiva, franja del mismo que percibe mientras pasea anonadado entre los rascacielos? Quizá, y así lo entiende Paul Binding.[44] Un edificio que «rasca el cielo» es una construcción antinatural que reduce al hombre a la escala de un insecto, y Lorca se referirá, en su conferencia-recital, a la «arquitectura extrahumana» de la ciudad, a sus «aristas» (torres) que, a diferencia de las góticas, «suben al cielo sin voluntad de nube ni voluntad de gloria [...] con una belleza sin raíces ni ansia final».[45] Es cierto, además, que cualquiera se puede sentir «asesinado» al transitar por esos tremebundos desfiladeros (así los llama el poeta) creados por el hombre.

Cabe la posibilidad, sin embargo, de que el cielo mortífero del poema aluda al mismo tiempo, o sobre todo, al Dios judeocristiano contra quien el Lorca de la *juvenilia* se rebelaba con tanta vehemencia diez años atrás, el Dios todopoderoso y homófobo «que está en el cielo» y que truena en Levítico, 18,20: «No te acostarás con un hombre como con una mujer. Es una abominación.» Para Ángel Sahuquillo no hay duda al respecto.[46]

¿Y las formas que transitan, unas hacia «la sierpe» y otras en busca del «cristal»? Se trata, casi con toda seguridad, de la anónima muchedumbre, despersonalizada por la megaciudad, que, según nos dice el yo en otro poema neoyorquino, «La aurora», se ve condenada a ir cada mañana «al cieno de números y leyes / a los juegos sin arte, a sudores sin fruto».[47]

La «sierpe» en dirección a la cual parte de la muchedumbre orienta sus pasos, ¿es el *subway* —el metro— que serpentea bajo las calles neoyorquinas? Parece que sí. Tal lectura encuentra confirmación en el poema «Nocturno del hueco», donde hay «formas que buscaban el giro de la sierpe».[48] Puesto que se trata de gente que va al trabajo, es posible que las otras formas, las que «buscan el cristal», sean quienes se dirigen a los desembarcaderos de los ferris (desde la poesía del Renacimiento hasta hoy la asociación cristal-agua ha sido casi obligada, y en el romance «San Rafael», del *Romancero gitano*, el río Guadalquivir «tiende su cristal maduro»).[49] También puede haber una alusión a las ventanas de las multitudinarias oficinas de los rascacielos. El comentario del propio poeta, en la conferencia-recital, tiende a apoyar esta interpretación. «Yo, solo y errante

—dice allí—, agotado por el ritmo de los inmensos letreros luminosos de Times Square, huía en este pequeño poema del inmenso ejército de ventanas donde ni una sola persona tiene tiempo de mirar una nube o dialogar con una de esas delicadas brisas que tercamente envía el mar sin tener jamás una respuesta».[50]

Caben otras lecturas de estos versos. La sierpe puede ser la bíblica y representar, como propone Binding, «el mundo de la sexualidad».[51] Para Sahuquillo, más específicamente, se trata de «la escena del paraíso perdido por causa de la presencia de la serpiente».[52] El cristal, en opinión de Binding, simboliza espiritualidad, pureza, «el mundo casto de la piedra preciosa y de la luz blanca». Si se acepta tal lectura, el yo busca su equilibrio entre «dos formas en competencia».[53]

Su decisión de dejar crecer sus cabellos —gesto de desafío lanzado a la cara de la sociedad burguesa— se aclara en los siguientes versos, en los cuales se identifica y solidariza con una serie de presencias expresivas de mutilación y muerte (y que reaparecerán con variantes en otros poemas del ciclo). Es el Lorca que siempre se sitúa al lado de los desvalidos y que, pese a su don de gentes, se siente ahora, más que nunca, hermano del árbol de ramas tronchadas, del niño enfermizo, del animalito aplastado, de «la mariposa ahogada en el tintero». En cuanto a esta última imagen, Sahuquillo nos recuerda que, para los griegos, la mariposa significaba el alma o la psique (como bien sabían Rubén y Lorca), pero entiende, con todo, que su presencia en este poema «es una obvia referencia a un homosexual».[54] A mi juicio puede ser *uno* de sus significados, pero Lorca probablemente tenía en mente también otras cualidades de la criatura, como su extremada fragilidad y su belleza efímera y única. La imagen de una mariposa ahogada en un prosaico tintero, de todas maneras, es de una fuerza patética extraordinaria.

La alienación del yo de «Vuelta de paseo» es absoluta. Tiene la sensación de «tropezar» cada día con un rostro suyo distinto, irreconocible (como había dicho Lorca a Carlos Morla Lynch desde el transatlántico que le llevaba hacia Nueva York). La repetición del primer verso al final del pequeño poema, pero ahora, para mayor énfasis, entre exclamaciones («¡Asesinado por el cielo!»), cierra la amarga reflexión inspirada por la desorientación de los primeros días en la metrópoli.

Siguen los *BLUES*

Hacia finales de septiembre el poeta está otra vez en Nueva York. «He escrito mucho. Tengo casi dos libros de poemas y una pieza de teatro», escribe a Carlos Morla Lynch.[55] Es la primera referencia que tenemos a una obra dramática en marcha. Vuelve al tema el 21 de octubre en una carta a sus padres: «Veremos a ver si mi presupuesto me alcanza para asistir al teatro, en el que tengo tanto interés. He empezado a escribir una cosa de teatro que puede ser interesante. Hay que pensar en el teatro del porvenir. Todo lo que existe ahora en España está muerto. O se cambia el teatro de raíz o se acaba para siempre. No hay otra solución.»[56]

Christopher Maurer y Andrew Anderson han llevado a cabo importantes investigaciones sobre el teatro que Lorca vio, y pudo ver, en Nueva York, tanto en Broadway como en las salas experimentales.[57] Era de una gran diversidad y de un atrevimiento desconocido en Madrid. Según el crítico Samuel Leiter, citado por Anderson, entre los temas tratados durante la década figuraban la guerra, la política, la religión, el sexo, el alcoholismo, el racismo, el divorcio, el adulterio y la homosexualidad, todo ello sin pudibundez y sin concesiones. El estímulo fue sin duda importantísimo para la futura obra dramática de Lorca.[58]

Tal fascinación no está reñida con su interés por el flamante cine sonoro, del cual se declara «ferviente partidario, porque se pueden conseguir maravillas». «A mí me encantaría hacer cine hablado y voy a probar a ver qué pasa», escribe a sus padres en octubre. Acaba de ver *Welcome Danger*, la primera, y muy divertida, *talkie* de Harold Lloyd. Le ha parecido «deliciosa».[59]

A finales de aquel mes es testigo del último crac de la Bolsa —«un verdadero tumulto de dinero muerto que se precipitaba al mar»—,[60] y del pánico y la miseria subsiguientes. El espectáculo le impresiona, como no podía ser menos. Ve cadáveres de suicidas en la acera, imagina a su alrededor multiplicidad de ataúdes, heridas, mutilaciones, cementerios, cenizas, cánceres, musgos, alaridos de dolor. Y en el poema «Danza de la muerte» no olvida, como escritor comprometido que es, los «gemidos de obreros parados».[61]

Los poemas denuncian airadamente, a veces en tono apocalíptico, la injusticia que percibe a su alrededor en Nueva York, la falta de caridad, la indiferencia, la crueldad. «Grito hacia Roma» es quizá la diatriba poética más furibunda jamás lanzada contra el Vaticano.[62] En el dorso del manuscrito hay dos títulos tachados, «Injusticia» y «Oda de la injusticia», tal vez previstos en un principio para el poema, y en el cuerpo de este, tres versos desechados de clara compostura revolucionaria:

> Compañeros de todo el mundo
> hombres de carne con vicios y con sueños
> ha llegado la hora de romper las puertas.[63]

En el tremendo poema «Nueva York. Oficina y denuncia», la condena se hace explícita:

> Yo denuncio a toda la gente
> que ignora la otra mitad,
> la mitad irredimible
> que levanta sus montes de cemento
> donde laten los corazones
> de los animalitos que se olvidan
> y donde caeremos todos
> en la última fiesta de los taladros.
> Os escupo en la cara...[64]

Si Lorca tiene presentes en su obra a todos los que sufren, a todos los marginados y perseguidos de la tierra, a todas las víctimas de la intolerancia y del desprecio, no cabe duda, como señala Sahuquillo en su imprescindible libro, que aquí está pensando sobre todo en la casta «maldita» a la que él mismo pertenece. O sea, la otra mitad ignorada, irredimible, precisamente, porque no tiene perdón ni de Dios.[65]

Tampoco falta en estos poemas la queja personal del yo contra quienes le han impedido, y le siguen impidiendo, vivir en libertad su vida auténtica. Su depresión, que no menciona para nada en sus cartas a casa, no le ha abandonado. Especialmente revelador en este sentido es el poema «Infancia y muerte», fechado el 7 de octubre de 1929, que envía a Rafael Martínez Nadal con el lacónico comentario: «Para que te des cuenta de mi estado de ánimo.»[66] Unos años después Nadal no solo le recordó la existencia del poema, sino que se lo mostró. Lorca le echó un vistazo y, muy alterado, exclamó: «Guárdate eso y no me lo enseñes nunca más.»[67]

No era para menos. «Infancia y muerte», estrechamente relacionado en su inspiración con «Poema doble del lago Eden», revela un «estado de ánimo» absolutamente ajeno al que aparentan las cartas a su familia escritas en las mismas fechas. Aquí no se trata de un paraíso perdido, sino de una infancia percibida como infeliz desde el principio:

Para buscar mi infancia, ¡Dios mío!,
comí naranjas podridas, papeles viejos, palomares vacíos
y encontré mi cuerpecito comido por las ratas
en el fondo del aljibe con las cabelleras de los locos.
Mi traje de marinero
no estaba empapado con el aceite de las ballenas
pero tenía la eternidad vulnerable de las fotografías.
Ahogado, sí, bien ahogado, duerme, hijito mío, duerme...

El manuscrito revela que, en los versos donde el yo recuerda su escuela, y que citamos en nuestro primer capítulo, el poeta escribió primero «Federico» y después borró apenas su nombre, dejándolo legible, para seguir con el más impersonal «Niño vencido en el colegio y en el vals de la rosa herida». Quizá, al ver otra vez el poema aquel día con Martínez Nadal, revivió el desgarro de sus primeros años de colegio en Granada. Quizá incluso se acordó de cómo se burlaban de él algunos compañeros, llamándole Federica, y de aquel profesor machista que no le aguantaba.

Las ratas, concentradas ahora en una, reaparecen en los últimos versos del poema:

Para buscar mi infancia, ¡Dios mío!,
comí limones estrujados, establos, periódicos marchitos,
pero mi infancia era una rata que huía por un jardín
*   oscurísimo,*
una rata satisfecha mojada por el agua simple
una rata para el asalto de los grandes almacenes
y que llevaba un anda de oro entre sus dientes diminutos
en una tienda de pianos asaltada violentamente por la
*   luna.*[68]

Tal vez María Zambrano no se equivocaba al ver en la rata ahora «satisfecha» una figuración del esfuerzo del poeta por aceptar la angustiosa sexualidad, enraizada en su infancia, que amenazaba con destruirlo.[69] Aboga en el mismo sentido Ángel Sahuquillo. El Federico niño con su traje de marinero es «comido por las ratas —según afirma el yo—, pero en la podredumbre a la que, implícitamente, le han condenado quienes le cierran la puerta, vive el erotismo y la esperanza. En el gueto de "las ratas", entre latas de conserva y camisas llenas de sangre, se oye una canción: "cantan las alcantarillas"...».[70]

Hay que destacar la metáfora del *ahogo* de la infancia —que recuerda otro poema neoyorquino, «Niña ahogada en un pozo»—, así como la acumulación de signos negativos para expresar la depresión actual del poeta: ríos convertidos en cloacas y depósitos de basura, alcantarillas, podredumbre, brutalidad («camisas llenas de sangre») y, separado del grupo de muertos que juegan al tiro al blanco, el que, solitario, azul e «inexplicable», busca afanosamente al poeta por las escaleras y en el aljibe, se supone que para llevárselo con él a la tumba.

Ya vimos al final del «Poema del lago Eden» parecidas presencias fúnebres. Acaso sea lícito también relacionar a este muerto, a este fantasma, con la escalofriante figura espectral en forma de esquemático sistema nervioso, que viene volando hacia el poeta en el autorretrato incluido por José Bergamín en su edición de *Poeta en Nueva York*, y que acaso le entregara el propio Lorca para ilustrar el libro. En el centro de un panorama neoyorquino desolador (ferrocarril elevado, ausencia de la menor presencia humana, inmensos muros cuyas incontables ventanas parecen nichos de un ingente columbario, a veces identificados fríamente por letras o números), el poeta, con los ojos vacíos, se defiende de unas extrañas bestias que le están atacando. Imposible no recordar sus cartas a Jorge Zalamea del año anterior, donde le hablaba de los conflictos que le *asaltaban*, *baqueteaban* y amenazaban con la destrucción.

CABALLO AZUL DE MI LOCURA...

Ningún estudio del Lorca homosexual puede dejar de tener muy en cuenta el complejo e importantísimo poema «Tu infancia en Menton», publicado por vez primera en 1932, con el título «Ribera de 1910», en la revista madrileña *Héroe*, dirigida por Manuel Altolaguirre y Concha Méndez. No se conoce un borrador de la composición, desgraciadamente. Puesto que Lorca la iba a incluir en *Poeta en Nueva York*, hay que suponerla escrita durante su estancia en Estados Unidos. El lector puede leer el texto completo de la versión de *Héroe*, que sigo aquí, en la edición Cátedra del libro, a cargo de María Clementa Millán (páginas 114-115).

Cualquier esfuerzo por penetrar en el significado de este poema empieza necesariamente con dos preguntas. ¿Por qué el título definitivo de «Tu infancia en Menton» en vez de «Ribera de 1910» (solo decidido por el poeta en 1936, cuando se preparaba *Poeta en Nueva York* para la imprenta)?[71] Y ¿de quién es la infancia aludida?

Parece claro, a la luz del título definitivo, que Lorca utilizó la palabra «Ribera» del primitivo en el sentido de «Riviera», o sea de la Riviera francesa, situada casi en la raya con Italia, donde se enclava Menton, ciudad a la cual volveremos en un minuto. En cuanto a la fecha «1910», suele significar, como en el espléndido poema

«1910 (Intermedio)», también del ciclo neoyorquino, la linde temporal que separa la infancia del poeta en la Vega de Granada del traslado de su familia a la capital de la provincia cuando tenía once años (en realidad en 1909). Es decir, que para Lorca 1910 es una fecha simbólica, relacionada con la pérdida del paraíso veguero y el inicio de la brega educativa y estudiantil.

El epígrafe del poema, *«Sí, tu niñez: ya fábula de fuentes»*, procedente de Jorge Guillén y repetido dos veces en el cuerpo del mismo, es un verso del poemilla «Los jardines» del libro *Cántico* (1927):

> *Tiempo en profundidad: está en jardines.*
> *Mira cómo se posa. Ya se ahonda.*
> *Ya es tuyo su interior. ¡Qué trasparencia*
> *De muchas tardes, para siempre juntas!*
> *Sí, tu niñez: ya fábula de fuentes.[12]*

El yo del poema lorquiano, a diferencia del de Guillén —proyección del propio poeta—, se dirige a un «tú» amado y perdido cuya infancia ubica en una conocida localidad mediterránea de veraneo, a dos pasos de Niza. Que el «tú» no sea desdoblamiento del yo, como ha propuesto algún estudioso,[73] es evidente a lo largo de la composición: está asociado a una mujer, que le acompaña en viajes y hoteles; oculta su verdadera identidad detrás de una máscara que el yo poético dice haberle roto; ha recibido de este una «norma de amor» que ha rechazado o traicionado.

Todo indica que se trata una vez más de Emilio Aladrén, tan bello como un «efebo griego» en el recuerdo de su ex novia, la pintora Maruja Mallo, como recogimos en su momento. Según el testimonio de José María García Carrillo, el íntimo cómplice gay de Lorca en Granada, este escribió decenas de cartas apasionadas a Aladrén desde Nueva York y recibió, por sola contestación, la postal de una montaña con el dibujo de un pene en erección emergiendo de uno de los picos de esta. No sé si García Carrillo fantaseaba en este caso, pero es muy difícil imaginar que Lorca no escribiera a Aladrén durante su estancia. ¿Cómo no lo iba a hacer? ¿Cómo no iba a pensar constantemente en él?[74]

Aladrén tenía un aspecto de «entre ruso y tahitiano», según frase de Lorca; es decir, un aspecto cosmopolita.[75] Hemos visto que en una de sus cartas al poeta cita en francés un pasaje de *Du Côté de chez Swann (Por el camino de Swann)*. Para leer a Proust en su idioma original hay que tener un conocimiento profundo de la lengua. Aladrén por lo visto lo poseía, adquirido en un principio, me imagino, de su madre. Ya mayor, a decir verdad, no habría hecho mala figura en la famosa ciudad veraniega de la Riviera francesa, con una vida mundana y de casino parecida a la plasmada en *La noche del sábado* (1903), obra de Benavente que quizá conocía Lorca.

Gracias al inestimable testimonio de Rafael Martínez Nadal en *Mi penúltimo libro sobre Federico García Lorca* (1992) podemos tener la seguridad de que el poema refleja, de hecho, la atormentada relación de Lorca con el escultor. «En *Tu infancia en Menton* —escribe Nadal—, Emilio Aladrén es, en efecto, protagonista doble: es el joven de carne y hueso que el poeta amó y el Aladrén-niño que, en Menton, fue mudo testigo de muerte y misterio.» Nadal explica a continuación cómo Lorca les contó a él y a Miguel Benítez Inglott, allá por 1927 —y luego, «enduendado», a él solo a su vuelta de Nueva York—, el punto de partida del poema. «Alrededor del año 1918 —recuerda que le dijo el poeta—, el hermano mayor de Emilio se suicida disparándose un tiro en la sien. Historia rodeada de cierto misterio. Lugar, se decía: un hotel de lujo en Venecia. La madre y el niño Emilio, que veraneaban en Menton, o en playa vecina, salen inmediatamente en tren expreso para el lugar del suicidio. En relación con este suceso sonó también el nombre de Benito Perojo, íntimo amigo o pariente del suicida y uno de los primeros realizadores en la incipiente cinematografía española». Nadal admite que su memoria le puede fallar en algo, pero considera que los «detalles» que nos ofrece —«verídicos o no en todas sus partes»— son esenciales «para penetrar en esta difícil composición del poeta».[76]

El posible, en efecto, que el cineasta Benito Perojo (1894-1974), muy criticado por Luis Buñuel y otros creadores de su generación, que rechazaban su exagerado flamenquismo, fuera de hecho pariente de Aladrén, cuya madre, como vimos, se llamaba Carmen Perojo Tomachevsky. En cuanto al alegado suicidio del hermano mayor de Emilio, hasta la fecha no he podido encontrar documentación alguna al respecto.

Sabiendo que el «tú» del poema es Aladrén, o, si se quiere, trasunto de Aladrén, su lectura resulta menos difícil. A todos los amantes les fascina la infancia del objeto de su pasión. Lorca no podía ser excepción a la regla, y cabe imaginar que encontraba la de Emilio, tan diferente a la suya, «de fábula», lo que explicaría quizá la presencia del verso de Guillén, que no solo preside el poema sino se incorpora a este.

Llama mucho la atención el segundo verso del poema, «El tren y la mujer que llena el cielo», seguido inmediatamente por la referencia a los hoteles donde el amado se mueve con «soledad esquiva» y su «máscara pura de otro signo». Así, desde el mismo umbral del poema, se establece la permanente intranquilidad del «tú» —siempre cambiándose de un sitio a otro (tren, hoteles)—, la presencia de la mujer rival, imaginada como enorme por la amenaza que constituye para el yo, y la falsedad, según este, de los sentimientos que dice entretener hacia ella el traidor.

Los versos 5-16 pormenorizan las deficiencias, según las entiende el yo, del amado: su ocultación (silencio) acerca de su verdadera condición sexual; su incapacidad para entender la desesperada pasión que ha suscitado; su rechazo de la norma amorosa que se le ha ofrecido (recordemos el poema «Dos normas»), su crueldad, «afilándose» para los placeres efímeros («breves sueños indecisos»); y, sobre todo, esta «cintura de arena sin sosiego» que solo atiende «rastros que no escalan» y que, como apuntamos en el último capítulo, retoma un verso de *Oda y burla de Sesostris y Sardanápalo* relativo a la insensibilidad de Aladrén.

Ciñéndonos al verso 9, «Norma de amor te di, hombro de Apolo», incumbe señalar que en muchas ediciones del poema «hombro» ha sido sustituido por «hombre», como si el yo se estuviera dirigiendo al amado. Los versos 20-21, sin embargo, donde el yo dice haber roto la máscara del mismo con «su dolor de Apolo detenido», corrobora que «hombro» no es una errata. Lorca, más identificado con Apolo —elegancia, mesura, contención— que con Baco, ofrece su *hombro*, es decir su apoyo, al amado. Pero este lo rechaza. No hay que olvidar tampoco que Apolo tenía en la antigüedad connotaciones gais (Binding nos recuerda que fue «el primer dios griego que hizo el amor con un hombre»).[77] Lorca estaba seguramente al tanto, y en un poema de 1917 se queja:

> *Soy un Apolo viejo,*
> *Húmedo y carcomido*
> *Blanco donde Cupido*
> *Agotó su carcaj.*[78]

A partir del verso 17 el poema expresa la determinación del yo a seguir, pese a la repulsa del ser querido, con su empresa amorosa. Esta consiste en hacerle afrontar la realidad que oculta detrás de su cotidiano disfraz, en *buscarle* en los casi ignotos «rincones» de su autenticidad —autenticidad incluso desconocida para él mismo—, y en convencerle de su error al ir enmascarado por la vida. «He de buscar por los rincones / tu alma tibia sin ti que no te entiende», «he de buscar las piedras de alacranes / y los vestidos de tu madre niña», «te he de buscar pequeña y sin raíces»...: la repetición de la frase subraya, como un estribillo, la insistencia del empeño (y confirma una vez más que el verbo «buscar» es clave en Lorca).

Cumplida la misión del yo, será la reconciliación, expresada por una poderosa imagen en que las mejillas del amante se convierten en lozana pradera:

Allí león, allí furia de cielo,
te dejaré pacer en mis mejillas,
allí caballo azul de mi locura,
pulso de nebulosa y minutero.

El caballo es emblema de potente sexualidad en toda la obra de Lorca, pero con la atribución del color azul solo aparece en este poema y en otro del ciclo neoyorquino, «Nocturno del hueco», cuyo tema es el atroz «vacío» del yo ante el hecho del «amor huido». El poema termina:

No hay siglo nuevo ni luz reciente.
Solo un caballo azul y una madrugada.[19]

¿Qué valor simbólico atribuye el poeta al color azul en estos dos casos casi idénticos? Un rastreo del adjetivo a lo largo de la obra lorquiana en su totalidad demuestra, creo, que en ella el azul casi siempre tiene una carga positiva: de belleza, de alegría, de aspiración a lo ideal. Pero también hay que recordar que en la tradición popular andaluza el azul es el color de *los celos* (así como el verde lo es de la esperanza). Ello se aprecia en varias coplas recogidas por Rodríguez Marín en su monumental *Cantos populares españoles*, manejado por el poeta granadino:

Días ha que lo verde
me da inquietudes,
porque mis esperanzas
se han vuelto azules.[80]

Aunque de azul me visto,
no soy celosa;
pero por Dios te pido
no hables con otra.[81]

Rodríguez Marín cita una letrilla de Góngora, tan admirado por Lorca, que demuestra que el cordobés no desconocía el valor simbólico atribuido por el pueblo al color azul:

Las flores del romero,
niña Isabel,
hoy son flores azules,
mañana serán miel.
Celosa estás, la niña...[82]

Ya que en «Nocturno del hueco» hay también, como en «Tu infancia en Menton», una alusión a los trenes («¡Qué silencio de trenes boca arriba!») y al cielo amenazador («¡Qué cielo sin salida, amor, qué cielo!»), parece legítimo atribuir al color azul del caballo, en ambos casos, el mismo simbolismo. ¿Felicidad soñada mezclada con la desesperación, *la locura*, del celoso? Tiendo a pensar que sí.

Los versos 25-28 quizá aludan, de acuerdo con el comentario de Martínez Nadal, al suicidio del hermano mayor de Aladrén y a la dolorosa llegada de madre e hijo al lugar de la tragedia:

> *He de buscar las piedras de alacranes*
> *y los vestidos de tu madre niña,*
> *llanto de media noche y paño roto*
> *que quitó luna de la sien del muerto.*

En los versos 29-33 es, otra vez, el alma enajenada de Emilio que busca con tanto ahínco el yo, alma enajenada que este se niega a abandonar, digan lo que digan los demás. Son muy llamativos los versos 34-37, con la insistencia del yo en que no procuren hacerle callar su amor unos seres que «buscan / espigas de Saturno por la nieve» o «castran animales por un cielo, / clínica y selva de la anatomía». Saturno no es solo el sádico hijo de Urano y dios del tiempo, el que detiene los trenes en «Poema doble del lago Edén», sino la deidad romana encargada de velar por la agricultura, lo cual parece justificar aquí su asociación con las espigas, emblemas de vida, de plenitud. Estas espigas, sin embargo, son buscadas *por la nieve*, donde difícilmente se van a encontrar, y recordamos que en «Pequeño poema infinito», ya citado, la nieve se relaciona con la mujer, con el amor heterosexual no deseado, con el camino equivocado. El yo se niega a silenciar su voz auténtica ante el rechazo o protesta de tales «buscadores» de espigas. También ante la amenaza del ciclo/clínica cuyos castradores de animales ejercen su siniestra labor, y que para García-Posada significa «las normas de la ortodoxia dominante, ligadas a la cultura judeocristiana, que exige la fecundidad como condición del amor».[83] Si es así, cabe inferir que Lorca tenía muy presente, mientras componía este poema, el noviazgo de Aladrén con Eleanor Dove, que, si no lo consigue parar, convenciendo a Emilio de su error, conducirá al matrimonio y a la creación de una familia.

Después de la repetición del verso crucial «Tu alma tibia sin ti que no te entiende», los dos siguientes inician, con su hermosa imagen del tan anhelado amor:

> *Amor, amor, un vuelo de la corza*
> *por el pecho sin fin de la blancura*

la reflexión final sobre la infancia del amado. Reaparecen el tren y la mujer que llena el cielo. Es el alejamiento al parecer definitivo del ser querido. Solo queda el recuerdo de su mítica niñez, ya, para siempre, «fábula de fuentes».

Que Lorca tuviera muy presente a Aladrén durante sus meses en Nueva York lo confirma otro poema fascinante del mismo grupo, «Fábula y rueda de los tres amigos», donde el escultor aparece con su nombre de pila.[84] El manuscrito, que no lleva fecha, demuestra que el título del poema solo se resolvió tras una serie de dudas. El poeta empezó con «Primera fábula para los muertos. Pasillo». Luego lo borró y escribió «Fábula de la amistad». Finalmente sustituyó «la amistad» por «los tres amigos» y añadió «y rueda» a «fábula».[85]

Martínez Nadal aseguraba que no le sería «difícil» identificar a los otros dos personajes que aparecen en el poema, pero optó por no revelarla, no se sabe por qué motivo.[86] Quizá Lorenzo sea Lorenzo Martínez Fuset, uno de los amigos íntimos del poeta adolescente, mencionado en nuestro primer capítulo, y durante la Guerra Civil asesor jurídico de Franco. En cuanto a Enrique, no sé de quién se podría tratar. En el poema, Emilio se asocia con «el mundo de los ojos y las heridas de las manos» y «el mundo de la sangre y los alfileres blancos» —imágenes agresivas—, además de estar enterrado «en la yerta ginebra que se olvida en el vaso» (sabemos por Nadal de la afición del escultor a esta bebida). Entre las variantes del manuscrito hay un verso tachado que reza: «Emilio en un Rolls podrido lleno de naipes y cigarros».[87] Es, como siempre, el Aladrén vicioso, superficial, *playboy*, egoísta, entregado al juego del momento. Los tres amigos están muertos (como señalaba el título original), y en unos versos deshechos leemos:

Enrique
Lorenzo
Emilio
os resucito y os mato[88]

A los otros dos «amigos», pues, Lorca también guardaba rencor, por razones no especificadas en el poema. De lo que tenía contra Aladrén estamos al tanto. Aquel joven «entre ruso y tahitiano» debió de ser para el poeta, de verdad, un amante desde el infierno. Le encontraremos otra vez en *El público*.

Es casi seguro que, antes de salir de España, Lorca leyó en *La Gaceta Literaria* la espléndida reseña hecha por Eugenio Montes de *Un Chien andalou* (ver detalles en nuestra bibliografía). Si no, la vería al poco tiempo de arribar a Nueva York, en cuyos círculos hispánicos e hispanistas la gran revista quincenal de Giménez Caballero —subtitulada *Ibericoamericana Internacional* y de rigurosa actualidad— era, hay que suponerlo, de consulta obligada. En cuanto al guion de la revolucionaria cinta, lo pudo conocer durante el otoño/invierno de 1929, toda vez que antes de fin de año se publicó en tres revistas europeas.[89] Incluso cabe la posibilidad de que Dalí, Buñuel u otra persona se lo mandaran «para que se enterara». Nueva York era uno de los focos culturales más florecientes de Occidente, y muy en contacto con Europa. Las noticias llegaban enseguida, y las revistas.

El hecho de que Buñuel y Dalí hubiesen logrado crear una película surrealista escandalosa, de resonancia internacional, no podía dejar de afectar hondamente a Lorca, dolido, además —si podemos creer el testimonio de Buñuel, y creo que sí—, por las que consideraba alusiones a su persona en la cinta. Según el aragonés, entrevistado en 1975 con grabadora delante: «Cuando en los años treinta estuve en Nueva York, Ángel del Río me contó que Federico, que había estado también por allí, le había dicho: "Buñuel ha hecho una mierdecita así de pequeñita que se llama *Un perro andaluz*; y el perro andaluz soy yo."»[90] José Francisco Aranda, en su importante estudio del cineasta (1969), reveló que en la Residencia de Estudiantes se llamaba a veces a los del sur «perros andaluces».[91] ¿Y quién era el perro andaluz más célebre de la casa dirigida por Alberto Jiménez Fraud? Buñuel negaría siempre que hubiera referencias a Lorca en su primera película, pero creo indudable que las hay, en la línea homofóbica y otras, además del casi plagio del episodio de la bicicleta en *El paseo de Buster Keaton* (1925), obrita que en su momento había gustado enormemente a Dalí.

Parece claro, de todas maneras, que, al disponerse a ver qué podía hacer como guionista de cine, Lorca sentía la necesidad de emular lo conseguido por sus dos amigos, o ex amigos, igual que había hecho, literariamente, ante el impacto del *San Sebastián* de Salvador.

La escasa información que poseemos acerca del nacimiento de *Viaje a la luna* procede de Emilio Amero, artista mexicano con quien, acompañado de Gabriel García Maroto, Lorca visitaba Small's Paradise para escuchar jazz y, como hemos dicho, saborear su célebre ambiente gay. Amero, muy aficionado al cine, acababa de rodar un corto, titulado *777* y hoy perdido, protagonizado por máquinas calculadoras. Un día lo pasó en sesión privada para el poeta. Lorca, impresionado, le habló de *Un perro andaluz* y le dijo que veía la posibilidad de escribir él mismo un guion. Relató Amero años después:

Trabajó en mi casa una tarde haciéndolo. Cuando tenía una idea cogía un trozo de papel y la apuntaba, espontáneamente. Es así como solía escribir.

Al día siguiente volvió y añadió escenas en las que había estado pensando durante la noche, lo terminó y dijo: «Tú verás lo que puedes hacer con esto, tal vez resulte algo...» La película era completamente plástica, completamente visual, y en ella Lorca trataba de describir aspectos de la vida de Nueva York como él la veía. Dejó la mayoría de las escenas para que yo las visualizara, pero es cierto que hizo algunos dibujos para demostrar cómo habría que hacer algunas de las escenas más difíciles.[92]

A diferencia del pionero *Voyage dans la lune* (*Viaje a la luna*, 1902), de Méliès, que quizá había visto el poeta, el rápidamente improvisado guion de *Viaje a la luna* no tiene nada que ver con una aventura en nave espacial. El viaje lorquiano es síquico, onírico. Su destino es la luna en su función de símbolo fatídico o mansión de los muertos, y su temática, la búsqueda desesperada, una vez más, de un amor imposible. Marie Laffranque, la gran lorquista francesa, resumió así, con brillantez, el contenido del espeluznante guion:

Los *fantasmas de la represión infantil*, la inocencia juvenil ensuciada... por la ceguera, la mentira o la voluntad de poder; *el asesinato consumado* de este espíritu de infancia; *los tres callejones sin salida [impasses]* que se le ofrecen en seguida al hombre, empantanamiento, autodestrucción, crucifixión; *el simulacro del amor* entre hombre y mujer que conduce al estereotipo de la danza, a la guerra y a la abyección. Finalmente, alrededor del cadáver, periódicos abandonados señalan el fracaso de la comunicación por medio de la palabra; peces secos y aplastados claman el de la fuerza del amor; cama recubierta y cementerio, finalmente, significan la muerte de toda esperanza.[93]

Desde la cama blanca sobre una pared gris de la primera secuencia del guion, de cuyas sábanas emergen en parejas los números 13 y 22 para ir cubriendo el lecho como hormigas, pasando por la amenaza de ojos agredidos en la secuencia 61, hasta la luna, el busto de yeso blanco y los árboles agitados por el viento de las últimas escenas, la filiación con la película de Dalí y Buñuel es evidente, si bien, en su despliegue de imágenes eróticas, Lorca va bastante más lejos que ellos: aparece, por ejemplo, no solo «una doble exposición sobre un sexo de mujer con movimiento de arriba abajo» (secuencia 5) sino, entre extrañas series de metamorfosis, «una luna dibujada sobre fondo blanco que se disuelve sobre un sexo y el sexo en la boca que grita» (secuencia 44). Laffranque, aunque considera que los diversos personajes del guion «viven y dicen, lo más claramente que el escritor jamás se haya atrevido, la historia de una búsqueda imposible del amor», y que la obra se alimenta de las fuentes de la «tragedia personal» del poeta, no identifica en el amor homosexual la razón de tal búsqueda. No hay duda, sin embargo, de que se trata aquí del amor que no puede decir su nombre.[94]

La confrontación del guion con unos dibujos hechos por Lorca en Nueva York confirma que en este proyecto de cine mudo —no se atreve con el sonoro— el poeta narra un imaginado y alucinante viaje hacia la aniquilación sexual. Es particularmente elocuente en este sentido la secuencia 36: «Doble exposición de barrotes que pasan sobre un dibujo: *Muerte de santa Rodegunda*.»[93] Se conocen dos dibujos lorquianos de «santa Rodegunda» pertenecientes a estos meses. En ambos, la cara del moribundo se semeja a la del propio poeta, y en ambos el cuerpo está tendido sobre una mesa.[96] En el titulado *Muerte de santa Rodegunda*, como en el guion, el personaje está vomitando, parece tener cuatro heridas en el pecho, y sangra por los genitales.[97] En el otro, el cuerpo también sangra por los genitales y está acompañado por la extraña bestia —especie de león— que aparece en varios dibujos de la etapa neoyorquina; por un ángel con lira —símbolo, cabe pensarlo, de la poesía—; y por otro personaje que lleva un cirio encendido. Que el protagonista de ambos dibujos sangre así solo puede ser alusión a la castración, a la muerte sexual.[98]

Hay que señalar, por otro lado, que el guion subraya el nombre de «Elena» en un contexto de violencia y horror (secuencias 32 y 64). ¿Por qué Elena? Aparte de la alusión obvia a la Helena griega, causante además de una atroz mortandad, no podemos descartar una alusión a Eleanor Dove, la novia inglesa de Emilio Aladrén, conocida entre sus amistades españolas como Elena.[99] También es posible que Lorca estuviera ya al tanto de que el nombre real de Gala, la *femme fatale* que acababa de conquistar a Dalí, era asimismo Helena. Si fuera así, no se le escaparía la cruel ironía de que perdía a ambos amores por mujeres de igual nombre. Sea como fuera, Elena reaparecerá, con connotaciones similares, en *El público*, la misteriosa obra de teatro quizá empezada en Nueva York antes de que Lorca siguiera viaje, con inmensa ilusión, al Caribe.

CUBA

Después de Nueva York, Cuba, adonde llega en marzo de 1930, fue para el poeta la tierra prometida, «la América con raíces», el ritmo de maracas y marimbas, «el amarillo de Cádiz con un grado más, el rosa de Sevilla tirando a carmín y el verde de Granada con una leve fosforescencia de pez».[100] Lorca tenía mucha Cuba dentro antes de desembarcar. De niño había escuchado con embeleso las habaneras que cantaban en Fuente Vaqueros su tía preferida, Isabel García Rodríguez —«que me enseñó a cantar, siendo ella una maestra artística de mi niñez»—,[101] y su prima Aurelia. Protagonizaba una de ellas «la morena Trinidad», y a su vuelta en España el poeta dirá, fantaseando, que la muchacha salió al puerto a darle la bienvenida.[102] En «Son de negros en Cuba», el único poema que tenemos de la estancia caribeña, recuerda las exóticas etiquetas interiores de las cajas de habanas que recibía su padre directamente de la isla (con «la rubia cabeza de Fonseca» y Julio y Romeo abrazándose en medio de una lluvia de rosas y de medallas de oro). En cuanto a los negros cubanos, «negritos sin drama que ponen los ojos en blanco y dicen "nosotros somos latinos"», dirá que descubrió «típicos del gran pueblo andaluz» sus ritmos.[103] Entre los cubanos tuvo la sensación de estar otra vez en España. Por ello pudo escribir a sus padres aquel abril: «Esta isla es un paraíso. Cuba. Si yo me pierdo, que me busquen en Andalucía o en Cuba.»[104]

Su éxito fue triunfal. Los diarios llevaban semanas anunciando su llegada, todo el mundo hablaba del *Romancero gitano* —¡sobre todo de «La casada infiel»!—, y hubo no pocas personas que creían que el escritor era auténtico hijo y nieto de Camborios. Conferencias alrededor del país (sobre el cante jondo, la inspiración poética, Góngora, Soto de Rojas, las canciones de cuna), recitales, sesiones al piano, fiestas y excursiones... todos los dones del poeta, artísticos y sociales, se desplegaron como nunca en Cuba, respirando a pleno pulmón.

Incluso ganó dinero. Dinero que su madre, típicamente, esperaba que no gastara en exceso para poder llevar algo a casa. Y eso que Federico ya tiene treinta y dos años. «Hijo mío, que seas muy formal, que trabajes todo lo que puedas y que no pierdas el tiempo —le escribe el 25 de marzo—, pues ya ves que tu padre no omite gasto ninguno contigo y ya tienes edad y condiciones para demostrar con hechos que eres grandecito. Nosotros somos ya viejos...»[105] Un mes después vuelve Vicenta a la carga. Le preocupa que Federico esté despilfarrando sus ganancias: «Estás viendo y disfrutando como pocas personas a tu edad: quiera Dios que todo sea bien aprovechado y que no solo sea disfrutar sino también aprender e irte acostumbrando a manejarte tú solico con lo que ganes; y si sucede algo, que sea que nos regales de lo que te sobre. ¡Ojalá sea mucho!» Y unas líneas más adelante: «Debes procurar no gastar demasiado y traerte alguna cosita ahorrada para seguirte manejando.» Los García son ricos labradores y propietarios, pero la mentalidad no es ajena a la de la «tierra del chavico» granadina tan lamentada por el poeta en unas declaraciones hechas poco antes de su muerte.[106]

A sus padres les ha sorprendido «enormemente» una carta que acaban de recibir de Salvador Dalí, y que adjunta la madre con la suya. «No creía que tú tenías tanta frescura —escribe Vicenta—. Después del favor que te hizo tú has tenido dinero para pagarle y lo tenías que haber hecho antes que tirarlo en divertirte sin lucir ni parecer. Nosotros no dudamos ni un momento de lo que dice Dalí, pero te remito la carta para que tú hagas lo que tengas conveniente.»[107]

Pero ¿de qué favor se trataba? ¿Del trabajo invertido por Dalí en los decorados de *Mariana Pineda*, y que Margarita Xirgu quizá no le había retribuido? En la ausencia de la carta no lo podemos decir. La frescura, de todas maneras, era del pintor y no, como cree ingenuamente Vicenta Lorca, de su hijo. Otra vez en España, el poeta celebraría en una carta a Salvador el «timo» que había querido dar a sus padres. «Es lástima que no te enviaran el dinero», dijo.[108]

Los tres meses de Lorca en Cuba le demostraron, por si era necesario, que era inevitable su destino de hombre famoso.

También le blindaron muchas posibilidades para vivir su sexualidad auténtica, para ir «saliendo».

La Habana era en aquella época una ciudad de costumbres más libres que Madrid. Por suerte tenemos el testimonio al respecto del escritor guatemalteco Luis

Cardoza y Aragón, que coincidió con Lorca en la ciudad y se hizo buen amigo suyo. En su autobiografía *El río. Novelas de caballería* (1982), Cardoza y Aragón, que tenía veintiséis años cuando conoció al poeta, relata cómo le llevó un día a uno de los burdeles más opulentos de la capital. Federico expresó su extrañeza ante el hecho de que allí solo había chicas. ¿Por qué no muchachos? «Destacarían como el *San Mauricio* de El Escorial», opinó. Y sigue Cardoza, cargando un poco las tintas:

> No lejos de nosotros, en semicírculo, bailarinas en reposo, sentadas en sillas de mimbre, una niña desnuda, mientras conversa enfrente, abstraída se entreabre el sexo con el índice. En el túnel azul de los lisos muslos de acero sonríen las fauces de una piraña, quizá mostrándonos la delicia de las humedades recónditas en el vértice de astracán recio, corto y rizado en mínimos resortes de zafiro oscuro. Un muchachote de caderas angostas, iguales a las de ella, la conduce de la mano: ágiles y tranquilos van, como la mejor filosofía o versos de Garcilaso, hacia el edén momentáneo. Parecía un San Cristóbal cuando, después de algunos pasos, la sentó en el hombro. «Se la llevó San Mauricio», me dice Lorca. Había permanecido inmóvil, perplejo de tanta suntuosidad animal.[109]

El poeta, que en el recuerdo de Cardoza y Aragón tenía «suave morfología feminoide, caderas algo pronunciadas, voz tenuemente afectada», le contó que se había bañado en el mar, o en un río, con unos muchachos negros desnudos que le invitaron a una fiesta. «Su homosexualidad era patente —sigue el escritor guatemalteco—, sin que los ademanes fuesen afeminados; no se le caía la mano. De acuerdo con la división que señala André Gide en su *Diario*, cuando escribe *Corydon*, no sé si fue pederasta, sodomita o invertido. Diría que su consumo abarcó las tres categorías.»[110]

Cardoza y Aragón no ofrece información concreta sobre las relaciones sexuales o amorosas del poeta en Cuba. En La Habana, durante mi visita en 1986, todavía circulaban muchas anécdotas al respecto. Según una de ellas cortejó con éxito a un marinero escandinavo, amante del poeta colombiano Porfirio Barba Jacob. Lo ha contado con su gracia habitual Guillermo Cabrera Infante.[111] Según otra, pasó una noche en la cárcel acusado de una trivial ofensa homosexual.[112] Tuvo un ligue, un guapo y vigoroso mulato de veinte años llamado Lamadrid.[113] Cuando los padres de otro joven amigo, Juan Ernesto Pérez de la Riva, se enteraron de que el poeta era gay, le negaron el acceso a su casa (ello recuerda el comentario de la homófoba dama granadina recogida en el primer capítulo de este libro). Pese al desplante, la relación siguió y hay indicios de que fue precisamente con Juanito Pérez de la Riva —después ingeniero y geógrafo distinguido— que Lorca pasó algunas de sus horas más felices en La Habana.[114]

Habló con Cardoza y Aragón de sus proyectos literarios. Dijo que «iba a escribir el teatro que nadie se había atrevido a escribir por cobardía», y que Oscar Wilde resultaría, en comparación, «una antigualla, una especie de obeso señorón pusilánime». En una de las escenas contadas por el poeta había a cada lado del foro dos o tres ángeles con laúdes, como los de Melozzo de Forlì o Piero della Francesca, que cantaban —Cardoza cita de *Oda a Walt Whitman*— «el placer de "los hombres de mirada verde", que tanto han contribuido a la cultura del mundo». Se trataba, casi seguramente, de *La destrucción de Sodoma*, obra de la cual, como se verá, Lorca llegaría a escribir por lo menos un acto, hoy perdido menos la primera página del borrador.[115]

El guatemalteco —cuyo relato de aquellos días bulliciosos tiene visos de ser razonablemente fidedigno—, afirma que él y Lorca planearon escribir juntos una adaptación del Génesis para *music hall*, especie de farsa a base de ingredientes grotescos y blasfemos. El proyecto, que no se pudo llevar a cabo, fue inspirado por los espectáculos que se brindaban entonces en una de las salas más divertidas y picantes de La Habana, cuyo nombre no podía por menos que encantar al poeta: el Alhambra.[116]

EL PÚBLICO

Si bien es probable que la idea de *El público* naciera en Nueva York, no se han encontrado pruebas documentales de que Lorca empezara a redactarlo durante su estancia en la metrópoli yanqui. Las páginas iniciales del único manuscrito de la obra que se conoce, guardado por Rafael Martínez Nadal, están escritas, atiborradas de tachaduras, en hojas con membrete del Hotel La Unión, de La Habana, y tienen todos los visos

1. La cordobesa María Luisa Natera Ladrón de Guevara a los quince años, aproximadamente, cuando el joven Lorca se enamoró de ella en un balneario andaluz. (Cortesía de su hija, doña María del Carmen Hitos Natera.)

2. El Lorca joven, retratado por el fotógrafo granadino Rogelio Robles.

3. Lorca retratado por un fotógrafo ambulante en la plaza de Urquinaona, Barcelona, 1927. El poeta ha convertido la fotografía en imagen de San Sebastián, con varias alusiones a Dalí, a quien la mandó. (Cortesía de Ana María Dalí.)

4. Lorca y Philip Cummings delante de «La Gran Muralla de China», Eden Mills, agosto de 1929. (Cortesía de Philip Cummings.)

5. Lorca «haciendo el muerto» delante de la casa de la familia Dalí en Cadaqués, 1925. (Fotografía de Ana María Dalí publicada por el poeta en la revista neoyorquina *Alhambra*, 1929.)

6. Ignacio Sánchez Mejías. *Estampa*, Madrid, agosto de 1934.

7. Es imposible no hallar en *El público* la expresión del desgarro y de la profunda soledad interior que invadieron a Lorca a raíz de la pérdida de Emilio Aladrén, así como del hecho de tener que seguir llevando una vida doble, enmascarada.

8. La imagen de san Miguel que inspiró el romance.

9. Con su madre en la Huerta de San Vicente, 1935. (Foto de Eduardo Blanco Amor.)

10. Eduardo Blanco-Amor (de pie) y Ernesto Pérez Guerra, 1935. (Cortesía de *A Nosa Terra*.)

11. Caricatura de Lorca hecha por Del Arco, publicada en *Heraldo de Madrid* el 18 de julio de 1936, cuando el poeta ya había vuelto a Granada.

12. Lorca y Rodríguez Rapún en los jardines del Hotel Reina Cristina de Algeciras, en fecha aún sin determinar.

13. Homenaje de La Barraca al poeta, en 1934, a la vuelta de su triunfal viaje a Buenos Aires. Rafael Rodríguez Rapún, con traje oscuro y camisa blanca, como era su costumbre, sonríe feliz en la segunda fila, segundo por la izquierda.

14. El poeta retratado por el famoso fotógrafo Alfonso en abril de 1936 durante su entrevista con Felipe Morales, de *La Voz*. Para Luis Rosales, Alfonso logró captar el registro «machihembrista» del poeta.

15. Madrid, verbena de San Pedro y San Pablo, 28 de junio de 1936. En menos de tres semanas estallará la Guerra Civil. El poeta, rodeado de amigos, sonríe radiante mientras pasa el brazo alrededor del cuello de Eduardo Ugarte y le acaricia la frente a *Tres Erres* (Rafael Rodríguez Rapún). En primer término, Pepe Amorós, el torero del grupo (ya murió Sánchez Mejías), convaleciente de una cornada.

16. Ramón Ruiz Alonso, el ex diputado de la CEDA que detuvo a Lorca en casa de la familia Rosales, en una fotografía de febrero de 1936.

17. *El Defensor de Granada*, miércoles 15 de julio de 1936, anuncia en primera plana (en el centro, tercera columna) la llegada del poeta a la ciudad.

18. *La Colonia* en Viznar, donde Lorca, el maestro Dióscoro Galindo González y los banderilleros Francisco Galadí Melgar y Joaquín Arcollas Cabezas pasaron sus últimas horas en la madrugada del 18 de agosto de 1936. El edificio ya no existe y el terreno ha sido adquirido por la Junta de Andalucía para dedicarlo a la memoria de todas las víctimas de la represión fascista que estuvieron allí. La fotografía fue tomada por el autor en 1966.

19. Fuente Grande, el Ainadamar («La Fuente de las Lágrimas» en árabe) de los musulmanes granadinos. Mataron muy cerca a Lorca y a sus compañeros de infortunio.

de pertenecer al primer borrador de la pieza. Sabemos, por otro lado, que Lorca trabajó en *El público* en casa de la familia Loynaz. Es casi seguro que el grueso del drama, que se terminó aquel verano en Granada, se compuso en Cuba.[117]

Se ha dicho que *El público* fue la primera obra dramática española en afrontar el tema del amor homosexual.[118] Pero en enero de 1929, Cipriano Rivas Cherif, amigo del poeta, había puesto, en el teatro club Caracol de Madrid, su obra *Un sueño de la razón*, cuyo tema giraba, veladamente, en torno a la relación homosexual de dos mujeres. Es difícil de creer que Lorca no asistiera a la representación.[119]

Había otro antecedente de 1929, aunque de importación, mucho más relevante: el *Orfeo* de Jean Cocteau, también montado, con gran éxito, por Caracol. Impresionó sin lugar a dudas a Lorca —que es de presumir estaba al tanto, por más señas, de la homosexualidad del autor francés—, y su influencia sobre *El público* es manifiesta. Por ejemplo, el misterioso caballo blanco con piernas de hombre —vínculo oracular entre Orfeo y el mundo del más allá que este tanto anhela penetrar— pudo muy bien ser origen de los del granadino. Los cómplices de la Muerte, vestidos como cirujanos (batas blancas, máscaras y guantes de goma), son una clara prefiguración del siniestro Enfermero; y la Elena lorquiana, retomada de *Viaje a la luna* (con sus alusiones a Elena Dove, la novia inglesa de Aladrén, y tal vez a la Elena-Gala de Dalí) está en deuda con la Muerte de Cocteau, mujer, esta, «con grandes ojos azules pintados sobre un antifaz negro» (Elena tiene «cejas azules» y una frialdad muy parecida). Hay en ambas obras, además, momentos en que la barrera entre escenario y auditorio queda deliberadamente desdibujada, aunque quizá habría que atribuir esta coincidencia a Pirandello. Puede señalarse también que, si el Orfeo de Cocteau es un poeta revolucionario en radical desacuerdo con la sociedad contemporánea, cuyas normas estéticas rechaza, en *El público* Lorca defiende «el teatro bajo la arena» —teatro auténtico, visceral, inaugurado por los caballos «para que se sepa la verdad de las sepulturas»— contra «el teatro al aire libre», teatro convencional y superficial que se niega a enfrentarse con la realidad síquica y social del hombre contemporáneo.

En cuanto a otras influencias inmediatas sobre *El público*, es difícil de creer que Lorca no tuviera noticias, aunque difusas, de los otros experimentos teatrales llevados a cabo en París por el dadaísmo y el surrealismo entre 1920 y 1930: una treintena de montajes.[120]

¿Hasta qué punto incidió su estancia habanera sobre *El público*. Parece que el ambiente irreverente y circense de la obra, e incluso algunos de sus personajes, procedían en parte del Teatro Alhambra. «Teatro total: el público delirante actuaba con los actores delirantes vueltos público delirante», recordaba Cardoza y Aragón. Eran espectáculos herederos en cierta medida de la tradición de la *commedia dell'arte* italiana, y en ellos intervenían personajes arquetípicos como el Gallego, el Negro, la Mulata, el Policía y el Homosexual, además de otros improvisados. A Federico, según Cardoza y Aragón, le chiflaban el local y sus estrafalarios montajes.[121]

Remontándonos más en el tiempo, *El público* tiene

una deuda explícita con Shakespeare y, sobre todo, con *Sueño de una noche de verano*. No se trata solo del truco de una obra de teatro dentro de una obra de teatro (que también se da en *Hamlet*) sino, tan o más importante, del tema de la accidentalidad de amor, inspirado en el episodio del filtro amoroso administrado a Titania por Puck, y ya aludido por Lorca, como vimos en el segundo capítulo, en el prólogo de *El maleficio de la mariposa*. Refiriéndose a la representación de *Romeo y Julieta* que ha provocado la ira del público, comenta el Prestidigitador de *El público*.

> Si hubieran empleado «La flor de Diana», que la angustia de Shakespeare utilizó de manera irónica en *El sueño de una noche de verano*, es probable que la representación habría terminado con éxito. Si el amor es pura casualidad y Titania, reina de los silfos, se enamora de un asno, nada de particular tendría que, por el mismo procedimiento, Gonzalo bebiera en el *music hall* con un muchacho blanco sentado en las rodillas.[122]

Y nada de particular que, para otros, el erotismo tuviera una vertiente sadomasoquista. En efecto, son notables las referencias a prácticas SM en *El público*, donde el látigo se convierte casi en personaje. El Hombre 3.°, además de llevar uno, tiene muñequeras de cuero con clavos de oro; proliferan las alusiones a castigos, azotes, cadenas, dominación y humillaciones; y Julieta hasta exclama: «No soy yo una esclava para que me hinquen punzones de ámbar en los senos.»[123]

El público es a la vez «defensa» e «ilustración» de un teatro nuevo, radicalmente comprometido con los problemas reales de los seres humanos, y un apasionado alegato a favor del derecho de los gais (y demás minorías sexuales) a vivir su vida en libertad. Vida imposible en una sociedad homófoba que los estigmatiza como «raza maldita» que hay que reprimir mediante mecanismos que incluyen la interiorización, por parte de las propias víctimas, de un sentimiento de culpabilidad y de asco de sí mismos.

El público es una obra extraordinariamente compleja: tanto por las continuas metamorfosis, desdoblamientos, cambios de rol, trajes y disfraces de los personajes —mayormente provocados por sus pases detrás del biombo de la verdad—, como por sus razonamientos onírico-surrealistas. Para que todo sea aún más difícil es posible que le falte un cuadro (el cuarto) al único manuscrito de la pieza que se conoce, conservado por Martínez Nadal.[124]

Podemos decir, de todas maneras, que el solo personaje de *El público* que se mantiene libre de subterfugios a lo largo de la obra, desnudo de toda máscara o careta, es el abiertamente homosexual Hombre 1.º (Gonzalo), al que parece inexcusable identificar con el propio poeta. Así lo ha entendido el gran lorquista francés André Belamich: «La convicción se nos impone poco a poco de que es el portavoz, la transposición idealizada, heroica, del poeta, a la vez innovador (defensor del teatro de la verdad) y amante abandonado».[125] Y así, más recientemente, Carlos Jerez Ferrán, para quien se trata sin lugar a dudas del *alter ego* de Lorca.[126] Gonzalo denuncia una y otra vez a quienes disfrazan su auténtica sexualidad. Se siente traicionado por su amado Enrique (el Director), gay que se niega a asumir su condición de tal, que afecta ser heterosexual y que se resiste, por temor al qué dirán, a poner teatro que afronte los verdaderos problemas de la vida («teatro bajo la arena»). Entre ellos ocurre un intercambio sobre el tema de la máscara, crucial para entender la obra:

> DIRECTOR. En medio de la calle la máscara nos abrocha los botones y evita el rubor imprudente que a veces surge en las mejillas. En la alcoba, cuando nos metemos los dedos en las narices, o nos exploramos delicadamente el trasero, el yeso de la máscara oprime de tal forma nuestra carne que apenas si podemos tendernos en el lecho.
>
> HOMBRE 1.º. (*Al* DIRECTOR.) Mi lucha ha sido con la máscara hasta conseguir verte desnudo. (*Lo abraza.*)[127]

Unos segundos después, el Hombre 1.º (Gonzalo) ratifica: «Te amo delante de los otros porque abomino de la máscara y porque ya he conseguido arrancártela.»[128] Son palabras que recuerdan «Tu infancia en Menton», donde, como hemos visto, el yo acusa al amado, como hace Gonzalo, de autoengaño, y declara que buscará su alma por los rincones «con el dolor de Apolo detenido / con que he roto la máscara que llevas».[129]

Hay más. El verso «el tren y la mujer que llena el cielo», que enmarca el poema «Tu infancia en Menton», se puede relacionar con el penúltimo cuadro de *El público*, escenificación de la pasión y muerte del crístico Desnudo Rojo, explícitamente identificado en una acotación como desdoblamiento del Hombre 1.º (Gonzalo). Cuando el sádico Enfermero anuncia que ya están abiertas las farmacias «para la agonía», el Desnudo Rojo glosa así la noticia desde su perpendicular cama-cruz: «Para la agonía del hombre solo, en las plataformas y en los trenes.»[130] Unos segundos después se muere y la cama gira para revelar, sobre su reverso, al Hombre 1.º, que se está muriendo, y que antes de fallecer pronuncia las palabras acaso más angustiadas de toda la obra de Lorca:

> Agonía. Soledad del hombre en el sueño lleno de ascensores y trenes donde tú vas a velocidades inasibles. Soledad de los edificios, de las esquinas, de las playas, donde tú no aparecerás ya nunca.[131]

Emilio Aladrén iba siempre de un lado para otro a «velocidades inasibles», inasibles, por lo menos, para Lorca. Y ello en busca permanente de mujeres, o acompañado por ellas. En una entrevista concedida por el poeta en 1933, hay una alusión diáfana, creo, a aquella proclividad vertiginosa del escultor. «Hay personas que tienen permanentemente esta "inquietud de estación", que llegan, saludan, hablan como si siempre estuvieran apurados —dijo Lorca—. Yo tenía un amigo así, y por esto lo tuve que perder; pero verdaderamente no era posible tener un amigo que siempre estaba en partida o en llegada.»[132]

Añadamos que en *Viaje a la luna*, en un contexto de extremada angustia, hay «un cruce en triple exposición de trenes rápidos» (secuencia 48).[133] Está claro que para Lorca tales trenes están obsesivamente asociados con el alejamiento y pérdida de la persona amada.

Si el Hombre 1.º (Gonzalo) y Desnudo Rojo son trasuntos de Lorca, lo lógico sería que su amado, el Director (Enrique), lo sea de Aladrén. Apoya esta probabilidad el hecho de que Lorca diera a su pareja el nombre de Elena, relacionado, como hemos dicho, tanto con Elena Dove como con la Elena-Gala de Dalí. Elena increpa a Enrique por su falsedad e hipocresía. No duda de que es gay y que la engaña. «¡Vete con él! —le grita, refiriéndose al Hombre 3.º—. Y confiésame ya la verdad que me ocultas. No me importa que estuvieras borracho y que te quieras justificar, pero tú lo has besado y has dormido en la misma cama.»[134]

Es imposible no hallar en *El público* la expresión del desgarro y de la profunda soledad interior que invadieron a Lorca a raíz de la pérdida de Aladrén, así como del hecho de tener que seguir llevando una vida doble, enmascarada. En las violentas recriminaciones que se lanzan los personajes, en los celos que los atormentan, en sus estallidos de envenenado despecho, en su miedo a la opinión pública, en la lucha de Gonzalo por vivir con autenticidad... me parece evidente que el poeta está exteriorizando su propia situación vital.

Y qué duda cabe, ha padecido lo suyo la feroz homofobia de la cultura dominante, representada en la obra no solo por el Centurión, tan orgulloso de su potencia genesíaca como desdeñoso de los gais («¡Malditos seáis todos los de vuestra casta!», exclama),[135] sino por el público que, al descubrir que desempeña el papel de Julieta un chico de quince años enamorado de verdad de quien interpreta a Romeo, pide la muerte del Director, el arrastre del poeta por los caballos y la repetición de la escena ofensiva (la del sepulcro). Público que, no contento con todo ello, mata luego, con la aprobación del juez, a los dos actores culpables.

«La doctrina, cuando desata su cabellera, puede atropellar sin miedo las verdades más inocentes», comenta el Estudiante 3.°, con cada palabra en su sitio, después de cometida la atrocidad.[136]

De tal modo veía Lorca la situación límite del homosexual en la sociedad de su tiempo.

Con El público su propósito era provocar al espectador, hacerle pensar, reaccionar, afrontar sus prejuicios. No podía hacerlo con un discurso convencional, abiertamente, pero la nueva retórica del surrealismo le proporcionaba la posibilidad de decir lo que quería con la claridad necesaria para que entendiesen quienes querían.

El atrevimiento de la obra era tal que Lorca ni se arredró ante el tema tabú del coito anal, para el vulgo, sobre todo después del proceso de Oscar Wilde, el sine qua non de la homosexualidad. Después de la lucha a muerte, que no presenciamos, de los amantes atormentados, Cascabeles y Pámpanos, el Hombre 1.° (Gonzalo) y el Hombre 2.° se enzarzan en un breve y apasionado intercambio sobre este tema:

HOMBRE 1.º. Dos leones. Dos semidioses.

HOMBRE 2.º. Dos semidioses si no tuvieran ano.

HOMBRE 1.º. Pero el ano es el castigo del hombre. El ano es el fracaso del hombre, es su vergüenza y su muerte. Los dos tenían ano, y ninguno de los dos podía luchar con la belleza pura de los mármoles que brillaban conservando deseos íntimos defendidos por una superficie intachable.[137]

Si, como ya se ha apuntado, la identificación de Lorca con el Hombre 1.º (Gonzalo) parece fuera de duda, el intercambio demuestra que el poeta se resiste a asumir las prácticas anales. Más adelante es el Caballo Negro quien vuelve al asunto en su diálogo con Julieta en el sepulcro. «¡Oh amor, amor, que necesitas pasar tu luz por los calores oscuros! —exclama el equino—. ¡Oh mar apoyado en la penumbra y flor en el culo del muerto!» Las referencias al coito anal son evidentes.[138]

Jerez Farrán ha analizado «el espíritu moralizante que predomina a lo largo de *El público*». Para el crítico, la insistencia del Hombre 1.º delata el esfuerzo por parte del propio Lorca, en consonancia con el discurso médico del momento, de distanciarse de la analidad «Tan repleto [*sic*] de libido reprimida están estas incursiones antisodomíticas —escribe— que solamente se pueden entender como un deseo inconsciente hacia el mismo fenómeno que se reprocha.»[140]

Es difícil no estar de acuerdo. Además, lo tiende a confirmar el poema en el que Lorca afronta con mayor transparencia su *problema* con la homosexualidad, poema cuyo borrador está fechado «junio 15»,[141] sin especificar el año, pero casi seguramente de 1930, en cuyo caso el poeta lo terminó en alta mar dos días después de abandonar La Habana, rumbo a Nueva York y España.

ODA A WALT WHITMAN

¿Qué sabía Lorca de Walt Whitman y su obra antes de llegar a Nueva York? Es difícil, para empezar, que siendo tan admirador de Rubén Darío no conociera, todavía adolescente, el soneto dedicado por el nicaragüense, en *Azul...*, al «gran viejo / bello como un patriarca, sereno y santo», que

Tiene en la arruga olímpica de su entrecejo
algo que impera y vence con noble encanto.[142]

Luego vendría, probablemente, el contagio de los ultraístas que, así como los futuristas italianos, profesaban devoción por el poeta norteamericano, el centenario de cuyo nacimiento se celebró en 1919. En diciembre de 1918, Guillermo de Torre habló en un artículo del «claror augural emergido de las cósmicas "Leaves of Grass" que nos legó el profético hijo de Manhattan».[143] Cuatro años después, un epígrafe de Whitman presidió la primera sección de *Hélices* (1923), poemario de De Torre, en una de cuyas composiciones, «Canto dinámico», citaba admirativamente el verso inicial de «Salut au monde!»:

¡Viajar! ¡Fluir! ¡Tránsito! ¡Ascensión!
«Dame la mano Walt Whitman», como dice el At-
lante, el buen poeta gris, en su emocionante «Sa-
ludo mundial».
¡Oh, la incitante trayectoria perimundial![144]

También hay que tener muy en cuenta que, según
el valioso testimonio de Luis Rosales, Lorca conocía la
antología de Whitman vertida al español por Armand
Vasseur, traductor, además, de la edición del *De profun-*
dis de Wilde que el granadino adquiriera en 1919.[145]

La antología, que no lleva fecha (¿1912?), tenía un
breve prólogo de Vasseur sobre la vida y obra del «evangelista del continente en formación, creador de valores
nuevos, héroe, profeta y compañero de los hombres».
Entre los poemas seleccionados no figuraba ninguno de
aquellos en que Whitman aborda el tema homosexual y
su voluntad de darle voz: poemas como «In Paths Un-
trodden» («Por senderos no transitados antes») —en
que el yo declara que en adelante solo entonará, sin pudor, canciones que tratan del amor entre hombres y de
la necesidad de camaradas—, «Sacred Herbage of my
Breast» («Herbario sagrado de mi pecho»), o «Native
Moments» («Momentos nativos»), donde se expresa a
favor de «quienes creen en los placeres sin trabas» y
afirma su afán de «compartir orgías a medianoche con
hombres jóvenes». Es más, en la traducción de poemas
donde sí aparece el tema gay, más o menos abiertamente, hay cierta tendencia por parte de Vasseur a minimizar
su intensidad. A veces se traduce *love* por «cariño», no
«amor», y se procura hacer menos obvia la identidad

masculina de la persona querida o deseada. El poema «As I Lay with My Head in Your Lap, Camerado» («Mientras yacía con mi cabeza en tu regazo, camarada»), por ejemplo, aparece con el edulcorado título de «Cuando estaba a tu lado». Ningún lector de sensibilidad, de todas maneras, habría podido dejar de sospechar, leyendo la antología, la preferencia sexual del poeta, ni de notar su determinación de dar expresión a las «voces prohibidas» de los deseos heterodoxos. No sabemos en qué momento cayó el libro en manos de Lorca. Hay que suponer que ocurrió al poco tiempo de entrar en contacto con Guillermo de Torre y el grupo ultraísta (no se nombra a Whitman en la *juvenilia*). Cabe imaginar que el impacto sobre su sensibilidad de los fragmentos de «Canto de mí mismo», «Un canto de alegrías» o «Salut au monde!» incluidos por Vasseur sería realmente considerable, pues en ellos, pese a la barrera de la traducción, la voz de Walt clamaba potente, rebelde e incitadora a favor de la liberación personal.

El escritor gallego José Landeira Yrago sospechaba que, por su amistad con Adriano del Valle, el joven Federico pudo haber accedido al apasionado «Saludo a Walt Whitman» de Fernando Pessoa, redactado en 1915.[146] Isaac del Vando Villar, otro compañero del grupo ultraísta, conocía personalmente al portugués, de modo que no es imposible.[147] El tono del «Saludo» es afín al de la oda lorquiana:

¡Oh siempre moderno y eterno cantor de los concretos
*   absolutos,*
concubina fogosa del universo disperso,

gran pederasta rozándote en la diversidad de las cosas,
sexualizado por las piedras, por los árboles, por las
personas, por las profesiones [...]
Viejo amigo Walt, gran Camarada mío, ¡evohé!
Pertenezco a tu orgía báquica de sensaciones-en-libertad,
soy de los tuyos desde la sensación de mis pies hasta la
náusea en mis sueños...[148]

El poema de Pessoa, al no eludir el aspecto homosexual de Whitman, habría interesado profundamente
al granadino. Pero estamos ante una hipótesis, nada más.

Los que han escrito sobre *Oda a Walt Whitman*
están de acuerdo en atribuir a León Felipe, a quien Lorca trató con cierta asiduidad durante los primeros meses
de su estancia norteamericana, la verdadera aproxima-
ción suya a la obra del autor de *Hojas de hierba*. Felipe
llevaba ya seis años en Estados Unidos, conocía bien el
inglés y se dedicaba a traducir a Whitman, a quien admiraba profundamente. Le sabía a poco la democracia
yanqui que observaba a su alrededor en comparación
con la exuberante fe, y la creencia en el futuro, de Walt.
Después lo diría así:

Viví en Norteamérica seis años, buscando a Whitman,
y no le encontré. Nadie le conocía.
Hoy tampoco le conocen.

¡Pobre Walt!, tu palabra democracy
la ha pisoteado el Ku Klux Klan,
y «aquella guerra», ¡ay!, aquella guerra la perdisteis los dos:
Lincoln y tú.[149]

Según el biógrafo de León Felipe, Luis Rius, se estableció entre Lorca y el zamorano «una afinidad inicial y radical [...] mucho más poderosa que todas las diferencias».[150] Afinidad que resume Rius como «la necesidad y voluntad de amor desmedido a todo lo humano, que en dosis más fuerte de lo común se daba en ellos».[151] En una conversación telefónica celebrada entre Felipe y Rius años despues de la muerte de Lorca, el poeta demostró, entre reticencias, haber estado al tanto de la homosexualidad del granadino: «Él no quería estar dentro del grupo de maricas, de gentes... Él sabía que había otra... y que él tenía otra actitud, porque era de una gran simpatía, lo quería todo el mundo; hombres, mujeres, niños, y él se sentía querido por todos, y debía de tener la tragedia de que un hombre tan afectuoso como él, y a quien le querían todos, no poder expresar de una manera..., de alguna manera... Luego... de esto sí quisiera..., sí habría que hablar con cuidado.»[152]

La oda empieza con una visión desoladora del mundo industrial y deshumanizado de Nueva York. En la metrópoli el dinero es rey, la mercancía manda, el hombre es una máquina productiva sin tiempo para la contemplación de la Naturaleza —de la cual vive brutalmente separado—, para la belleza, para la imaginación:

Por el East River y el Bronx
los muchachos cantaban enseñando sus cinturas.
Con la rueda, el aceite, el cuero y el martillo
noventa mil mineros sacaban la plata de las rocas
y los niños dibujaban escaleras y perspectivas.

Pero ninguno se dormía,
ninguno quería ser río,
ninguno amaba las hojas grandes,
ninguno la lengua azul de la playa...

Evocado el nefasto escenario urbano donde los trabajadores jóvenes que centran la atención del yo poético enseñan sus bellos torsos desnudos en medio de una maquinaria aplastante, se inicia el elogio de Whitman, cuya imagen contrasta radicalmente con los emblemas de muerte y destrucción que pueblan este paisaje de horror. Se subrayan la hermosura y la sobriedad del poeta. Y se alude enseguida a su homosexualidad:

Ni un solo momento, viejo hermoso Walt Whitman,
he dejado de ver tu barba llena de mariposas,
ni tus hombros de pana gastados por la luna,
ni tus muslos de Apolo virginal,
ni tu voz como una columna de ceniza;
anciano hermoso como la niebla,
que gemías igual que un pájaro
con el sexo atravesado por una aguja,
enemigo del sátiro,
enemigo de la vid,
y amante de los cuerpos bajo la burda tela...

El Whitman con la barba llena de mariposas —reaparece el emblemático insecto ahogado en el tintero de «Vuelta del paseo» y tan frecuente en la obra juvenil—, a quien no ha podido olvidar el yo lorquiano un solo momento en medio de tanta desolación, es tan enemigo de la promiscuidad (el sátiro) como de la ebriedad (la vid). El yo quiere hacernos creer que, aunque amante de los cuerpos bajo la burda tela —cuerpos masculinos, por supuesto—, el poeta de *Canto a mí mismo* es de alguna manera un homosexual casto, virginal, apolíneo. Ello nos suena, de entrada, algo raro, algo forzado.

La siguiente sección aclara, o empieza a aclarar, la cuestión. Resulta que si el yo no ha podido olvidar nunca a Whitman —a quien se evoca en tiempo presente— es, entre otras razones, porque es objeto de persecución por... ¡los maricas! Sabemos que Lorca llevaba diez años tratando de vivir su vida auténtica en una sociedad homófoba. Y he aquí de pronto que le encontramos lanzando una furiosa diatriba contra los maricas, no contra algunos maricas individuales sino *como colectividad*. La terminología no podría ser más cruda: los maricas se asocian con podredumbre y excrementos (salen de las alcantarillas como ratas), con el sadomasoquismo (carne para la fusta, botas de los domadores), con el más devastador de los alcoholes (ajenjo). Son un asco. Y la tienen tomada con Whitman, a quien, según el yo lorquiano, quieren reducir a su propia condición ruin.

El Lorca adolescente de una década atrás, interiorizado el discurso antigay circundante, y ya intensamente preocupado por su propio dilema sexual, no había sido ajeno al uso peyorativo de la palabra *afeminado*. Se aprecia en un momento de la prosa *Fray Antonio (poema raro)*. Se trata de unos curas. «El que oficiaba con el libro en la mano enseñaba al cantar unos dientes podridos y maltrechos —leemos—. Otro joven con tipo afeminado y portador de un cirio miraba a unas muchachas asomadas a un balcón...»[153] El poeta incipiente, cuando escribió esto, tenía él mismo un aspecto marcadamente afeminado, a juzgar por las fotografías que se conocen. Ser afeminado, ser considerado afeminado, es lo que al parecer más sigue temiendo Lorca en 1930. Su Whitman es todo lo contrario, es un «Adán de sangre, Macho» y, por encima de todo, el poeta de la amistad (Lorca sabe que la palabra *comrade*, «camarada», es clave en Whitman). La diatriba no va dirigida contra los gais como tales, sino contra los afeminados, los «perversos» y los que «corrompen» a los demás. Enfocado, todo ello, desde el punto de vista de una homosexualidad hipotéticamente «pura». Parece evidente que, de manera consciente o no, el poeta está rechazando una parte de sí mismo que encuentra intolerable.

Continúa la condena en las dos siguientes estrofas, ya algo más sosegadas. El yo nos explica primero *lo que Walt no quería*.

Pero tú no buscabas los ojos arañados,
ni el pantano oscurísimo donde sumergen a los niños,
ni la saliva helada,
ni las curvas heridas como panza de sapo
que llevan los maricas en coches y en terrazas
mientras la luna los azota por las esquinas del terror.

Pese al lenguaje simbólico utilizado, queda claro que, a juicio del yo poético, lo que no buscaba Whitman eran las experiencias pederastas, las sadomasoquistas (las nalgas heridas por los azotes), las de subyugación sexual. Que lo que quería era otra cosa:

Tú buscabas un desnudo que fuera como un río.
Toro y sueño que junte la rueda con el alga,
padre de tu agonía, camelia de tu muerte
y gimiera en las llamas de tu Ecuador oculto.

El desnudo ideal buscado por Whitman remite a los versos iniciales del poema, donde ninguno de los trabajadores (los mineros, los muchachos) «quería ser río», ni «amaba las hojas grandes» ni «la lengua azul de la playa». Un desnudo como un río sería un desnudo portador de vida, de libertad, de alegría (recordemos *Un río. Un amor*, de Cernuda). Los siguientes tres versos, en aposición, nombran, con expresión simbólica abierta a distintas interpretaciones, más cualidades del amante anhelado. Proponemos fuerza (toro), imaginación (sueño), energía (rueda), ternura (alga) y presencia consoladora (camelia) a la hora de acompañar al viejo Walt en su pena y su muerte.

En este punto el poema se amansa y el yo, moralizante, expone ante Whitman, en pausados versos fundamentalmente alejandrinos, la defensa de una homosexualidad «pura» ajena a la explotación y a la violencia. Aunque el lenguaje puede resultar opaco en algún momento, la línea argumental queda clara. La vida no solo «no es noble, ni buena ni sagrada», sino que, como todo el mundo sabe, dura menos que un instante. Mañana los amores, todos los amores, «serán roca», ya no existirán. Cabe, pues, el *carpe diem*, y las personas incapaces de seguir la senda de la llamada «normalidad sexual», con sus implicaciones procreativas («hay cuerpos que no deben repetirse en la aurora»), tienen derecho —con la condición de no hacer daño al otro— a vivir su vida:

> Puede el hombre, si quiere, conducir su deseo
> por vena de coral o celeste desnudo;
> mañana los amores serán roca y el Tiempo
> una brisa que viene dormida por las ramas...

Es interesante constatar que antes de optar por la expresión «o celeste desnudo» —desnudo contrapuesto, como preferencia, a «vena de coral»—, el poeta escribió «o curva de planeta»: parece evidente la alusión a las nalgas, alusión suprimida, quizá, por no ser estas objeto de deseo exclusivamente masculino. Margarita Ucelay consideraba que en estos dos versos «se plantea el derecho del hombre a escoger entre Venus —nacida de la espuma de las olas— o Apolo, amante de efebos».[154]

A continuación el yo moralizante concede su autorización a una serie de preferencias sexuales que, si bien minoritarias, a su juicio no dañan, como las de los maricas, a otros:

> Por eso no levanto mi voz, viejo Walt Whitman,
> contra el niño que escribe
> nombre de niña en su almohada,
> ni contra el muchacho que se viste de novia
> en la oscuridad del ropero,
> ni contra los solitarios de los casinos
> que beben con asco el agua de la prostitución,

ni contra los hombres de mirada verde
que aman al hombre y queman sus labios en silencio...

Menos mal: el yo no levanta su voz contra los hombres que aman al hombre en silencio, aguantando su terrible frustración, y cuya «mirada verde» nos remite a «la verde sangre de Sodoma» que «reluce» en un verso de *Oda al Santísimo Sacramento*,[155]

No, contra los que, sin molestar a nadie, tratan de vivir en libertad su sexualidad minoritaria, el poeta no levanta su voz. Lo ha dicho claramente. Pero contra los otros sí. Y vuelve la invectiva, aún más feroz:

Pero sí contra vosotros, maricas de las ciudades
de carne tumefacta y pensamiento inmundo.
Madres de lodo. Arpías. Enemigos sin sueño
del Amor que reparte coronas de alegría.
Contra vosotros siempre, que dais a los muchachos
gotas de sucia muerte con amargo veneno.
Contra vosotros siempre...

Sigue una lista de apodos de los maricas del mundo entero (se nota que el poeta se ha informado bien al respecto), desde los «fairies» de Estados Unidos hasta los «adelaidas» de Portugal. Luego es el anatema definitivo y la llamada a la persecución:

¡Maricas de todo el mundo, asesinos de palomas!
Esclavos de la mujer. Perras de sus tocadores.
Abiertos en las plazas, con fiebre de abanico
o emboscados en yertos paisajes de cicuta.

> *¡No haya cuartel! La muerte*
> *mana de vuestros ojos*
> *y agrupa flores grises en la orilla del cieno.*
> *¡No haya cuartel! ¡¡Alerta!!*
> *Que los confundidos, los puros,*
> *los clásicos, los señalados, los suplicantes*
> *os cierren las puertas de la bacanal...*

En el margen de una de las hojas del manuscrito del poema hay un borrador de estos últimos versos donde incluso se insta a matar:

> *No haya cuartel*
> *matadlos en la calle*
> *con bastón de estoque.*
> *Porque ahuyentan a los*
> *muchachos y les dan*
> *la carne verde y podrida*
> *en vez de alma*
> *y la clave del mundo*
> *está en dar la vida—*
> *hijos hechos con alma—*
> *y esta clave que la sociedad*
> *y la ciencia persiguen*
> *es la clave del mundo*
> *os iréis a la orilla del*
> *río con la rata y el*
> *esqueleto...*[156]

Es tremendo. El yo poético, convertido en fiscal, y ampliando las acusaciones anteriores, achaca a los maricas, genéricamente, dos «crímenes»: cazar y envenenar a los jóvenes, y traicionar a una homosexualidad pura, clásica, varonil. Se trata, en ambos casos, de una grotesca exageración y de un razonamiento absolutamente ilógico.

Los versos:

> *Que los confundidos, los puros,*
> *los clásicos, los señalados, los suplicantes*
> *os cierren las puertas de la bacanal*

han sido analizados por la crítica con diversos y discrepantes resultados. Se trata, tomemos buena nota, de una *bacanal*, no de una fiesta cualquiera. La palabra procede, claro, de Baco, dios del vino, y una bacanal sin ebriedad es impensable, como bien nos recuerda Velázquez. Lorca, como Rubén Darío, sabe de qué van las bacanales. En un poema de la *juvenilia*, «Tardes estivales» (4 de diciembre de 1917), «se abrazan Pan y Venus cercados de bacantes»,[157] y la granadina evocada en «Elegía» (diciembre de 1918) se morirá sin haber conocido el amor, «siendo una bacante que hubiera danzado / De pámpanos verdes y vid coronada».[158] Ángel Sahuquillo ha relacionado el sentido de la palabra en *Oda a Walt Whitman* con el que le da Lorca en una carta del otoño de 1928 a Jorge Zalamea, donde le dice: «Todo el día tengo una actividad poética de fábrica. Y luego me lanzo a lo del hombre, a lo del andaluz puro, a la bacanal de carne y de risa».[159] El crítico infiere —y creo que tiene razón— «que Lorca era puro cuando se entregaba a sus sentimientos homosexuales en cuerpo y alma, como hombre íntegro». La pureza, es decir, no equivalía a la abstención, a la castidad, sino a la sinceridad, a la autenticidad. Y sinceridad y autenticidad son cualidades que, según el yo lorquiano, no poseen los maricas. Por ello hay que excluirlos de la bacanal, que queda reservada para los «confundidos», los «puros», los «clásicos», los «señalados» y «los suplicantes», es decir para los (según el yo) homosexuales «auténticos», entre los cuales, se sobreentiende, él se incluye. «Whitman no es puro porque sea casto —resume Sahuquillo— sino porque en él la escisión entre cuerpo y alma, entre práctica homosexual y amor espiritual, ha sido salvada, por lo menos en su poesía». Es la escisión que tanto preocupaba al joven Lorca de las *místicas*, y que todavía —la oda lo demuestra— no ha podido resolver.[160]

El poema va llegando a su término. El yo se ha desahogado ampliamente. Solo le queda despedirse del gran poeta que ha inspirado sus palabras, y expresar, como demanda la tradición de la oda, un pensamiento final que quede en la memoria del lector:

Y tú, bello Walt Whitman, duerme a orillas del Hudson
con la barba hacia el polo y las manos abiertas.
Arcilla blanda o nieve, tu lengua está llamando
camaradas que velen tu gacela sin cuerpo.

Duerme: no queda nada.
Una danza de muros agita las praderas
y América se anega de máquinas y llanto.
Quiero que el aire fuerte de la noche más honda

quite flores y letras del arco donde duermes,
y un niño negro anuncie a los blancos del oro
la llegada del reino de la espiga.

El yo desea que Whitman duerma su eternidad con la barba hacia el polo y las *manos extendidas*, evidente referencia al amor fraternal representado por Cristo, y que refleja y pregona la obra del poeta de la democracia. Y si la barba señala el polo —se sobreentiende el polo norte— es quizá porque Lorca ve a Whitman, de alguna manera, como guía u orientador de navegantes extraviados.[161]

Hoy «bailan» hileras de edificios —que hay que suponer muy altos, a lo mejor rascacielos— donde en tiempos de Whitman hubo praderas que invitaban a fiestas campestres. En esta visión, toda América, no solo Nueva York, se está *anegando* de máquinas y de dolor. Pero, como ha dicho Binding, no por ello nos quedamos —los lectores— «en un estado de absoluta desesperación».[162] Y no quedamos así por la fuerza de la querencia expresada en la última estrofa, al desear el yo que, un día, la raza negra norteamericana vuelva por sus fueros y proclame a los yanquis blancos y ricos la vuelta al reino de la Naturaleza, reino del cual ellos, los negros, son los legítimos herederos y depositarios.

El poema demuestra muy a las claras que Lorca todavía no vive cómodamente con su homosexualidad. El tema elegido le ha desbordado. Parece innegable que estamos ante un mecanismo defensivo, en parte inconsciente, que le impele a reprobar en otros lo que, víctima como es de su época, teme o rechaza en sí mismo.

De los que han comentado la ambigüedad de *Oda a Walt Whitman*, nadie más cualificado que el autor de *La realidad y el deseo*, muy al tanto de los conflictos que desgarraban a su amigo. En la oda, escribió Cernuda en 1957, Lorca da voz «a un sentimiento que era razón misma de su existencia y de su obra». Y sigue:

> Por eso puede lamentarse que dicho poema sea tan confuso, a pesar de su fuerza expresiva; pero el autor no quiso advertir que, asumiendo ahí una actitud contradictoria consigo mismo y con sus propias emociones, el poema resultaría contraproducente. Para quien conociese bien a Lorca, el efecto de la «Oda a Walt Whitman» es de ciertas esculturas inacabadas porque el bloque de mármol encerraba una grieta.[10]

Lorca nunca publicó la oda completa en España. Permitió, eso sí, que apareciera en el lejano México, en 1933, ¡en una tirada de cincuenta ejemplares! Y luego que Gerardo Diego recogiera en la segunda edición de su famosa antología (1934) sus 52 versos iniciales. Todo un atrevimiento durante el «Bienio Negro», con las homófobas derechas, capitaneadas por Gil Robles, en el poder y entregadas a deshacer la legislación progresista de los primeros dos años republicanos.

¡CÓMO HA CAMBIADO NUESTRO FEDERICO!

Hay un *post scriptum* a la estancia de Lorca en Cuba que no carece de gracia. Cuando el barco que le devolvía a España atracó en Nueva York aquel junio, el poeta, a quien acompañó Adolfo Salazar en la travesía, no pudo bajar a tierra para ver a sus amigos porque su visado había caducado. De modo que improvisó una fiesta a bordo, con la sesión de rigor alrededor del piano. Entre los que participaron estuvo Norma Brickell, que le había conocido y agasajado durante su estancia en la ciudad. Se llevó una desagradable sorpresa. «Es mejor que no hayas podido ir —escribió a Mildred Adams al día siguiente—. Ya no es nuestro Federico, sino una persona muy diferente. Totalmente masculino, y muy ordinario.» «Aquel brusco cambio fue el regalo de Cuba», comentó Adams años después en su libro sobre Lorca, sin añadir ningún dato más.[164] Pero, Lorca ¿«muy diferente», «totalmente masculino, y muy ordinario» después de su temporada en la isla? Hay que suponer que con ello Brickell quería decir que durante aquellos meses se había vuelto gay, o más abiertamente gay. La descripción encaja con los recuerdos de otros conocidos del poeta, entre ellos Luis Buñuel. «Cuando vino de Cuba me pareció más desatado», recordó el cineasta hablando con Max Aub hacia 1970.[165] Es de presumir que, a diferencia de algunos amigos, o ex amigos, homófobos, Lorca supo agradecer el *regalo* que le había hecho Cuba.

Antes de que Norma Brickell tuviera la desagradable sorpresa de encontrarse con un Federico tan transformado a peor, ya corría por los mentideros literarios españoles el rumor del cambio operado en el poeta durante su estancia de ultramar. Lo sabemos por una carta enviada desde París, fechada el 28 de mayo de 1930, del ex residente Juan Vicéns a León Sánchez Cuesta, entonces en Madrid:

> Ya por varios sitios he oído comentarios desagradables sobre Federico. En una peña en Montparnasse, un pintor madrileño (Beveride)* contó tranquilamente que el viaje a EE. UU. había sido porque el padre estaba desesperado porque Federico andaba persiguiendo jovencitos y lo envió a cambiar de aires. Pero hace poco vino un escritor cubano que le había visto en La Habana y venía entusiasmado de sus conferencias. Luego empezó a contar que Federico era un hombre especial que no le gustaban las mujeres, y contó que lo llevó a un baile de negros y que se quería ir con un negro. Y lo grave fue que ese tipo, que es un salvaje, vino al banquete a Ramón** se emborrachó, estuvo hecho un grosero y le dio la obsesión de contar a Ramón a grandes gritos y del modo más grosero posible toda esa aventura de Federico en Cuba.[166]

Así hablaban las lenguas mientras Lorca emprendía la vuelta a España después de su odisea transatlántica.

* Se trata de Norberto Beberide, que hizo las cubiertas para varios libros de Ramón Gómez de la Serna editados en París. Véase J. M. Bonet, *Diccionario de las vanguardias en España* (1907-1936), Madrid, Alianza, 1995, p. 93.

** Ramón Gómez de la Serna acababa de dar una conferencia en Alemania y pasó luego por París. Véase «Ramón en Berlín», en *La Gaceta Literaria*, Madrid, 1 de junio de 1930, p. 12. ¿Quién era el escritor cubano en cuestión? No lo hemos podido identificar. ¿Se trataría del *guatemalteco* Luis Cardoza de Aragón? Tal vez.

4

Amor en tiempos de República

ESPAÑA OTRA VEZ

A principios de julio de 1930, Lorca regresa a Granada después de su ausencia de un año. El ex dictador Primo de Rivera ha muerto en el exilio de París, Alfonso XIII ha nombrado al general Dámaso Berenguer para tomarle el relevo, y hay expectación de elecciones generales, de tiempos más libres, de más justicia. Se siente venir el cambio, aunque habrá que esperar todavía. Podemos estar seguros de que la situación del país es tema de conversación permanente aquel verano en la familia del poeta y en las reuniones con sus amigos granadinos. Los republicanos están convencidos de que llegará pronto su momento. Fernando de los Ríos ocupa una posición clave dentro de la oposición a la monarquía, y cabe la suposición de que, debido a su ya estrecha amistad con el catedrático socialista, los García Lorca se enteraran del acuerdo que alcanzan, el 17 de agosto, los distintos grupos políticos decididos a trabajar juntos por la caída del régimen. Se trata del llamado Pacto de San Sebastián.[1]

Lorca escribe por estas fechas a Rafael Martínez Nadal. La carta, solo reproducida por el recipiente en 1992, sesenta y dos años después, y ello parcialmente, confirma que entre los dos había una complicidad tan honda que uno se pregunta si no tenía, por parte de Nadal, un componente gay nunca admitido o reconocido después en sus múltiples escritos y comentarios sobre el poeta. En efecto, numerosos amigos del poeta con quienes he hablado a lo largo de mis investigaciones no dudaban en expresar su convicción de que Nadal era bisexual. Entre ellos, los pintores Santiago Ontañón y José Caballero.

La publicación por Nadal de dicho fragmento de la carta supuso un gigantesco paso adelante, de todas maneras, para nuestro conocimiento de Lorca. Con su amigo no le hace falta ocultar nada, porque lo sabe todo y lo entiende todo. El registro es jocosamente *camp*:

Queridísimo Rafael de mi corazón, amigo mío de siempre y primor de los primores de Madrid: Como no me contestastes a New York, ya no te he escrito más, aunque puedes pensar que recordarte te he recordado todos los días de mi largo y espléndido viaje. ¡Ay Ay Ay Ay Ay! ¡que me muero! Tengo las carnes hechas pedacitos por la belleza americana y sobre todo por la belleza de la Habana ¡Ayyyy comadre! ¡Comadrica de mis entretelas! Yo no puedo hablar. Una carta no es nada. Una carta es un noticiario y un suplicio para una persona como yo que viene llena de cosas nuevas y que tiene un verbo cálido y auténtico de poesía. Yo lo que deseo es verte y si tú no vienes enseguida tendré yo que ir. Nada ni nadie me inter[es]a en Madrid tanto como tú. Siento tu amistad como uno de esos pilares de mármol que se ponen más bellos con la acción del tiempo.

No puedo escribir. Estoy nervioso, bajo una higuera espléndida, en pleno campo granadino, y luchando con este lápiz estúpido.

Después de preguntar por un amigo común, Miguel Benítez Inglott, vienen otras confidencias, entre ellas la posibilidad de volver pronto a Estados Unidos:

> Yo estoy satisfechísimo de mi viaje. He trabajado mucho. Tengo muchos versos de *escándalo* y teatro de escándalo también. Vuelvo en Enero. Eso te lo dirá todo. Y es fácil que estrene en New-York.
>
> He escrito un drama que daría algo por leértelo en compañía de Miguel. De tema *francamente* homosexual. Creo que es mi mejor poema. Aquí en Granada me divierto estos días con *cosas deliciosas* también. Hay un torerillo...[2]

En este punto, al final de la hoja, termina Martínez Nadal su transcripción de la carta. Ha tomado la decisión de no permitirnos saber lo que le contó a continuación el poeta acerca de aquella *cosa deliciosa*. Hay que agradecerle profundamente, con todo, la reproducción de lo que antecede. Como es obvio, solo es capaz de componer un drama «de tema *francamente* homosexual» —Lorca se refiere a *El público*, aunque lo llama «poema»— un escritor gay. Es la única vez, en toda la documentación publicada hasta la fecha, en que el poeta admite abiertamente su homosexualidad, y esta oración de cuatro palabras —solo publicada, repito, en 1992— ha hecho posible que hasta el más obtuso defensor de la *ortodoxia* sexual del poeta se vea hoy en la obligación de callarse o, cuando menos, de cuestionar sus prejuicios anteriores. Lo cual es todo un alivio después de tantas décadas de ofuscación y de intencionados silencios. Pese al carácter truncado del documento, lo que queda es suficiente para poder afirmar que en ninguna carta suya conocida se refiere Lorca tan gozosamente al amor que, aquí sí, se atreve a decir su nombre. Además el fragmento tiene la virtud añadida de confirmar que vuelve a España con la determinación de *escandalizar* con su obra de nueva cuña, como había dicho a Cardoza y Aragón en Cuba.

La anécdota del torerillo encaja con lo que José María García Carrillo, máximo cómplice gay de Lorca en Granada, como sabemos, le contó a Agustín Penón en 1955 «Como hace casi siempre —apuntó el norteamericano—, Pepe me habla ahora de la vida amorosa de Federico. Me dice que él y Lorca solían compartir sus conquistas en Granada. Pepe sedujo a un joven que quería ser torero, y entre él y Federico le financiaban las corridas. Juntos le ayudaban a vestirse antes de salir al ruedo. Pero el chico era un torero malísimo y tenía mucho miedo a los toros.»[3]

Otra comunicación a Martínez Nadal del verano

de 1930, también troceada por este, tiene el mismo tono íntimo. Después de unas exultantes alusiones a Cuba, el poeta escribe: «La alegría que tuve al recibir tu carta fue extraordinaria, porque me envió de pronto a la vida que quiero, alejado un año como he estado por otras vidas y otros mares.»[4]

La *alegría* que supuso para Lorca la lectura de aquella carta, que por desgracia no parece haberse conservado, demuestra otra vez que Martínez Nadal fue uno de sus amigos más íntimos. Hablaremos de él, y de sus silencios, más adelante.

¿Y Dalí? Por estas mismas fechas, Lorca le escribe. Quiere volver a verle, dice. Necesita hablar con él. Ha vivido un año en Nueva York «de manera estupenda». Le anuncia que en enero tendrá «mucho dinero» y le invita a pasar una temporada de seis meses con él en aquella metrópoli, donde hay una galería a su disposición «y una enorme cantidad de amigos idiotas, de millonarios maricones y señoras que compran cuadros *nuevos* que nos harían agradable el invierno». Está convencido de que le vendría muy bien la estancia a Salvador, cuyo «maravilloso espíritu vería cosas nunca vistas en esa ciudad totalmente nueva y opuesta en su forma y en su sueño al ya podrido romanticismo renovado de París». Quiere saber en qué está trabajando ahora el catalán, y que le envíe fotos. Quiere también que Dalí conozca las nuevas cosas suyas. Luego una sorpresa: anuncia que ha hecho una pequeña película con un poeta negro de Nueva York, que se estrenará allí cuando vuelva. Y otra cosa: le ha gustado mucho el «timo» que Salvador le iba a dar a su familia («es lástima que no te enviaran el dinero»).[5]

El documento tiene un interés excepcional. De todos los amigos de Lorca, Dalí es el más original, el más creativo, el más raro. Perderlo de vista ha sido muy difícil. Pese a las exageraciones del poeta, el proyecto de volver a Nueva York dentro de unos cuatro o cinco meses (también mencionado en su carta a Martínez Nadal) parece fundarse en algo más que en una vaga esperanza. ¿Y la película? ¿Se trata de *Viaje a la luna* o de otro guion hoy desconocido? No lo sabemos. ¿Y el poeta negro? No ha sido posible identificarlo. Lo que llama la atención, de todas maneras, es el intenso deseo de reanudar su relación con Dalí, de saber qué hace, de mostrarle cosas. Y el intenso deseo, también, de impresionarle.

La falta de referencia a Gala es llamativa. ¿Es que no sabe todavía que, durante su ausencia en Estados Unidos, se ha producido un milagro en la vida de su «hijito»? ¿O prefiere no darse por aludido?

Sale pronto de su ignorancia al respecto, de todos modos. Hacia finales del verano la familia, siguiendo la rutina de cada año, pasa unas semanas en Málaga. Allí Federico se entera de la estancia de los amantes aquel abril y mayo en Torremolinos, entonces minúsculo pueblo, episodio que el pintor evocará en su *Vida secreta*, denominándolo «luna de miel de fuego». Se habían bañado desnudos en el mar, Gala iba con los pequeños pechos al aire, sin despertar apenas curiosidad entre los lacónicos pescadores del lugar, habían escandalizado con sus besos a los buenos burgueses malagueños, eso sí, durante las procesiones de Semana Santa, y mil cosas más. Los surrealistas de Málaga, con

Prados y Altolaguirre a la cabeza, no pararon de contar los pormenores a lo largo de los siguientes meses. Y no por nada: aquello había sido tremendo, nunca visto, único.[6]

Según Rafael Alberti, Lorca le dijo, al volver a Madrid, que al principio no pudo creer que Salvador tuviera novia. «¡Si solo se le pone tiesa cuando alguien le mete un dedo en el culo!», exclamó, con evidente conocimiento de causa. ¿Y qué mujer le iba a hacer eso?[7] Me pregunto si no estaba incluso al tanto de la carta de Dalí a Pepín Bello en la que el pintor había rematado así una invitación a Cadaqués: «Te espero pues cuando bengas muy contento i con el dedo (siempre) metido en el consabido aguguero que es el aguguero del culo i ningún otro.»[8]

No había más remedio que aceptar el hecho del noviazgo, de todos modos, y podemos tener la seguridad de que a partir del verano de 1930 Lorca se desvivía no solo por volver a ver a Dalí, sino por conocer a su compañera. No ocurriría hasta el otoño de 1935, cuando ya le quedaba poco tiempo.

Reaparece Aladrén

El 22 de agosto de 1930, Lorca terminó en Granada *El público*. Ocho días después, Emilio Aladrén, tan presente en la obra, le envió un besamanos escrito de su puño y letra:

Emilio Aladrén Perojo

B. L. M. a,

Federico García Lorca, se alegra mucho [de] su llegada a España y aprovecha esta ocasión para decirle que no se imagina con cuánto gusto recibiré noticias suyas.[9]

Cuando Lorca regresó a Madrid aquel otoño volvió a ver al escultor. No sabemos hasta qué punto se reanudó la relación, pero lo suficiente para que, en diciembre de 1930, Emilio acompañara al poeta a San Sebastián, donde repitió su ya conocida conferencia sobre cante jondo. Estuvo presente el futuro crítico de arte y especialista en Dalí Rafael Santos Torroella, que entonces tenía dieciséis años. Alguien le susurró al oído que se trataba del «amigo» del poeta.[10]

El 14 de noviembre de 1931, Aladrén se casó con Eleanor Dove en Inglaterra, concretamente en la iglesia católica de Saint Charles, South Gosforth, en el condado de Northumberland.[11]

A partir de ese momento perdemos su pista durante un par de años. Luis Rosales me contó que una tarde, en 1934 o 1935, tropezó en Madrid con Pablo Neruda. El chileno iba acompañado de Aladrén, a quien Luis no conocía, aunque estaba al tanto de su relación con Lorca. El escultor estaba bastante ebrio. Más tarde, aquella noche, al darse cuenta Aladrén de que Luis tenía amistad con Lorca, le confió: «Para poder volver con Federico abandonaría a mi familia y todo lo que tengo.» Pidió a Rosales que le transmitiera el mensaje al poeta, pero no lo hizo, creyendo que era su obligación proteger así a Federico. Me dijo que nunca pudo olvidar aquellas palabras de Aladrén, y la intensa emoción con que las pronunció. Durante la Guerra Civil volvió a verle con cierta frecuencia, ya convertido en falangista *ad hoc*. Emilio no aludió ni una sola vez al poeta asesinado.[12]

Dalí, huyendo de los nazis rumbo a Lisboa y Estados Unidos, le vio «al azar» en el Madrid de la inmediata posguerra. Le recuerda en su *Vida secreta* como «uno de los miembros más jóvenes del grupo de mis días madrileños».[13] Aladrén ya iba camino de ser escultor del régimen e hizo, entre otras, sendas cabezas de José Antonio Primo de Rivera, Franco, Ramón Serrano Suñer, fray Justo Pérez de Urbel y Dionisio Ridruejo.

El testimonio de Ridruejo en *Casi unas memorias* (1976) es de especial interés. Convivió con Aladrén en Burgos en 1938 y pudo confirmar el carácter dionisíaco del artista: «Fuera de su barro lo que más le interesaba en este mundo era el amor: el amor físico, corporal, para el que seguramente fue un frenético aunque no tenía nada que ver con un don Juan, pues jamás hablaba de sus mujeres, salvo para confesarse embargado por ellas [...] Gran personaje. Inolvidable. Murió de frenesí, escapándose a cada paso para acudir a los brazos de una amante, cuando le obligaron a encerrarse en un sanatorio del Guadarrama.»[14]

Emilio Aladrén falleció en Madrid el 4 de marzo de 1944, a causa, según su cuñado José Jiménez Rosado, de «excesos amorosos».[15] Fray Justo Pérez de Urbel nos asegura que «se durmió serenamente en la paz de Dios y en el seno de la Iglesia».[16]

Si fue así, quizá le ayudó no solo la recepción de los últimos sacramentos sino, como recoge la esquela publicada en *Abc*, la bendición de Su Santidad.[17] Fue enterrado al lado de los suyos en la sacramental de San Isidro.[18]

Tiempo atrás se había separado de Eleanor Dove, o ella de él. El hijo de ambos, Jaime Aladrén, nacido en Madrid en 1932, fue educado en Inglaterra. Después de vivir muchos años en Rincón de la Victoria, en Málaga, Eleanor —Elena para todos sus amigos españoles, como sabe el lector— falleció en Inglaterra, hay que suponer que sin saber hasta qué punto estaba presente en la obra de Lorca. Sus restos se encuentran en el cementerio del pueblo de Broadwell, cerca de Stowe-on-the-Wold, en el condado de Gloucester.[19]

Es penoso que no tengamos más información acerca de la relación de Emilio Aladrén con Lorca, ninguna procedente de su viuda (con quien lamento profundamente no haber podido hablar) y ni una sola carta de Lorca a él dirigida. Una vez más se hacen insistentes en nuestra memoria los versos juveniles del poeta:

Las cosas que se van no vuelven nunca,
Todo el mundo lo sabe,
Y entre el claro gentío de los vientos
Es inútil quejarse.
¿Verdad, chopo, maestro de la brisa?
¡Es inútil quejarse![20]

Gregorio Marañón
versus André Gide

Para tener una idea de la situación jurídica de los homosexuales españoles en vísperas de la llegada de la Segunda República, nuestra fuente más útil es el estudio editado por Gregorio Marañón en enero de 1929, *Los estados intersexuales en la especie humana*, que tuvo una considerable resonancia.[21]

No se podía pedir a Marañón, el médico más célebre del país, que considerara *normal* la homosexualidad, en deuda como estaba con las teorías científicas entonces vigentes. Se trataba para él de una *anomalía*, de una *desviación*, pero no por ello había que culpabilizar, y menos criminalizar, a quienes la padecían. El primer párrafo del capítulo XIII del libro titulado «La homosexualidad como estado intersexual», nos da la medida del hombre, al fin y al cabo gran humanista:

La idea de incluir la homosexualidad entre los estados intersexuales supone un enorme progreso en la comprensión de esta anomalía del instinto. Progreso no solamente científico, sino social y moral. Durante casi toda la historia de la Humanidad, la homosexualidad ha sido considerada, torpemente, como un crimen, y penada con los castigos más atroces. Nada menos que el fuego de Dios fue la sanción impuesta a Sodoma y Gomorra. Y hasta bien entrada la Edad Moderna se seguía quemando vivos en todos los países a los reos de este llamado «pecado nefando», en la terminología española.

Dice Bloch* que España fue una de las primeras naciones que borraron esta salvajada de sus códigos. Debemos enorgullecemos de ello, pues no solo se trata de una insensatez en el terreno científico, sino, socialmente, de una táctica, a más de inhumana, notoriamente contraproducente, dada la peculiar psicología de los homosexuales. Ellos creerán que es Platón y no el juez el que tiene razón. Y, prácticamente, es indudable el recrudecimiento de la homosexualidad después de los procesos contra los invertidos, que han escandalizado por su rigor: el ejemplo más neto es el de la condena de Oscar Wilde, responsable de una buena parte de la boga actual de homosexualismo.[22]

¿Indudable el recrudecimiento de la homosexualidad a consecuencia de tales procesos, sobre todo el de Wilde? ¿«Boga actual de homosexualismo»? ¿Quiere decir Marañón por la publicidad dada al caso, por lo de que la fruta prohibida sabe mejor? No está claro, parece haber un *non sequitur*. Pero no es lo que más nos interesa aquí.

En una enjundiosa nota a pie de página sobre la situación jurídica de los homosexuales que entonces se daba en España y Europa, Marañón señalaba que en el Código Penal español vigente no se castigaba específicamente el homosexualismo, solo los desmanes sexua-

* El en su día famosísimo sexólogo pionero alemán Iwan Bloch (1872-1922), que a veces publicaba con el seudónimo de Eugène Dühren.

les en general (violación, «abusos deshonestos»...). En comparación, los homosexuales lo tenían mucho más difícil en Suiza, Alemania e Inglaterra. Hacia este último país, por su crueldad y su hipocresía, Marañón no podía ni quería ocultar su más absoluto desdén. En Inglaterra la pena infligida por los delitos homosexuales era de trabajos forzosos desde dos años hasta perpetuidad. El médico estaba indignado:

La ferocidad con que se aplica se hizo universalmente patente en el famoso proceso de Oscar Wilde, en el que ni aun la calidad reconocida de gloria nacional del inculpado sirvió de atenuante. Claro es que, en cambio, la aristocracia de su compañero de amor anormal, Lord Douglas, fue motivo suficiente para que el inflexible juez pasase por alto toda su fundamental colaboración en los mismos hechos. Los libros sagrados dicen, por lo menos, que «entrambos» han de ser castigados. En este proceso es tan interesante como la misma estupidez del juez la actitud de toda la opinión inglesa, realmente repulsiva, con la excepción de unos pocos hombres y mujeres.

De muy pocos, ciertamente. Marañón señala a continuación que, si en el nuevo Código Penal de la Rusia soviética el castigo de la homosexualidad se ha suprimido, no así en la Italia fascista que, desde 1927, viene admitiendo el delito. Y continúa, refiriéndose a la realidad de la situación en su propio país:

Desgraciadamente, en España —posiblemente ocurrirá otro tanto fuera de aquí— las costumbres policíacas no suelen hacer honor a la elevación de miras de nuestra legislación. La Policía suele infligir, ya que no penas graves, mortificaciones depresivas, y, sobre todo, contraproducentes, a los homosexuales cogidos en las «redadas» que de vez en cuando se organizan para su caza. No hace mucho un gobernador recién nombrado al llegar a su provincia, queriendo dar una muestra de su energía, mandó detener y someter a una expectación [*sic*] escandalosa a todos los homosexuales que, con razón o sin ella, figuraban en los registros policíacos. Entre ellos había muchos rufianes, prostituidos, chantajistas, cínicos, etc., pero también personas afectas de esta dolorosa desviación del instinto. Los periódicos aplaudieron a este «viril gobernador, que no se había detenido ante ningún prejuicio».[23]

Los párrafos de Marañón referentes al Código Penal de Primo de Rivera se escribieron, a todas luces, antes de la revisión efectuada en 1928 que, según señala Victoriano Domingo Loren en su libro *Los homosexuales frente a la ley. Los juristas opinan* (1977), introdujo cambios de peso en este. Frente «a la redacción aséptica y no discriminatoria del delito de abusos deshonestos» de los códigos anteriores, el de 1928 especificaba: «Cuando el abuso deshonesto, concurriendo cualquiera de las circunstancias del artículo 598, tuviere lugar con persona del mismo sexo del culpable, se impondrá la pena de dos a doce años de prisión» (artículo 601, párrafo 2.º). El autor comenta: «Nótese que la pena, cuando se trata de personas de sexo diferente, es solamente de seis meses a tres años.» El delito de escándalo público también recibía otra redacción. El artículo 616 dice ahora: «El que, habitualmente o con escándalo, cometiere actos contrarios al pudor con personas del mismo sexo, será castigado con multa de 1.000 a 10.000 pesetas e inhabilitación especial para cargos públicos de seis a doce años.» Es decir, la situación de los homosexuales había empeorado, en sintonía con las modificaciones introducidas recientemente por otros regímenes europeos de tendencia ultraderechista.[24]

Con el nuevo código republicano (1932) se volvió al sistema español tradicional. Se suprimió toda referencia explícita a la homosexualidad y, como explica Domingo Loren, «los actos homosexuales solo pueden ser castigados cuando revisten la forma de los delitos de abusos deshonestos, corrupción de menores o escándalo público». Hay que imaginar que para alivio de Gregorio Marañón.[25]

Lorca iba a tener con Marañón, durante los breves años de la República, una relación afectuosa. Su amiga Marcelle Auclair estuvo presente cuando, el 26 de febrero de 1933, el poeta leyó fragmentos de *Bodas de sangre* en el cigarral toledano del médico. Carlos Morla Lynch, también allí, apuntó en su dietario: «Marañón no resiste más y enjuga las lágrimas que asoman a sus ojos.»[26] Auclair inmortalizó con su Leica la visita, y en dos de las fotos vemos a Lorca, muy relajado y sonriente, al lado de Marañón. Nadie como aquel médico para comprender al poeta, pero por desgracia no se conoce ningún texto suyo en el que aborde el tema que aquí nos ocupa.[27]

También en 1929, año de publicación de *Los estados intersexuales en la especie humana*, se editó en Madrid, traducido por Julio Gómez de la Serna, el *Corydon* de André Gide, la apología gay más famosa y polémica de Occidente. La siguiente edición, de 1931, llevaba, a modo de prólogo, un «Diálogo antisocrático sobre Corydon» de Marañón, y una nueva cubierta con el subtítulo *La novela del amor que no puede decir su nombre*, evidente pero no declarada apropiación del famoso «amor que no se atreve a decir su nombre» de lord Alfred Douglas, el amante de Oscar Wilde.

El nombre del protagonista, Corydon francés estrictamente contemporáneo, procede de la segunda égloga de Virgilio, el texto literario de tema homosexual quizá más célebre de toda la Antigüedad, con su primer verso inolvidable: «*Formosum pastor Coridon ardebat Alexi*» («El pastor Coridon ardía por el hermoso Alejo»). El Corydon de Gide es un médico que, en el curso de cuatro diálogos, cuenta a un narrador homófobo y antisemita su periplo desde la ignorancia de su condición gay hasta el descubrimiento de que no le atraen sexualmente las mujeres. Relata el suicidio de su joven amigo Alejo (víctima del autodesprecio), el «aniquilamiento» que le suponía tener que llevar siempre una máscara, y el paulatino convencimiento de que la homosexualidad —mejor, las homosexualidades— no solo no son contra natura sino *naturales*.

Corydon no consta entre los libros de Lorca conservados hoy en el archivo de su fundación. Ello no quiere decir, por supuesto, que no tuviera o consultara un ejemplar de la obra. Si es poco probable que leyera *Los estados intersexuales en la especie humana*, me parece imposible que, como mínimo, no hojeara el breve texto de Gide, tan discutido en la Europa de entonces.

Marañón, en su «Diálogo antisocrático» antepuesto a la edición de 1931, llama a la apología gideana, que aboga a favor de la *normalidad* e *innatez* de la tendencia homocrótica, «obra famosa y vitanda del escritor francés», y arremete contra «la nefanda, la intolerable conclusión del libro».[28] Vitanda, nefanda: no cabían adjetivos más contundentes. Era normal que la abogacía de Gide-Corydon a favor de lo que llama «pederastía normal» le pareciera monstruosa al autor de *Los estados intersexuales en la especie humana*. Para Marañón, la adolescencia masculina (entre los trece y los veintidós años) es un período de indecisión sexual, por lo cual la pedagogía está obligada a velar por que no se produzca durante este una desviación hacia la homosexualidad.

Lo extraño del caso es que, en la mente de los homófobos españoles de esos años, Marañón, por el hecho de abordar abiertamente el asunto, llegó a ser considerado un sospechoso más. Comenta Alberto Mira en *Para entendernos*: «El doctor Marañón es referencia obligada en la percepción de la homosexualidad en España. Su trabajo causó gran revuelo en los años anteriores a la Guerra Civil. Se convirtió en un nombre popular, a menudo asociado con la creciente visibilidad de la homosexualidad en las grandes ciudades: algunos de los personajes de las *Memorias de un literato*, de Cansinos, culpan a Marañón del "incremento" de la homosexualidad (es decir, de su mayor visibilidad); en algunos casos se llega a sugerir que el propio doctor es homosexual, pues, si no, ¿por qué iba a tratar esos temas? Esto muestra lo arraigada que está la homofobia en nuestro país.»[29]

¡Qué duda cabe!

Así QUE PASEN CINCO AÑOS

Como sabemos, Lorca terminó *El público* en Granada al poco tiempo de volver a España, en el verano de 1930. Cuando regresó a Madrid aquel otoño declaró en una entrevista con Miguel Pérez Ferrero (9 de octubre) que la obra se componía «de seis actos y un asesinato». Calculaba que no iba a ser «muy representable en el orden material». ¡Si los personajes principales eran caballos![30]

En diciembre, Cipriano Rivas Cherif puso *La zapatera prodigiosa* en el Teatro Español. En vísperas del estreno Lorca comentó: «No; no es *mi obra*. Mi obra vendrá...; ya tengo algo..., algo. ¿Sabes cómo titulo *mi obra*? *El público*. Esa sí..., esa sí... Dramatismo profundo, profundísimo...»[31]

Tuvo buen cuidado, sin embargo, de no ir proclamando en sus declaraciones a la prensa que *su obra* era «de tema *francamente* homosexual». Hizo gestiones para conseguir su puesta en escena, sobre todo a partir de la llegada de la Segunda República en abril de 1931, y la leyó en distintas ocasiones a sus amigos, en grupos o individualmente, como en el caso de Vicente Aleixandre.[32] Pero era evidente que, en efecto, iba a ser muy difícil que se representara, no solo por su contenido «escandaloso» sino por razones técnicas.[33]

Entretanto logró terminar, durante el verano de 1931, *Así que pasen cinco años*. Carecemos de información acerca de la gestación de *La leyenda del tiempo*, como la subtituló, y solo se le conocen unas brevísimas alusiones a su intención en esta, ninguna contemporánea con su redacción.

Para Lorca, la dilación o postergación amorosa es siempre un pecado contra la naturaleza —quien se lo piensa dos veces, lo pierde todo—, como lo es enmascarar o reprimir los verdaderos sentimientos. De todos sus personajes, el Joven de *Así que pasen cinco años* representa de manera más patética las consecuencias del amor aplazado. Cuando vuelve de su viaje se establece entre él y la Novia un tenso diálogo:

NOVIA. ¿Y tú no eras más alto?

JOVEN. No.

NOVIA. ¿No tenías una sonrisa violenta que era como una garza sobre tu rostro?

JOVEN. No.

NOVIA. ¿Y no jugabas al rugby?

JOVEN. Nunca.

NOVIA. *(Con pasión.)* ¿Y no llevabas un caballo de las crines y matabas en un día tres mil faisanes?

JOVEN. Jamás.

NOVIA. ¡Entonces! ¿A qué vienes a buscarme?[34]

La escena recuerda indefectiblemente el intercambio que mantienen en *El paseo de Buster Keaton* (1925) el famoso actor que no sonreía nunca y la *modern miss* yanqui:

AMERICANA. ¿Tiene usted una espada adornada con hojas de mirto?
(Buster Keaton se encoge de hombros y levanta el pie derecho.)
AMERICANA. ¿Tiene usted un anillo con la piedra envenenada?
(Buster Keaton cierra lentamente los ojos y levanta el pie izquierdo.)
AMERICANA. ¿Pues entonces...?[35]

En la escena con el Jugador de Rugby, la Novia compara los dientes de este supermacho *estilo USA* que se la llevará consigo en su automóvil al final de la obra, con los del Joven, de cuya inutilidad en la cama no le cabe la menor duda:

NOVIA. ¡Qué ascua blanca, qué fuego de marfil derraman tus dientes! Mi otro novio tenía los dientes helados; me besaba, y sus labios se le cubrían de pequeñas hojas marchitas. Eran unos labios secos. Yo me corté las trenzas porque le gustaban mucho, como ahora voy descalza porque te gusta a ti. ¿Verdad, verdad que sí?[36]

La obra contiene otras numerosas alusiones a la impotencia del Joven, que recuerda la de Perlimplín. Una de las más llamativas ocurre en el comentario que le dirige el Maniquí, vestido del traje de bodas que el Joven ha comprado para la novia a quien acaba de perder para siempre:

> *Tú tienes la culpa.*
> *Pudiste ser para mí*
> *potro de plomo y espuma,*
> *el aire roto en el freno*
> *y el mar atado en la grupa.*
> *Pudiste ser un relincho*
> *y eres dormida laguna*
> *con hojas secas y musgo*
> *donde este traje se pudra.*[37]

La Criada, por su parte, ha notado que el Joven da la mano «muy delicadamente, casi sin apretar»,[38] mientras el Amigo se refiere a sus «mejillas de cera».[39] Se trata de una acumulación de signos antivitales, de muerte. El Joven es, en realidad, un viejo, y no es casual que le acompañe un personaje con este nombre, evidentemente su *alter ego*. ¡Gozad el aquí y el ahora, fiaos lo menos posible del futuro! *¡Collige, virgo, rosas!* No hay obra de Lorca en que el mensaje se transmita con mayor fuerza.

La sospecha de que el Joven es reflejo del propio poeta, mejor, del poeta como cree haber sido en su juventud, o como teme seguir siendo, la confirman los ecos en la obra de versos adolescentes suyos muy personales. El angustioso diálogo que tiene lugar en el bosque entre el Joven y la Mecanógrafa (acto III, cuadro 1), por ejemplo, se inspira en la composición «Aire de nocturno», de 1919, incluida en *Libro de poemas*, con su insistente estribillo:

> *¿Qué es eso que suena*
> *Muy lejos?*
> *Amor.*
> *El viento en las vidrieras.*
> *¡Amor mío!*[40]

Cinco años atrás, antes de salir de viaje, el Joven había rechazado a la Mecanógrafa. Era la pareja a quien realmente necesitaba, pero no fue capaz de darse cuenta de ello. Ahora, abandonado por la Novia, intenta recuperarla. Demasiado tarde. Glosando «Aire de nocturno», los dos entonan el canto del amor imposible:

> MECANÓGRAFA. ¿Qué es eso que suena muy lejos?
> JOVEN. Amor, el día que vuelve. ¡Amor mío!...[41]

Cuando empieza la obra, el Joven, en vísperas de partir, se niega a utilizar el término *novia* al referirse o dirigirse a su prometida, pese a la recomendación del Viejo en este sentido. «Novia... ya lo sabe usted —trata de explicarle el Joven—, si digo novia la veo sin querer amortajada en un cielo sujetado por enormes trenzas de nieve.»[42] Ella, que es «muy jovencita» (tiene quince años), es su niña, su muchachita, no su novia. Lo repite dos veces. Son excusas, defensas. No quiere reconocerla como mujer hecha y derecha. Además, también llamará «niña» a la Mecanógrafa cuando, cinco años después, trate inútilmente de recuperar su amor.[43]

En la *suite* titulada «El regreso» (1921), comentada en un capítulo anterior, el yo evoca a su «niña perdida», que pasaba «con su vestidito / de muselina / y una mariposa / prendida».[44] En «Remansos. Momentos de canción», también de 1921, aparece una añorada «muchachita de la fuente», tal vez el mismo personaje. Ambas nos recuerdan la frustrada relación con la jovencísima María Luisa Natera.[45] Yo propondría que Lorca, al citar en *Así que pasen cinco años* poemas suyos de más de una década antes, está expresando a través del Joven su rabia por tanto tiempo perdido en fútiles cavilaciones amorosas «de otro signo».

Me complace constatar que está muy cerca de compartir esta opinión Margarita Ucelay, máxima conocedora (y editora) de la obra, hija de quien proyectaba su puesta en escena en 1936: Pura Maórtua de Ucelay. «Es su juventud gastada la que muere en *Así que pasen cinco años* —escribe—, la que se nos presenta apenas protegida por la lírica irrealidad que permite el poema dramático [...] Lo que se presenta ante nosotros es la contemplación de lo no vivido, plastificado en sensaciones, personajes o mera acción dramática, enmarcado defensivamente en la fórmula de "lo que no fue, pero pudo haber sido y quizá 'debió' ser". Confesión melancólica, en que vemos al poeta, a través de su personaje, resignado al fracaso vital que representa la aceptación de la esterilidad no deseada y el amor imposible por la mujer.»[46]

Complemento de la frustración que atormenta tanto al Joven es, efectivamente, su manía con la esterilidad, manía compartida con el Maniquí y que apunta hacia *Yerma* (obra en la cual Lorca ya pensaba durante su visita a Cuba). Es memorable el angustioso diálogo que tiene lugar cuando el Maniquí confiesa que acaba de robar un traje de niño:

> MANIQUÍ. *(Enseña un traje rosa de niño.)*
> Dos fuentes de leche blanca
> mojan mis sedas de angustia
> y un dolor blanco de abeja
> cubre de rayos mi nuca.
> Mi hijo. ¡Quiero a mi hijo!
> Por mi falda lo dibujan
> estas cintas que me estallan
> de alegría en la cintura.
> ¡Y es tu hijo!
>
> JOVEN. *(Coge el trajecito.)*
> Sí, mi hijo:
> donde llegan y se juntan
> pájaros de sueño loco
> y jazmines de cordura.
> *(Angustiado.)*
> ¿Y si mi niño no llega...?
> Pájaro que el aire cruza
> ¿no puede cantar?...[47]

Se oye aquí, otra vez, el eco de las *Suites*, en concreto del poemilla «Arco de lunas» de «En el jardín de las toronjas de luna» (1923):

Un arco de lunas negras
sobre el mar sin movimiento.

Mis hijos que no han nacido
me persiguen.

«¡Padre, no corras, espera!
El más chico viene muerto.»
Se cuelgan de mis pupilas.
Canta el gallo.

El mar hecho piedra ríe
su última risa de olas.
«¡Padre, no corras!»
       Mis gritos
se hacen nardos.[48]

El joven Lorca había tratado ya el tema del instinto maternal frustrado en «Elegía» (1918), de *Libro de poemas*, y tarde o temprano tenía que aflorar en el teatro, donde *Yerma* sería su máxima expresión. Lorca, siendo quien era, no podía por menos de especular sobre la que ha llamado José Ángel Valente «naturaleza no germinativa de la relación homosexual», y relacionarla con la tristeza de las mujeres que, deseando tener un crío, no pueden.[49]

Después del estreno de *Yerma*, un crítico teatral recogería la opinión al respecto de su amiga Encarnación López Júlvez, *la Argentinita*: «La obra es la propia tragedia de Federico. A él lo que más le gustaría en este mundo es quedar embarazado y parir... Es ello lo que verdaderamente echa de menos: estar preñado, dar a luz un niño o una niña... Yo creo que lo que más le gustaría sería un niño... Yerma es Federico, la tragedia de Federico.»[50] No sabemos si las palabras de Encarnación López fueron apuntadas taquigráficamente por el innominado crítico. Se supone, de todas maneras, que la artista aludía, de manera velada, a la homosexualidad de Lorca, difícilmente compatible con ser padre. Cabe pensar que, de conocer *Así que pasen cinco años*, la Argentinita habría visto en el Joven otro reflejo de la intimidad del poeta.

ÁTICO EN AYALA

A mediados de febrero de 1931 se produce en la vida del poeta un importantísimo cambio cuando alquila un estudio en la calle de Ayala, número 60 (más tarde 72), en el barrio de Salamanca. La casa pertenece al conde de Casas Rojas y da al jardín de un colegio de monjas agustinas, donde juegan y cantan a menudo grupos de niñas. Por fin Lorca tiene una base de operaciones propia, un sitio donde invitar a los amigos, tocar el piano y hacer lo que le da la gana. Está bien acompañado en Ayala, además, pues en el mismo inmueble (que ya no existe) hay otros estudios alquilados por amigos suyos: el guitarrista Regino Sáinz de la Maza, Encarnación López Júlvez, José Jiménez Rosado y, según este último, Emilio Aladrén, cuñado suyo.[51] Además, Rafael Martínez Nadal vive cerca, con su madre, Dolores Nadal Martínez, su hermana, también Dolores, y su hermano Ernesto, en el número 52 (luego 60) de la misma calle.[52]

A principios de marzo, Lorca escribe a sus padres desde el estudio, donde dice encontrarse «ya muy bien instalado». Está contento, puede trabajar tranquilamente, la portera «es una maravilla de limpieza y de simpatía», y, miel sobre hojuelas, le está costando poco dinero su nuevo estilo de vida («*no gasto un céntimo, porque, como casi siempre estoy invitado, es una comodidad enorme para mí*»). Hay otras noticias que transmitir a casa. Ha entregado a la editorial Ulises dos «libros viejos» suyos que cree «tendrán un gran éxito de ventas». Uno de ellos es *Poema del cante jondo*, que ha preparado con la ayuda de Martínez Nadal (y que se publicará aquel mayo).[53] El título del otro se desconoce, pero se trata probablemente de las *Suites* (que, como sabe el lector, seguirá inédito hasta muchos años después de la muerte del poeta). Otra buena nueva: la famosa actriz Irene López Heredia tiene *El público*. Si ella no la pone, quiere montarla «un grupo de amigos y poetas jóvenes» de Federico. ¿Qué amigos? ¿Qué poetas? No lo dice. «Desde luego, este estreno sería sensacional y una de las batallas literarias mayores de una época», añade antes de dedicar unos renglones al nacimiento de su sobrina Vicenta (*Tica*), hija de Concha García Lorca.[54]

El 12 de marzo de 1931, Vicenta Lorca contesta, algo inquieta, la carta. Reconoce que es una ventaja estar invitado a menudo a cenar, pues supone una economía considerable, pero existe todavía el inconveniente de que Federico ¡tendrá que pagar él mismo el almuerzo!

Estima que, cuando se junte con él su hermano Francisco, que está preparando en Granada nuevas oposiciones, deberán hacer ellos mismos el desayuno y la merienda, encargando a la portera la limpieza de los cacharros. Así se podrán ahorrar unos cuartos. Luego comenta los proyectos de Federico. Está en un momento óptimo de su vida, y es imprescindible que no pierda el tiempo tontamente. Sus planes son siempre excelentes, pero tarda demasiado tiempo en llevarlos a cabo. ¡Seis años entre *Mariana Pineda* y *La zapatera prodigiosa*! Es, de verdad, una lástima. El poeta ha prometido pasar la Semana Santa con sus padres. Pero tampoco se fía la madre. Que no los deje en la estacada como otras veces. ¡Ya son viejos![55]

Pobre Vicenta Lorca, tan obsesionada como siempre con el dinero, cuando no les falta de nada, y la carrera de sus hijos.

El 10 de abril, en vísperas de las elecciones municipales que traerán la República, se presenta en Madrid la hispanista francesa Mathilde Pomès. No ha visto a Federico desde aquel día de junio de 1929, en París, cuando intuyó que el poeta no estaba tan entusiasmado como quería dar a entender con su viaje a Nueva York. Ilusionada al poder volver a verle, y enterada de dónde vive, se dirige al estudio de la calle de Ayala. Llega a las once y media de la mañana, y el poeta solo acaba de despertarse. No importa, se sienta al piano en bata e interpreta algunas canciones aprendidas en La Habana. Después pasa al repertorio español: asturiano, castellano, leonés, andaluz... y vuelan dos horas. Cuando se retira por fin a vestirse, la hispanista apunta en su cua-

derno —y se lo agradecemos— una pormenorizada
lista de cuanto ve a su alrededor en el estudio. Primero,
la relación de los libros amontonados sobre la mesa.
Son la Biblia; la *Divina comedia* de Dante en italiano;
una edición completa inglesa, en un solo tomo, de
Shakespeare (no se consigna por desgracia el nombre
del editor); los *Chinese Poems*, en traducción de Arthur
Waley; dos tomos en francés de la colección Ars Una
(*France y Angleterre*); el volumen XXXII (*Líricos españoles*) de la famosa Biblioteca Rivadeneyra de Clásicos Españoles; obras de José Zorrilla, Lope de Rueda y
Tirso de Molina; y, finalmente, *La Celestina*. No se le
podía achacar al poeta falta de variedad en sus inquietudes de lector. Entre los libros se encuentra una gran
caja de lápices de colores. Y, fijado con una chincheta
en la pared, un dibujo del poeta en el que tres marineros
rodean a un grumete afeminado delante del bar de un
puerto. Al lado cuelga uno de los cuadros regalados a
Federico por Dalí en los felices tiempos de la Residencia, tal vez *Naturaleza muerta (Botella de ron con si-
fón)*, pintado en 1924. Sobre el piano hay una partitura
del *Don Juan* de Mozart y un volumen del *Cancionero
popular español* de Pedrell. El mobiliario se completa
con unos cuantos cacharros de cobre viejos y un par de
tapices alpujarreños violeta, negro y rojo sobre fondo
blanco. Lorca regala a la francesa, entre otras cosas, el
dibujo de los marineros, gay a más no poder.[56]

El poeta perdió al año siguiente la parcela de libertad que le proporcionaba tener su propio estudio. Y
ello porque, en diciembre de 1932, sus padres no solo
se trasladaron a Madrid, donde se instalaron cerca de

Ayala en un amplio piso de la calle de Alcalá, número 102 (hoy marcado con una placa), sino que le hicieron saber que era su obligación vivir con ellos.[57] ¿O hay que creer que decidió hacerlo por gusto propio? Sea como fuera, seguiría allí con ellos hasta la fatal salida para Granada en 1936.

«FEDERICO GARCÍA LOCA, O CUALQUIERA SE EQUIVOCA»

La prensa de derechas la tuvo tomada con La Barraca, la compañía de teatro universitario fundada por la República y dirigida por Lorca, desde el primer momento, y recurrió a sus mejores artes para intentar desacreditarla. Despilfarro de dinero público, inmoralidad sexual, marxismo, masonería, corrupción del pueblo..., daba igual con tal de manchar de lodo a todos los relacionados de alguna manera con aquel magnífico proyecto subvencionado por el Gobierno, empezando con el poeta y Fernando de los Ríos, su promotor y protector.

Inició la campaña la revista satírica ultraderechista *Gracia y Justicia. Órgano extremista del humorismo nacional*, fundada en 1931 por Manuel Delgado Barreto, director de *La Nación*, diario de Primo de Rivera y portavoz ahora del naciente fascismo español. *Gracia y Justicia* odiaba la República; es decir, la República de Manuel Azaña y sus semejantes, y era especialista en chistes y caricaturas antisemitas dirigidos contra Fernando de los Ríos.

El 23 de julio de 1932, nada más empezar su andadura La Barraca, la revista acusó a los estudiantes de estafar al público y aludió de forma transparente a la homosexualidad del poeta. El comentario se titulaba «Federico García Loca o cualquiera se equivoca». No se trataba de ninguna errata de imprenta. Una llamada remitía a una nota a pie de página donde se podía leer: «Se nos permitirá esa licencia en el apellido para que pueda ir en pareado.» El articulista, anónimo como todos los de la revista, se había enterado del bulo de que en Soria los estudiantes habían cobrado las entradas en provecho propio. Y no se pudo contener:

Habían salido —¡sí!—, habían salido —¡no!— uniformados con sus manos de falsos mecánicos, con sus trajes *mahonvestidos*, en los que iba bordado en negro y blanco una carátula teatral. Habían salido —¡sí!— los niños simpaticones y tal, acaudillados por el poeta Federico García Lorca y Sanchiz.* flor de romances andaluz.

La barba morisca de don Fernando el Laico les daba protección de sombra y algunos cuartos, no pocos por cierto.

Estas debilidades de don Fernando son lógicas y nada censurables por cierto, porque si proteger a un poeta, poetazo o poetiso, es siempre cosa que honra, proteger a los estudiantes de la FUE —la que

* Alusión al «otro» Federico, el charlista Federico García Sanchiz, ídolo de las derechas y constantemente opuesto, en *Gracia y Justicia*, a García Lorca, el malo de la pieza.

fue— es reciprocidad, y no es bien nacido el que no es agradecido.

Lo malo ha sido —o «fue»— el contratiempo habido por la agrupación artística llamada La Barraca, lanzada a difundir nuestro teatro clásico por aldeas y villas en el dulce desmayo de sus voces.

Bien pertrechados en las perras oficiales que les diera don Fernando el Laico, y sin dar al olvido su condición desinteresada en pro de la cultura, no podíamos suponer que los aprovechados jóvenes —¡jóvenes, sí!— intentaran vender las entradas, cosa, por otra parte, audaz, porque es tanto como vender el derecho a la ruidosa crítica. El gobernador de Soria pura, cabeza de Extremadura, reparte entradas previo su pago, «invitando» a la representación de *La vida es sueño*, que habría de tener lugar en los claustros de San Juan de Duero.

Fue la gente, y por lo que se vio, no pudo aplaudir la interpretación que dieran los muchachitos al drama de Calderón, porque protestaron ruidosamente que les sirvieran lo inservible, cobrándolo como cualquier compañía.

Percances de titiriteros. La vida en *ansí*, y *ansí* tiene más emoción y verismo. Federico silbado es más humano y más admirable. Él puede decir ahora a don Fernando cuando este le regañe:

—¡Caramba, don Fernando, que la culpa fue de Calderón...![58]

Habiendo inventado la broma, tan ingeniosa e hiriente, *Gracia y Justicia* no la dejó caer, y García Lorca se convierte en García *Loca* en otras paginas de la revista.[59]

Gracia y Justicia llegó hasta a acusar a los «barracos» de robar trabajo a los actores profesionales. Nada más lejos de la verdad, sin embargo, pues una de las consecuencias de la labor realizada por los estudiantes alrededor del país iba a ser precisamente una creciente demanda de teatro en provincias.[60]

Cuando las derechas ganan las elecciones de 1933, las críticas contra Lorca se hacen más soeces. En febrero de 1934, durante su ausencia en Buenos Aires, la revista satírica ultraderechista *El Duende*, siguiendo la pauta establecida por *Gracia y Justicia*, lanza la especie de que el poeta y sus compañeros de La Barraca son una pandilla de sodomitas: «También el Estado da dinero para La Barraca, donde Lorca y sus huestes emulan las cualidades que distinguen a Cipri... ano Rivas Cherif, su *protector*. ¡Qué vergüenza y qué asco!»[61]

El juego de palabras a que, por sus últimas tres letras, se prestaba el nombre del célebre director, se hace enseguida habitual en los órganos satíricos de la derecha, que le acusan *sotto voce*, y no tan *sotto*, de tener una relación homosexual con Manuel Azaña, para ellos el enemigo número uno de la España católica y tradicional.

En julio de 1934 —Lorca acaba de regresar de su estancia americana—, el órgano falangista *FE* recoge el testigo y acusa a los «barracos» de estar pervirtiendo a los honrados campesinos españoles con su exhibición de «costumbres corrompidas, propias de países extranjeros», su «promiscuidad vergonzosa», su despilfarro de dinero público y su obediencia a los dictados del «marxismo judío». No hay constancia de que Lorca viera el miserable escrito, aunque es difícil de creer que, en un Madrid donde todo el mundo se conocía, no se lo mostrara o hiciera llegar alguien.[62]

EDUARDO RODRÍGUEZ VALDIVIESO

En febrero de 1932, Lorca conoció en Granada a un apuesto y alto muchacho de dieciocho años con ojos oscuros y una sensibilidad a flor de piel. Se llamaba Eduardo Rodríguez Valdivieso, trabajaba a regañadientes, pobre e infeliz, en un banco, y se refugiaba en la literatura. El encuentro ocurre en el famoso Hotel Alhambra Palace. Años después lo contó así:

> Conocí a Lorca por puro azar, en una madrugada carnavalesca. La jarana del carnaval lo llenaba todo. En un intervalo de la fiesta, en el centro de la vacía pista de baile, apareció una máscara de dominó amarilla, cubierto el rostro con antifaz negro, que parecía dudar cuál camino seguiría.
>
> La máscara resultó ser García Lorca. El grupo del que yo formaba parte coincidió con el poeta granadino en el ambigú, donde se bebió tanto que, al día siguiente, pocos se acordaban de la pasada aventura.[63]

Si la memoria de Rodríguez Valdivieso no le fallaba, Lorca se había cuidado de conseguir para aquella noche de disfraces un atuendo con el color emblemático de la homosexualidad. ¡Cómo no recordar a Curianito el Nene!

Para Rodríguez Valdivieso, el encuentro iniciaría la experiencia quizá más intensa de su vida. Por suerte, guardó como oro en paño seis cartas recibidas del poeta y las publicó en *El País* («Babelia») en 1993, cuatro años antes de su muerte. Hoy se conservan en la casa-museo del poeta en Fuente Vaqueros.

Las cartas demuestran que en 1932 Lorca todavía no había hallado al gran amor de su vida. ¿Intuyó que podría ser Eduardo? Así lo dan a entender. En ellas, al tratar de consolar al joven por la soledad que está experimentando, el poeta deja traslucir la suya propia, pese a su creciente fama y a los halagos de que es cada vez más objeto. «¿Querrás creer que a la única persona de Granada que escribo es a ti? —le comunica aquel otoño, en medio de los ensayos de *Bodas de sangre*—. No leas mis cartas a nadie, pues carta que se lee es intimidad que se rompe.» Espera con ilusión que Eduardo le haga una visita a la capital. Promete organizarla bien. La posdata es hermosa:

En Madrid hace un otoño delicioso. Yo recuerdo con lejana melancolía esas grandes copas amarillas de los viejos árboles del Campillo, y esa solitaria plaza de los Lobos llena de hojas de acacia, y ese divino y primer viento frío que hace temblar el agua de la fuente que hay en Plaza Nueva. Todo lo que es la Granada de mi sueño y de mi soledad, cuando yo era adolescente y nadie me había amado todavía.[64]

Por las mismas fechas acaba de abandonar el Teatro Lírico Nacional —creación de la República— su director Cipriano Rivas Cherif, que acaricia en esos momentos el proyecto de montar *El público* y otras obras de vanguardia en el Español, del cual es concesionario.[65] Dado su íntimo conocimiento del teatro contemporáneo y su experiencia como director, nadie más indicado para la posible puesta en escena de la atrevida obra del granadino. Pero no cuaja el proyecto.

Se especulaba sobre el sucesor de Rivas a la cabeza del Teatro Lírico Nacional y, como cuenta el poeta a Rodríguez Valdivieso, se barajaba el nombre suyo para el puesto (Lorca era ya miembro de la junta).[66] El 27 de octubre de 1932, un periodista del diario ultraderechista *La Nación* comentaba: «A ver ahora si tienen acierto en la elección del sustituto del señor Rivas Cherif... ¡Con tal de que no recaiga en García Lorca!»[67] Era una indicación más del concepto que ya tenían del poeta los enemigos del nuevo régimen, concepto que se iría haciendo cada vez más duro a lo largo de los siguientes años. Por lo que tocaba al Teatro Lírico Nacional, no había por qué preocuparse: Lorca no aceptó la invitación.

«Quisiera ir a Granada. Creo que estás muy solo y necesitas que yo te dé un poco de optimismo», escribe a Rodríguez Valdivieso. «No estés triste. Piensa, de todos modos, que me tienes a mí. Quiero que pases unos días conmigo.»[68]

Bodas de sangre, estrenada en marzo de 1933, coincide con un exitoso montaje de *Perlimplín* y significa ya la fama de verdad. Ante la casi insuperable dificultad de llevar a la escena *El público*, y con escasas posibilidades de poder hacerlo todavía con *Así que pasen cinco años*, el poeta había decidido volver a sus raíces andaluzas y, basándose en la tan comentada tragedia pueblerina de Níjar, ocurrida en 1928, producir una obra capaz de llegar a las multitudes. Con *Bodas de sangre* lo consigue con creces.

En las dos últimas cartas conservadas por Rodríguez Valdivieso, correspondientes a abril de 1933, Lorca le asegura que, pese a sus éxitos y sus múltiples actividades, no le olvida nunca. Está a punto de salir con La Barraca, «y tendré en toda la excursión tu recuerdo guardado entre mis ojos, como guardo también aquella delicada figura de Pierrot que me sorprendió una noche con su melancolía de niño perdido en los jardines del sur». ¡De modo que Eduardo iba disfrazado de Pierrot en la fiesta! Ya conocemos la importancia que tenía el personaje para Lorca. Y sigue: «Creo que me conoces lo suficiente para saber la verdad de todo esto que te digo y por eso me irrito [con] que pueda alguien despreciarte, a ti por quien yo cortaría las mejores rosas de mi ensueño.» Quiere que Eduardo le crea. «Puedes contar con mi corazón y con mi alegría y con mi pena y con todo lo mejor de mi pensamiento. No quiero que estés triste. Tu carta me ha emocionado mucho y me ha hecho quererte mucho más. Te veo solo, lleno de amor y de espíritu y de belleza, y siento tu soledad como un hermoso paisaje donde yo me dormiría para siempre.» «También estoy yo solo —añade inmediatamente—, aunque tú me creas acompañado porque triunfo y recibo coronas de gloria, pero me falta la corona divina del amor.» Si pudiera estar con Eduardo, todo sería diferente. No se conoce del poeta carta de amor más intensa:

Ahora tengo una enorme gana de verte, un deseo de hablar contigo, de viajar contigo, de llevarte a mundos que no conoces, donde tu alma se ensancharía sobre los cuatro vientos.

Pero estamos los dos atados, y aunque tenemos por fuerza que romper las cadenas, son muchas las horas en que estamos el uno sin el otro.

De todos modos siempre me asalta la idea de si tú no me querrás como yo a ti. Eso no lo sé. De todos modos dímelo. Mi amistad vuela como un águila y tú puedes matarla con un tiro de rifle.

Escríbeme a vuelta de correo. Yo estaré fuera cuatro días. Quisiera a mi vuelta, que es Jueves Santo, tener dos cartas tuyas. ¿Lo harás? Ahora tenemos que estar siempre unidos... y si quieres dímelo, Eduardo, no me engañes.

Cómo me gustaría gozar contigo el aire de la primavera granadina, el olor pagano de los templos, las ráfagas verdes que manda la Vega vestida de novia por los habares.

Pero quiero ir en seguida contigo. ¿Me recibirás bien? Porque si no quieres, no voy.

Adiós, Eduardo, ya ves qué carta te escribo.

Dan las dos en este momento. *Fernandillo*, que es el sueño de los niños, llama a la puerta con su corona de anémonas, yo me entrego a él pensando en ti.

Adiós. En esta carta llena de ternura va la verdad de mi[s] sentimientos; si tú los rechazas, ellos como patitos asustados vendrán a buscar las amargas aguas de mi realidad...

Al final de la misiva, tras la firma, Lorca añadió: «(Guarda bien esta carta.).» No era para menos.[69]

La última carta conservada por Rodríguez Valdivieso, redactada poco tiempo después, vuelve a incidir sobre la intensidad de los sentimientos del poeta. Y habla de la promesa del siguiente verano en Granada:

Tú y yo somos distintos de la gente vulgar y anodina que nos rodea y por eso soy tu amigo, porque tienes un alma hermosa que yo he visto muchas veces en la delicadeza de tu profunda mirada.

Tu carta me hizo pensar mucho y me dio pena que dijeras que yo daba mi amistad a un «infeliz oficinista». No, Eduardo, tú eres mucho más para mí, tanto, que hoy eres el *único* amigo que se levanta vivo en mi recuerdo de Granada y probablemente de todos los sitios.

Ahora vivo un momento de mucho triunfo y estoy cercado de gente que *aparenta* quererme mucho y yo sé que no puede ser verdad en la medida que lo dicen, y es por eso por lo que vuelvo los ojos a Granada, donde tú estás y donde yo sé que me recuerdas tierno y leal.

Por carta no se pueden hablar cosas delicadas de espiritualidad, porque la palabra escrita está casi muerta y falta del calor y comunicación. Dentro de unos días tengo que ir a Santander para dirigir allí a Lola Membrives, que va a poner mis *Bodas de sangre* en Buenos Aires. Después... quiero ir a verte a Granada y una vez allí ver si puedo conseguir que vengas unos días conmigo a Madrid.

Luego, todo el verano lo pasaremos juntos, pues tengo que trabajar mucho y es ahí, en mi huerta de San Vicente, donde escribo mi teatro más tranquilo. Todas las tardes saldremos juntos y haremos excursiones. ¿Qué te parece? Y te leeré muchos libros, pues toda mi alegría es enseñarte cosas de las que estás alejado...[70]

Fue otra relación apasionada que no pudo ser. La vida de Lorca era ya una vorágine, Eduardo estaba en Granada, y el poeta, amarrado en Madrid, iba mucho menos que antes por su patria chica. Las cartas del joven, conservadas en la Fundación Federico García Lorca de Madrid, son cada vez más tristes. Intuye que el poeta se va alejando. Y era cierto. Había aparecido quien de verdad le podía ofrecer la posibilidad del amor total tan largamente esperado: Rafael Rodríguez Rapún, de quien hablaremos más adelante.

El Lorca de Rafael Martínez Nadal

Rafael Martínez Nadal fue una presencia señera en la vida de Lorca desde que se conocieron en 1924 hasta el final. El poeta frecuentaba asiduamente su casa en Madrid y adoraba a su madre. «Siempre se pasa bien con los correligionarios», le escribe desde Granada en abril de 1927, antes de volver a la capital camino de Barcelona... y de Dalí.[71] Una vez en Cataluña le urge que se junte allí con ellos, «tú que eres la acción».[72] Carlos Morla Lynch confirma, en numerosas páginas de su dietario, la tremenda energía de Nadal —en una de ellas se refiere a «la fuerza dinámica de que está lleno»—,[73] y anota otros rasgos de su personalidad. Al poco tiempo de conocerle en 1931, presumiblemente de la mano de Lorca, consigna:

> Tiene Rafael Martínez Nadal, que es uno de los grandes amigos de Federico, una boca elástica que se estira en forma de arco, una nariz para abajo, de fauno, dos puntos, que son los ojos, que centellean como diamantes a través de sus gafas de estudiante, un pelo crespo —lana de oveja rubia—, una contextura atlética y manos blancas de príncipe, muy grandes, expresivas y sanas. No es ni poeta ni escritor... pero critica y juzga a todos los que lo son, y lo hace con fundamento e inteligencia. Es extraordinariamente vivo —una vitalidad que asombra— y hábil, en extremo despabilado, astuto, porfiado como un burro en sus convicciones, a veces injusto, a menudo irreverente y fresco y, casi siempre, mal educado. Temperamento insolente... lo que constituye, al fin y al cabo, una disposición individual como cualquiera otra [...] Es un poco frescachón, pero ya no se puede ser más simpático. Y, por esa simpatía que Dios le ha dado, todo se le perdona [...] es algo así como una perpetua llamarada.[74]

Dotado de una risa tremenda, de un inquebrantable optimismo y «siempre directo y neto en sus expresiones»,[75] Nadal, que suele ser el último en abandonar la acogedora casa de los Morla (a veces casi le tienen que echar), posee la ventaja añadida de ser un muchacho rico. «Lo celebro —escribe Morla— porque lo quiero y lo estimo a pesar de lo "caballo" que suele ser. Pero es la suya una mala educación sincera, franca y de cierta manera moderna, tan de vanguardia como cualquier otra manifestación de las que imperan hoy día. Una mala educación cubista.»[76]

Morla vuelve en otros momentos a comentar el «tipo decorativo de fauno» que representa Nadal. De hecho parece una reencarnación de Pan, deidad tan admirada por el Lorca juvenil. Cuando Morla, él y el poeta visitan Cuenca, en 1932, el chileno observa que Rafael, «durmiendo de lado, tiene, sin duda alguna, cara de oveja, más exactamente, de carnero: un hermoso y robusto carnero blanco, mitológico, crespo el pelo, de hocico rosado y dorados los cuernos».[77] Aquel mayo los tres van juntos a Salamanca, donde Lorca tiene que dar una conferencia. Nadal lleva la cabeza rapada al cero, a consecuencia de una fiebre. Morla le retrata, más faunesco que nunca, al lado del poeta.[78]

¿Posibles defectos del sátiro, desde el punto de vista del diplomático chileno? «Cuando se pone testarudo e intransigente, en pesado no se la gana nadie.»[79] Y un excesivo apasionamiento, que le lleva a desmesuradas exageraciones, sobre todo en lo político (según Morla se trata de «un socialista de extrema izquierda»).[80]

A partir de 1934, Martínez Nadal se establece en

Londres y ve con menos frecuencia a Lorca. Luego sobreviene el asesinato del poeta, el largo exilio —Nadal trabajó para la BBC durante la Guerra Civil y juró que jamás pondría los pies en la España de Franco—, y la paulatina elaboración de su corpus lorquiano.

Tuve mi primer contacto personal con él en 1967, cuando estaba preparando mi libro *La represión nacionalista de Granada en 1936 y la muerte de Federico García Lorca*.[81] Me interesaba entonces especialmente por su artículo «El último día de Federico García Lorca en Madrid», publicado en México en 1963, que me parecía contener importantes errores, lapsus y lagunas. De ello hablamos primero por carta y luego cara a cara, máxime a partir de 1968, cuando me convertí en compañero suyo de la Universidad de Londres (aunque en otro colegio).

Estuve presente en una reunión muy tensa entre Nadal y Francisco e Isabel García Lorca, celebrada en un hotel londinense en 1969. Nadal, detentador del único manuscrito conocido de *El público*, quería editarlo. Los herederos, alegando estar sobre la pista de una versión posterior de la obra (versión que nunca se ha encontrado), le pedían que esperara. Aquella tarde se cruzaron palabras muy duras.

Un año después, en 1970, Martínez Nadal publicó en Inglaterra un estudio crítico sobre el drama con amplias citas de este, la única manera de no infringir el *copyright* y verse embrollado en un probable pleito con la familia. Se titulaba *El público. Amor, teatro y caballos en la obra de Federico García Lorca*.[82] El libro, editado con un lujo innecesario, provocó un interés excepcional. Luego, en 1974, salió una nueva edición de la obra, corregida, ampliada y económicamente asequible, titulada *El público. Amor y muerte en la obra de Federico García Lorca*,[83] que llegó a un abanico de lectores mucho más extenso, tanto en América del Sur como en España.

La presión sobre los herederos para permitir la publicación del texto completo del manuscrito de *El público* era ya considerable. Finalmente, Nadal obtuvo su beneplácito y lo dio a conocer en una hermosa edición facsímil, además de otros muchos autógrafos lorquianos en su poder, entre ellos *Así que pasen cinco años* y los borradores de numerosos poemas. Los tres tomos, esmeradamente preparados por The Dolphin Book Company, se publicaron entre 1975 y 1979.

El paso definitivo, por lo que tocaba a *El público*, fue la edición española completa del texto, editado en marzo de 1978 por Seix Barral.[84]

Esbozada la historia editorial de *El público*, creo útil volver brevemente la vista atrás a febrero de 1971, fecha de una muy aguda nota crítica de Francisco Umbral sobre la primera edición del libro de Martínez Nadal, publicada en *Revista de Occidente*.

A Umbral, que tres años antes había editado su brillante y provocador ensayo *Lorca, poeta maldito*, no se le escapaba la ambigüedad de Nadal en relación con la homosexualidad del escritor. Notó que el estudioso asumía plenamente la preeminencia del tema en *El público*, eso sí. «Pero luego —seguía—, como arrepentido de su osadía para con el amigo muerto, trata de restringir las claves sexuales de Lorca a esta obra, a *El público*, y entra en la penosa tarea de explicarnos que, en el resto de la producción del granadino, esas claves no son válidas o, cuando menos, son dudosas o están equilibradas, neutralizadas por otras de signo contrario. Con este escrúpulo, Rafael Martínez Nadal se cierra el camino y se acorta la perspectiva.»[85]

Umbral había detectado el defectuoso razonamiento que subyacía a la tesis de Nadal. En la segunda parte del libro, señaló, el autor quiere probarnos que Lorca nunca imitó el procedimiento de Proust:

Es decir, que no disfrazó a los hombres de mujeres, en su teatro o sus poemas. Y elogia Martínez Nadal la honestidad del poeta al no hacerlo así. Cuestión enojosa sería entrar ahora en si García Lorca practicó o no esta suerte de transvestismo literario. Lo que no se entiende es cómo Martínez Nadal puede hablar aquí de honestidad. Al poeta le es lícito ese juego y le son lícitos muchos otros. No hay ninguna deshonestidad creadora en eso ni en trampas mucho más audaces. La estética solo admite una honestidad estética que nada tiene que ver con la honestidad personal.[86]

Umbral tenía toda la razón. Además, prosiguió, ¿con qué derecho nos aseguraba Martínez Nadal que la frustración de las mujeres lorquianas no reflejaba la del poeta? «Tampoco podemos dar opinión definitiva sobre esto —admite—, pero el afán redentorista que pone Martínez Nadal en negarlo nos descubre una vez más las posiciones equivocadamente amistosas en que se ha situado para escribir.» Lo que no cabía de ninguna manera, a juicio de

Umbral, era una defensa del amigo basada en prejuicios. «Rafael Martínez está escribiendo desde unas posiciones morales estáticas —insistió, implacable—, desde un convencionalismo ético inmovilista o, cuando menos, regresivo. En todo caso, está aplicando juicios morales a la obra maravillosamente amoral de Federico García Lorca.»[87]

Yo no podía por menos de estar de acuerdo. En el otoño de 1971, el *Bulletin of Hispanic Studies*, la principal revista del hispanismo británico, me invitó a reseñar el libro de Nadal. Acepté. Le escribí enseguida al respecto, comentando la que me parecía su renuencia a afrontar con claridad la relación entre la homosexualidad del poeta y la temática de su obra. En su respuesta negó el cargo. Su finalidad, enfatizó, no había sido analizar la vida de Lorca, sino su creación literaria, y en absoluto estimaba que había esquivado la presencia en ella de la homosexualidad. «Ten la bondad de indicarme un solo poema en que Lorca roce el tema del amor homosexual y que yo haya silenciado —me pidió—. No lo encontrarás [...] Yo he intentado hacer un estudio de los textos relacionados con ese tema, no una biografía del poeta. *If and when* ["si y cuando"] yo escriba sobre la vida de Lorca, contaré lo que yo sé, lo que yo vi, tal como yo lo sé, como yo lo vi; esto es: *mi* verdad. Que otros cuenten la suya [...] Tú, di tu verdad; tal como la ves. Pero no te olvides de que yo estoy hablando de la obra *y no* de la vida del poeta...»[88]

En mi crítica, si bien tuve en cuenta estas apreciaciones, señalé, como Umbral, la tendencia de Nadal a minusvalorar la relación de la homosexualidad de Lorca con la *totalidad* de su obra, y de limitarla prácticamente a *El público*. Dije que me había llamado especialmente la atención la siguiente aseveración relativa a la presencia del homoerotismo en dicho drama:

No hay en esta insistencia temática ecos de ningún problema personal, sino conciencia de un problema humano y social de ningún modo limitado a las zonas rurales de la Península, ni a un pasado más o menos remoto, sino a un problema vivo en nuestros días, y en todos los climas, aunque se oculte en el secreto de los confesionarios o en el diván del psicoanalista.[89]

¿No era demasiado insistir? ¿Y la insistencia no delataba un *parti pris*?

Referí en mi crítica que en otro pasaje de su libro, Nadal llegaba hasta afirmar que Lorca, «para demostrar la accidentalidad del amor va a tomar como paradigma el espinoso tema del amor homosexual», como si tal elección no tuviera nada que ver con su propia situación en una sociedad homófoba.[90] Ello me parecía estar en evidente conflicto con lo que el mismo estudioso manifestaba en otros momentos. Cuando, por ejemplo, nos dice que el Director, que ha tenido «relaciones inconfesables» con los hombres 2.º y 3.º,[91] «nos parece con frecuencia trasunto del propio Lorca»,[92] o nos asegura que «casi toda su poesía, y la amatoria en particular, es autobiográfica en el sentido de que brota de un hecho real».[93]

Por otro lado, no podía estar de acuerdo con esta afirmación contundente:

En la poesía erótico-amorosa de Lorca, o en la puramente sensual escrita antes de su viaje a Nueva York, predomina la alegría de vivir. Por los aledaños de esa poesía se percibirán los ecos de los tonos negros, pero en su centro lo que hay es una fiesta de color y de formas predominantemente femeninas.[94]

Nadal no había tenido la posibilidad de leer la *juvenilia* del poeta, todavía inédita. Yo tampoco. Pero parecía no haber examinado detenidamente *Libro de poemas*, donde son precisamente los «tonos negros» los que predominan, como sabe el lector, tonos que en absoluto se reducen a la categoría de meros ecos temáticos reverberando en los aledaños de las casi setenta composiciones que integran la colección.

Cuando salió mi crítica, Nadal me volvió a escribir, siempre con elegancia. Y con la misma objeción que le había puesto a Umbral: que él se limitaba en su libro a comentar la obra del poeta, no su vida.[95]

Lo cual no era del todo cierto, como acabamos de ver.

Tres años después fueron la muerte de Franco y el inicio de la transición a la democracia. Martínez Nadal no tardó en reaparecer por Madrid. Y empezaron las entrevistas, sobre todo cuando Seix Barral publicó el texto completo de *El público* en 1978. En la concedida aquel verano a *Cambio 16*, acompañada de una magnífica fotografía del autor, espléndidamente conservado a sus setenta y cinco años, Nadal estuvo crítico con quienes guardaban y no soltaban la documentación lorquiana en su poder —como la familia del poeta con los

Sonetos del amor oscuro—, y dijo algo que hoy resulta bastante asombroso... ¿o no captó bien sus palabras el entrevistador? «Lo más grave que está pasando con Lorca es que, por prejuicios, desaparece material valioso. Yo dudo de que existan cartas íntimas de contenido delicado, pues Federico era la discreción en persona...»[96]

¡Y esto cuando él mismo conservaba tales cartas, que nunca publicaría y que tal vez destruyó!

El 16 de julio de aquel verano, Martínez Nadal fue entrevistado por Joaquín Soler Serrano en el popular programa de TVE *A fondo*. Hoy, el DVD, que también contiene una conversación con Luis Rosales, constituye un documento lorquiano de considerable interés. Nadal, elegante, distendido, ocurrente y muy producto de sus más de cuarenta años en Inglaterra, desplegó en la entrevista su energía habitual, la energía que tanto había impresionado a Carlos Morla Lynch décadas antes, y que parecía conservar intacta. Incluso, recordando una fiesta con Arturo Rubinstein, imitó el acento andaluz de Lorca. Cuando Soler le preguntó por *El público*, dijo una vez más que en la obra el poeta *tomó*, o sea escogió, la homosexualidad como «paradigma» de la accidentalidad del amor, siguiendo al Shakespeare de *Sueño de una noche de verano*. Soler no le preguntó si el hecho de ser Lorca gay pudo influir en tal elección. Es más, el tema de la homosexualidad del poeta no se mencionó una sola vez en la entrevista. Soler preguntó por los *Sonetos del amor oscuro*. ¿Qué sabía Nadal de ellos? El entrevistado expresó su desprecio por la obsesión de la sociedad actual con las cosas «de cintura para abajo». Los sonetos, en su recuerdo, no decían nada que no estuviera ya en otros poemas de Lorca, y cuando por fin se publicasen no habría revelaciones. «En algunos de ellos —dijo— se ve claramente que van dirigidos a un muchacho; en otros, que van dirigidos a una muchacha.»

En realidad, como hoy sabemos, los sonetos no tienen nada que ver con ninguna muchacha.

En 1980 Martínez Nadal pronunció en la Fundación March de Madrid, con gran éxito de público, cuatro lecciones sobre Lorca. La primera, «Federico García Lorca. Siete viñetas», incluía la información sobre la relación del poeta con Emilio Aladrén que hemos resumido en páginas anteriores. Fue quizá la primera vez que un íntimo amigo de Lorca reconocía públicamente la homosexualidad del poeta. La Fundación March editó las lecciones unos meses después.

Pasaron doce años. A mediados de 1992, en vísperas de cumplir los noventa y todavía en pleno dominio de sus facultades, Martínez Nadal publicó en Madrid *Federico García Lorca. Mi penúltimo libro sobre el hombre y el poeta*, hermosísimo tomo bibliófilo editado por Casariego. Se trataba de una miscelánea: reimpresión de trabajos suyos previos —incluidas las lecciones de la Fundación March—, cartas y dibujos inéditos del poeta, fotografías, recuerdos y comentarios.

Nadal terminaba su breve introducción al tomo —que, por desgracia, iba a ser no su penúltimo sino su *último* sobre Lorca— concediendo la «siempre viva curiosidad del lector por conocer algo nuevo de la vida y personalidad del autor, curiosidad que, en su forma más elevada, obedece al legítimo interés de saber hasta qué punto ambas inciden en la creación poética, hasta qué extremo la obra resume, transforma, o recrea las vivencias del hombre. Hablando de Kierkegaard, Unamuno se preguntaba, ¿quién y cómo era Kierkegaard, el hombre de carne y hueso?».[97] La concesión era prometedora y parecía denotar, por fin, un cambio de actitud, aunque moderada, por parte del autor. Llegado el momento de desvelar su material inédito, sin embargo —material recuperado después de décadas— aclaró que el lector no iba a poder conocerlo en su integridad. Y ello porque había decidido que «lo procedente era no destruir un solo papel que pudiera tener valor literario o biográfico, siempre que en los de esta última categoría no hubiera nada que pudiera molestar a terceros», y arrojar al fuego —lo que se hizo— «toda correspondencia de carácter íntimo (de él o a él dirigida)».[98]

Hemos visto anteriormente que, entre dichos papeles, figuraba la importantísima carta de Lorca, escrita en Granada en el verano de 1930, donde anunciaba a Nadal, gozoso, que traía de su viaje a Nueva York y Cuba un drama de tema *francamente homosexual*». Carta que Nadal no reproduce en su totalidad por la referencia al apetitoso e innominado «torerillo» granadino con quien el poeta se entretenía entonces.

En otras páginas del libro, Nadal negaba que la relación de Lorca con Dalí tuviera un componente sexual —todo lo que contó el moribundo pintor al respecto fueron bromas para despistar—, y que Rafael Rodríguez Rapún fuera amante del poeta. No había pruebas, insistía. Todo eran meras suposiciones.[99]

Casi sonaba a celos.

En cuanto a los que abogábamos por una interpretación de la obra de Lorca que colocara en primer plano su homosexualidad, y que buscábamos más información sobre esta, éramos, según Nadal, como los sodomitas y maricas señalados por el propio poeta en *Oda a Walt Whitman*. En concreto, unos «hocicadores de bragas y braguetas» motivados, en primer lugar, por razones comerciales.[100] Por lo que a mí me tocaba, cuando empecé a escribir mi biografía del poeta «era ya conocida en Madrid la obsesión sexual del hispanista irlandés», de modo que, al ir preguntando por la homosexualidad de Lorca, los entrevistados —Dalí en primer lugar— me decían no lo que *sabían*, sino lo que yo quería oír.[101]

Martínez Nadal volvía a negar en el libro, además, que Lorca padeciera frustración amorosa alguna.[102] El necesario corolario, no contemplado por el autor, es que el poeta vivió a tope y sin complejos su condición de gay, lo cual, como sabemos, no fue ni pudo ser el caso. Lo que sí se daba en Lorca, concedía ahora Nadal, era «esa dicotomía tan difícil de entender para los que no fueron amigos íntimos del poeta, imposible, al parecer, para el extranjero: alegría exultante de un pletórico vivir, percibido por los cinco sentidos a la vez, y súbitos paréntesis de hondo ensimismamiento. Dos realidades, dos caras simultáneas del hombre y del poeta. Pero esto es ya otro tema».[103]

¿Otro tema? ¿Necesariamente? No veo la lógica del razonamiento. Se admite la homosexualidad del poeta, se afirma que la alegría fue el tenor habitual de su existencia. Y luego se nos informa de una dicotomía en su vida —palabra mayor, *dicotomía*— y de «paréntesis de hondo ensimismamiento» (observados, además, por todos los amigos del poeta). Dicotomía, se infiere, que no tenía nada que ver con la imposibilidad de poder vivir abiertamente su condición de gay en una sociedad homófoba.

No sé si Martínez Nadal era consciente de ello —es posible que no—, pero en todo el libro, como en sus publicaciones anteriores, latía el empeño de demostrar que en Lorca lo que cuenta es el Amor, así con mayúscula, y que su vertiente *homosexual* es lo de menos.

A Nadal, en su día empedernido deportista y frecuentador de gimnasios, le gustaba lo de *mens sana in corpore sano*. En este sentido me parece impagable —y con ello concluyo— el paralelismo que establece entre la madrileña Residencia de Estudiantes de los años veinte y los colegios y universidades ingleses. «Idéntica alegría del vivir —escribe, proyectando sobre el panorama su propio optimismo—, iguales grupos formados por corrientes de simpatía o comunidad de gustos o intereses. Y dentro de cada grupo, similares alianzas y contraalianzas, análoga aparición de celos que nada tienen que ver, al menos de forma consciente, con la vida sexual de cada uno. Y en duchas y vestuarios, *iguales bromas ajenas a toda insinuación de relaciones nefandas.*» La cursiva es mía.[104]

Me parece trágico que Nadal falleciera —en marzo de 2001, casi en vísperas de su centenario— sin decirnos todo lo que sabía de Lorca y cómo fue su relación con el poeta.

Cuatro años antes, en mayo de 1997, había vendido el manuscrito de *El público* —manuscrito que según su propio testimonio, como veremos, Lorca le pidió que destruyera «si le pasaba algo»— a la Biblioteca Nacional de España. Precio: 39.517,362 pesetas. Y en 1999, a la misma institución, un lote de poemas y otros manuscritos de Lorca por el valor de 138.696 libras esterlinas, más o menos treinta millones de pesetas. No estaba entre ellos el manuscrito de *Así que pasen cinco años*, que hay que suponer todavía entre los papeles de la familia.[105]

Y una duda final. El más importante de los inéditos publicados por Martínez Nadal en *Mi penúltimo libro sobre Federico García Lorca* fue la carta en que el poeta declara que *El público* es «de tema *francamente* homosexual». ¿Destruyó la página o páginas escamoteadas? En mayo de 2008 escribí al respecto a su viuda, Jacinta Castillejo, en Londres. Temiendo no recibir contestación, la llamé unas semanas después por teléfono. Me dijo que no sabía si el resto de la carta existía aún, pero que, de todas maneras, habría que seguir respetando la decisión de su marido de no reproducirla íntegra. Añadió que en su opinión ya se ha hablado suficientemente de la homosexualidad del poeta. Pero más adelante —inquirí tímidamente—, ¿podría ser que se publicara algún inédito? Más adelante ya se vería, me dijo. Y pensé malamente para mis adentros: «a estas alturas, ¿de verdad la viuda va a privar a sus herederos de vender los manuscritos lorquianos que queden en el famoso baúl, aunque quizá un poco comprometedores para su finado marido u otros, cuando el más nimio papel del poeta, como ella y los suyos saben muy bien, vale hoy una fortuna?[106]

EDUARDO BLANCO-AMOR

Parece ser que fue a principios de 1933 cuando se conocieron Lorca y Eduardo Blanco-Amor. El periodista y escritor orensano, que llevaba desde 1919 exiliado en Buenos Aires, gustaba de decir, como el poeta, que nació en 1900. Si Lorca se quitaba así dos años, Blanco-Amor se deslastraba de tres, porque era en realidad de la promoción de 1897. Gay desinhibido y extravagante, en su juventud escandalosamente guapo, adquirió en la capital argentina un aire cosmopolita y dandi que no le abandonaría nunca.[107]

Blanco-Amor frecuentaba a numerosos escritores importantes afincados en Buenos Aires, entre ellos el mexicano Alfonso Reyes, Jorge Luis Borges, Leopoldo Lugones y Horacio Quiroga,[108] y se entregaba con tesón a la promoción de la cultura gallega en una ciudad donde se decía que vivían muchos más gallegos que en Santiago de Compostela.[109] En 1926 empezó a colaborar en *La Nación*, cuyo suplemento cultural, probablemente el más influyente de toda Sudamérica, publicaba con cierta regularidad originales de escritores españoles, entre ellos Ortega y Gasset, Unamuno, Gregorio Marañón, Américo Castro, Enrique Díez-Canedo y Ramón Gómez de la Serna. En septiembre de 1928 dio a conocer en Buenos Aires un pequeño poemario, *Romances galegos*. Entre finales de aquel año y noviembre de 1929 estuvo en España. Aunque no conoció entonces a Lorca, en declaraciones muy posteriores dijo que durante la estancia le envió un ejemplar de su librito y empezó con él una correspondencia epistolar. Es posible, pero no queda constancia de ella en el archivo del poeta.[110]

Pero volvamos a 1933. Conseguido su objetivo de conocer a Lorca, gracias a un buen amigo gallego del poeta, Ernesto Pérez Güerra da Cal, Blanco-Amor se dedicó afanosamente a hacerse aceptar por el granadino. Su homosexualidad, a diferencia de la del poeta, era ostentosa, bastante *camp* y nada cauta, y algunos amigos de Federico, según me contó Güerra da Cal, se sentían ofendidos por sus modales, que les parecían insolentes y hasta vulgares.[111] Lorca no les hizo caso, como tampoco había hecho cuando se metían con Emilio Aladrén, y llegó a considerarle divertido y estimulante. También le fue muy útil, como Güerra da Cal, a la hora de componer los *Seis poemas galegos*.

Después de la triunfal estancia de Lorca en Buenos Aires en 1933-1934, Blanco-Amor, que se desvivía por oír anécdotas al respecto de labios del propio poeta, le visitó por primera vez en la Huerta de San Vicente. No sabía que el Federico profundo era producto más de la Vega de Granada que de la ciudad de la Alhambra. Se entera de ello con sorpresa cuando el padre del poeta le lleva consigo a Fuente Vaqueros y le muestra el pueblo natal de su hijo. Es para el gallego una revelación: las raíces de la obra de Lorca se hunden, ahora lo entiende, en el paisaje, los ríos, las choperas y la cultura popular de su infancia veguera. En la Huerta de San Vicente, todavía un paraíso en la linde de ciudad y campo, el poeta le muestra el montón de regalos que ha traído de América y le cuenta infinidad de pormenores de su aventura de ultramar: el inmenso triunfo de *Bodas de sangre*, la temporada en Montevideo, sus conferencias, sus recitales, sus sesiones al piano, sus charlas por la radio... y tal vez alguna anécdota más íntima. Y era verdad: jamás había tenido un escritor español un éxito parecido en la capital argentina.[112]

A Blanco-Amor no le pasó inadvertida la crispación política que ya imperaba en Granada. En un artículo publicado aquel julio en *La Nación* consignó que en las murallas de la Alcazaba acababa de leer una pintada que rezaba «¡Viva el fascio español!».[113]

Crispación que imperaba en Granada... y en el resto del país. Aquel diciembre el gallego estuvo en el memorable estreno de *Yerma* a finales de diciembre de 1934 en el Teatro Español, que trató de reventar un grupo de falangistas.[114]

El ensayo general de la obra había despertado una inmensa expectación y garantizado un estreno ruidoso. Al día siguiente, José Luis Salado, periodista de *La Voz*, demostraba ser poco amigo de homosexuales:

> García Lorca —con su pipa y una greña sobre la frente— va y viene por el pasillo central. En torno suyo hay unos muchachitos pálidos. (Eso es lo único malo de Lorca: el séquito, que le da, quizá a pesar suyo, un aire de González Marín cuando entra en un café con sus «peregrinitos» a cuestas.)* Eso sí,

---

* José González Marín, rapsoda profesional muy conocido en Madrid.

en las butacas, un público ilustre, como no es dable hallar —al menos íntegramente— en los ensayos generales. Público de auténtica premier al estilo francés y tan complejo, que abarca desde Valle-Inclán a la Argentinita, pasando por el bailarín Rafael Ortega. (El maestro Rafael Ortega, que estaba allí.) La Argentinita... ¡Tantas nostalgias, tantas cosas que se fueron!* Encarnación es un poco como la única musa femenina del grupo, aunque esto no quiere decir que García Lorca sea un poeta «para hombres solos». (Los ojos más bonitos de España han leído el *Romancero gitano*.) Al ensayo vinieron algunos de esos ojos: pequeñas luces en la penumbra.[115]

Cipriano Rivas Cherif sigue siendo director artístico de Margarita Xirgu. Prohíbe que Salado vuelva a pisar el Español.[116]

Para *Gracia y Justicia*, que desde hace dos años no pierde de vista a Lorca, el estreno de *Yerma* marca una fecha luctuosa en la historia del teatro español: «Han pasado al llamado género de versos todas las groserías, ordinarieces y barbaridades que hasta ahora adornaban el llamado género de revista. En esta *Yerma*, ¡se dice cada atrocidad!» *Gracia y Justicia* no se priva de aludir (como ya ha hecho *La Voz*) a los jóvenes que habitualmente acompañan y jalean a Lorca. Hay en *Yerma*, dice, «unas cuantas blasfemias, artísticas y de las otras, que

* Alusión a la muerte de Ignacio Sánchez Mejías, amante de la bailarina.

los amigos de García Lorca aplaudieron a rabiar. Porque el señor Lorca —"antes fraile que de Lorca...", dice también el pueblo— es de los escritores que tienen un corro de amigos.» La implicación, claro está, es que tales amigos son, como el poeta, homosexuales.[117] En otra página, la misma revista se burla del «Discurso al alimón» de Neruda y Lorca en Buenos Aires, recientemente publicado en la prensa madrileña, y comenta: «La novedad acaso consista, nos dijimos, en que Neruda comienza: "Señoras..." y García Lorca continúa "y señores", y que, luego, en el decurso del discurso, siempre es el primero quien dice: "Porque, ¡ah, señoras...!", y es el segundo quien agrega "¡y señores!" Pero fijándose bien vimos que esto era lo más natural del mundo, mejor dicho, de García Lorca.»[118]

Otra revista fascista incidió con aún más visceralidad, si cabía, sobre el mismo asunto:

En el último estreno del Español, y entre los espectadores de buena fe que acudieron por equivocación a dicho teatro, se había dado cita una cofradía extraña, de la que el autor de *Yerma* es hermano mayor.

En los pasillos, en el *foller*, en el bar, durante los entreactos, herían los oídos voces atipladas y gritos equívocos, subrayados por el recortado ademán del dedo en la mejilla.

—Estamos todos.

—¡Jesús! ¡Qué cosas!

—¡Ay es que me troncho!

Era una escena repugnante. Tan repugnante como

las frases y las escenas de la obra, repulsivas, soeces, contrarias a la dignidad humana y, por supuesto, al arte mismo.

Ninguna mujer decente puede presenciar la obra, que cae dentro del Código Penal, porque con ella se comete un delito de escándalo público.

Hasta que el fiscal intervenga y prohíba su representación, que es un baldón oprobioso para la escena de nuestro teatro oficial y una afrenta para los sentimientos de las personas honradas y decentes.[119]

Unos días después, *Gracia y Justicia* volvió a la carga, recomendando en una sección titulada «Conocimientos útiles»:

Se ha encontrado una cosa más feroz que la mordedura de la cobra, que estaba conceptuada como la serpiente más venenosa.

Se trata de las representaciones de *Yerma*, de García Lorca.

El único antídoto es no ir.[120]

Así era el ambiente que pudo saborear Blanco-Amor en el Madrid del Bienio Negro. Lorca, a partir del estreno de *Yerma*, era percibido por las derechas como acérrimo enemigo.

Blanco-Amor volvió a visitar al poeta en la Huerta de San Vicente durante el verano de 1935 y presenció el escandaloso allanamiento, por el presidente local de Acción Popular, o sea de la CEDA, de la casa del periodista Constantino Ruiz Carnero, director de *El Defensor de Granada* e íntimo amigo y confidente de Lorca. En un artículo de protesta por el atropello publicado en dicho diario, el gallego advirtió sobre el incremento de la violencia que auspiciaban en España las «partidas de la porra».[121]

Blanco-Amor había traído su cámara fotográfica, y sacó en la Huerta una excelente serie de instantáneas. En la parte superior de una de ellas, de madre e hijo sentados juntos en el salón, Lorca apuntó: «Para Eduardo, con lo que yo más amo del mundo.»[122]

A Isabel García Lorca, que entonces tenía dieciséis años, Blanco-Amor le pareció atroz. «Me cayó en la boca del estómago —cuenta en su libro póstumo *Recuerdos míos* (2002)—. Entre otras cosas me preguntó: "¿Qué te da más miedo, los lobos o las brujas?", y yo contesté: "Los señores idiotas." Era tan presuntuoso que ni se dio por aludido. Creo que él se creyó siempre más de lo que era. Ha querido decir que él escribió los *Seis poemas galegos* de Federico. ¿Por qué no siguió escribiendo buena poesía en gallego? En fin, eso lo recuerdo por la mala impresión que me produjo.»[123]

Isabel García Lorca nunca tuvo pelos en la lengua, hay que decirlo.

No estuvo en lo cierto, además, por lo que a *Seis poemas galegos* se refería. No hay constancia alguna de que Blanco-Amor se los atribuyera nunca, aunque su colaboración en ellos, así como la de Pérez Güerra da Cal, es indudable.

Durante su segunda estancia en Granada, Blanco-Amor fue testigo de una de las improvisadas «cosas de

Federico» recordadas por tantos amigos del poeta. «Estábamos solos en el Generalife un atardecer —relató años después a Moisés Pérez Coterillo—; de pronto se levantó y se puso de pie sobre la muralla, frente a la inmensa Vega, y comenzó a declamar a voz en grito la "Oda a Walt Whitman", como si debajo hubiera una muchedumbre bíblica, mosaicamente escuchando. Estaba traspuesto, transfigurado, enajenado.»[124]

El testimonio concuerda con lo evocado por José María García Carrillo, presente aquella tarde, al hablar en 1955 con Agustín Penón. Por lo visto hubo un comentario previo bastante fantasioso del poeta, quien, además, insistiría en que el apuesto García Carrillo mantuviera su cabeza de perfil durante la lectura para que su contemplación le inspirara.[125] Apunta Penón: «Federico le explicó a Pepe que Walt Whitman había sido un arquitecto muy abstemio hasta que un día, trabajando en el campo en una mina (una mina abierta al cielo), vio los cuerpos desnudos de los hombres trabajando, bronceados por el sol, sudados... Whitman se dio cuenta entonces de repente de la belleza del cuerpo masculino y se enamoró.» Y añade Penón, cauto: «Esta fue la versión lorquiana de la *conversión* de Whitman a la homosexualidad, versión que me imagino poco tenía que ver con la realidad de los hechos.»[126] Sea como fuera, la alusión a los versos iniciales de la oda, con sus «noventa mil mineros» y los muchachos que cantan «enseñando sus cinturas», salta a los ojos.[127]

En relación con la misma visita de Blanco-Amor, García Carrillo le dijo a Penón que Lorca solía abandonar sin reparos a sus conquistas para dedicarse a otra nueva, y que algo de ello le pasó al gallego durante su estancia.[128] Parece ser que Blanco-Amor se refería al incidente al consignar en 1978 que, si quisiera, podría explicar el nacimiento en Granada, estando él, del poema de Lorca «Gacela del mercado matutino», «que yo sé cuándo, por qué y para quién la escribió, que naturalmente nunca llegó a enterarse ni tal vez la hubiera entendido».[129]

Lorca presentó a Blanco-Amor en Granada a Eduardo Rodríguez Valdivieso. Este me dijo en 1980 que uno de aquellos días oyó al poeta un inesperado comentario sobre los órganos genitales. El pene, declaró Federico, era, en su erecta pujanza, símbolo de energía y de expansión, y, por ende, muy superior al abyecto «triángulo» de la mujer.[130] Ello recuerda un comentario del poeta sobre las mujeres hecho a Luis Rosales. Después de ensalzar la maravilla de los senos, de los muslos y del pelo, se mudó: «¡Pero el sexo, el sexo!» Y es cierto que los genitales femeninos que aparecen en su obra gráfica suelen ser repelentes y amenazadores, como en el caso del dibujo titulado *Venus*.[131]

Creo que vale la pena citar al respecto un comentario de Román Gubern, crítico sin complejos a la hora de considerar la compleja sexualidad de Lorca, Dalí y Buñuel: «A Dalí y a Lorca les asustaba la confrontación con el sexo femenino, al primero por su timidez e inseguridad, derivadas de su narcisismo, y al segundo por su identificación con la figura materna.» Creo que ambos habrían estado bastante de acuerdo.[132]

Lorca decidió llevar a Blanco-Amor a conocer el epicentro de la burguesía «putrefacta» de Granada. «En el Casino —contó el gallego a Moisés Pérez Coterillo— estaban los viejos patricios, algunos todavía con sus patillas de boca de hacha y su aire retranquero y ceremonial de terratenientes. Eran amigos de don Federico, su padre, pero estaban muy resentidos y envidiosos porque Federico "había traído dinero de las Américas". Uno de ellos le interrogó: "Dicen que ustedes los poetas sois maricones." Y respondió Federico: "¿Y qué es POETAS?"»[133]

El testimonio de Blanco-Amor coincide con otro, de extraordinario interés, procedente del terrateniente conservador granadino José Navarro Pardo, en su juventud arabista, a quien Lorca dedicara su «Romance de la pena negra». Navarro Pardo llevaba un dietario. Allí consignó cómo, estando un día con amigos en un conocido café granadino, el Hollywood (mencionado por Malcolm Lowry en *Bajo el volcán*), entró el poeta. Navarro se levantó para saludarle, charlaron un rato, y luego volvió a la mesa. «Pero ¿tú te juntas con ese maricón?», le espetó uno del grupo. Nunca pude hablar con Navarro, pese a mis múltiples intentos, y debo esta información a la amabilidad de su hija.[134]

La hostilidad que ya suscitaba Lorca entre los granadinos de derechas era palpable: por su condición de gay, por ser escritor en plena ascensión triunfal, por ganar dinero, por ser crítico con la España tradicionalista. Lo llamaban, entre otras cosas, «el maricón de la pajarita».[135] El extraordinario éxito de *Yerma* en diciembre de 1934 fue recogido con júbilo por *El Defensor de Granada*, pero el muy derechista *Ideal*, de Editorial Católica, y el *Noticiero Granadino* ni mencionaron el nuevo estreno de su cada vez más famoso paisano. Así era la mentalidad que luego se encargaría de acabar con la vida del poeta.

Al día siguiente de regresar a Buenos Aires, Blanco-Amor publicó en *La Nación*, el 25 de noviembre de 1935, un artículo sobre *Doña Rosita la soltera* que causó sensación. Cuatro días después escribió a Lorca. Cito el inicio de la larga carta porque nos permite entender mejor que ningún otro documento que se conoce la intimidad de su relación con el poeta:

Mi querido Federico:

Perdona que te escriba a máquina pero son tantísimas las cosas que tengo que hacer que apenas tengo tiempo. Te diré todas las cosas lo más brevemente posible. Primero, que ando sufriendo tan horriblemente que no sé cómo sobrevivirme. En realidad, me invento cada mañana de esta desolación que me es cada día. Ya te supondrás lo que ha ocurrido. Yo vine a Buenos Aires más que por nada a buscar a quien estaba en mi corazón y en mi carne después de un beso que duró siete años con sus noches, sus mares y sus angustias. Pues este abrazo que yo traía temblando en mis músculos con un ansia de tanta ausencia junta no encontró siquiera el fantasma piadoso de esas mentiras que se nos cuentan para que sigamos viviendo. Nada. Una confesión brutal a la media hora de desembarcar, y otra persona en medio. Un horror, Federico querido, no sé ni siquiera cómo te lo cuento. Van pasados diez días y este espanto con todos sus insomnios, esperanzas que arden como papeles, proyectos sin sentido y venganzas sin valor siquiera teórico me traen y me llevan como un mar. De pronto me quedo con la vida vacía entre las manos y todo desmoronado dentro y fuera de mí...[136]

Hay que suponer que Lorca, que tanto sabía de infelicidad amorosa, contestó compasivamente la desconsolada misiva de su amigo. Y me pregunto si se fijó en la frase «todo desmoronado dentro y fuera de mí» porque, en un poema de su juventud, cuando lamentaba con tanta insistencia la pérdida de la joven de ojos azules, había escrito:

> *Veo la palabra amor*
> *Desmoronada.*[137]

Blanco-Amor enseñó posteriormente en universidades de Uruguay, Argentina y Chile y se reveló como excelente prosista tanto en gallego como en español. Su novela más conocida, *A esmorga* (1959), traducida como *La parranda*, se inspiraba en su Orense natal y tuvo una crítica muy positiva. Incluso hubo quienes la compararon favorablemente con *La Chute*, de Albert Camus (en el reparto de la adaptación cinematográfica de la novela por Gonzalo Suárez, en 1977, estuvieron Antonio Ferrandis, José Sacristán y José Luis Gómez).[138] El escritor regresó a España cuando murió Franco, y fue, de los amigos íntimos de Lorca, quien más abogó por que la crítica tuviera en cuenta la homosexualidad del poeta. En el otoño de 1978 el Teatro Estable Castellano (TEC) montó *Así que pasen cinco años* y le pidió dos folios para el programa. Envió un texto conmovedor. Intuía que le quedaba muy poco tiempo de vida, y se expresó dolorosamente consciente de no haber tratado con el debido rigor, todavía, el tema de la homosexualidad lorquiana. Tema proclamado a su juicio, para quienes querían entender, en toda la obra, pero quizá especialmente en *Así que pasen cinco años*. Me parece obligatorio citar los tres párrafos centrales del escrito:

¿Qué decir sobre *Así que pasen cinco años*? Por de pronto eso: su apariencia *abstracta*, su vanguardismo mimético (de algún modo hay que llamarlo), su estructura sobresaltada, aunque nada arbitraria, y su infiltrante lirismo, transparentan una severa línea interior en la que gesticula, proclamado y escondido, el ser profundo del hombre Federico; todo lo que hubo en su vida de negado y, no obstante, deseado; un forcejeo aniquilante entre el *ser* y la externa presión del *parecer*. Se trata, pues, de una autobiografía esencial desarrollada, o mejor dicho simbolizada, en unos pocos supuestos oblicuos; es un juego de astucias entre la autenticidad y el disimulo contra los que el ser real se estrella y recupera a cada paso, flanqueado por los monstruos de la permisividad hipócrita y de la radical prohibición: la sociedad, la familia, los amigos *respetables y comprensivos*, e incluso las leyes, escritas o no.

Desde la *Oda a Walt Whitman* hasta los sonetos —seis, que yo sepa— del amor oscuro, corre reprimida esta proclamación entre metáforas deslumbrantes y rimas polifónicas, o se arrastra transferida a la tipología —hombres y mujeres— de sus dramas y de muchos de sus poemas en los que el autor persona da a vivir a sus personajes su propio protagonismo. De este modo *necesario* esfuma su presencia en la obra tras el vocablo que la subtitula: *Leyenda*; también pudo subtitularla, más larga y amargamente: *Tejemanejes del amor que no puede decir su nombre*.

No obstante, para esta y otras penetraciones, algún día habrá que rescatar a Federico García Lorca de las veladuras que enturbian su genio y dejan inexplicables la raíz y floración de su vida-obra. Quienes le hemos conocido y, por conocido, amado, no podemos dejarnos morir llevándonos dentro la pudrición de esta complicidad; de un silencio que juzgarán cobardía quienes vengan en tiempos de mayor naturalidad y más desasida inteligencia para entender y juzgar a sus semejantes, semejantes en más de un sentido.[139]

Unas semanas después, Blanco-Amor publicó una versión ampliada de estos apuntes en el muy difundido suplemento «Arte y pensamiento» de *El País*, con el título «Federico, otra vez; la misma vez». A ellos agregaba otras apreciaciones de gran interés: una viñeta estupenda de Ernesto Pérez Güerra da Cal, calificado de «amigo entrañable» de Lorca, lo cual era sin duda verdad; otra de Serafín Fernández Ferro, el joven amante de Luis Cernuda (a quien volveremos en el siguiente apartado); y una divertidísima diatriba contra el André Gide de *Si el grano no muere*. El gallego se despidió del lector prometiendo, en clave de humor, «unas memorias que me andan tentando, si es que tengo dinero para dejar de escribir artículos y ponerme a ellas *full time*; y, lo que es más difícil, si me queda tiempo, porque, como ya anuncié, mi muerte ocurrirá alrededor del año [19]81».

Ocurrió por desgracia antes, el 1 de diciembre de 1979, pero, eso sí, a los ochenta y un años. Blanco-Amor tenía ya el firme propósito de «rescatar» a Lorca de aquellas veladuras «que enturbian su genio», o por lo menos de ayudar a otros en el empeño. Así me lo dio a entender por carta el 30 de abril de 1979, cuando le pedí su colaboración para mi biografía del poeta, que entonces empezaba. «En lo tocante a las aportaciones que usted supone puedo suministrarle —me escribió—, lo *publicable* ya está todo dicho y lo impublicable se esboza en el largo artículo (no me atrevo a llamarlo ensayo) aparecido en *El País* el primero de octubre de 1978. En él vería que se roza el tema del homosexualismo, siempre vidrioso pero indispensable para comprender *esencialmente* la vida y la obra del poeta. Todo ello tendría que ser motivo de conversaciones y partiendo de un grado previo de comprensión entrañable del *problema*, sin el cual toda conversación será inútil.»[140]

No se pudieron celebrar aquellas conversaciones (menos alguna por teléfono). Es algo que lamento profundamente.

¿Quedan, entre los papeles de Blanco-Amor, documentos lorquianos, cartas, dietarios, esbozos? Esperemos que alguien lo esté investigando y que haya pronto buenas noticias al respecto. Porque de Lorca sabía mucho, muchísimo, el escritor gallego. Y *entendía*.

Luis Cernuda... y algo de Aleixandre

También *entendía* Luis Cernuda, sevillano de 1904, que recordó desde Londres en 1938, mientras en España seguía rugiendo la Guerra Civil, su primer encuentro con Lorca, ocurrido durante la visita de la «brillante pléyade» poética a la capital andaluza en 1927, invitada por Ignacio Sánchez Mejías. Lo que más le llamó la atención entonces de Federico, apuntó, era la aparente contradicción que se producía entre, por un lado, sus «ojos grandes y elocuentes, de melancólica expresión» y, por otro, su «cuerpo opaco de campesino granadino». El poeta entonaba las virtudes de algún plato exquisito que había comido, o que pensaba comer pronto, y Cernuda, escuchándole, creyó descubrir, al constatar la sabia meticulosidad con la cual pormenorizaba los encantos de tales delicias, que en su voz hablaba otra más antigua, una voz ancestral que brotaba de las profundidades de una Andalucía antiquísima, como surgida de la memoria colectiva del sur.[141]

Lorca estaba rodeado aquel día de una cohorte de admiradores y seguidores, y a Cernuda le pareció percibir en su actitud «algo de matador presumido». También se percató de otra cosa. «Algo que yo apenas conocía o que no quería reconocer —escribe, sin decir qué era— comenzó a unirnos por encima de aquella presentación un poco teatral, a través de la cual se adivinaba el verdadero Federico García Lorca elemental y apasionado, lo mismo que se adivinaba su nativo acento andaluz a través de la forzada pronunciación castellana que siempre adoptaba en circunstancias parecidas. Me tomó por un brazo y nos apartamos de los otros.»[142]

Cernuda no volvió a ver a Lorca hasta tres años después, esta vez en Madrid, en casa de Vicente Aleixandre, cuando el granadino acababa de regresar de su viaje a Estados Unidos y Cuba.

La amistad no tardó en hacerse estrecha, aunque acerca de ella sabemos casi tan poco como de la de ambos con el recatado Vicente Aleixandre. En septiembre de 1931, Cernuda publicó en el *Heraldo de Madrid* un retrato realmente extraordinario —y hasta profético— de Lorca. Empezó imaginando cómo hablarían del poeta, cien años después, los libros de texto:

«Un día, allá en la vega de Granada, nació un niño, a cuyo alumbramiento asistieron todas las hadas. Una le dio el don de la simpatía, otra le dio ángel, otra le dio poesía; cada una le dio, en fin, su don especial. Pero cuando parecía que todas le habían saludado ya con tan graciosos presentes se vio que, oculta por las demás, aún quedaba un hada, menuda y apacible, al lado de las otras, evaporadas de orgullo. Se acercó esta última y otorgó al recién nacido el don de saber vivir. Andando el tiempo, este niño, que se llamaba Federico García Lorca, puso en práctica los dones de las hadas. Sus poesías gustaron apenas escritas; aún inéditas, sus amigos las copiaban y aprendían de memoria; encontraba editores para sus libros; hasta los dragones de la *Revista de Occidente* se dormían blandamente a su paso. Y, en fin, sus amigos eran amigos suyos verdaderamente.» Así, poco más o menos, se expresarán los colegiales dentro de un siglo, al repetir lo que sus libros de clase les digan acerca de la figura de Federico García Lorca...

A continuación, con una generosidad inaudita, Cernuda evoca y ensalza la capacidad de Lorca para transmitir a los demás su «entusiasmo vital», capacidad tan fuera de lo normal que sus amigos hasta se resisten a creer que el poeta sea mortal como ellos, «ya que todo él desborda, como fuente que parece imposible y criminal cese de fluir un día». ¿Cuál era el secreto de este lírico que, paradójicamente, no parecía español? La clave creía Cernuda encontrarla en los *Poemas arábigoandaluces* (1930), de Emilio García Gómez: «Temas, estilo, preocupaciones son comunes entre la poesía oriental y la poesía de Federico García Lorca [...] Como los poetas orientales, posee esa exquisita oportunidad del momento presente: conoce su valor y lo exalta. Su poesía, en conclusión, ¿no es dar perennidad a lo transitorio?»[143]

No se conoce la reacción de Lorca ante la lectura de un texto que no solo le honraba a él, como creador nato y extraordinariamente dotado, sino, por su magnanimidad, al autor de este. Parece razonable deducir que ya para entonces se había hecho intensa la amistad de los dos andaluces. Pero, por desgracia, Cernuda, muy dado además a destruir papeles íntimos y correspondencia, nunca se explayaría sobre ella.

Quien sí ha querido decirnos algo al respecto es Emilio Garrigues Díaz-Cañabate, aunque sea anecdótico. Un día de la primavera de 1932, según el «ex barraco», visitó a Lorca en su estudio de la calle Ayala. Y cuál no sería su sorpresa cuando le abrió el poeta en calzoncillos e hizo su aparición, desde la puerta de la terraza, «un joven, un efebo, yo diría, completamente desnudo». ¡Luis Cernuda! Según Garrigues, Lorca explicó, «con una intención más connotativa que denotativa», que los había interrumpido haciendo «gimnasia revolcatoria», actividad deportiva no especificada, pero que Cernuda —en el recuerdo de Garrigues «un hombre muy joven, muy guapo, muy distinguido»— insinuó erótica. Este testimonio sobre una posible relación sexual de Lorca y el sevillano es el único que tenemos en este sentido, y no sé hasta qué punto se le puede prestar credibilidad (tal vez estuvo entre bambalinas otro *gimnasta* de cuya presencia no se percató Garrigues).[144]

Complicidad entre Lorca y Cernuda hubo, de todos modos. Y quizá nunca tanta como cuando, parece ser que a principios de 1931, llegó a Madrid el joven, pobre y guapo gallego de diecinueve años llamado Serafín Fernández Ferro, ya mencionado brevemente.

Martínez Nadal, que sabía mucho del caso, ha recordado las habituales «escapadas nocturnas» de Lorca. Ocurrían cuando sentía «un repentino deseo de ausentarse de donde estuviera que anunciaba con el cómico: "¡Ay, qué dramón tan grande tengo!", exclamación que podía indicar cansancio, aburrimiento, súbito recuerdo de alguna cita o, las más de las veces, irresistible deseo de soledad o de inesperados encuentros».[145]

Uno de estos fue con Serafín. Martínez Nadal dice que Lorca le habló de este al día siguiente y le comentó que el muchacho sería «compañero ideal» para Cernuda, toda vez que Luis no lo idealizara demasiado.[146]

Se ha conservado la carta de presentación con la cual Lorca, convertido en alcahuete, le allanó el camino al sevillano:

Sr. D. Luis Cernuda. Lope de Rueda, 10
    de su amigo F. G. L.
    Querido Luis: Tengo el gusto de presentarte a Serafín Fernández Ferro (he estado luchando con tres plumas). Espero lo atenderás en su petición.
    Un abrazo de
    Federico[147]

Se hizo la presentación y Cernuda se prendó enseguida de aquel «chiquillo vagabundo», que según Carlos Morla Lynch tenía «una fisonomía privilegiada», «ojos de azabache» que brillaban «como carboncillos encendidos», una «inteligencia espontánea» y una profunda melancolía muy gallega.[148]

Serafín inspiró los poemas de Cernuda que luego integraron *Donde habite el olvido*. Lorca debió de estar muy al tanto del desarrollo de la relación, y del intenso sufrimiento del sevillano cuando, al año siguiente, el joven le abandonó.[149]

También estaba muy al tanto Vicente Aleixandre,

cuya amplia y recoleta casa de la calle de Velintonia, casi en las afueras de Madrid al final de la avenida de la Reina Victoria, era muy frecuentada por el «círculo interior» de jóvenes poetas y escritores gais que entonces vivían en la capital. Lorca, que había conocido al poeta en el estreno de *Mariana Pineda*, en 1927, fue uno de ellos. Aleixandre me dijo que antes tenía un ejemplar de *Canciones*, publicado aquel año, en el cual Federico estampó la dedicatoria «¡Por fin en Velintonia!» cuando visitó por primera vez la casa a su regreso de Cuba. Por desgracia el libro se perdió durante la guerra. Para Luis Antonio de Villena, a quien Aleixandre también habló de ella, la dedicatoria «evocaba su mutuo reconocimiento sexual».[150]

Aleixandre —que recordó, años después, que aparecía por Velintonia en ocasiones, acompañado de Federico, Emilio Aladrén—,[151] trató por primera vez a Cernuda en octubre de 1928. Se profundizó su amistad en 1930, cuando el sevillano, tras un año en Toulouse, se estableció en Madrid, donde, «vestido y calzado con refinado esmero», según cuenta Aleixandre en *Los encuentros*, «daba enseguida la impresión de una atención elegante en el cuidado de su persona».[152]

Luis Antonio de Villena nos ha dado esta descripción de aquel mundo gay apenas sospechado por los que no eran del grupo:

> El centro es la casa de Aleixandre —delicado de salud— donde este organiza fiestas por las tardes, con muchachos jóvenes, y sus amigos literatos. Federico toca el piano alguna vez, y se beben cócteles.

Y hasta (Vicente lo contaba como pequeño exceso) llegan algún día a bailar. Se trata, obviamente, de un círculo homosexual, propicio —en su clausura— a la mayor intimidad. Acrecida, en los casos de Lorca y Cernuda, por la otra común pasión poética y literaria. Las reuniones *(socialmente distinguidas)* concluyeron por una recaída de la enfermedad de Vicente, y por un normal pudor ante la casa familiar, y el desarrollo de las veladas. Pero los amigos seguían íntimos.[153]

En su breve texto sobre el poeta asesinado, «Federico García Lorca (Recuerdo)», fechado en Londres en abril de 1938 y publicado en *Hora de España* aquel julio —ya había dado a conocer en la revista su maravillosa, si bien censurada, elegía, como vimos en el prólogo de este libro—, Cernuda recordaba cómo notó en Lorca, cuando este volvió de Estados Unidos y Cuba, «mayor decisión, como si algo íntimo y secreto antes se hubiera afirmado en él». Aquella tarde, en casa de Aleixandre, Lorca se puso al piano y ofreció una de sus tan memorables sesiones folclóricas. Duró horas sin que se notara el paso del tiempo. «Había que quererle o que dejarle —apunta Cernuda—; no cabía ya término medio. Esto lo sabía él y siempre que deseaba atraer a alguien, ejercer influencia sobre tal o cual persona, se ponía al piano o le recitaba sus propios versos.»

Cernuda se da cuenta de que para ser fiel a sí mismo, tiene que ser un poco más explícito, dentro de lo que cabe. Y estampa el siguiente párrafo:

El público no sabía que Federico García Lorca, aunque pareciera destinado a la alegría por su nacimiento, conociese tan bien el dolor. Pena y placer estaban desde tan lejos y tan sutilmente entretejidos en su alma que no era fácil distinguirlos a primera vista. No era un atormentado, pero creo que no podía gozar de algo si no sentía al mismo tiempo el roce de una espina oculta. Esa es una de las raíces más hondas de su poesía: el «muerde la raíz amarga» que en diferentes formas y ocasiones vuelve a ser tema de ella.[154]

Solo alguien muy cercano al poeta pudo escribir esto. Cernuda conocía bien «la raíz amarga» del poeta amigo, raíz del amor oscuro, y conocía la pequeña «gacela» de *Diván del Tamarit* que la lleva en su título y que termina

> *Duele en la planta del pie*
> *el interior de la cara,*
> *y duele en el tronco fresco*
> *de noche recién cortada.*
>
> *¡Amor, enemigo mío,*
> *muerde tu raíz amarga!*[155]

La poesía de Cernuda es la más valiente de toda la literatura española inspirada por el amor homosexual. Aunque por desgracia sabemos poco, muy poco, acerca de la relación amistosa que unió durante nueve años a los dos andaluces, parece fuera de duda que su compartida heterodoxia sexual, y las mutuas confidencias a que seguramente dio lugar, le prestó una peculiar intensidad.

También creo que la determinación de Cernuda de vivir su vida auténtica, y de expresar este empeño en su obra, tuvo importancia para Lorca, probablemente mucha importancia. Ello se intuye en las breves palabras leídas por el granadino el 21 de abril de 1936 en la presentación de *La realidad y el deseo*, cuando dijo que el libro de Cernuda le había «vencido con su perfección sin mácula, con su amorosa agonía encadenada, con su ira y sus piedras de sombra», que era un testimonio «delicado y terrible al mismo tiempo; como un clave pálido que manara hilos de sangre por el temblor de cada cuerda», un testimonio de «turbadora sinceridad y belleza». El poeta, siguió Lorca, convencido de que más allá de la muerte no había nada, entablaba un duelo con su tristeza «sin esperanza de paraíso», duelo que hace que quisiera «fijar eternamente los hombros desnudos de un navegante o una momentánea cabellera». «No es hora de que yo estudie el libro de Luis Cernuda, pero sí es la hora de que lo cante —fue terminando Lorca—. De que cante su espera inútil, su impiedad, y su llanto, y su desvío, expresados en norma, en frialdad, en línea de luz, en arpa». *Desvío*, *normas*, vocablos cargados de intencionalidad. Para quien quería entender, las referencias a la homosexualidad de Cernuda, y a la valentía con que le daba voz —«admirable valentía» la llama Octavio Paz— eran clarísimas.[156]

Hay que añadir que Cernuda, como nos recuerda su biógrafo, «siempre sintió gratitud» por las palabras pronunciadas por Lorca en aquella ocasión. No era para menos.[157]

Cito, para terminar este apartado, lo que escribió Cernuda en una reseña de la edición popular del *Romancero gitano* publicada durante la Guerra Civil. Me parece muy elocuente: «No he intentado hablar aquí de Federico, de la persona que tan cerca y tan ligada estuvo conmigo, tan cerca, dicho sea con orgullo egoísta, que no creo pueda darme ya la vida lo que su muerte me quita.»[158]

«La masonería epéntica»

De todos los diarios de la capital española —y entonces se editaban muchos— el que siguió más de cerca la carrera ascendente de Lorca después de su vuelta de Nueva York fue el muy popular, y muy republicano, *Heraldo de Madrid*, auténtica mina de información sobre la vida política y cultural de aquellos años. El 26 de febrero de 1931 publicó la siguiente nota anónima en su habitual página literaria de los jueves:

García Lorca y «don Elepente»

—¿Qué es «Don Elepente», poeta Federico?

—Un héroe mío, que yo he inventado.

—¿En dónde lo encontró usted?

—En todas partes, porque va de mi mano.

—¿Podemos esperar una «Vida y hechos de don Elepente»?

—Sí, desde luego...

Pero Federico García Lorca ha puesto una sonrisa significativa, que hace pensar que este «Elepente» irá siempre de su mano, pero sin pasar a engrosar su magnífica obra de poeta y de autor teatral.[159]

Aquel verano, Carlos Morla Lynch recibió una carta de Lorca firmada «Don Elepente J. Federico», lo cual le debió de causar extrañeza. Un poco después el poeta le dijo que quería fundar un club «elepente». ¿De qué se trataba?[160]

De una broma gay.

Lorca gozaba inventando palabras. Entre ellas se recuerdan *chorpatélico*, *anfistora*, *pirulino*, *ronconquélico*, *pollancón* («cojonudo»)[161] y, sobre todo, *epente* y *epéntico*, de las cuales fue prototipo don Elepente.

Pero ¿*epéntico*? El término no era del todo original y tenía una base real en el sustantivo *epéntesis* (del griego, «intercalar»), figura de dicción, según la Real Academia Española, «que consiste en añadir algún sonido dentro de un vocablo, como *coránica* por *crónica* y en *tenderé por tendré*», ello para facilitar su pronunciación. El mismo diccionario nos informa de la existencia de un adjetivo correspondiente: *epentético*.

Luis Sáenz de la Calzada ha recordado, en su insustituible libro sobre La Barraca, que Lorca decía que con la palabra *epéntico* se refería a «los que crean pero no procrean».[162]

El término, de entrada, no parece tener mucho que ver con la *epéntesis* de la Real Academia. La explicación dada por el gran amigo gay de Lorca en Granada, José

María García Carrillo, arroja luz sobre al asunto. Era cuestión, me dijo, de un malentendido o marrullería intencionada por parte de Lorca, que creía o quería creer que *epéntesis* era no solo la añadidura de un soni-do dentro de una palabra sino *detrás* de otro, ¡dándole por culo!¹⁶³

Según le contó García Carrillo a Agustín Penón, Lor-ca le solía decir: «¡Somos la gran masonería epéntica!»

Rafael Martínez Nadal no tardó en incorporar *epen-tismo* y *epente* a su vocabulario. En una carta al poeta del verano de 1931, conservada en la Fundación Fede-rico García Lorca, le cuenta que está barajando la po-sibilidad de dejar su carrera para hacerse... ¡masajis-ta! Y es que en el «Madrid T.C.», que supongo club de tenis, está viendo maravillas: maravillas femeninas pero, sobre todo, masculinas. «¡Qué solarium de "tor-sos [¿?] yacentes"! ¡Qué de músculos distendidos! Para llorar. Tú también llorarías. Es imposible soñar más bellezas reunidas ni más epentismo flotante.» Lorca, que está en Granada, ha expresado su enojo porque Rafael no ha contestado las cuatro cartas que le ha en-viado. Piensa que tal vez está disgustado con él. Y co-menta Nadal: «¿Disgustado yo contigo? ¿Pero es que te crees tú que es posible que tú y yo nos disgustemos? Idiota. Si tú sabes que nuestra amistad es admiración y envidia de propios y extraños. Si salvo la maricona de "Mme [¿?] Sánchez Mejías" (que cada vez escribe peor, qué artículos en *El Sol!*) no hay quien vea otra cosa de lo que en realidad somos, más o menos epentes, pero que amigos extraordinarios.» La complicidad es sin fi-suras.

Eduardo Blanco-Amor también estaba al tanto de la broma. Cuando alguien le propuso para hacer el papel del Joven en *Así que pasen cinco años*, en 1935 —todavía no habían encontrado a Luis Arroyo—, se quedó sorprendido y quiso saber la razón. «De las habladurías resultaba que yo era un *epente* (una de nuestras palabras clandestinas) indeciso y "muy elaborado", como quien "anda por dentro" sin saber a qué carta del sexo quedarse, como le ocurre al joven de la propuesta lorquiana.»[164]

Lorca gozaba contando a sus amigos —sobre todo cuando eran gente de teatro— los argumentos de obras dramáticas que tenía pensadas. Según Cipriano Rivas Cherif, le dijo que iba a escribir «un drama realista como los de Linares Rivas». Se titulaba *La bola negra*... y era *epéntico*. Le describió así la primera escena:

> Una capital de provincia. Un señor tras una mesa de despacho. Llama al timbre y entra un criado:
> —Que venga el señorito.
> Entra su hijo.
> —¿Qué quiere decir esto que sé? —y el padre muestra a su hijo una carta—. ¿Que te has presentado pretendiente a socio en el casino y te han echado bola negra? ¿Por qué?
> —Porque soy homosexual.

«¿Qué te parece para empezar?», preguntaría Lorca a Rivas Cherif, riéndose estrepitosamente.[165]

Otro drama sobre la homosexualidad, pues, pero esta vez —se sobreentiende que a diferencia de *El pú-*

blico— «realista», escrito en un lenguaje inteligible para todos.

Del manuscrito de *La bola negra*, graciosamente subtitulado *Drama de costumbres actuales*, solo se conocen cuatro páginas. Las dos primeras contienen la lista de personajes. Las otras, los momentos iniciales de la obra. Estos transcurren en un «gabinete de familia burguesa» y no se corresponden del todo con los recordados por Rivas Cherif, pues en ellos el protagonista, Carlos, es interrogado por su hermana, no por su padre.[166]

En una lista posterior de diez proyectos teatrales, *La bola negra* aparece con título nuevo, *La piedra oscura*, y el subtítulo *Drama epéntico*.[167]

Teniendo en cuenta el sentido que daba Lorca al adjetivo *oscuro*, referido al amor, tanto el título como el subtítulo nuevos de *La bola negra* subrayaban la temática homosexual de la obra, indicando «piedra oscura» sexualidad sin procreación y, acaso también, el deseo de la sociedad de *apedrear* a los sexualmente heterodoxos.

Otros amigos íntimos del poeta estaban en el secreto del *epentismo*, naturalmente. Según me ha contado Luis Antonio de Villena, Vicente Aleixandre incorporó el término a su vocabulario.[168]

«El *epentismo* granadino es ya epidemia. ¡Qué barbaridad!», escribe Lorca durante el verano de 1934 a Rafael Martínez Nadal, a su vuelta de Argentina y pocos días después de la muerte del gurú del Rinconcillo, Paquito Soriano Lapresa, que le ha dolido profundamente.[169]

El verano siguiente se despide así en una carta al amigo de Nadal y suyo Miguel Benítez Inglott: «Nos veremos pronto por Barcelona. Abrazos y epentismo real.»[170]

Tal vez el documento más interesante al respecto, con todo, es la carta mandada a Lorca en febrero de 1935 por su amigo el escritor Enrique Amorim desde Salto, en Uruguay, donde este tiene una maravillosa casa estilo Le Corbusier. Amorim, al tanto del reciente éxito de *Yerma* en Madrid, echa intensamente de menos a Federico... y no olvida la pericia del poeta a la hora de inventar palabras y expresiones:

Federicooooooooooo... Federiquísimo... *Chorpatélico* de mi alma... Mi maravilloso epente cruel, que no escribe, que no quiere a nadie, que se deja querer, que se fue al fondo de la gloria y desde allá, vivo, satánico, terrible, con un ramito de laurel en la mano, se asoma por arriba de los hombros de las nubes. *Chorpatélico*, que te has ido dejando polvo de estrellas en el aire de América. Un lagrimear (sí, mear, querida máquina mía, has escrito bien, mear)* de Totilas Tótilas, todas llenas de cosméticos y batones ajados por la esta [las dos primeras letras cortadas], esa babosa de América que las embadurna y las lame.

Federicooooooooooo... *Epente* que ama las frentes bravas y las ideas [faltan unas letras] melenadas. *Chorpatélico* que levanta la columna de ceniza y se va, se va tras los mares, mientras la poesía de Amé-

* Al dividir la palabra *lagrimear* al final de la línea, *mear* aparece al inicio de la siguiente y cobra la inesperada autonomía que provoca el comentario.

rica se queda machacando ajos, desmenuzando perejiles, atónita, y él, ÉL, corre por el mar y en Madrid *Yerma*, *Yerma* de aquella tarde en el hotel Carrasco, *Yerma* se yergue e ilumina y limpia y libra!... Federicooooooooooo!...[171]

Y una posdata. Entre los papeles de Luis Cernuda inéditos a su muerte, había un breve texto incompleto, copiado por un amigo, titulado «Epentismo y epénticos». Fechado en 1961, y no incluido como estaba previsto en *Ocnos*, se recoge hoy en la *Obra completa* del poeta. El tema del escrito es el derecho del homosexual a vivir su vida libremente, sin complejos, ya que él nace así, o lo han hecho así. Cernuda apunta una anécdota lorquiana deliciosa: «Recuerdo haber oído a F. G. L. exclamar, ante aquella tonta frasecita de J. R. J. equiparando la poesía con la mujer desnuda: "¿La mujer desnuda? ¡El hombre desnudo!"» El texto es una indicación más, por lo poco que dice, de cuánto desconocemos acerca de la complicidad de los dos grandes poetas. Y de la gran popularidad que, entre los íntimos del granadino, cosecharon los dos vocablos-código de marras.[172]

Lorca, gay activo, visto por José María García Carrillo

De los que nos han dejado constancia de cómo era el Lorca gay en su vertiente desenfadada, a nadie le debemos tanto como a José María García Carrillo. Y ello

gracias únicamente a Agustín Penón, que por su carisma, su condición de homosexual él mismo y su amor a
Lorca supo ganar el afecto de aquel encantador y sin-
gular personaje en 1955, y apuntar fielmente lo que le
dijo. Cuando yo conocí a García Carrillo diez años
después (sin haber visto el archivo del misteriosamente
desaparecido Penón), no me fue tan fácil, aunque, eso
sí, pude recoger de su boca, y de la de su hermano Francisco, el pianista, algunos datos de interés, y no pocas
anécdotas.

En este libro ya me he referido varias veces a aquel
gran amigo *epéntico* del poeta. Quiero dedicarle ahora
unas páginas, basándome sobre todo en el testimonio
de Penón.

Ya lo sabe el lector, fue, de todos los íntimos de
Lorca en Granada, el más cómplice. No solo por su
compartida homosexualidad, sino por una sintonía en
otros muchos aspectos excepcional. Se conocieron muy
jóvenes, casi de niños, y una de las últimas conversaciones telefónicas de Lorca, ya amenazado de muerte, fue
con él, como veremos. Estamos ante una amistad profunda y vitalicia.

Por desgracia, ¡un caso más!, falta casi totalmente
su epistolario, que fue abundante. Cinco días antes de
su muerte, García Carrillo prometió al poeta granadino
Miguel Ruiz del Castillo que le iba a regalar las cartas
de Lorca en su poder. No le dio tiempo. Ruiz del Castillo (*Miguelón* para todos sus amigos) me aseguró en 1978
que las heredó Fernando, el hermano de José María (no
Francisco), que falleció al poco tiempo, y que quedaron
a partir de entonces en manos de la viuda de este.[173]

¿Dónde están ahora, si es que están? No lo sé. Esperemos que no hayan sido destruidas, por demasiado *personales*, y que algún día afloren y se publiquen. Uno se cansa de tanta desaparición, tanto silencio, tanta tergiversación, tanto no querer decirnos cómo fue.

Solo conozco una comunicación de García Carrillo a Lorca. Se trata de una nota manuscrita, fechada el 17 de octubre de 1927, con membrete del Centro Artístico de Granada. Dice lo siguiente: «Particularmente este secretario y uno de tus mejores y más antiguos amigos te envía un fuerte abrazo y se felicita asimismo por considerar tus legítimos triunfos como suyos propios. Te quiere tu buen amigo Pepe.» La felicitación fue motivada por el estreno en Madrid de *Mariana Pineda*, con Margarita Xirgu de protagonista y decorados de Dalí.[174]

García Carrillo conocía de cerca la apasionada y atormentada relación de Lorca con Emilio Aladrén, y ya hemos incluido unos datos al respecto proporcionados a Agustín Penón.

Al volver a Granada después de su estancia en Buenos Aires, Lorca le habló de un libro escrito por el uruguayo Alberto Nin Frías. Publicado en Madrid en 1933, se titulaba *Homosexualismo creador*. «Tienes que leerlo, Pepe —le dijo—, porque, entre otras cosas, *allí estoy yo*.»[175]

En realidad no estaba Lorca «allí» sino en otro libro de Nin Frías, publicado en Buenos Aires el año anterior, titulado —con obvia alusión a la famosa égloga de Virgilio—, *Alexis o el significado del temperamento urano*, libro a decir verdad, flojísimo, si bien sincero. En el apartado «El sentimiento urano en España y Estados Unidos», el autor, lamentando el «innato horror al homosexualismo» que impera en todo el mundo hispanoparlante —y que impide la investigación ecuánime de un fenómeno según él normal—, incluye entre los poetas que evidencian síntomas de *uranismo* a tres españoles contemporáneos: Lorca, en el *Romancero gitano* y *Oda a Salvador Dalí*; Rafael Alberti (¡!), en su oda dedicada al famoso futbolista húngaro Platko; y Jacinto Benavente, cuyo teatro «es francamente de tipo wildesco».[176]

Nin Frías, partidario de «una mente sana, un corazón puro y un cuerpo armónico», era un personaje estrafalario.[177] Y casi seguramente —el ex libris publicado en *Homosexualismo creador* lo da a entender—, *urano* él mismo. Fue autor, además de las obras mencionadas, de panfletos y conferencias.

La influencia sobre Nin Frías del *Corydon* de André Gide es evidente; la línea argumental, casi idéntica. «Si la sociedad se guiara por la ciencia biológica —termina *Homosexualismo creador*—, se podría ser perfecto *Homo europeus* y urano.»[178]

El 10 de noviembre de 1933, Nin Frías escribió a Lorca para pedirle una entrevista. «Desearía muchísimo conocerle personalmente —dice—, ya que incidentalmente, hace años, me ocupé de su *Cancionero gitano*, en *Alexis*, el más cumplido de mis libros.»[179] Bueno, «hace años», no, hace un año. Por una publicación posterior del mismo autor sabemos que el encuentro no tuvo lugar, pese al empeño que pusiera en ello. Lorca estimaba más prudente, cabe inferir, mantener las distancias.[180]

Pero volvamos a García Carrillo. En Granada todos

los escritores, artistas y gentes de alguna manera artísticas y creativas se conocían, como no podía ser de otra manera en una ciudad tan pequeña. Todos se conocían... y todos conocían los secretos de los demás. García Carrillo, que tenía una enorme simpatía, no era excepción a la regla. Sus historias proceden de conocimientos reales, personales, de aventuras vividas, y aunque quizá, o seguramente, les añadía a veces ingredientes fantasiosos, se les puede conceder un grado considerable de veracidad, por lo menos a mí me lo parece.

Lo del pintor Gabriel Morcillo, por ejemplo. Todo el mundo en Granada sabía que Morcillo, pintor de efebos, era gay. No era ningún secreto. Era un personaje célebre en la ciudad, si no tanto fuera, y a su alrededor había infinidad de anécdotas. Escribe Penón: «Según Pepe, Morcillo le dijo a Federico una vez: "¡Eres un pillamoscas!" Por lo visto, en Granada, el bicho de este nombre es una especie de araña muy grande y muy voraz. Con ello, Morcillo se refería a la gran pericia de Federico para atrapar a los jóvenes que le gustaban.»[181]

¿Lo creemos o no lo creemos? Yo me lo creo. ¡Federico, pillamoscas!

Un día, acompañado de su íntimo amigo William Layton, Penón preguntó a García Carrillo si Lorca se comportaba como un «buen chico» en sus visitas a Granada. «¡En absoluto!», contestó Pepito:

—Aquí no se comportaba como un buen chico. Hacía lo que le daba la gana, y de forma bastante enérgica, también. Si veía a alguien que le gustaba en la calle, especialmente si era joven, sencillamente lo llamaba, le daba cincuenta pesetas y trataba de citarse con él. Yo me avergonzaba y le decía: «Por Dios, Federico, no olvides que tú puedes irte tranquilamente a Madrid pero que nosotros tenemos que quedarnos aquí en Granada.» Su promiscuidad me resultaba a veces muy violenta. Era muy apasionado.

—¿Cual era su tipo preferido? —le pregunto.

—Le gustaban mucho los campesinos de por allí, de la Vega —contesta Pepe, sin dudarlo un momento.

Pepe, que cambia constantemente de tema, recuerda ahora que estuvo en Madrid la noche que se llegaba a las cien representaciones de *Yerma*, en 1935. Iba con Federico en un taxi, y había por todos lados carteles de *Yerma*, en los que aparecía su nombre. Federico le dijo: «Dime, Pepe, ¿estás orgulloso de mí?»

Antes de separarnos, Pepe nos cuenta una leyenda encantadora, que Federico inventó un día para él: «Un joven pastor, de catorce o quince años, estaba en la Vega cuidando de sus ovejas, como había hecho desde hacía años. Se hallaba solo, como siempre. Aquel día una extraña sensación se apoderó de él y el pene se le puso de repente duro. No sabía qué le pasaba, pues él siempre había estado solo con sus ovejas y apenas tenía contacto con otros muchachos. Se tocó el pene y, dándose cuenta de que la sensación era cada vez más agradable, siguió frotando hasta sentir que le inundaba una cosa tan tremenda, tan fuerte, que, aterrorizado, se cubrió la cara con las manos y se tiró al suelo. Tenía el pene tan rígido que penetró en la tierra como un taladro y allí eyaculó tan violentamente que el mundo entero se sintió sacudido por un terremoto.»

Y comenta Penón: «Pepe García Carrillo es un personaje encantador, el primero que me ha hablado sin ambages de la homosexualidad de Lorca. ¡Qué alivio en una ciudad donde, en cuanto respecta al poeta, todo se vuelve medias palabras, mentiras y ofuscaciones.»[182]

¡Qué alivio, ya me lo creo!

Otro día, a solas con Penón (su hermano Francisco y Layton han salido), García Carrillo vuelve a evocar, durante quince mágicos minutos, al Lorca seductor de hermosos muchachos. Relata el norteamericano:

—Federico era un sinvergüenza —empieza diciéndome Pepe, utilizando el término con evidente aprobación—. Era un sinvergüenza y tenía una resistencia erótica formidable.

Una vez le visitó Federico en el campo, donde estaba con su madre. Pepe deseaba afeitarse y llamó al barbero. Este mandó a su hijo, que tenía unos veinte años y era muy rudo, tipo campesino, fuerte y moreno. Federico abrió la puerta y volvió andando delante del chico, haciéndole enormes guiños a Pepe. Tenía los ojos en blanco y la boca abierta para expresar su admiración por el muchacho, que no podía ver los gestos porque estaba detrás.

Cuando el muchacho terminó de afeitar a Pepe,

Federico insistió en que él también necesitaba afeitarse, pero no allí, en el estudio, sino en la habitación de Pepe, donde, dijo, podría lavarse mejor. Pepe temió por las intenciones de Federico, pero le dejó hacer. Al cabo de un rato vio salir al barberito cabizbajo. Luego vino Federico, todo sonriente y diciendo: «¿Me perdonas, Pepito, me perdonas?»

Solía decirle: «Pepito, todos los que tenemos lunares en la cara somos maricones. ¡Mira que tú tienes muchos!»[183]

Por diversos testigos sabemos que Lorca y García Carrillo se llamaban mutuamente «comadre». ¡Eran comadres, claro! Otra indicación de su extraordinaria sintonía. Como vimos, Lorca también llamaba comadre a Rafael Martínez Nadal.[184]

García Carrillo insistía en que Lorca siempre contaba que, cuando era un crío en la Vega de Granada, había «jugado» con todos sus compañeros. «Mira, Pepe —decía—, cuando yo era así de pequeño, ya se la había meneado a todos ellos.» «Yo he estado con todos los chicos de Asquerosa», aseguraba. Y sigue contando Carrillo: «Adoraba a los campesinos y en especial a los catetos; le gustaban sucios y sudorosos. Cuando volvía a Granada desde Madrid le encantaba pasarlo bien, y nosotros teníamos que decirle que anduviese con cuidado, que él se podía largar pero nosotros no, y que nos comprometía. Se sabía en toda Granada que era maricón perdido; pero la gente lo aceptaba porque él se imponía con su personalidad. Vivía con una tremenda intensidad, como si supiera que le quedaba poco tiempo. Yo diría que tenía un apego casi histérico a la vida».[185]

En otro momento, García Carrillo le dice a Penón: «Federico tenía una necesidad tremenda de sexo, dos o tres veces al día. Y si no lo conseguía se ponía nervioso e impaciente. Decía: "Esto es terrible, no puedo seguir así, no trabajo bien."»[186]

«Pepe me asegura que fue Federico quien le inició en el amor masculino —apunta el norteamericano—. Un día, cuando Lorca le hablaba de teatro, y de hombres y mujeres, tuvo de repente una erección. Federico se dio cuenta y se la agarró.» «No daba la impresión de temer que su familia se enterara —añadió García Carrillo—, aunque también es verdad que era discreto. Pero si la ocasión era propicia, se mostraba completamente abierto, pero ¡totalmente!»[187]

Francisco, el hermano de Pepe y más obviamente gay, también mantenía que Lorca había sido su iniciador.[188]

Penón recoge otras anécdotas en la misma línea, pero no insisto más. Lorca y García Carrillo eran desternillantes juntos, y repito que es una tragedia que no tengamos su correspondencia epistolar, tampoco nada escrito por aquel maravilloso sátiro sobre su «comadre». Cuando murió, le dedicó un bello artículo necrológico el escritor y siquiatra granadino Manuel Orozco, para quien García Carrillo era «un tipo nervioso, de gran agilidad mental, y tenía esa afectación nata de gesto del homosexual». «De José María García Carrillo —terminaba con sentimiento Orozco— nada queda sino el recuerdo de unos cuantos. Entristece pensar que una vida tan frenética y faunal se pueda aventar en la ceniza del olvido.»[189]

Otros podrían haber completado la evocación del Lorca harto promiscuo que, gracias a Penón, nos ha legado García Carrillo. Entre ellos, el pintor Gregorio Prieto, amante secreto durante años de Vicente Aleixandre, que se especializaba en retratos que no dejan duda alguna acerca de sus preferencias, entre ellos uno de Lorca, ataviado de colegial e imposiblemente guapo, que pertenecía a Martínez Nadal y colgaba en el salón de su casa londinense (ilustración p. XI). Penón logró hablar con el pintor manchego en enero de 1956, pero no le encontró muy locuaz. Según Prieto, Lorca le dijo mientras posaba para él: «Pasaremos a la historia como Velázquez y su retrato de Góngora.» «Federico adoraba el símbolo viril —le aseguró Prieto a Penón—. Necesitaba muchas aventuras sexuales, pero era discreto. Sabía muy bien a quién abordar, cuándo y dónde.»[190]

Y, finalmente, un poco de chismorreo gay sevillano. En abril de 1935, Lorca, que entonces terminaba *Doña Rosita la soltera*, pasó la Semana Santa en la capital andaluza invitado por el poeta Joaquín Romero Murube, alcaide de los Reales Alcázares. Y la pasó bomba. Una noche Romero le organizó una cena en un conocido restaurante de la ciudad. Lorca no apareció. Más tarde, aquella noche, el anfitrión topó con su invitado en un local del barrio galante. «Perdona —se disculpó—, pero esta noche me ha salido una luna en el pecho.» Había conocido a un chico guapísimo y se había ido con él. Se lo contó Romero Murube años después al escritor Manuel Barrios.[191]

De la estancia en Sevilla ha quedado un pequeño texto de Lorca que lo dice todo sobre su apego a las aventuras nocturnas. Con ella cierro este apartado:

He estado a buscarte, desasiéndome de mil personas.

Esta noche te espero de una y media a dos en la Sacristía.

Lleva a Antonio Torres Heredia o a Pepita o a la niña de los cuernos. Allí estaré. ¡Calla! No faltes.

Federico[192]

La Sacristía era un bar. Antonio Torres Heredia, quizá un hermoso gitano a quien había apodado Lorca con el nombre del protagonista de sus dos romances. Tal vez Pepita era otro amigo gay. ¿Y «la niña de los cuernos»? ¿Significa «quien tú quieras», como se ha propuesto? Lo más divertido del asunto, acaso, es que no tenemos ni idea. Tampoco sobre si el no identificado destinatario de la nota acudió a la cita.[193]

RAFAEL RODRÍGUEZ RAPÚN

Nacido en Madrid en 1912, hijo al parecer de un obrero, Rafael Rodríguez Rapún —*Tres Erres*, le llamaba Lorca—[194] era de constitución atlética y buen futbolista. Estudiaba Ingeniería, militaba en el PSOE y estaba afiliado a la casa del pueblo madrileña. En mayo de 1933 llevaba unos meses con La Barraca, donde ejercía ya con energía y eficacia el cargo de secretario contable.[195] Carlos Morla Lynch, que le había visto por primera vez aquel abril en el estreno de *Don Perlimplín* por el club Anfistora, anotó en su dietario el 17 de mayo que Rapún era «simpático, de fisonomía franca, insolente y gentil a un tiempo, y lleno de personalidad».[196]

El 15 de junio de 1933, Rapún está al lado de Morla Lynch, con Lorca, en la Residencia de Estudiantes para una función extraordinaria de *El amor brujo*. Las tres viejas bailaoras (la Macarrona, la Malena y la Fernanda) reciben una ovación «delirante». «El triunfo de la fealdad: la belleza insuperable de lo horrible», comenta Rapún. Aquella noche Morla apunta: «Tiene este chiquillo una personalidad de una fuerza sorprendente, un criterio propio y una conciencia moral inconcebible en un muchacho de su edad.»[197] En julio hay otra breve pincelada. Rapún, que ya empieza a acudir asiduamente a las reuniones de los Morla, «es una mezcla de valentía y timidez: espíritu comunicativo y desconfiado a un tiempo. Posee una cabeza recia de esfinge y una expresión irónica y ligeramente despreciativa».[198]

Luis Sáenz de la Calzada, que también se acababa de incorporar a las filas de La Barraca, y que será uno de los mejores amigos de Rapún, nos ha dejado una insustituible evocación del joven:

> Se encontraba Rafael en una encrucijada; por una parte el rigor de los problemas matemáticos que diariamente tenía que resolver para preparar su ingreso en Minas; por otra, la presión constante de la generación del 27 ante sus ojos, perennemente,

sin descanso; rigor contra poesía, poesía contra rigor; yo creo que Rafael prefería más hondamente una letrilla que los ángulos de un dodecaedro, pero ambas cosas se encontraban en él y no sin lucha, no sin antagonismos, a veces manifiestos; por eso se encolerizaba tantas veces; por eso tenía esas sus tragedias que no podía eludir y que le quitaban el sueño.

Cabeza más bien grande, braquicéfala, cabello ensortijado, frente no muy amplia surcada por una profunda arruga transversal; nariz correcta emergiendo casi de la frente, lo que le daba, en cierta medida, perfil de estatua griega; boca generosa de blanquísimos dientes con mordida ligeramente cruzada; ello hacía que, al reírse, alzara una comisura mientras descendía la otra. Barbilla enérgica, cuerpo fuerte con músculos descansados, poco hechos al deporte; me parece que no sabía nadar; solía ir vestido de oscuro, color que hacía más luminosa su sonrisa. Pisar seguro y andar decidido [...]

He dicho que tenía sus tragedias; por lo menos así llamaba él a determinadas cosas que le acontecían y que yo no supe jamás; las que llegué a conocer no me parecieron tragedias, pero era violento y elemental, elemental por lo menos en ciertas cosas: por ejemplo, el orgasmo sexual que le sorprendía cuando nuestra furgoneta adelantaba a otro coche en la carretera; eso no era normal, pero él no podía evitar que la velocidad que nuestro buen Eduardo, el policía, imprimía a la furgoneta cuando iba a efectuar un adelantamiento, era, en cierto modo, algo así como la posesión de una mujer. ¡Menos mal que había poca circulación en nuestras viejas carreteras![199]

Rapún no era gay, pero, según su íntimo amigo Modesto Higueras, también «barraco», acabó sucumbiendo tan absolutamente a la magia de la personalidad de Lorca que no hubo vuelta atrás. «A Rafael —me dijo en 1981— le gustaban las mujeres más que chuparse los dedos, pero estaba cogido en esa red, cogido, no, *inmerso* en Federico. Lo mismo que yo estaba inmerso en Federico, sin llegar a eso, él estaba inconscientemente en este asunto. Después se quería escapar pero no podía... Fue tremendo.»[200]

La relación de Lorca y Rapún se va haciendo íntima en medio de la actividad frenética de La Barraca durante el verano de 1933. El poeta está ya preparando su viaje a Buenos Aires. Embarca a principios de octubre. El 12, Rapún contesta la postal que le ha enviado desde Canarias. Le está echando profundamente de menos. Le acaban de informar que no tiene que hacer el servicio militar, gracias, según quiere creer, al conjuro hecho por Federico en el taxi cuando iban a la estación. La Barraca está ensayando *El burlador de Sevilla*, de Tirso de Molina, y le han dado el papel del pescador Coridón, que cree interpretar bastante bien, aunque «como dice [Eduardo] Ugarte, yo sea un *Coridón* en el buen sentido de la palabra». La alusión al *Corydon* de André Gide no necesita comentario. Y sigue *Tres Erres*:

Me acuerdo muchísimo de ti. Dejar de ver a una persona con la que ha estado uno pasando, durante meses, todas las horas del día es muy fuerte para olvidarlo. Máxime si hacia esa persona se siente uno atraído tan poderosamente como yo hacia ti. Pero como has de volver me consuelo pensando que esas horas podrán repetirse. Aún hay otro consuelo: el de saber que has ido a cumplir una misión. Este consuelo nos está reservado a los que tenemos concepto del deber, que cada vez vamos siendo menos [...] Como ya te he escrito algo, aunque tú te mereces más, puedo terminar aquí. Seguiré escribiéndote con frecuencia. Recibe un fuerte abrazo de quien no te olvida.[201]

Es la única carta cruzada entre Lorca y Rodríguez Rapún que se ha encontrado, y eso que fueron muy numerosas. Su desaparición es una de las más penosas de cuantas dificultan nuestro conocimiento de la vida íntima del poeta.

La «misión» de Lorca al otro lado del Atlántico se cumplió con creces, como se sabe. Nunca había tenido un autor español tamaño éxito en Argentina y Uruguay.

No es cuestión de repetir aquí lo ya publicado. ¿Amores hubo por aquellos pagos, quizá unas gotas de promiscuidad? Algo de todo ello, al parecer. En un dibujo ejecutado durante su estancia en un ejemplar del *Romancero gitano*, el poeta dio a entender que los cuatro lugares donde más había amado eran Cadaqués, Buenos Aires, Madrid y Granada.

Lorca coincidió en la capital argentina con el escritor mexicano Salvador Novo, conocido gay, que traía fresca en el recuerdo la lectura de *Oda a Walt Whitman*, que en su país acababan de sacar, en una primorosa edición limitada de cincuenta ejemplares, «los muchachos» de la editorial Alcancía. El poeta, que según Novo es ya el «ídolo» de Buenos Aires, no ha visto todavía la hermosa *plaquette*, solo publicada lejos de España, como dijimos antes, y es de suponer que los dos hablaron largo y tendido de la oda durante la comida que compartieron en un restaurante de la Costanera. De lo que conversaron con toda seguridad, así lo consigna Novo en su libro *Continente vacío*, publicado en Madrid al año siguiente, es de México, país del cual Lorca se declara enamorado y deseoso de conocer cuanto antes.[202]

Santiago Ontañón me contó que, cuando el poeta volvió a Madrid en 1934 tras su periplo americano de seis meses, sus amigos notaron en él un cambio: el inmenso triunfo le había hecho más seguro de sí mismo sexualmente y, según el pintor, se había ido «despurificando». Pepín Bello, que nos acompañaba, asintió.[203] Y no era para menos. Ganó muchísimo dinero en Buenos Aires y Montevideo, sobre todo con *Bodas de sangre* (más de cien representaciones con el inmenso Teatro Avenida lleno a tope), pero también con otras obras suyas, una edición argentina del *Romancero gitano*, recitales, conferencias y demás actividades. En sus cartas a casa habla una y otra vez de las ingentes cantidades que está ingresando. Fue la comidilla de la ciudad, de Montevideo también, y era inevitable que tuviera algunas aventuras. Se comprende que Blanco-Amor quisiera oírlo todo de sus labios.[204]

Estaba claro que, después de tanto esfuerzo, de tanto dolor, el poeta, ahora en la cumbre del éxito, iba a procurar vivir su vida con la mayor libertad posible, ligues de una noche incluidos.

A su vuelta a España en abril de 1934, reanudó su actividad como director de La Barraca, y aquel verano, con Rapún a su lado, la acompañó a la recién inaugurada Universidad Internacional de Santander. Allí estaba el prestigioso crítico teatral Ezio Levi que, impresionado por las representaciones, le invitó, de regreso en Italia, a hablar en el Congreso Teatral de Roma —programado para aquel octubre— sobre su experiencia con la farándula estudiantil. También invitó a *la esposa* del poeta. Lorca, sin duda divertido, le dijo que no estaba casado y le preguntó si podía llevar consigo al secretario de La Barraca, que también lo era suyo. La contestación de Levi se desconoce. Y la visita a Roma, por las razones que fuesen, no se hizo realidad. Lo interesante del caso es constatar que, para el verano de 1934, Rapún es ya secretario personal de Lorca, lo cual garantizaba el contacto diario de los dos.[205]

¿Es cierto que Rodríguez Rapún apareció por Sevilla al lado de Lorca durante la Semana Santa de 1935? Joaquín Romero Murube le contó al escritor Marino Gómez Santos que, en los jardines de los Reales Alcázares, vio cómo Lorca metía su mano debajo de la camisa del muchacho, le acariciaba el pecho y luego le besaba apasionadamente. No se lo pudo creer. No tuvo reparo Romero en admitir que lo que vio aquella tarde le afectó profundamente: no había «sospechado» nada hasta aquel momento.[206]

A mí, el testimonio de Romero Murube me recuerda las páginas del primer capítulo de *Sodoma y Gomorra*, de Proust, donde el narrador evoca su asombro al descubrir, desde su escondite, que Charlus era gay, ¡y gay muy activo! Jamás lo habría podido imaginar.

Y una pregunta. ¿Cuándo estuvieron juntos Lorca y Rapún en el Hotel Reina Cristina de Algeciras? ¿Quién les sacó las fotos, muy contentos ambos, en los jardines del célebre establecimiento, y que conocemos gracias a Gonzalo Menéndez Pidal? Hasta la fecha nada se ha podido comprobar. Es un misterio más de los muchos que envuelven la breve vida del poeta granadino.

LA DESTRUCCIÓN DE SODOMA

En Cuba, como vimos, Lorca le relató a Cardoza y Aragón que «iba a escribir el teatro que nadie se había atrevido a escribir por cobardía», y que Oscar Wilde resultaría, en comparación, «una antigualla, una especie de obeso señorón pusilánime». Se trataba casi seguramente, por los pormenores que aporta el guatemalteco, de *La destrucción de Sodoma*.[207]

Lorca mencionó esta proyectada obra a Rafael Martínez Nadal en agosto de 1931.[208] Para finales de 1934, cuando se estrena *Yerma*, tenía otro título, *El drama de las hijas de Lot* o *Las hijas de Lot*.[209] El primer día de 1935, *El Sol* recogía una nueva declaración del poeta al respecto. A *Las hijas de Lot* le ha devuelto su título original: «Ahora a terminar la trilogía que empezó con

Bodas de sangre, sigue con *Yerma* y acabará con *La destrucción de Sodoma*.» Y añade: «Ya sé que el título es grave y comprometedor, pero sigo mi ruta. ¿Audacia? Puede ser, pero para hacer el *pastiche* quedan otros muchos. Yo soy un poeta y no he de apartarme de la misión que he emprendido.» Le asegura al entrevistador que la obra está «¡avanzadísima!».[210]

Notemos la palabra *misión*. La vimos en la única carta de Rafael Rodríguez Rapún a Lorca que se conoce: Federico iba a Buenos Aires con una *misión* y ello significaba para el muchacho un consuelo, consuelo que «nos está reservado a los que tenemos concepto del deber, que cada vez vamos siendo menos». Más que nunca la misión de Lorca ahora es ayudar a cambiar la sociedad a través de su obra, misión claramente anticipada en la *juvenilia*.

Gracias a Luis Sáenz de la Calzada sabemos que llegó a escribir por lo menos un acto de *La destrucción de Sodoma* (hoy perdido, salvo la primera página), que les leyó a él y a Rapún en el cuarto del primero en la Residencia de Estudiantes:

En lenguaje era, digamos, surrealista, de un simbolismo desgarrado; narra la escena de los ángeles que llegan a Sodoma y cómo los habitantes de dicha ciudad quieren conocerles, a lo que se opone Lot, quien, como es sabido, les ofrece, a cambio, sus propias hijas vírgenes. El decorado será mitad Giotto, mitad Piero della Francesca: planos descansando sobre columnas renacentistas, planos a distintas alturas, en los que se moverían Lot y los ángeles; abajo, el pueblo, enfebrecido por el deseo; los personajes aparecen recortados como con buril y hablan por símbolos terribles de no fácil comprensión; Lot y su familia huyen entre las llamas, pero, en la huida, Lot comete incesto con una de sus hijas; es sabido que el incesto es una de las primeras prohibiciones en cualquier tipo de cultura [...] Federico, en la obra, lo que hace es oponer el incesto a la sodomía, aunque no veo claras las razones que le movieron a proponer dilema semejante. En todo caso, al final del acto, y eso sí lo recuerdo muy bien, se produce un gran tumulto, voces, llamas, gemidos, entre los que destaca como un alarido, como el arañazo sobre el cristal o sobre el yeso, la afirmación de Lot, gritando: «¡¡La hice mía!!»[211]

El testimonio es de un valor incalculable —Sáenz de la Calzada merece una medalla póstuma por su libro—, y nos da la medida de la intencionada *escandalosidad* de la obra proyectada.

Lorca está ya decidido a todo, es evidente. Incluso a tener casa propia. Durante el verano de 1935, Jorge Guillén habla con el padre del poeta. El labrador, que ya tiene setenta y seis años, se muestra orgulloso de los éxitos teatrales de su hijo, éxitos cuya faceta económica no le es indiferente. Preguntado por Guillén «¿y qué me dice usted ahora?», contesta sonriente, recordando anteriores dudas: «¡Ahora sí!» Y sigue Guillén: «En aquel 1935 el dramaturgo nos describía cómo sería la casa que iba a labrarse frente al Mediterráneo. "Porque ahora —exclamaba con más aire de adolescente que nunca— me toca ganar dinero a mí." Sin malgastar un minuto, fiel a sus juegos, iba edificando su vida, delineando rectamente su camino.»[212]

VALENCIA Y LOS *SONETOS DEL AMOR OSCURO*

Estamos a principios de noviembre de 1935. Y en Valencia, donde unos días antes ha inaugurado Margarita Xirgu una breve temporada en la ciudad levantina: *La dama boba* y *Fuenteovejuna*, de Lope de Vega, el *Don Juan Tenorio* de Zorrilla —como corresponde en esas fechas—, y *Yerma*. Lorca asiste a las últimas representaciones de su obra, que resultan apoteósicas. La Xirgu, íntima amiga de Azaña, es republicana fervorosa. Tampoco es secreto para nadie el compromiso republicano y antifascista de Lorca. La prensa progresista de Valencia se vuelca con ellos, la derechista los ignora. España ya se va dividiendo en dos bandos, como las familias en *Bodas de sangre*.

Durante su breve estancia el poeta concede una entrevista al diario *El Mercantil Valenciano*. Las preguntas son directas, punzantes. Las contestaciones también. El periodista, Ricardo G. Luengo, suscita la cuestión de la *crudeza* de *Yerma*, sobre la que viene machacando la prensa conservadora. El poeta rechaza rotundamente la imputación. «No hay tal crudeza —recalca—. So pena que se llame así a trasplantar la vida como es. Las gentes a quienes espanta mi realidad son fariseos que viven, sin asustarse, la misma realidad de mi teatro.» Luengo insiste: «Una porción de crítica le acusa de cierto prurito de querer epatar con palabras y expresiones que parecen escandalosas.» «Las empleo porque me salen de dentro —se justifica el poeta—. Pero, además, una de las finalidades que persigo con mi teatro es precisamente aspaventar y aterrar un poco. Estoy seguro y contento de escandalizar. Quiero provocar revulsivos, a ver si se vomita de una vez todo lo malo del teatro actual.» Y prosigue: «Voy a llevar a la escena temas horribles. El público a que usted ha aludido se va a aspaventar mucho más.» «Tengo un asunto de incesto, *La sangre no tiene voz* —revela a continuación—, ante cuya crudeza y violencia de pasiones, *Yerma* tiene un lenguaje de arcángeles.»

Son palabras que recuerdan, otra vez, sus declaraciones en Cuba, de cinco años antes, a Cardoza y Aragón, cuando trabajaba en *El público*. Es el mismo afán revolucionario de utilizar su teatro para cambiar la sociedad, afán más fuerte que nunca ahora que está en el poder la derecha, cada día más dura y madura.

Sigue la entrevista. Lorca opina que en el teatro actual solo interesan «dos clases de problema: el social y el sexual». «La obra que no siga una de esas direcciones está condenada al fracaso, aunque sea muy buena. Yo hago lo sexual, que me atrae más», declara rotundamente.

El periodista pregunta por las «inspiraciones o fuentes» de la obra del poeta, «aparte del modelo griego». La contestación no tiene pérdida. «La raíz de mi teatro es calderoniana —declara—. Teatro de magia. En la romería de *Yerma* salto de lo real a lo real simbólico, en el sentido poético de obtener ideas vestidas, no puros símbolos. Entre mis ecos han notado la huella de Lope, pero se les ha escapado la sombra de Quevedo en mi amargura. Yo soy un poeta telúrico, un hombre agarrado a la tierra, que toda creación la saca de su manantial.»

A Lorca le gustaba definirse como poeta telúrico. Y lo era, claro. Tampoco sorprende aquí la presencia de la palabra *manantial*, crucial en su vida y en su obra. «Aquel hombre era ante todo manantial —recordaba Jorge Guillén—, arranque fresquísimo de manantial, una transparencia de origen entre los orígenes del universo, tan recién creado y tan antiguo.»[213]

La entrevista no se hizo con una grabadora delante, por supuesto. No existían. Pero sí había taquigrafía. Luengo da la impresión de haber anotado con meticulosidad las palabras exactas del poeta.

El periodista dice que le gustaría poner unos reparos a *Yerma*. ¿Unos reparos? «Me alegra que se me discuta más que imponerme sin discusión», contesta el poeta. Luego explica a continuación que no le convence del todo el personaje de Juan, el marido. Ha echado de menos «un hombre con más seguridad en la réplica y con más conciencia de su destino». El comentario es inteligente; la respuesta, algo evasiva. «Si pongo un hombre de pelo en pecho, me ahoga el drama de *Yerma* —contesta el poeta—. El marido es un hombre débil y sin voluntad. No le he querido presentar de otra manera porque hubiera sido desplazar el drama de la protagonista, con lo que habría resultado una obra distinta de la que concebí. Lo que me propuse hacer fue el drama de la casada seca solamente.» Añade que tiene cartas de ginecólogos y neurólogos ilustres que «dan autoridad y fe clínica» al caso de *Yerma*, y subraya que no ha querido hacer una obra intelectual: «Nada de análisis, que es lo que más fácilmente hubiera logrado con mi disposición sicológica para ahondar de un modo tremendo en las causas.»

Luengo, cuando quizá intuye que no vale la pena insistir más, vuelve a interesarse por el teatro revolucionario que quiere hacer el poeta. «Aspiro a enseñar al pueblo y a influir en él», repone Lorca, confirmando así otras declaraciones suyas. «Tengo ansia porque me quieran las grandes masas. Es una idea nietzscheana. Por eso a mí Nietzsche me lastima el corazón.» El entrevistador quiere saber «qué innovación revolucionaria, subversiva» aporta el teatro que está escribiendo ahora. Lorca contesta que acaba de terminar «un acto completamente subversivo que supone una verdadera revolución de la técnica, un gran avance». ¿El asunto de la obra? «Un tema social, mezclado de religioso, en el que irrumpe mi angustia constante del más allá.» ¿Se trataba de *La sangre de la voz*, o de *El sueño de la vida*, todavía sin título? Imposible saberlo.

Según Cipriano Rivas Cherif, la idea de *La sangre no tiene voz* había surgido en Barcelona, al enterarse el poeta de un caso de incesto ocurrido entre un hermano y una hermana en la familia de un amigo suyo no especificado, caso no muy diferente del de los bíblicos Thamar y Amnón, inspirador de su romance.[214] Otra fuente indica que la relación descubierta por el poeta era de una madre con su hija. Sea como fuera, Lorca seguirá hablando de la proyectada obra durante los siguientes meses. Entretanto le dará un nuevo título: *El sabor de la sangre. Drama del deseo.*[215]

Al final de la entrevista el poeta afirma que, como autor dramático, se considera todavía «un auténtico novel» que está aprendiendo a «manejarse» en el oficio. Aun así, su euforia y su confianza en su vocación son patentes. Alega que en torno a *Yerma* «se ha movido la misma discusión que en torno a *Casa de muñecas*», y considera que ya ha superado en su campo al francés Henri-René Lenormand (buceador en profundidades freudianas) y al expresionista alemán Georg Kaiser. Quizá lo dice exagerando intencionadamente, quizá convencido, ¿cómo saberlo? «Mi obra apenas está comenzada —termina—. La veo a lo lejos, como un orbe denso, con firmeza de pulso para acercarme a ella.»[216]

No se ha desenterrado, que yo sepa, ninguna entrevista de Lorca tan radical como la que acabamos de parafrasear. Cuando la descubrí, hace años, entre las páginas de *El Mercantil Valenciano*, tuve la certidumbre de estar ante un texto olvidado de la máxima importancia. Lo ha confirmado la crítica. Lorca, un año antes de su asesinato, es más que nunca un escritor absolutamente comprometido con su sociedad y decidido a contribuir a su transformación.

Al poeta le preocupa en estos momentos su relación con Rapún, cuya llegada a Valencia espera ansioso... y en vano. Su angustia se nota en los poemas que compone durante su breve estancia en la ciudad. Se trata de los famosos *Sonetos del amor oscuro*, ya comentados en nuestro prólogo.[217]

Los borradores de diez de ellos, «más o menos corregidos, a veces muy corregidos», están escritos, como señala Miguel García-Posada, «en cuartillas dobles, de papel de hilo para cartas, con membrete del hotel Victoria de Valencia».[218] En ellos, el yo expresa su miedo a perder al amado, su infelicidad cuando están separados, la dificultad de su amor al ser secreto, acechado, espiado, su sufrimiento cuando el otro le desdeña o no le comprende. La «voz de penetrante acero» que, en «El amor duerme en el pecho del poeta», *persigue* al yo es la misma que protagoniza el soneto sin título que empieza «¡Ay voz secreta del amor oscuro!», soneto que deja entrever, me parece a mí, la dificultad que supone todavía para el poeta entregarse de lleno a una inclinación condenada por la sociedad. En él, dicha voz se equipara con una serie de elementos de signo negativo: balido sin lanas, heridas, aguja de hiel, camelia hundida, corriente sin mar, ciudad sin muro, noche inmensa de perfil seguro, montaña de angustia que adquiere proporciones celestiales, silencio eterno, lirio maduro (los lirios en Lorca casi siempre están relacionados con la muerte). Y los tercetos expresan claramente la convicción de que, si se entrega a la terrible voz, está en peligro de perdición:

Huye de mí, caliente voz de hielo,
no me quieras perder en la maleza
donde sin fruto gimen carne y cielo.

Deja el duro marfil de mi cabeza,
apiádate de mí, ¡rompe mi duelo!,
¡que soy amor, que soy naturaleza![219]

Acerca de la composición de «Soneto gongorino en que el poeta manda a su amor una paloma», titulado primero «Soneto gongorino en que Federico manda a su amigo una paloma»,[220] contamos con una interesante información de primera mano. Cuando La Barraca visitó Valencia en 1933, Lorca conoció a un joven poeta alcoyano, de exquisita elegancia, Juan Gil-Albert, hijo de un rico industrial. Ahora vuelven a verse. Gil-Albert, que está a punto de publicar un libro de sonetos en el que no disfraza para nada su homosexualidad, escucha arrobado mientras Federico lee *Doña Rosita la soltera* a Margarita Xirgu y a su compañía. Y se le ocurre, bajo la impresión, enviar a Lorca el regalo de una paloma en una jaula. Me contó en 1987 que no sabía nada entonces de Rafael Rodríguez Rapún ni, en general, de la vida privada de Federico, por lo que le sorprendió mucho descubrir, la primavera siguiente en Madrid, que Lorca había escrito un soneto en el que el yo poético enviaba a la persona amada, intensamente añorada, «un pichón del Turia». ¡De modo que aquella peregrina ocurrencia suya había dado pie a la creación de un apasionado poema de amor![221]

En el archivo de la Fundación Federico García Lorca se conservan, además de los borradores mencionados, los dos cuartetos de otro soneto de la serie. Reproduzco en cursiva las tachaduras (solo hay una en el primer cuarteto):

¡Oh cama del hotel! ¡Oh dulce cama!
Sábana de blancuras y *tierno frío* y rocío.
¡Oh rumor de tu cuerpo con el mío!

¡Oh gruta de algodón penumbra y llama!
¡Oh *doble lira* lira doble que el amor enrama
con tus muslos de *brasa* lumbre y nardo frío!
¡Oh *desierto de sed, húmedo río*
   desierto sin agua, claro río
   barca vacilante,
a veces *pedernal* y a veces rama
   ruiseñor...[222]

Los escépticos dirán que aquí no estamos ante un acto de amor necesariamente entre hombres, que el rumor de los dos cuerpos enardecidos igual puede aludir a un coito heterosexual *normal,* y la «gruta de algodón penumbra y llama» a la vagina. También alegarán que los «muslos de lumbre y nardo frío», con su juego de calor y frío, en poco se diferencian de los de la gitana en «La casada infiel», que se le escapan al narrador «como peces sorprendidos, / la mitad llenos de lumbre, / la mitad llenos de frío».[223] La gruta, sin embargo, conjura imágenes de *El público* indudablemente alusivas al sexo anal, cuando, por ejemplo, el Caballo Negro exclama: «¡Oh amor, amor, que necesitas pasar tu luz por los calores oscuros! ¡Oh mar apoyado en la penumbra y flor en el culo del muerto!»[224]

No creo que a estas alturas pos-Kinsey nadie medianamente progresista se derrumbe ante la demostración de que el ano no solo es una zona erógena, sino de que sirve, aunque sea ocasionalmente, para el coito heterosexual (no olvidemos el revuelo al respecto causado en 1973 cuando Bertolucci estrenó *Último tango en París*), además del homosexual. Lorca tenía problemas

con el aspecto anal de la homosexualidad, como sabemos, y en *El público* el Hombre 1.°, trasunto del poeta,
es tajante al respecto: «El ano es el castigo del hombre.
El ano es el fracaso del hombre, es su vergüenza y su
muerte.»[225] A la luz del borrador citado, sin embargo,
cabe inferir que, tres años después, la práctica no le
suscita tanto repudio. De todas maneras no hace falta
seguir cerrando los ojos ante la realidad de las prácticas
sexuales minoritarias, sean hetero o gais. Por si fuera
necesario, ahí está, para ayudarnos en el empeño, la
sentencia del cómico latino Terencio tan cara a Unamuno. Tan cara que la estampó al inicio de *Del sentimiento trágico de la vida*: «*Homo sum; nihil humania me
alienum puto*» («Hombre soy y nada de lo humano me
es extraño»).

LORCA SE CONFIESA
CON CIPRIANO RIVAS CHERIF

Terminadas las representaciones en Valencia, Margarita Xirgu y Lorca regresaron a Barcelona para preparar
el estreno de *Bodas de sangre* en el Teatro Principal Pa-
lacio, programado para el 22 de noviembre de 1935.

Esta vez Rodríguez Rapún hizo acto de presencia y
estuvo con Lorca durante aquellas semanas, o parte de
ellas. Lo sabemos gracias a Cipriano Rivas Cherif, que
en 1956, nueve años después de su liberación del penal
franquista donde por poco pierde la vida, publicó en el
diario mexicano *Excelsior* una serie de muy interesantes, y muy polémicos, artículos sobre el poeta. En uno

de ellos relató cómo, una tarde en Barcelona, encontró a Margarita Xirgu «extrañamente nerviosa». Y era que Lorca no había aparecido en el teatro como tenía previsto para el ensayo. La actriz estaba segura de que algo había pasado. Rivas fue en busca del poeta y dio con él, finalmente, en un bar, solo, ensimismado. «Estaba como loco. Era otro, que nunca hubiera sospechado en él.»

El poeta creía que Rivas sabía lo que había ocurrido. Pero no lo sabía. «¡No ha ido a casa en toda la mañana! —exclamó—. ¡Se me ha ido! ¡Y eso sí que no!»

Se trataba de un chico de La Barraca, guapo estudiante de Ingeniería a quien Rivas identifica como R, venido desde Madrid, probablemente para organizar la visita de la farándula universitaria (que se efectuaría, de hecho, en abril de 1936), y que desde su llegada paraba con Federico, sin que Rivas lo supiera, en el conocido Hotel Majestic, en el Passeig de Gràcia.

No cabe duda de que R era Rapún, por estas y otras indicaciones proporcionadas por Rivas.

Repasando mentalmente los acontecimientos de la noche anterior, el director recordó que, al terminar la fiesta flamenca a que habían asistido, R se había ido con una gitana.

Por primera vez el asesor artístico de Margarita Xirgu y amigo desde casi los primeros días madrileños del poeta oyó a continuación, de labios de este, la confesión de su condición de homosexual. Según Rivas, Lorca sacó un paquete de cartas recibidas de R y exclamó: «¡No me digas que no lo sabías! ¡Tú que te enteras de todo y todo te divierte!»

Lo que no dice Rivas Cherif, claro, es que él también tenía fama de ser de la «cáscara amarga» y quizá lo era, algo que no podía desconocer ni mucho menos el poeta. Parece muy difícil que no hubiesen hablado antes del tema.[226]

Lorca alegó en aquel bar, según Rivas, que no había hecho jamás el amor con una mujer. El director no se lo creía, dada la extraordinaria fascinación que ejercía el poeta sobre todo el mundo, hombres, mujeres, daba igual. Pero Federico insistió:

Solo hombres he conocido; y sabes que el invertido, el marica, me da risa, me divierte con su prurito mujeril de lavar, planchar y coser, de pintarse, de vestirse de faldas, de hablar con gestos y ademanes afeminados. Pero no me gusta. Y la normalidad no es ni lo tuyo de conocer solo a la mujer, ni lo mío. Lo normal es el amor sin límites. Porque el amor es más y mejor que la moral de un dogma, la moral católica; no hay quien se resigne a la sola postura de tener hijos. En lo mío, no hay tergiversaciones. Uno y otro son como son. Sin trueques. No hay quien mande, no hay quien domine, no hay sometimiento. No hay reparto de papeles. No hay sustitución, ni remedo. No hay más que abandono y goce mutuo. Pero se necesitaría una verdadera revolución. Una nueva moral, una moral de la libertad entera. Esa es la que pedía Walt Whitman. Y esa puede ser la libertad que proclame el Nuevo Mundo: el heterosexualismo en que vive América. Igual que el mundo antiguo.

No estamos ante una grabación, por desgracia; de modo que solo podemos tener una confianza relativa en la exactitud de las palabras que cree recordar Rivas Cherif (pasa lo mismo con las minuciosas conversaciones reconstruidas años después por Martínez Nadal). Sin embargo, dichas palabras reflejan sustancialmente las ideas del poeta expresadas en su obra. También revelan que seguía con su obsesión de siempre de no ser marica, de que no le tomasen por tal.

Después de la confesión, Lorca contaría a Rivas —parece inverosímil que este se inventara la historia— que, antes de cumplir los siete años, estuvo a punto de tirarse de la torre de la Vela de la Alhambra porque los padres de su mejor amigo, un poco más pequeño que él, se lo llevaron con ellos a otro pueblo. Rivas pone en boca del poeta las siguientes palabras al respecto:

> Me gustaba acapararle, separarle de los demás y que jugase solo conmigo. Después, cuando me he podido dar cuenta de mis preferencias, he sabido hasta qué punto lo que me gusta es eso que le dicen *pervertir* —y se interrumpió con una risa en que no había asomo de perversión—, de pervertir a los jóvenes que ya saben lo que se hacen, y sobre todo, mejor cuanto más hombrecitos.

La anécdota encaja bien con las declaraciones de José María García Carrillo a Agustín Penón relativas a lo que decía Lorca de su infancia veguera.

Luego, para explicar su *preferencia*, el poeta habló del hondo respeto que sentía por su madre, respeto que a su juicio probablemente actuaba en él a un nivel sub-consciente para impedir que pudiera tener una relación heterosexual. Rivas en absoluto se daba por convencido: «Esto sí que ya no es intuición tuya —diría—. Lo has leído, mucho tiempo después, en una traducción de Freud.»[227]

El testimonio de Rivas levantó un torbellino de protestas en México, como era previsible, sobre todo entre los exiliados republicanos que tanto debían a la generosidad del presidente Cárdenas. ¿Cómo se había atrevido a mancillar de manera tan repugnante el nombre del genial poeta sacrificado? ¿Qué fe se podía tener en la exactitud de lo contado, veinte años después de aquella alegada conversación? Se dirigieron airadas cartas al director del *Excelsior*. Cito una por la extremada homofobia, quizá inconsciente, que trasluce:

El señor Rivas Cherif escribió tres largos artículos en la sección cultural de *Excelsior*, sin decir-nos nada —como se le proponía— sobre el verdadero Federico. Pese a haber estado tan cerca de él, Rivas Cherif da la impresión de no haber entendido nunca ni medianamente a García Lorca. En los tres artículos, y hasta en la fotografía publicada en el último —con don Cipriano en el centro— parece que se nos quiere decir a grandes voces: «Yo fui su amigo», «yo le conocí», «yo le traté», «yo, yo, yo», etc.

Se atreve don Cipriano a poner en boca de García Lorca frases cuya veracidad nadie puede ahora comprobar, y que si bien pudieran ser interesantes para el enfoque de estudios serios sobre la génesis y evolución de la obra de Federico, están por completo fuera de lugar en un artículo periodístico.

Se dice don Cipriano amigo de Federico, pero los que escriben artículos así no pueden llamarse amigos.

Que Federico García Lorca tuviese ciertas afinidades o inclinaciones en ciertos momentos emocionales es algo que se rumorea... Pero poner en boca suya —ya muerto— frases como las que pone don Cipriano, es faltar a todo sentido de verdadera amistad.

Don Cipriano transcribe como textuales frases enteras que en nada favorecen al amigo muerto, pero se guarda muy bien, con mañosos rodeos, de proporcionar los nombres de los que intervinieron en la muerte del poeta y que aún viven. ¡Valiente amigo!

Ojalá que algunos de los verdaderos amigos de Federico —yo tenía doce años cuando le mataron y nunca le conocí— escribiendo más acertadamente y con mayores conocimientos, ponga a don Cipriano y a Federico en el lugar que les corresponde.

Santiago Genovés T.
Boulevard Xola 518
Colonia del Valle, México, D. F.[228]

El señor Genovés probablemente habría negado la acusación de padecer homofobia (término que entonces no existía). Y sin embargo su carta la expresa. Al releerla ahora he recordado lo que me dijo un señor hace años cuando firmaba ejemplares de mí biografía de Lorca en la Feria del Libro de Madrid: «¡Qué poeta más maravilloso! ¡Y qué pena que fuera maricón!»

Claro, si Lorca no fuera «maricón» no sería el poeta que es. Escuchando a aquel señor, homófobo sin saberlo, recordé la entrevista concedida por el granadino, en abril de 1936, justo antes de la llegada de la República, al periodista Felipe Morales. Cuando este le pregunta por su definición de la poesía, nota que Lorca «se ha metido más dentro de sí mismo. Sus ojos, vistos por mí en el espejo de la pared de enfrente, miran sin mirada». Y sigue, con gran perspicacia: «Federico García Lorca tiene el rostro sombreado de una tristeza de la que él mismo no se ha dado cuenta. En sus poemas pueden reír el alhelí y la albahaca; pero de su frente ancha se deducen canciones de patios angostos, llenos de ventanas pequeñas.» Morales acababa de vislumbrar al *otro* Lorca, al Lorca magistralmente evocado un año después por Vicente Aleixandre, «capaz de toda la alegría del mundo» pero cuyo corazón «no era ciertamente alegre».[229]

Acompañaba al periodista el joven y ya para entonces famoso fotógrafo Alfonso, que sacó un retrato que captaba la tristeza vislumbrada por Morales (ilustración p. XIII). Al comentarlo conmigo y con otros amigos en 1979, Luis Rosales dijo que refleja mejor que ningún otro el aspecto del poeta que él denominaba *machihembrista*, término que a Lorca le gustó mucho cuando se lo comunicó diciendo: «Tú tienes una cabeza muy viril pero por debajo eres maricón.» Rosales insistía en que, al final de su vida, Lorca hablaba muy abiertamente con los íntimos de sus problemas y sus preferencias.[230]

Cuando el poeta vuelve a Madrid en diciembre de 1935 tras su triunfal temporada en Barcelona —que incluye reencontrarse jubilosamente con Dalí, después de ocho años sin verse, y conocer por fin a Gala— aquel final ya está muy cerca.

Último acto y mutis

EL SUEÑO DE LA VIDA

El 12 de febrero de 1936, el *Heraldo de Madrid*, que seguía muy bien informado acerca de los proyectos del poeta, recogió en la «Sección de rumores» de su página teatral unas valiosas indicaciones al respecto.

SE DICE:
— Que el gran poeta Federico García Lorca, uno de los grandes prestigios de España, trabaja febrilmente.

— Que está terminando el segundo acto de una obra ultramoderna en la que maneja los más audaces procedimientos y sistemas teatrales.

— Que el espectador no irá a ver lo que pasa, sino a sentir lo que «les» [*sic*] pasa.

— Que el escenario y la sala están unidos en el desarrollo de la obra.

— Que la obra es sumamente fuerte; y en pre-

visión de no poderla estrenar en España ha entabla-
do relaciones con una compañía argentina, que la
estrenará en Buenos Aires.

— Que la obra no tiene título aún, pero que el
que más le cuadraría hubiese sido «La vida es sueño».

— Que ese título ya lo «utilizó» Calderón...

— Que, de todas formas, el título será parecido
a ese.

— Que la intensidad emocional de la obra va en
aumento y que los espectadores que no pueden
mantener el control de sus nervios harán bien en
abandonar la sala.

— Que la obra trata de un problema social agudo y latente.

— Que la obra está resuelta de un modo sorprendente.[1]

Se trataba de la obra luego titulada *El sueño de la
vida*. Lorca leyó su primer acto por estas mismas fechas
al crítico y dramaturgo argentino Pablo Suero, que lo
consideró superior a todo lo que los dramaturgos
Georg Kaiser y Ernst Toller habían conseguido en el
género.[2]

También había leído el primer acto unos meses antes a Margarita Xirgu, además de algunas escenas del
segundo, «apenas abocetadas», que, según creía recordar la actriz en 1949, «se desarrollaba en el depósito de
cadáveres, adonde iban Titania y el Poeta». En cuanto
al tercero, Lorca no había escrito nada todavía, pero le
explicó que «se situaría en el cielo, con ángeles andaluces vestidos con faralaes».[3]

A finales de mayo otro *rumor* aparecido en el *Heraldo* decía que el poeta llevaba muy adelantada la obra, definida como «drama social».[4]

Hoy solo se conoce su primer acto, cuya relación con *El público* salta a los ojos: el tema de la *accidentalidad* del amor, expuesto por el Autor en la homilía inicial que dirige a los espectadores; juego shakespeariano del teatro dentro del teatro (en vez de *Romeo y Julieta* se trata ahora de una puesta en escena de *Sueño de una noche de verano*); confusión de planos entre teatro y público; la revolución que estalla fuera en la calle; y la claramente expresada voluntad lorquiana de una dramaturgia empeñada en enfrentar al público teatral con las realidades del hombre contemporáneo.

En el Espectador 2.º encarna el poeta la mentalidad de quienes en esos momentos están trabajando por la destrucción de la democracia en España. El personaje porfía en creer (y propagar) todos los bulos que circulan respecto a atrocidades cometidas por la clase trabajadora, o que están dispuestas a cometer. «En una revolución de hace muchos años sacaron los ojos a trescientos niños, algunos de pecho», asegura. El Autor reacciona furioso: «¿Quién se lo contó? ¿Qué infame manchó su lengua con esa pesadilla? ¡Conteste!» «Lo sé muy bien —repone el individuo—. Un periodista amigo mío presenció el hecho, ¡un gran periodista!, y para prueba, se trajo dos ojos azules, vivos, que enseñaba a todo el mundo, dentro de una cajita de laca.»

El mismo ruin sujeto apunta a continuación en una libreta el nombre de un obrero tramoyista del teatro, conocido entre los suyos como Bakunin el Loco. Lo hace para denunciarle a las autoridades. En ese momento, desde el paraíso, le increpa una voz: «¡Canalla!» Y hay un intercambio:

> ESPECTADOR 2.º. Estás en la sombra, pero yo iluminaré la sombra para cargarte de cadenas. Soy del ejército de Dios y cuento con su ayuda. Cuando muera le veré en su gloria y me amará. Mi Dios no perdona. Es el Dios de los ejércitos, al que hay que rendir pleitesía por fuerza, porque no hay otra verdad
>
> LEÑADOR. ¡Arrímese al muro y defiéndase! Estamos en pleno bombardeo.
>
> ESPECTADOR 2.º. No tengo miedo. ¡Dios está conmigo!
>
> VOZ. ¡No creo en tu Dios!
>
> ESPECTADOR 2.º. Lo sé, ¡pero la mala hierba se arranca así!

Diciendo esto, el personaje «saca un pequeño reflector y lo dirige hacia el paraíso que queda iluminado». Se ve que la voz procede de un obrero que, vestido de mono (como si fuera de La Barraca), levanta las manos y grita: «¡Camaradas!» En este punto «todo el teatro se ilumina». Y sigue la escena:

> ESPECTADOR 2.º. ¡Ah! ¡Buen mozo! *(Saca una pistola y dispara. El Obrero da un grito y cae.)*
>
> MUJER 1.ª. ¡Lo ha matado!
>
> MUJER 2.ª. ¡Asesino! ¡Asesino!
>
> ESPECTADOR 2.º. ¡Que los acomodadores saquen

a esa gente que impide la representación! *(Apaga el reflector y todo el teatro vuelve a quedar a oscuras.)* ¡Buena caza! Dios me lo pagará. Bendita sea en su sacratísima venganza. ¡No hay más que un solo Dios!⁵

Interviene ahora el Joven, a quien no se le ha escapado la referencia a Mahoma. Manifiesta que es musulmán, y se entabla un diálogo entre él y el asesino. Al Joven no le importa si muere en el bombardeo que está empezando, porque está convencido de que le esperan en el paraíso un millón de concubinas. «Aquí las mujeres son caras», añade. Y contesta el Espectador 2.º: «Carísimas, pero un día vendrá, y creo que está próximo, en que las tengamos tan baratas como antes. Mis antepasados las tuvieron a pares.» Cuando el Joven le felicita por su buena puntería, el asesino explica que tuvo como maestro de tiro a un teniente alemán curtido en las guerras de África, maestro para quien el «único objetivo era el hombre. Matar un pájaro lo llenaba de irritación». El Joven quiere saber si alcanzó en el corazón al obrero. «En el corazón hubiera dado un salto —contesta el matón fascista—, y cayó hacia atrás sin abrir la boca. Fue en el centro mismo de la frente.»⁶

Que el lector me perdone la paráfrasis, pero se trata de un texto creo que no adecuadamente conocido. Acabo de releerlo una vez más, y me ha sobrecogido. Es como si el poeta estuviera describiendo lo que iba a ocurrir en realidad dentro de unos cuantos meses en España, su propia muerte incluida. No tardará en conocer, en Granada, «su Granada», a sujetos como el

Espectador 2.º. Uno de ellos se llamaba Ramón Ruiz Alonso; otro, Juan Luis Trescastro Medina.

LOS SUEÑOS DE MI PRIMA AURELIA

El 29 de mayo de 1936, el *Heraldo de Madrid* publica el «rumor» de que el poeta ya trabaja en otra obra dramática, que será estrenada aquel otoño en Madrid por María Fernanda Ladrón de Guevara. Se trata de una «elegía de la vida provinciana con todo lo que tenía de fabuloso y de ensueño antes de modernizarla el maquinismo, pugna de mundos patentizada por Lorca entre los tiempos ingenuos de la cría del gusano de seda y los febriles —y fabriles— de las refinerías de azúcar granadinas».[7]

Es la primera noticia que tenemos de *Los sueños de mi prima Aurelia*, de la cual, como en el caso de *El sueño de la vida*, solo se conoce hoy el primer acto.

La prima del título era Aurelia González García, una de las favoritas del poeta en Fuente Vaqueros. Aurelia estaba al tanto de que Federico tenía la intención de hacerla protagonista de una obra de teatro, y años después le contó a Gregorio Prieto que quien iba a desempeñar «su» papel era María Fernanda Ladrón de Guevara, pormenor que confirma el «rumor» del *Heraldo de Madrid*.[8]

Llama la atención el que *Los sueños de mi prima Aurelia* se sitúe específicamente, como el último acto de *Doña Rosita la soltera*, en 1910, fecha identificada de forma repetida en la obra del poeta, como sabe el lector, con la pérdida irreparable de su infancia veguera. Por si pudiera haber alguna duda al respecto, el Niño se llama Federico García Lorca, y el amor que siente por su prima —que en la obra tiene veinticinco años y en la vida real unos trece más que el poeta— refleja el que sentía realmente Federico por la *teatral* Aurelia, que se desmayaba cuando había tormentas con truenos, devoraba novelas, tocaba la guitarra con el talento característico de los García, cantaba habaneras y hablaba un lenguaje ricamente metafórico.[9]

El 2 de abril de 1909, a los veintiún años, Aurelia se había casado con un vecino de Asquerosa, José Giménez Fernández. El mismo año se trasladaron los García Lorca a Granada. ¿Tuvo entonces el futuro poeta la sensación de una doble pérdida, que resultaría antecedente de otras posteriores? Es posible.[10]

Sea como fuera, *Los sueños de mi prima Aurelia* y *La casa de Bernarda Alba* demuestran que, en los últimos meses de su vida, Lorca tenía muy presente la Vega de Granada.

LA CASA DE BERNARDA ALBA

Estaba en un momento de intensísima productividad. El mismo «rumor» publicado por el *Heraldo de Madrid* el 29 de mayo decía que contaba terminar en ocho días *La casa de Bernarda Alba*, «drama de la sexualidad andaluza».[11] Casi lo consiguió: el manuscrito está fechado el 19 de junio de 1936. Leyó la obra enseguida a numerosas personas. «Cada uno de los que llegaban y le rogaba que le leyese el nuevo drama, lo escuchaba de sus labios, en acentos que no hubiese superado el mejor trágico», escribió Adolfo Salazar dos años después.[12]

La casa de Bernarda Alba remite al segundo pueblo de la familia del poeta en la Vega de Granada, Asquerosa (rebautizado Valderrubio —como se explicaba en el primer capítulo— después de la Guerra Civil). Y, empezando con la protagonista, contiene alusiones a varias personas reales.

Lo cuento aquí, brevemente, porque todo ello tiene que ver con la muerte del poeta.

El nombre de Bernarda Alba estaba casi calcado del de una rica terrateniente del pueblo, Francisca *(Frasquita)* Alba Sierra, muerta en 1924, que vivía con su familia frente a la primera casa del padre de Lorca en Asquerosa, se casó dos veces, y tuvo numerosas hijas.[13]

Al poeta le fascinaba, cuando era joven, el chismorreo acerca de Francisca Alba y sus hijas que le transmitía su prima Mercedes Delgado García, cuya casa colindaba con la de ellas. Chismorreo facilitado por el hecho de compartir ambas familias un pozo, dividido por una tapia medianera. Mercedes y sus hermanos estaban siempre muy al tanto de lo que se comentaba y hacía al otro lado de esta.[14]

Una de las hijas de Francisca, Amelia Rodríguez Alba, estaba casada con un tal José Benavides Peña, vecino del pueblo de Romilla o Roma la Chica, situado no lejos de Asquerosa, en la orilla sur del Genil, y cuyos habitantes se conocen tradicionalmente como «romanos». Amelia falleció en 1920. Unos años después,

Benavides Peña, el viudo, conocido en Asquerosa como *Pepico el de Roma*, se casó con la hermana de la muerta, Consuelo. Benavides es el original, pero muy exagerado, de Pepe el Romano, el *macho* que, en la obra, enardece a las enclaustradas hijas de la dictatorial Bernarda.[15]

Los hechos reales aprovechados por Lorca en *La casa de Bernarda Alba* no proporcionaban más que el punto de arranque del drama. Bernarda es una grotesca magnificación de Francisca Alba, y no es de extrañar que, a juicio de la madre y del hermano del poeta, según me dijo este, iba a ser necesario cambiar el apellido antes del estreno, para no ofender a la familia, o no tener dificultades con ella. Es posible, incluso probable, que el poeta lo habría hecho.[16]

Acaso también, por el mismo motivo, el apellido Benavides, otorgado, sin necesidad, al segundo marido de Bernarda Alba, que acaba de fallecer cuando empieza la obra y quien, según dice la criada, se entretenía levantándole las enaguas detrás de la puerta del corral.

Estas consideraciones aparte, no fue ninguna casualidad que Lorca concibiera un drama sobre un caso de tiranía doméstica en momentos en que se cernía sobre España la amenaza de un inminente golpe de Estado fascista. Bernarda, con su hipocresía, su catolicismo inquisitorial (como el del Espectador 2.º de *El sueño de la vida*) y el desdén que le provocan los que no poseen tierras propias, expresa una mentalidad que Lorca conocía muy bien: la compartida por muchos terratenientes de la Vega de Granada. Además, al definir la obra como «documental fotográfico», quería indicar, sin duda, que se trataba de una especie de crónica verídica (quizá recordando *Las Hurdes* de Buñuel) de la España intolerante, represiva y autoritaria que en el fondo despreciaba al pueblo llano.

Es casi seguro, además, que tenía muy presente a su padre, el «buen cacique» de la localidad, mientras elaboraba *La casa de Bernarda Alba*.

A Federico García Rodríguez, elegido concejal de Granada por el Partido Liberal a finales de 1916,[17] y que incluso ejerció en alguna ocasión de teniente de alcalde, no le faltaban adversarios políticos en la ciudad de la Alhambra.[18] En cuanto a Asquerosa, era quizá el único propietario republicano de la localidad. Gozaba de fama de desprendido, y hasta construyó casas en el pueblo para sus colonos. Se trataba de una generosidad sin precedentes en la comarca. Había tenido roces y litigios con otros terratenientes. Sobre todo con la familia Roldán, uno de cuyos miembros, José Roldán Benavides —otra vez el apellido Benavides—, se había casado con una hermana suya, Isabel García Rodríguez («maestra artística» de Federico) en 1914. Al padre del futuro poeta aquel enlace no le había hecho, al parecer, gracia alguna.[19]

Sobre los terratenientes de Asquerosa y su actitud hacia Federico García Rodríguez y su familia vale la pena escuchar el testimonio del maestro de escuela Benigno Vaquero Cid, vecino del colindante pueblo de Pinos Puente y acérrimo demócrata, fallecido en 1997:

Los caciques, las familias más ricas y pudientes de Asquerosa, como las de todos estos pueblos, generalmente se han distinguido y caracterizado por diversas actitudes y conductas: por su desmedido orgullo y ambición y su preponderante clasismo exclusivista y distanciador, por su excesivo aprovechamiento de los demás y su comportamiento eminentemente reaccionario y conservador, por su falta de generosidad y de amplitud espiritual, una cerrazón mental que se traduce en un fanático radicalismo en cuanto a lo confesional y en un dogmático cerrilismo en cuanto a lo político y social, y todo ello puesto siempre al servicio y en defensa de su patrimonio, intereses y privilegios. Hay quienes afirman que el caciquismo de Asquerosa es uno de los más retrógrados de la provincia, claro es que en esto como en todo habrá sus excepciones. En cambio y en contraposición de tales caciques, don Federico, padre de nuestro poeta, sin dejar de procurar la posesión de bienes materiales, pues tenía mucha vista y acierto para los negocios, era un hombre que valoraba en mucho la inteligencia y la cultura, un hombre de talento natural, conocedor del mundo, de carácter abierto y campechano, amigo de todos y espléndido y generoso para cuantos le servían y le rodeaban; pero lo que le distanciaba aún más de sus convecinos y caciques, tan ricos como él, era que don Federico en religión se mostraba agnóstico e indiferente, en cuanto a lo social simpatizaba con las justas aspiraciones de los obreros, y en política era liberal y tolerante y amigo de socialistas y de otros elementos progresistas.[20]

Los muy derechistas Roldán, militantes de la CEDA, no podían ver a García Rodríguez, no solo por los litigios aludidos, sino por su conocida amistad con el socialista Fernando de los Ríos, y porque envidiaban, según apunta Vaquero Cid, «el ambiente de naturalidad, de elevación, de sencillez y de cultura que se respiraba en su casa, los éxitos artísticos y sociales de sus hijos, y el relieve y el constante aumento del prestigio y de la fama nacional e internacional que iba adquiriendo su hijo mayor».[21] Había por parte de ellos, según distintos testimonios, un deseo de saldar cuentas con García Rodríguez y los suyos. Se daba la circunstancia añadida de que existía también parentesco entre ellos y los Alba.[22]

Consigno todo lo anterior porque apenas cabe duda de que tanto los Roldán como los Alba y los Benavides, ya predispuestos debido a su rivalidad con los García, se ofendieron profundamente al enterarse de que el poeta había terminado una nueva obra titulada *La casa de Bernarda Alba*, cuyo tema, como había anunciado el *Heraldo de Madrid*, era «la sexualidad andaluza».

Todo ello iba a influir en los trágicos acontecimientos que se avecinaban. Además, con el paso de los años, el rencor de la familia seguiría en pie. Según una noticia publicada en el diario madrileño *El País*, con fecha 22 de noviembre de 1985, una nieta y una biznieta de Francisca Alba acababan de interponer una demanda contra los herederos del poeta, razonando que la obra no reflejaba «la realidad de lo que ocurrió» y que constituía una grave ofensa para la familia.[23]

Añadiré, para cerrar este apartado, que Adela, que

al final de *La casa de Bernarda Alba* rompe el bastón de Bernarda, símbolo de su poderío, es la más revolucionaria de las mujeres creadas por Lorca. Rechaza de plano un código de honor basado en el mantenimiento de las apariencias a toda costa y en la creencia de que los hombres son superiores a las mujeres; reivindica tenazmente su libertad sexual («¡Yo hago con mi cuerpo lo que me parece!»); y, como en el caso de Perlimplín, o de Gonzalo en *El público*, hay una clara identificación con el sacrificio de Cristo:

> Ya no aguanto el horror de estos techos después de haber probado el sabor de su boca. Seré lo que él quiera que sea. Todo el pueblo contra mí, quemándome con sus dedos de lumbre, perseguida por las que dicen que son decentes, y me pondré delante de todos la corona de espinas que tienen las que son queridas de algún hombre casado.[24]

El programa que ha elaborado Adela para su realización personal es el que Lorca siempre se recomendaba a sí mismo y a quienes amaba. Fue consecuente con su moral de liberación hasta el último momento.

LA PEOR BURGUESÍA DE ESPAÑA

El 10 de junio de 1936, mientras daba los últimos toques a *La casa de Bernarda Alba*, el poeta fue entrevistado en *El Sol* por Luis Bagaría, uno de los caricaturistas más notables de la época. Lorca, que se tomó la precaución de contestar las preguntas por escrito, dada la muy crispada situación política —algo que nunca había hecho antes— insistió una vez más sobre la misión social del teatro en la sociedad moderna:

Tengo que decir que este concepto del arte por el arte es una cosa que sería cruel si no fuera, afortunadamente, cursi. Ningún hombre verdadero cree ya en esta zarandaja del arte puro, arte por el arte mismo.

En este momento dramático del mundo, el artista debe llorar y reír con su pueblo. Hay que dejar el ramo de azucenas y meterse en el fango hasta la cintura para ayudar a los que buscan las azucenas. Particularmente, yo tengo un ansia verdadera por comunicarme con los demás. Por eso llamé a las puertas del teatro y al teatro consagro toda mi sensibilidad.

Un poco más adelante, Bagaría le preguntó por su opinión sobre la toma de Granada en 1492. Lorca contestó con rotundez:

Fue un momento malísimo, aunque digan lo contrario en las escuelas. Se perdieron una civilización admirable, una poesía, una astronomía, una arquitectura y una delicadeza únicas en el mundo, para dar paso a una ciudad pobre, acobardada; a una «tierra del chavico», donde se agita actualmente la peor burguesía de España.

En su alusión a la clase media granadina, el poeta recordaba seguramente las constantes provocaciones de la extrema derecha local durante los últimos meses. Habiendo dejado clara su opinión sobre estos asuntos, pasó a definir lo que para él significaba ser español:

> Yo soy español integral, y me sería imposible vivir fuera de mis límites geográficos; pero odio al que es español por ser español nada más. Yo soy hermano de todos y execro al hombre que se sacrifica por una idea nacionalista abstracta por el solo hecho de que ama a su patria con una venda en los ojos. El chino bueno está más cerca de mí que el español malo. Canto a España y la siento hasta la medula; pero antes que esto soy hombre del mundo y hermano de todos.[25]

El Sol se leía en toda España. Algo así como *El País* hoy. Miguel Rosales, el hermano de Luis, me dijo en 1966 que la entrevista escandalizó a mucha gente en Granada. Llegado el momento de la verdad, pudo ser uno más entre los cargos esgrimidos contra el poeta.

Adiós a Madrid

Por esas fechas apenas se podía abrir un periódico madrileño sin tropezar con una noticia relativa a Federico García Lorca en alguna de sus múltiples facetas. Era tal su fama que cuando salía a la calle la gente se le acercaba. Es más: ya se le estudiaba en los institutos, era un clásico vivo. En *Lengua española*, manual de segundo grado editado en Madrid ese mismo 1936, Juan Tamayo y Rubio incluía el poema «Baladilla de los tres ríos» y presentaba así a su autor: «Federico García Lorca (Fuentevaqueros, Granada) ha situado su personalidad en el primer plano de nuestro mundo literario como poeta lírico y dramático. Temperamento vibrante a toda manifestación artística, es un andaluz universal que ha sabido interpretar de maravilloso modo el *folklore* y el paisaje de su tierra a través de su propia sensibilidad.»[26]

El poeta llevaba meses diciendo que se iba a reunir pronto con Margarita Xirgu en México, donde daría una conferencia sobre Quevedo y vería sus obras puestas en escena por la gran actriz. La noticia de su llegada ya se estaba comentando con entusiasmo en la prensa mexicana.[27]

El problema era que, pese a su ardiente deseo de conocer México —ahí está el testimonio contemporáneo del escritor mexicano Salvador Novo—,[28] pese a los telegramas de Margarita insistiendo, no quería separarse de Rodríguez Rapún, que no podía acompañarle todavía porque, al parecer, tenía exámenes.[29]

Y así iba demorando semana tras semana su salida.

El 28 de junio participa con Rapún en la madrileñísima verbena de San Pedro y San Pablo, acompañado de algunos de sus mejores amigos, entre ellos el joven pintor onubense José Caballero, autor de las ilustraciones de *Llanto por Ignacio Sánchez Mejías*, Adolfo Salazar y Eduardo Ugarte, para festejar la recuperación de una cornada de Pepe Amorós, que desde la muerte de Ignacio es el torero del grupo. En una fotografía sacada a altas horas de la madrugada aparece con ellos un Lorca radiante de felicidad. Está acariciando la frente de Rodríguez Rapún. Es la última imagen que se conoce de los dos juntos.[30]

El poeta sigue leyendo *La casa de Bernarda Alba* a todo aquel que se le pone por delante, cada vez más entusiasmado con lo que ha conseguido, y ya va pensando en posibles decorados.[31] Dice a Carlos Morla Lynch que el estreno se prevé para octubre, aunque no se puede estar seguro de nada «con esta vida que llevamos en España sobre un volcán en ebullición perpetua».[32] Ello encaja con una noticia publicada en *La Voz*, según la cual Margarita Xirgu ha decidido renunciar a la tercera etapa de su gira por América y volver a España en septiembre.[33] El *Heraldo de Madrid* lo confirma el 1 de julio, y añade que el primer estreno de la temporada de la actriz en el Teatro Español será *Doña Rosita la soltera*, todavía sin representar en la capital. Lorca sabe, pues, que solo estará en México un par de meses como máximo. Según su hermano Francisco, ha sacado por fin el pasaje.[34]

Entretanto hay más declaraciones antifascistas que añadir a las que ya ha firmado. Una de ellas, publicada el 1 de julio, es una «enérgica protesta» dirigida al dictador luso Oliveira Salazar por el Comité de Amigos de Portugal.[35]

El 8 de julio, cena en casa de los Morla. Asiste, «visiblemente inquieto», Fernando de los Ríos. «El Frente Popular se disgrega y el fascismo toma cuerpo —declara—. No hay que engañarse. El momento actual es de gravedad extrema e impone ingentes sacrificios.» El poeta llega tarde, está deprimido. Apenas habla en toda la velada, algo rarísimo en él. Declara, según Morla, que él es «del partido de los pobres... *pero de los pobres buenos*».[36]

Son días tensísimos. Se rumorea que un golpe de Estado antirrepublicano es inminente. En las Cortes la crispación es sobrecogedora. El miedo y el odio se van apoderando de los ánimos. Los tiroteos son cada vez más frecuentes, y un día, en el piso familiar de la calle de Alcalá, el poeta muestra a José Caballero el impacto de una bala incrustada en el dintel de una puerta. «Poco ha faltado para que me encontraras muerto», le asegura.[37]

El 11 de julio cena en casa de Pablo Neruda. Allí está el diputado socialista Fulgencio Díez Pastor. El poeta le asedia con preguntas. ¿Qué pasará? ¿Va a haber un golpe militar? ¿Qué debería hacer él? Según Díez Pastor, exclama finalmente: «¡Me voy a Granada!» El diputado le contestó que ni pensarlo, que estaría mucho más seguro en Madrid.[38]

Otros amigos o conocidos de Lorca le aconsejaron en el mismo sentido. Luis Buñuel entre ellos. Según un sobrino del cineasta, este le contó años después que el poeta se expresó horrorizado por lo que se avecinaba.[39]

La noche del domingo 12 de julio cae asesinado el teniente José Castillo, de la Guardia de Asalto. La revancha, como se sabe, fue terrible. En las primeras horas de la madrugada los compañeros del guardia matan a José Calvo Sotelo, a quien han sacado ilegalmente de su casa, y abandonan su cadáver en el cementerio municipal, donde no será identificado hasta la mañana siguiente. Calvo Sotelo es el mártir que necesitan los rebeldes, que enseguida califican de crimen de Estado el asesinato. A partir de este momento numerosos militares que todavía dudaban deciden unirse a los conspiradores.[40]

Lorca está ya preso de una profunda angustia. Había prometido juntarse dentro de unos días con sus padres en la Huerta de San Vicente para celebrar allí, como cada año, su onomástica, el 18 de julio. Luego emprendería su viaje a México.[41] Su instinto ahora, ante la noticia del asesinato de Calvo Sotelo, es coger inmediatamente el tren de Granada.

En su artículo «El último día de Federico García Lorca en Madrid», publicado en 1963, Rafael Martínez Nadal dice que acompañó al poeta, sin interrupción, desde las dos de aquella tarde, cuando comieron en su casa, hasta instalarle por la noche en su coche cama. Explica que anotó unas horas después «toda la conversación de aquel día», y da a entender que tiene el documento delante mientras escribe su artículo. Pero no es el caso, como él mismo me informó en 1977. El artículo se escribió sin documentación alguna, recurriendo solo a su memoria de los hechos, veintisiete años después.[42]

Nadal afirma categóricamente que el último día del poeta en Madrid fue el 16 de julio de 1936, pero sabemos hoy que fue el 13. Cuenta que aquella tarde, en Puerta de Hierro, Lorca estaba agitado en extremo, y que no paraba de preguntarle qué debía hacer. «Rafael, estos campos se van a llenar de muertos —diría finalmente, aplastando su cigarrillo y levantándose—. Está decidido. Me voy a Granada y sea lo que Dios quiera.»

Martínez Nadal relata que después de sacar el billete en Thomas Cook, en la Gran Vía, fueron al piso familiar de la calle de Alcalá para hacer las maletas y que, cuando iban a salir a la calle, el poeta volvió a su cuarto, abrió el cajón de su mesa, sacó un paquete, se lo entregó y le dijo: «Toma. Guárdame esto. Si me pasara algo lo destruyes todo. Si no, ya me lo darás cuando nos veamos.» Nadal termina así su artículo:

> Al llegar a mi casa, abrí el paquete que Federico me había entregado. Entre papeles personales, estaba lo que parece primer borrador de cinco cuadros del drama, todavía inédito, *El público*.
>
> El encargo de destruirlo todo no podía aplicarse a este manuscrito.

¿Qué «papeles personales» había en el paquete? Martínez Nadal no lo explicó jamás, que yo sepa. Entrevistado en 1978 por Joaquín Soler Serrano en el programa de TVE *A fondo*, ya mencionado, dijo que cumplió con la palabra dada y los quemó.

Los familiares del poeta nunca creyeron esta versión de cómo entró Nadal en posesión del original de *El público*. Les parecía totalmente inverosímil. El poeta llevaba cinco años tratando de conseguir la puesta en escena de la obra. Se la leyó a bastante gente. Confió su versión definitiva, poco antes de la guerra, a Rodríguez Rapún para que sacara una copia a máquina. ¿Por qué iba a entregar el borrador original a Nadal con la ins-

trucción de destruirlo si le pasaba algo? La cosa no tenía ni pies ni cabeza. En su libro póstumo, *Recuerdos
míos* (2002), Isabel García Lorca dice lo siguiente al
respecto:

> Los almuerzos en mi casa eran muy agradables.
> Casi puntos fijos eran [Eduardo] Ugarte, Rafael
> Martínez Nadal, Pepe Montesinos y, cuando estaba
> en Madrid, Manuel Ángeles Ortiz. Rafael venía me-
> nos de lo que hubiera querido, pues lo mismo Ugar-
> te que Pepe debían de mirarlo por encima del hom-
> bro. Los dos eran sumamente críticos y con Rafael
> no se entendían. A mi madre tampoco le gustaba
> demasiado, pues tenía la impresión de que se escu-
> daba en Federico para introducirse en ciertos me-
> dios donde nunca hubiera entrado solo. Puede que
> tuviera razón. A nosotras el que más nos gustaba
> era Ugarte, por aquellos días bastante distancia-
> do de su mujer. Pepe Montesinos era como de casa.
> A mi padre, en cambio, el que le divertía más que
> viniera era Rafael Martínez Nadal, quizá por lo exa-
> gerado de su carácter. Era muy simpático, se reía
> muchísimo y a mi padre le hacía mucho caso. Bien
> es verdad que comprendió la genialidad de Federico
> y andaba enredado a él como una zarza. De ahí la
> cantidad de manuscritos que ha tenido. Yo sospe-
> cho que algunos sacados de los cajones de su mesa
> durante la guerra, pues el portero, que le conocía
> bien, sé que le dejó entrar varias veces. Si no, ¿cómo
> se explica que tuviera cartas mías a Federico, hasta
> una postal que le mandé desde Epidauros? Nunca

creí la historia que contaba del manuscrito de *El público*, que Federico se la había entregado con el ruego de quemarlo si a él le pasaba algo. ¿Es que pudo Federico sospechar cuál era su sino? Entonces, ¿por qué había entregado a Rafael Rodríguez Rapún la copia definitiva para que la pasara a máquina, sin advertencia de ninguna clase?[43]

Martínez Nadal murió un año antes de que se publicara el libro de Isabel García Lorca. Hay que suponer que, vivo, habría interpuesto una querella contra ella, porque la acusación era muy grave. Personalmente no sé la verdad del asunto. Lo que sí me consta es que el artículo de Nadal tiene otros lapsus y no pocas lagunas. No puedo concebir, por ejemplo, que Lorca se fuera de Madrid sin despedirse de Rafael Rodríguez Rapún, a quien Nadal no menciona para nada. Y sabemos por Isabel García Lorca que Federico se despidió de ella y de su amiga Laura de los Ríos, tampoco mencionadas.

Según Nadal ocurrió la siguiente escena cuando instaló a Lorca en el tren:

Alguien pasó por el pasillo del coche cama. Federico, volviéndose rápidamente de espaldas, agitaba en el aire sus dos manos con los índices y meñiques extendidos:

—¡Lagarto, lagarto, lagarto!

Le pregunté quién era.

—Un diputado por Granada. Un gafe y una mala persona.

Claramente nervioso y disgustado, Federico se puso en pie.

—Mira, Rafael, vete y no te quedes en el andén. Voy a echar las cortinillas y me voy a meter en cama para que no me vea ni me hable ese bicho.

Nos dimos un rápido abrazo y por primera vez dejaba yo a Federico en un tren sin esperar la partida, sin reír ni bromear hasta el último instante.[44]

No está claro quién fue el siniestro diputado, «gafe y mala persona», cuya presencia en el tren, según Martínez Nadal, tanto perturbó al poeta. De todos modos, es probable que fuera un ex diputado, puesto que Granada, después de las elecciones parciales de mayo de 1936, ya no tenía ni uno solo de derechas.[45] ¿O pudo tratarse de un diputado del Frente Popular? No habría que descartar tal posibilidad, aunque parece menos verosímil.

Aquel político sin identificar no fue la única presencia turbadora a bordo. José María García Carrillo relataba que Lorca decía haber coincidido en el tren con un poeta granadino que le era muy antipático.[46] ¿De quién podía tratarse? Pocos candidatos había. ¿Manuel de Góngora, quizá —aunque no creo que fuera enemigo de Lorca—, o el joven abogado y periodista José Gómez Sánchez-Reina, colaborador del conservador *Noticiero Granadino*, autor de una obra de teatro, *Mi musa gitana*, y de malísimos versos patrióticos y religiosos? Solo sabemos que ir hacia Granada acompañado de paisanos hostiles no ayudó para nada a sosegar la angustia que ya atenazaba al poeta ante la situación que vivía el país. Y acaso también ante la intuición de lo que le esperaba en su patria chica, «tierra del chavico» donde, como había dicho a Bagaría, se «agitaba» entonces la peor burguesía de España.

JUAN RAMÍREZ DE LUCAS

A principios de 1936 Pura Maórtua de Ucelay preparaba, para su club teatral Anfistora, el estreno de *Así que pasen cinco años*. Lorca decidió aplazarlo, sin embargo, al considerar, según parece, que sería menos arriesgado, dada la complejidad de la obra, darla a conocer después de la puesta en escena por Margarita Xirgu de *Doña Rosita la soltera* en el Español aquel otoño. Puesta en escena cuyo éxito, con el regreso de la famosa actriz desde América, estaba garantizado. «Yo acepté su decisión —le dijo Ucelay en 1956 al investigador Agustín Penón— porque sabía que con Federico nunca se estaba seguro de nada. Por eso no recibí con desilusión la negativa del estreno. Estábamos tan honrados con su amistad que aceptábamos su capricho. A pesar de que cuando él lo suspendió esa vez, era precisamente cuando estaba más logrado el reparto. El que teníamos era magnífico». A continuación le hizo a Penón una revelación que no se esperaba: «Un día, al salir del ensayo, Federico me dijo: "Oye, Pura, ¿de dónde sacas tú a estos chicos tan guapos?" Se refería, en particular, a un actor muy joven llamado Juan Ramírez de Lucas, que fue la última obsesión suya. Era de Albacete, de una buena familia; Federico estaba loco por él. Le prometía que lo iba a convertir en gran actor, que lo llevaría al extranjero, a todos los teatros. Sería el actor más famoso del mundo».*

Ucelay había elegido a Ramírez de Lucas —que tenía dieciocho años y era llamativamente gay— para encarnar al Joven. Pero había un problema serio: Lorca estimaba que era demasiado guapo para el papel. El Joven, insistía, tenía que ser «delicado, pero varonil», no demasiado hermoso «y jamás afeminado». Parece que la búsqueda de un sustituto aceptable fue lo que había demorado tantos meses el estreno. Finalmente se optó por un chico llamado Luis Rodríguez-Arroyo Mariscal, muy bien parecido (pero no tanto como Ramírez de Lucas), que sería después, con el nombre de Luis Arroyo, intérprete de cine bastante conocido.**

A lo largo de los siguientes meses la amistad de Lorca y Ramírez de Lucas se haría intensa. Lo refleja un poemilla manuscrito, titulado «Romance», regalado por el poeta al joven:

> *Aquel rubio de Albacete*
> *vino, madre, y me miró.*
> *¡No lo puedo mirar yo!*
> *Aquel rubio de los trigos*
> *hijo de la verde aurora,*
> *alto solo y sin amigos*
> *pisó mi calle a deshora.*

* Penón (1990), p. 188.

** Entrevista nuestra con D.ª Margarita Ucelay, Madrid, mayo de 1984, e introducción de esta a su edición de *Así que pasen cinco años*, p. 355.

La noche se tiñe y dora
de un delicado fulgor.
¡No lo puedo mirar yo!

Aquel lindo de cintura
antes galán sin amigo
sembró por mi noche obscura
su amarillo jazminero.
Tanto me quiere y le quiero
que mis ojos se llevó.
¡No lo puedo mirar yo!
Aquel joven de la Mancha
vino, madre, y me miró.
*¡No lo puedo mirar yo!**

Llama la atención el que no figure en el diario de Carlos Morla Lynch referencia alguna al apuesto muchacho (por lo menos en la versión publicada). Ello indica que el poeta evitó cuidadosamente dejarse ver con él en sociedad. Tampoco parecen haber estado al tanto otros amigos suyos íntimos como Rafael Martínez Nadal, Santiago Ontañón o Vicente Aleixandre, y no ha aparecido ninguna fotografía en la que aparezcan juntos ni compartan mesa en las muchas veladas literarias que entonces se celebraban en Madrid. Se trataba, según los pocos indicios que tenemos, de un amor secreto, incipiente, truncado antes de tiempo por la muerte. Amor acerca del cual sabremos algo más si un día se

* Publicado por vez primera en *El País* («Cultura»), 20 de mayo de 2012.

publican las memorias inéditas de Ramírez de Lucas, que falleció en 2010, a los noventa y tres años, sin hablar nunca en público de aquella apasionada amistad.

Iban pasando las semanas y Lorca no se decidía a embarcar todavía para Nueva York y luego ir a México, donde se reuniría con la Xirgu, ver las representaciones de sus obras y dar una conferencia sobre Quevedo. La demora, las dudas, quizá se debían en primer lugar a su relación con el joven rubio, a quien tal vez ofreciera la posibilidad de embarcarse con él si lograba el consentimiento de su padre, imprescindible al no haber alcanzado todavía la mayoría de edad, entonces de veintiún años (cabe deducir que el padre, médico muy de derechas, en absoluto habría estado dispuesto a permitir que su hijo acompañara al poeta). Es muy posible, igualmente, que la dilación también tuviera que ver con su ya más complicada relación con Rafael Rodríguez Rapún. Sea como fuera, nunca pisaría tierras mexicanas.*

Un final de corazones

La mañana del 14 de julio de 1936 Lorca está entre los suyos en la Huerta de San Vicente. Su cuñado, Manuel Fernández-Montesinos Lustau, casado con Concha García Lorca, es desde hace ocho días alcalde socialista de Granada. Cabe suponer que por él, sobre

---

* Conversaciones nuestras con el sobrino de Ramírez de Lucas, don Jorge Martínez Ramírez, Madrid, otoño de 2015.

todo, se da cuenta de la muy tensa situación que se ha ido produciendo en la ciudad desde la llegada al poder del Frente Popular en febrero.

Aquel mismo 14 de julio, o quizás antes de salir de Madrid, Lorca recibe una carta desesperada del «rubio de Albacete», Juan Ramírez de Lucas, que no parece haberse conservado. Sigue teniendo problemas con su padre y Federico trata de infundirle ánimos. Considera que el trance por el que está pasando le servirá para «enriquecer» su espíritu, y sigue:

En tu carta hay cosas que no debes, que *no puedes* pensar. Tú vales mucho y tienes que tener tu recompensa. Piensa en lo que puedes hacer y comunícamelo enseguida para ayudarte en lo que sea. Pero obra con gran cautela. Estoy muy preocupado contigo pero como te conozco sé que vencerás todas las dificultades porque te sobra energía, gracia y alegría, *como decimos los flamencos*, para parar un tren.

Yo pienso mucho en ti y esto lo sabes tú sin necesidad de decírtelo pero con silencio y entre líneas tú debes leer todo el cariño que te tengo y toda la ternura que almacena mi corazón. Solo tengo una obsesión y es, que quisiera meterte en la cabeza la actitud que debes guardar, llena de fuerza y de astucia para contrarrestar la actitud equivocada de tu padre que tú tienes con talento y con hombría y respeto *encauzar*.

Conmigo cuentes siempre. Yo soy tu mejor amigo y que te pide que seas *político* y no dejes que el río te lleve. Juan: es preciso que vuelvas a reír. A mí me han pasado también *cosas gordas* por no decir terribles y las he *toreado* con gracia. No te dejes llevar de la tristeza...

Le informa a continuación que está empezando a trabajar de nuevo. «Con un abrazo cariñoso de este gordinflón poeta que tanto te quiere», se despide. Y añade, debajo de su firma, que está en la Huerta de San Vicente de su padre; que dentro de unos días será su santo; y que —por razones que solo podemos conjeturar— le conteste a la casa de su cuñado Fernández-Montesinos, situada en la calle de San Antón, número 39.*

Ramírez de Lucas recibió la carta del poeta el 16 de julio.** Hay que suponer que la contestaría enseguida pero, si fue así, el sobre nunca llegó a manos de Lorca. Era ya demasiado tarde.

La presencia del poeta en la ciudad se anuncia en la primera plana de *El Defensor de Granada*, y se deja ver por la ciudad. Además, en una de las tres noches de libertad que quedan, lee *La casa de Bernarda Alba* ante un grupo de amigos en un carmen del Albaicín.[47]

* Las tres hojas de la carta fueron reproducidas en color por *El País*, Madrid, 12 de mayo de 2012, pp. 44-15. La primera y tercera, a diferencia de la segunda —de la que citamos—, son en gran parte ilegibles. A la hora de escribir este libro, todavía no hay acuerdo para la publicación de los papeles de Ramírez de Lucas. Según nuestros informes, confirma en ellos que recibió la contestación de Lorca el 16 de julio de 1936.

** Conversaciones nuestras con el sobrino de Ramírez de Lucas, don Jorge Martínez Ramírez, Madrid, otoño de 2015.

A partir del 17 de julio, cuando llegan las primeras noticias acerca de lo que está ocurriendo en África, los granadinos viven con el oído pegado a la radio. El 18 se enteran de que el general Queipo de Llano se ha sublevado en Sevilla. El hecho es gravísimo porque se trata de la Capitanía General de Andalucía.

El 18 de julio es el día de San Federico: San Federico de Utrecht, apuñalado a pie de altar en el 838.[48] En 1925, Lorca había escrito a Benjamín Palencia: «Hoy es día de mi santo: "San Federico y compañeros mártires, hijos de Santa Filomena" [...] Ninguno me habéis felicitado pero en cambio las gentes de la Vega y los colonos de mi padre han convertido mi casa en unas *bodas de Camacho* que podría ser de Veronés por la cantidad de frutas, pámpanos y aves de corral.»[49]

Ese día de San Federico, once años después, no hay fiesta. En la Huerta de San Vicente reinan la angustia, el miedo, el terror. ¿Qué pasará en Granada, cuya Comandancia Militar depende de Sevilla? ¿Se levantará la guarnición? ¿Serán leales a la República?

Se sabe la respuesta el 20, cuando los oficiales que llevan meses conspirando se sublevan, sacan las tropas a la calle y se apoderan sin apenas resistencia de la ciudad.

La realidad es que el golpe de Estado ha fracasado y que el país está ahora en guerra civil. Granada se encuentra rodeada de territorio republicano y, en teoría, puede ser retomada por las fuerzas del Gobierno en cualquier momento. Los rebeldes lo saben, y no tardan en poner en marcha un régimen de terror para intentar aplastar cualquier resistencia por parte de la población civil. Empiezan enseguida los fusilamientos y los asesinatos. Aparecen cadáveres en las cunetas, y ninguna persona de conocidas tendencias progresistas o historial republicano se puede sentir segura. Lorca, que tiene todo en contra, debió de reflexionar a partir de entonces que volver a Granada había sido lo peor que podía haber hecho tras el asesinato de Calvo Sotelo, ya convertido en protomártir del Movimiento.

Se inició rápidamente la búsqueda y persecución del autor de *Yerma*. José María García Carrillo vivía en la Acera del Darro, cerca de la casa de Francisco García Rodríguez, tío del poeta. Le dijo a Agustín Penón en 1955:

Unas noches después de empezar el Movimiento yo me hallaba en el balcón de mi casa. La calle estaba muy oscura, no había nadie. De repente, llegaron dos coches, con fusiles asomando por las ventanillas de ambos lados. Estaban erizados de fusiles. Me entró un miedo terrible pensando que venían por mí. Me quedé allí, mirando. Dieron la vuelta y se pararon ante la casa que estaba al lado de la mía. La oscuridad era muy intensa. Salieron todos de los coches, corriendo. Tuve la sensación de que eran un centenar. Parecía una escena de película cómica en la que sale de un coche mucha más gente de la que puede caber. Con una lámpara que llevaban iluminaron la puerta de mi casa. Oí una voz que dijo: «No, aquí no es.» Luego, fueron a la puerta de la casa de Francisco García y llamaron. Intuí en seguida que buscaban a Federico. No contestó nadie. Entonces, con los fusiles, rompieron el cerrojo y entraron. Estuvieron allí cierto tiempo, oía el ruido que hacían dentro, destrozando cosas. Al cabo de unos quince minutos, salieron. Escuché decir a alguien: «Bueno, aquí no es.» Cuando se fueron, llamé en seguida a Federico por teléfono. No me atreví a ir yo. Contestó una criada, y, al cabo de largo rato, se puso Federico. Le temblaba la voz. «¿Quién es? ¿Quién es?», preguntó muy nervioso. «Soy yo, Pepito», contesté. Oí un suspiro de alivio. «No sabes el susto que nos has dado a todos», me dijo. Tuve que hablar con cuidado, porque un amigo mío me había dicho que escuchaban mi teléfono. De modo que le dije: «Unos señores han estado en casa de tu tío Francisco, creo que buscándote a ti.» No me atreví a decirle que eran de Falange, con sus camisas azules, porque sabía que escuchaban mi teléfono. Pero Federico se dio cuenta de lo que le quería decir. Me lo agradeció. Se hallaba aterrado.[50]

Sabemos que entre los matones de Asquerosa y Pinos Puente que llegaron a la Huerta de San Vicente el 9 de agosto de 1936 en busca de los hermanos del casero iban Horacio y Miguel Roldán Quesada, miembros de la familia de aquel pueblo que, como hemos visto, llevaba años enemistada con Federico García Rodríguez y los suyos, y quizá ahora más que nunca al haberse enterado de que el poeta acababa de terminar una obra de teatro titulada *La casa de Bernarda Alba*.[50]

Según la niñera Angelina Cordobilla, con quien grabé una entrevista en 1966, las escenas que se desarrollaron aquella tarde en la Huerta fueron brutales:

«Al señorito Federico le dijeron allí dentro maricón, le dijeron de *to*. Y le tiraron también por la escalera y le pegaron. Yo estaba dentro y *to*, y le dijeron de maricón. Al viejo, al padre, no le hicieron *na*. Fue al hijo.»[32]

Desde el primer momento, pues, los fascistas utilizaron contra Lorca su condición de gay. Desde el primer momento. No les bastaba con su significación política, su amistad con Fernando de los Ríos, sus declaraciones a la prensa, sus actuaciones con La Barraca, el «Romance de la Guardia Civil española», *Yerma*... y demás supuestos delitos contra la España tradicional. No, había que insistir también en que era «maricón».

Eduardo Rodríguez Valdivieso visitó la Huerta varias veces durante esos días, pese a recibir un mensaje anónimo que le avisaba de que no lo hiciera. «El dolor y el miedo que atenazaban a la familia García Lorca —escribiría años después— les hacía sentirse incomunicados, realidad que día a día se manifestaba más. Se hallaban aislados.»[53] Aislados, y con la angustia añadida de saber que Manuel Fernández-Montesinos, detenido desde el primer día del Movimiento, estaba en peligro de ser fusilado en cualquier instante.

Normalmente Lorca hablaba poco con Eduardo de lo que ocurría, o de lo que pudiera ocurrir. Pero una tarde se abrió:

Me acompañó por el carril de entrada y salida de la huerta. Nos detuvimos. Él meditó y, mirando al cielo, paseó después sus ojos por los arbustos y las flores. Me dijo: «¿Tú crees que yo podría escapar de aquí y ponerme a salvo con los republicanos?»

La impresión que me produjo su pregunta me ano-
nadó. Imposible olvidar una mirada como la que
Federico me dirigió, acompañando sus palabras. Vi
tal desamparo, tan acerba duda, inocencia tanta, que
quedé desconcertado. Mi respuesta, tras considerar
las dificultades con que pudiera tropezar («oh, mis
torpes andares», como él confesó a Estrella la gitana), fue dolorosamente negativa. Pero estaba claro,
la resistencia de Federico tocaba a su fin.[54]

Otra tarde, Lorca bajó de su habitación después de
la siesta y les contó que acababa de tener una pesadilla
sumamente inquietante. Había soñado que, tumbado
en el suelo, le rodeaban mujeres enlutadas —vestidos
negros, velos negros— enarbolando sendos crucifijos,
también negros, con los cuales le amenazaban. Rodríguez Valdivieso miró a la madre del poeta mientras esta
escuchaba: su expresión revelaba una indecible angustia
ante tan escalofriante visión.[55]

Todo el mundo sabe que, en vista de las amenazas
que se iban acumulando, Lorca pidió ayuda a Luis Rosales, algunos de cuyos hermanos eran «camisas viejas»
de la Falange, y que Luis y su familia tuvieron la magnanimidad de aceptarlo en su casa. Y todo el mundo
sabe también que de allí lo sacaron elementos del Gobierno Civil capitaneados por Ramón Ruiz Alonso, el
fanfarrón ex diputado de la CEDA, enemigo de la Falange y enemigo del poeta.[56]

Lo que no es tan conocido es que, durante el día y
medio que Lorca pasó en aquel edificio, fue insultado
y vejado físicamente. Yo no logré localizar al barbero

Benet, adscrito a la Falange, que según me dijo Luis Rosales llevó comida al poeta en su improvisada celda. Andrés Sorel sí dio con él. Benet le dijo que a Lorca «le torturaron, sobre todo en el culo; le llamaban maricón y ahí le golpearon. Apenas si podía andar».[57]

Y la denuncia, firmada —lo juraba José Rosales— por Ruiz Alonso, entre otros, ¿qué decía? El documento no ha sido encontrado. Los cargos, según me dijo Rosales, alegaban que Lorca tenía una emisora clandestina en la Huerta, que era secretario de Fernando de los Ríos, y que había hecho daño con su obra. ¿Y su condición de homosexual? No me lo quiso aclarar, pero su hermano Luis me aseguró que Pepe le dijo que también figuraba.[58]

Quiero dejar constancia también de que, según Miguel Rosales, Ruiz Alonso le dijo, cuando le preguntó qué había contra el poeta, que «hizo más daño con su pluma que otros con su pistola».[59]

Desde su punto de vista, claro, Ruiz Alonso tenía razón.

A Lorca y a sus tres compañeros de infortunio —el maestro nacional Dióscoro Galindo González y los toreros Arcollas Cabezas y Galadí Melgar— los mataron cerca de la Fuente Grande de Alfacar, el hermoso manantial conocido por los árabes granadinos como Aindamar, «La Fuente de las Lágrimas» (ilustración p XVI). Salta a los ojos la coincidencia con el poema «Sueño» compuesto por el Lorca de veintiún años:

Mi corazón reposa junto a la fuente fría.

(Llénalo con tus hilos,
araña del olvido.)

El agua de la fuente su canción le decía.

(Llénala con tus hilos,
araña del olvido.)

Mi corazón despierto sus amores decía...[60]

También es difícil no recordar la copla, cantada por una voz anónima —la voz del pueblo—, que escucha Mariana Pineda, abandonada por todos, poco antes de que acaben con ella en el cadalso los esbirros del tirano Fernando VII:

> *A la vera del agua,*
> *sin que nadie la viera,*
> *se murió mi esperanza.*[61]

¿Dialogó Lorca interiormente con su Marianita en aquellos terribles instantes? Me parece difícil que no fuera así.

Corrió la noticia enseguida de que el crimen se había perpetrado cerca de un lugar llamado Fuente Grande. En la página 9 del libro de Joaquín Romero Murube *Siete romances*, impreso a título privado en la Sevilla de 1937 —la Sevilla del bestial Gonzalo Queipo de Llano, que había dado su asentimiento a la muerte de Lorca—, se encuentra la siguiente y conmovedora dedicatoria: «¡A ti, en Vizna [*sic*], cerca de la fuente grande, hecho ya tierra y rumor de agua eterna y oculta!»[62]

Sin saberlo los asesinos, sin poder saberlo, el manantial cerca del cual llevaron a cabo su vil acto había sido cantado siglos atrás por los poetas musulmanes de Granada.[63]

Que a Lorca lo machacaran por ser gay además de por los motivos que hemos visto lo corrobora con contundencia la participación, tanto en la detención del poeta como en su asesinato, de Juan Luis Trescastro Medina, rico terrateniente de Santa Fe, militante de Acción Popular, compinche de Ramón Ruiz Alonso y homófobo declarado.

La misma mañana del asesinato, llevado a cabo la madrugada del 18 de agosto de 1936, uno de los pocos concejales republicanos granadinos no fusilados contra las tapias del cementerio, Ángel Saldaña, se encontraba en el bar Pasaje (conocido popularmente como La Pajarera). De repente entró Juan Luis Trescastro y anunció en voz alta, para que todos los presentes le oyesen: «Acabamos de matar a Federico García Lorca. Yo le metí dos tiros en el culo por maricón.»[64]

El hombre estaba eufórico. En otro café, el Royal, se aproximó a Gabriel Morcillo, pintor de efebos, como ya hemos señalado, y le dijo: «Don Gabriel, esta madrugada hemos matado a su amigo, el poeta de la cabeza gorda.» Su «amigo», claro, por la vinculación homosexual.[65]

«Poeta de la cabeza gorda» era una de las expresiones despreciativas que utilizaba Ramón Ruiz Alonso al referirse a Lorca en sus mítines. Y Ramón Ruiz Alonso, lo repito, fue íntimo de Trescastro, hasta el punto de ser este compadre de una de sus hijas.

El talante brutal y machista de aquel terrateniente era muy conocido en la ciudad. En los primeros días de la guerra llegó a Granada el rumor de barbaridades cometidas por los «rojos» en el pueblo de Alhama. José María Bérriz, apoderado de los banqueros Rodríguez Acosta y hombre de derechas, apuntó entonces en una carta: «Juan Luis Trescastro está dado de voluntario para cuando la fuerza vaya a Alhama, y dice que está dispuesto a degollar hasta a los niños de pecho.» Y seguía: «Estamos en guerra civil y no se da cuartel, y cuando la piedad y misericordia habla [sic] en nuestra alma la calla el recuerdo de tantos crímenes y de tanto mal hecho por esa innoble y ruin idea que de hermanos nos ha convertido en enemigos.»[66]

Toda la culpa, claro, era de quienes se habían opuesto a la sublevación militar y fascista. La derecha no tenía responsabilidad de nada.

Parece no caber duda alguna acerca de la participación física de Juan Luis Trescastro en el asesinato del poeta. Siguió durante años jactándose de ello. Un día, ante la sorpresa de su practicante, Rafael Rodríguez Contreras, exclamó: «Yo he sido uno de los que hemos sacado a García Lorca de la casa de los Rosales. Es que estábamos hartos ya de maricones en Granada. A él, por maricón, y a la Zapatera por puta.»[67] «La Zapatera» era Amelia Agustina González Blanco, dueña —de ahí el apodo— de una zapatería en la calle Mesones. Mujer guapa y libérrima, vivía en frente de los Lorca en 1916, en la Gran Vía, y el joven Federico la admiraba profundamente. En una época en que las mujeres apenas existían en la política española (el voto femenino no llegaría hasta la República), Amelia Agustina era sufragista y hasta fundó su propio partido, el Entero Humanista, con lema de «Paz y Alimentación». Claro, había que acabar con ella.[68]

Las investigaciones de Andrés Sorel confirmaron la participación de Trescastro en el crimen. En su libro reproduce la declaración de un médico, Luis de la Torre, a cuyo padre el terrateniente mostró la pistola con la cual, dijo, le había dado un tiro en el culo a Lorca por maricón.[69]

Las balas que se jactaba aquel energúmeno de haber metido en el trasero del poeta, hay que suponerlas disparadas antes de acabar con él, evidentemente, para que sufriera más.

Antes de morir, en 1954, ya no se ufanaba tanto Juan Luis Trescastro Medina de sus fechorías durante la represión de Granada. Es más, según nos contó en 1966 Miguel Cerón, en sus tiempos gran amigo de Lorca, el miserable falleció atormentado pensando en ellas. Sus restos yacen en una tumba familiar del cementerio de Santa Fe, sin inscripción alguna que le recuerde.[70]

Añado que el doctor José Rodríguez Contreras oyó el rumor de que los asesinos ataviaron con cintas al poeta y lo machacaron con sus culatas, riéndose de él, antes de matarle.[71] Otro doctor, Francisco Vega Díez, recibió una versión similar de un testigo presencial del crimen, forzado a conducir uno de los coches, versión que él consideraba fidedigna. Según ella, la muerte del poeta fue un auténtico martirio, con insultos («maricón rojo», «bolchevique», etc.) y culatazo brutal en la cabeza. Si se localizan los restos del poeta, quizá sabremos más acerca de la manera de su muerte. Personalmente creo que es lamentable que el Estado no los haya buscado ya, pues Lorca no es solo de sus herederos, sino de todos los que le quieren y admiran alrededor del mundo.

La escritora María Teresa León, compañera de Rafael Alberti, conocía bien a Rafael Rodríguez Rapún y estaba al tanto de su íntima relación con Lorca. Cuando ya no quedaba duda de que los fascistas de Granada habían asesinado al poeta, fue a verle. «Nadie como este muchacho silencioso debió sufrir por aquella muerte —consigna León en *Memoria de la melancolía*—. Terminadas las noches, los días, las horas. Mejor morirse. Y Rapún se marchó a morir al frente del norte. Estoy segura de que después de disparar su fusil rabiosamente se dejó matar. Fue su manera de recuperar a Federico.»[72]

Cipriano Rivas Cherif, detenido en Francia por los nazis y entregado a Franco, oyó un relato parecido cuando salió del penal de El Dueso en 1945. Según él, Rapún, una vez convencido de que habían matado a Federico, se alistó en el ejército republicano, y un día, diciendo que no quería seguir viviendo, saltó de la trinchera donde estaba y se dejó abatir por una ráfaga de ametralladora. Rivas Cherif no tuvo la posibilidad de comprobar la veracidad de lo que le habían contado. Reconocía que quizá se trataba de una leyenda.[73]

Pero no, no se trataba de ninguna leyenda. Tenemos la suerte de disponer del testimonio al respecto de alguien que estuvo allí en aquel momento: Paulino García Toraño. Después de hacer un curso de artillería, nada menos que en Lorca (Murcia), Rapún había conseguido la graduación de teniente, y en el verano de 1937 estaba al frente de una batería no lejos de Reinosa, en

Cantabria. La mañana del 10 de agosto la batería entró en acción contra la aviación franquista, y, alrededor del mediodía, ante un fuerte avance del enemigo, Rapún se adelantó con dos soldados para ocupar una nueva posición. En las afueras de Bárcena de Pie de Concha los sorprendió un ataque aéreo. A diferencia de sus compañeros, Rapún no se echó al suelo y permaneció sentado en un parapeto. Una bomba cayó cerca y fue mortalmente herido.[74]

El certificado de defunción de Rafael Rodríguez Rapún establece que murió el 18 de agosto de 1937 en el hospital militar de Santander, debido a heridas de metralla en la espalda y la región lumbar.[75] Lorca fue asesinado exactamente el mismo día un año antes, sin que Rapún lo pudiera haber sabido por ninguna vía normal de comunicación. Las autoridades médicas no lograron consignar la edad, el lugar de nacimiento o los nombres de los padres del teniente de artillería fallecido. No tenemos testimonio alguno acerca de sus últimas horas, de sus últimas palabras. Si llevaba consigo las cartas del poeta, lo cual es muy posible, desaparecieron. Fue enterrado en el cementerio de Ciriego, junto al mar. Ocho días después, Santander cayó en manos de Franco y empezó el martirio de la ciudad.

Aquel junio, Rapún había cumplido los veinticinco años.

Epílogo

Con este libro en últimas pruebas y ya irreversible —¡hasta otra edición, si hay!—, llega la obligación de poner punto final. Y llega en medio de una tremebunda crisis económica y social. Millones y millones de personas alrededor del mundo temen por su futuro, por sus puestos de trabajo, por su subsistencia. Hay hambre, miedo, desesperación, rabia, xenofobia. Me resulta imposible en estos momentos no tener presente *Poeta en Nueva York*, especialmente los poemas en que Lorca reflexiona sobre el colapso de Wall Street en 1929, del cual fue testigo presencial; sobre el fracaso del capitalismo salvaje y los sufrimientos de los parados y sus familias. Por otro lado, es estremecedora su visión del apocalíptico y castigador retorno de la Naturaleza a la metrópoli yanqui (jungla, lianas, la «turbación» de postreras azoteas por cicutas, cardos y ortigas). Visión hoy más relevante que nunca, casi ochenta años después de aquella Gran Depresión, cuando está claro —al margen de la inepcia y la codicia de instancias bancarias y finan-

cieras— que el hombre, en su ceguera, en su insensibilidad, está abusando como nunca antes del medio ambiente del que forma parte. Véanse, si no, las últimas
fotografías de la imparable ruina del gran pulmón verde
que es el Amazonas, o las de los icebergs que se derriten.

Recuerdo en estos momentos algo que escribió hace
años el crítico británico F. R. Leavis, y que venía a decir
más o menos: «Un poeta es un poeta porque, entre otras
razones, su apuesta por las palabras es inseparable de
su necesidad de vivir plenamente la época que le ha
tocado». Es, ciertamente, el caso de Lorca. Nunca fue
poeta de torre de marfil, del arte por el arte mismo.
A diferencia de Dalí, no temía la emoción que le esperaba en la calle, el contacto caluroso con los demás. Su
compromiso social es patente desde sus primeros escritos hasta *La casa de Bernarda Alba*. Fue condición *sine
qua non* de su obra y su vida.

Recientemente se ha podido visitar en Madrid una
magna exposición sobre la Gran Guerra de 1914-1918
y la vanguardia artística. Viéndola fue inevitable para
mí recordar otra vez a nuestro poeta, que iniciaba su
carrera literaria precisamente entonces y que, como
su tan admirado Antonio Machado, estaba resueltamente con los aliados, sobre todo Francia, en su lucha
contra la barbarie teutona. Su texto «El patriotismo»
(27 de octubre de 1917), aludido en mi primer capítulo,
es extraordinariamente elocuente en este sentido.
«Multitud de muñecos grotescos que son sacerdotes del
patriotismo», «el patriotismo es uno de los grandes crímenes de la humanidad porque de sus senos podridos
por el mal surgen los monstruos de la guerra», «por

patriotismo fueron los hombres odiosos y crueles», «desde nuestros primeros años nos predican la guerra como cosa necesaria para la gloria de la patria»...: el texto, virulento y retador, habría bastado por sí solo, de caer en manos de quienes en 1936 se alzaron contra la legalidad democrática, para condenar a su autor.[1] Leyéndolo ahora no nos puede sorprender que en *Poeta en Nueva York* haya una composición, «Iglesia abandonada», con el subtítulo de «Balada de la Gran Guerra», cuyo «yo» ha perdido en la brutal contienda a un hijo, ni que hacia el final de su breve existencia, cuando se larvaba otra atroz empresa bélica de dimensiones internacionales, Lorca proyectara una obra de teatro titulada *Los soldados que no quieren ir a la guerra*.

Creo que no se ha apreciado suficientemente la valentía del poeta al afrontar su difícil condición sexual y procurar darle expresión en su creación literaria. Sabemos que a menudo le costó trabajo seguir adelante, y que, en ocasiones, solo le salvó del hundimiento depresivo la fe en lo que hacía. No puedo olvidar el consejo dado a Jorge Zalamea: «¡Que estés alegre! Hay necesidad de ser alegre, el *deber* de ser alegre. Te lo digo yo, que estoy pasando uno de los momentos más tristes y desagradables de mi vida.»[2] Ni su confesión al mismo corresponsal: «Y teniendo conflictos de sentimientos muy graves y estando *transido* de amor, de suciedad, de cosas feas, tengo y sigo mi norma de alegría a toda costa. No quiero que me venzan.»[3]

Norma de alegría a toda costa, frente a la negra angustia que a veces amenazaba con destruirle. La determinación es admirable.

Ángel Sahuquillo dice en alguna página de su libro fundamental —ahora me viene a la memoria— que Lorca escribía pensando en, y para, el lector (o espectador) futuro, cuando ya no hiciesen falta ofuscaciones y veladas alusiones, cuando ya no fuera preciso mantener el patético *show of appearance* que tanto lamentaba Walt Whitman. Eduardo Blanco-Amor estampó poco antes de morir, como vimos, sentimientos nobles en el mismo sentido. Aquel futuro ya está aquí, y por fin se puede leer a Lorca con mayor conocimiento de causa, sin los remilgos y pudibundeces de antes.

Durante décadas la homofobia u homoaversión imperantes en esta sociedad se encargaron de hacer dificultosa y arriesgada la tarea. Había que «proteger» el buen nombre del poeta, renunciar a «hurgar» en su intimidad, distinguir entre la obra y la vida, etc. El problema es que los coletazos están todavía con nosotros. Lo prueba, entre otros indicios, el asunto del famoso diario de Carlos Morla Lynch. A principios de 2008, Editorial Renacimiento, de Sevilla, sacó en su colección «Biblioteca de la Memoria» una nueva versión de *En España con Federico García Lorca*, con índice onomástico, una mayor precisión de fechas, algunos pasajes restituidos y una interesante carta inédita del poeta, que hemos citado en su momento. Pero esta reciente edición no es, todavía, el documento original. Al final de su prólogo, Sergio Macías Brevis, encargado de esta, revela, acongojado, que las dos nietas de Morla le han confiado que es su intención *hacer desaparecer el dietario*, «que se compone de 88 cuadernos de todos los tamaños y con infinidad de páginas, más otros sin numerar». Y ello porque, al parecer, su abuelo les pidió en su lecho de muerte que lo destruyeran. El prologuista ha tratado de disuadirlas, «porque lo que dejó Carlos Morla es un legado fundamental para la cultura de este país, ya que llena vacíos y agrega antecedentes». Y sigue: «A veces me dicen que lo pensarán y que en caso de que autorizaran la publicación del diario, Verónica censuraría muchas partes, para no perjudicar a terceras personas, pero sobre todo para no sentir que se traiciona la promesa dada, ni el amor que siempre le han profesado las dos nietas al abuelo.»[4]

¿Destrozar tan ingente testimonio para no *perjudicar* a terceras personas? ¿Censurar «muchas partes»? Pero ¿qué terceras personas necesitan a estas alturas tal protección, y en qué sentido les podría dañar la publicación íntegra del diario? Era difícil, leyendo a Macías Brevis, no intuir que el motivo real para la destrucción podía muy bien ser otro.

La intuición se confirmó unos meses después, al sacar la misma editorial un texto desconocido de Morla, toda una primicia: *España sufre. Diarios de guerra en el Madrid republicano*. Esta vez el prólogo corría a cuenta del escritor Andrés Trapiello, que no dudaba en señalar que, cuando el chileno y su mujer, Bebé, llegaron a España en 1928, se había roto ya el matrimonio, aunque, guardando las apariencias —y manteniendo la amistad— los esposos seguían bajo el mismo techo. ¿La causa de la secreta desavenencia? Según Trapiello se trataba sobre todo de «el entusiasmo que ya por entonces sentía Morla, y que no hizo sino acrecentarse con los años, por la camaradería viril». ¡Ah, de modo que hubo entusiasta camaradería viril! Y de repente sospe-chamos, volviendo a la primera edición de *En España con Federico García Lorca* (1957), que el autor aplicó allí las tijeras no tanto para evitar problemas con la cen-sura franquista como para «proteger» incólume la ima-gen heterosexual propia. «Basta leer su diario —escribe Trapiello— para advertir que Morla es especialmente sensible, como Sócrates, a las gracias y donaires de los bellos. Desde luego su afición al andorreo por bares, tabernas y coctelerías y a conversar con los extraños tampoco ayudó mucho a la reconciliación conyugal.»[5]

Todo indica, pues, que estamos ante otro caso como el de Rafael Martínez Nadal: se cuenta la mitad de lo que se sabe, se suprime el resto, se niega tácitamente cualquier complicidad homosexual. Y hay que inferir que, en comparación con lo apuntado en su momento, el «diario» de Morla que tenemos, incluso en su forma más actualizada, es un remedo aguado y desangelado del original. Ello me recuerda el caso de la célebre can-tante y modelo de los años sesenta, la transexual Aman-da Lear, íntima amiga de Salvador Dalí, que en sus li-bros y entrevistas siempre ha negado ser el súbdito francés Alain Tap, operado en Tánger y casado en Lon-dres, al azar, con un tal señor Lear (con el único objeto de conseguir un pasaporte británico). Mantener un disfraz a lo largo de décadas es quizá admirable, a su manera, pero creo que nos interesaría muchísimo más la verdadera historia del personaje.

Hay quienes discrepan. Están en su derecho. A me-nudo es difícil para el biógrafo saber si incluir o no cierto dato íntimo. Pero en el caso de Lorca lo mataron ya hace casi setenta y dos años, y, con la muerte de «Pepín» Bello en 2008, creo que no queda nadie de entre sus más íntimos. Pienso que es hora de conocer al poeta de cuerpo y alma enteros. Hago votos porque no se destruya el diario de Morla, y no solo por la información que seguramente contiene sobre Lorca y su entorno homosexual.

Entretanto, no hay más remedio que trabajar con lo que tenemos en este país de contumaces silencios, dedos acusadores, correspondencias íntimas destruidas o escamoteadas, y diarios mutilados.

En cuanto a la muerte del poeta, no cabe duda a estas alturas de que hubo, al lado de otras acusaciones, un claro componente antigay. Tal vez si se encuentran los restos sabremos qué hicieron con su víctima, antes de acabar con él, aquellos miserables energúmenos fascistas. Algunos dicen que no importa. No puedo estar de acuerdo. Creo que tenemos derecho a conocer todo lo que se pueda sobre aquel acto criminal.

La obra de Lorca, hoy de irradiación mundial, no existiría si no fuera por su condición de marginado sexual, por su identificación, profundamente cristiana, con todos los que sufren, con todos los que se sienten excluidos o rechazados. Fue una criatura en el fondo dolorida, que puso sus excepcionales dones al servicio de los demás con la esperanza de una sociedad más justa. No es correcto que se le siga negando su homosexualidad. Hace poco, Jesús Generelo, coordinador de Educación de la Federación Estatal de Lesbianas, Gais, Transexuales y Bisexuales (FELGTB), aludió a tal «silencio» en un comentario sobre la asignatura de Educación para la Ciudadanía, tan combatida por las derechas de este país. «Hay que trabajar en todas las materias —dijo—, como en Literatura, donde en la mayoría de las clases se pasa de puntillas por la homosexualidad de Federico García Lorca o de Oscar Wilde, cuando es casi imposible entender buena parte de su obra si no se explica su identidad sexual.»[6]

Casi imposible... o imposible del todo. Repito que eso no es justo. Y añado que es obtuso, pusilánime y contraproducente. Es hora ya de aceptar al poeta en su compleja y fascinante integridad. Solo así se le honrará como merece. Solo así será posible dar su justo valor a versos como estos, escritos a los veintidós años:

> *Sobre el paisaje viejo y el hogar humeante*
> *Quiero lanzar mi grito,*
> *Sollozando de mí como el gusano*
> *Deplora su destino.*
> *Pidiendo del hombre, Amor inmenso*
> *Y azul como los álamos del río.*
> *Azul de corazones y de fuerza,*
> *El azul de mí mismo,*
> *Que me ponga en las manos la gran llave*
> *Que fuerce al infinito...*[7]

Apéndice

Necrología de Paul Verlaine publicada por Rubén Darío en La Nación *de Buenos Aires e incluida en* Los raros. *Se reproduce de la segunda edición del libro, probablemente la manejada por Lorca (Barcelona, Maucci, 1905), pp. 45-51.*

Y al fin vas a descansar; y al fin has dejado de arrastrar tu pierna lamentable y anquilótica, y tu existencia extraña llena de dolor y de ensueños, ¡oh pobre viejo divino! Ya no padeces el mal de la vida, complicado en ti con la maligna influencia de Saturno.

Mueres, seguramente en uno de los hospitales que has hecho amar a tus discípulos, tus «palacios de invierno», los lugares de descanso que tuvieron tus huesos vagabundos, en la hora de los implacables reumas y de las duras miserias parisienses.

Seguramente, has muerto rodeado de los tuyos, de los hijos de tu espíritu, de los jóvenes oficiantes de tu iglesia, de los alumnos de tu escuela, ¡oh lírico Sócrates de un tiempo imposible!

Pero mueres en un instante glorioso: cuando tu nombre empieza a triunfar, y la simiente de tus ideas, a convertirse en magníficas flores de arte, aun en países distintos del tuyo; pues es el momento de decir que hoy, en el mundo entero, tu figura, entre los escogidos de diferentes lenguas y tierras, resplandece en su nimbo supremo, así sea delante del trono del enorme Wagner.

El holandés Bivanck se representa a Verlaine como un leproso sentado a la puerta de una catedral, lastimoso, mendicante, despertando en los fieles que entran y salen, la compasión, la caridad. Alfred Ernst le compara con Benoît Labre, viviente símbolo de enfermedad y de miseria; antes León Bloy le había llamado también el Leproso en el portentoso tríptico de su *Brelan*, en donde está pintado en compañía del Niño Terrible y del Loco: Barbey d'Aurevilly y Ernesto Helio. ¡Ay, fue su vida así! Pocas veces ha nacido de vientre de mujer un ser que haya llevado sobre sus hombros igual peso de dolor. Job le diría: «¡Hermano mío!»

Yo confieso que después de hundirme en el agitado golfo de sus libros, después de penetrar en el secreto de esa existencia única; después de ver esa alma llena de cicatrices y de heridas incurables, todo el eco de celestes o profanas músicas, siempre hondamente encantadoras; después de haber contemplado aquella figura imponente en su pena, aquel cráneo soberbio, aquellos ojos obscuros, aquella faz con algo de socrático, de pierrotesco y de infantil; después de mirar al dios caído, quizá castigado por olímpicos crímenes en otra vida anterior; después de saber la fe sublime y el amor furioso y la inmensa poesía que tenían por habitáculo aquel claudicante cuerpo infeliz, ¡sentí nacer en mi corazón un doloroso cariño que junté a la grande admiración por el triste maestro!

A mi paso por París, en 1893, me había ofrecido Enrique Gómez Carrillo presentarme a él. Este amigo mío había publicado una apasionada impresión que figura en sus *Sensaciones de arte*, en la cual habla de una visita al cliente del hospital de Broussais. «Y allí le encontré siempre dispuesto a la burla terrible, en una cama estrecha de hospital. Su rostro enorme y simpático cuya palidez extrema me hizo pensar en las figuras pintadas por Ribera, tenía un aspecto hierático. Su nariz pequeña se dilata a cada momento para aspirar con delicia el humo del cigarro. Sus labios gruesos que se entreabren para recitar con amor a Villon o para maldecir contra los poemas de Ronsard, conservan siempre su mueca original, en donde el vicio y la bondad se mezclan para formar la expresión de la sonrisa. Solo su barba rubia de cosaco había crecido un poco y había encanecido mucho.»

Por Carrillo penetramos en algunas interioridades de Verlaine. No era este en ese tiempo el viejo gastado y débil que uno pudiera imaginarse, antes bien «un viejo robusto». Decíase que padecía de pesadillas espantosas y visiones en las cuales los recuerdos de la leyenda obscura y misteriosa de la vida, se complicaban con la tristeza y el terror alcohólicos. Pasaba sus horas de enfermedad, a veces en un penoso aislamiento, abandonado y olvidado, a pesar de las bondadosas iniciativas de los Mendès o de los Léon Deschamps.

¡Dios mío! aquel hombre nacido para las espinas,

para los garfios y los azotes del mundo, se me pareció como un viviente doble símbolo de la grandeza angélica y de la miseria humana. Angélico, lo era Verlaine; tiorba alguna, salterio alguno, desde Jacopone de Todi, desde el *Stabat Mater*, ha alabado a la Virgen con la melodía filial, ardiente y humilde de *Sagesse*; lengua alguna, como no sean las lenguas de los serafines prosternados, ha cantado mejor la carne y la sangre del Cordero; en ningunas manos han ardido mejor los sagrados carbones de la penitencia; y penitente alguno se ha flagelado los desnudos lomos con igual ardor de arrepentimiento que Verlaine cuando se ha desgarrado el alma misma, cuya sangre fresca y pura ha hecho abrirse rítmicas rosas de martirio.

Quien le haya visto en sus *Confesiones*, en sus *Hospitales*, en sus otros libros íntimos, comprenderá bien al hombre —inseparable del poeta— y hallará que en ese mar tempestuoso primero, muerto después, hay tesoros de perlas. Verlaine fue un hijo desdichado de Adán, en el que la herencia paterna apareció con mayor fuerza que en los demás. De los tres Enemigos, quien menos mal le hizo fue el Mundo. El Demonio le atacaba; se defendía de él, como podía, con el escudo de la plegaria. La Carne sí, fue invencible e implacable. Raras veces ha mordido cerebro humano con más furia y ponzoña la serpiente del Sexo. Su cuerpo era la lira del pecado. Era un eterno prisionero del deseo. Al andar, hubiera podido buscarse en su huella lo hendido del pie. Se extraña uno no ver sobre su frente los dos cuernecillos, puesto que en sus ojos podían verse aún pasar las visiones de las blancas ninfas, y en sus labios, antiguos conocidos de la flauta, solía aparecer el rictus del egipán. Como el sátiro de Hugo, hubiera dicho a la desnuda Venus, en el resplandor del monte sagrado: «*Viens nous en...!*» Y ese carnal pagano aumentaba su lujuria primitiva y natural a medida que acrecía su concepción católica de la culpa.

Mas ¿habéis leído unas bellas historias renovadas por Anatole France de viejas narraciones hagiográficas, en las cuales hay sátiros que adoran a Dios, y creen en su cielo y en sus santos, llegando en ocasiones hasta ser santos sátiros? Tal me parece Pauvre Lélian, mitad cornudo flautista de la selva, violador de hamadriadas, mitad asceta del Señor, eremita que, extático, canta sus salmos. El cuerpo velloso sufre la tiranía de la sangre, la voluntad imperiosa de los nervios, la llama de la primavera, la afrodisia de la libre y fecunda montaña; el espíritu se consagra a la alabanza del Padre, del Hijo, del Santo Espíritu, y sobre todo, de la maternal y casta Virgen; de modo que al dar la tentación su clarinada, el espíritu[,] ciego, no mira, queda como en sopor, al son de la fanfarria carnal; pero tan luego como el sátiro vuelve del boscaje y el alma recobra su imperio y mira a la altura de Dios, la pena es profunda, el salmo brota. Así, hasta que vuelve a verse pasar a través de las hojas del bosque, la cadera de Kalixto...

Cuando el doctor Nordau publicó la obra célebre digna del doctor Triboulat Bonhoment [*sic*],* *Entartung,* la figura de Verlaine, casi desconocida para la ge-

* Errata. Correctamente, Tribulat Bonhomet. Se trata del personaje de Villiers de l'Isle Adam.

neralidad —y en la generalidad pongo a muchos de la *élite* en otros sentidos— surgió por la primera vez, en el más curiosamente abominable de los retratos. El poeta de *Sagesse* estaba señalado como uno de los más patentes casos demostrativos de la afirmación seudocientífica de que los modos estéticos contemporáneos son formas de descomposición intelectual. Muchos fueron los atacados; se defendieron algunos. Hasta el cabalístico Mallarmé descendió de su trípode para demostrar el escaso intelectualismo del profesor austroalemán, en su conferencia sobre la Música y la Literatura dada en Londres. Pauve Lélian no se defendió a sí mismo. Comentaría cuando el caso con algunos ¡dam! en el François I o en el D'Harcourt. Varios amigos discípulos le defendieron; entre todos con vigor y maestría lo hizo Charles Tennib, y su hermoso y justificado ímpetu correspondió a la presentación del «caso» por Max Nordau:

> Tenemos ante nosotros la figura bien neta del jefe más famoso de los simbolistas. Vemos [a] un espantoso degenerado, de cráneo asimétrico y rostro mongoloide, un vagabundo impulsivo, un dipsómano... un erótico... un soñador emotivo, débil de espíritu, que lucha dolorosamente contra sus malos instintos y encuentra a veces en su angustia conmovedores acentos de queja, un místico cuya conciencia humana está llena de representaciones de Dios y de los santos; y un viejo chocho, etc.

En verdad que los clamores de ese generoso De Amicis contra la ciencia que acaba de descuartizar a

Leopardi después de desventrar al Tasso, son muy justos, e insuficientemente iracundos.

En la vida de Verlaine hay una nebulosa leyenda que ha hecho crecer una verde pradera en que ha pastado a su placer el *panmuflisme*. No me detendré en tales miserias. En estas líneas escritas al vuelo, y en el momento de la impresión causada por su muerte, no puedo ser tan extenso como quisiera.

De la obra de Verlaine, ¿qué decir? Él ha sido el más grande de los poetas de este siglo. Su obra está esparcida sobre la faz del mundo. Suele ya ser vergonzoso para los escritores ápteros oficiales no citar de cuando en cuando, siquiera sea para censurar sordamente, a Paul Verlaine. En Suecia y Noruega los jóvenes amigos de Jonas Lee propagan la influencia artística del maestro. En Inglaterra, adonde iba a dar conferencias, gracias a los escritores nuevos, como Symons, y los colaboradores del *Yellow Book*, el nombre ilustre se impone; la *New Review* daba sus versos en francés. En los Estados Unidos antes de publicarse el conocido estudio de Symons en el *Harper's* —«The Decadent Movement in Literature»— la fama del poeta era conocida. En Italia, D'Annunzio reconoce en él a uno de los maestros que le ayudaran a subir a la gloria; Vittorio Pica y los jóvenes artistas de la Tavola Rotonda exponen sus doctrinas; en Holanda la nueva generación literaria —nótese un estudio de Werwey— le saludan en su alto puesto; en España es casi desconocido y serálo por mucho tiempo: solamente el talento de Clarín creo que lo tuvo en alta estima; en lengua española no se ha escrito aún nada digno de Verlaine; apenas lo publicado por Gómez Carrillo; pues las impresiones y notas de Bonafoux y Eduardo Pardo son ligerísimas.

Vayan, pues, estas líneas, como ofrenda del momento. Otra será la ocasión en que consagre al gran Verlaine el estudio que merece. Por hoy, cabe el análisis de la obra.

«Esta pata enferma me hace sufrir un poco: me proporciona, en cambio, más comodidad que mis versos, ¡que me han hecho sufrir tanto! Si no fuese por el reumatismo yo no podría vivir de mis rentas. Estando bueno, no lo admiten a uno en el hospital.»

Esas palabras pintan al hermano trágico de Villon,

No era mala, estaba enferma su *animula*, *blandula*, *vagula*... ¡Dios la haya acogido en el cielo como en un hospital!

Notas

SIGLAS UTILIZADAS EN LAS NOTAS

AFFGL: Archivo de la Fundación Federico García Lorca, Madrid.

EC: Federico García Lorca, *Epistolario completo*, al cuidado de Andrew A. Anderson y Christopher Maurer, Madrid, Cátedra (Crítica y Estudios Literarios), 1997.

OC: Federico García Lorca, *Obras completas*, edición de Miguel García-Posada, Barcelona, Galaxia Gutenberg / Círculo de Lectores, 4 tomos, 1996.

Sahuquillo: Ángel Sahuquillo, *Federico García Lorca y la cultura de la homosexualidad masculina. Lorca, Dalí, Cernuda, Gil-Albert, Prados y la voz silenciada del amor homosexual*, Alicante, Instituto de Cultura 'Juan Gil-Albert', 1991.

1. L. Cernuda, *Poesía completa*, Madrid, Siruela, 5.ª ed., 2005, pp. 179-180.

2. V. Aleixandre, «Federico», en *El Mono Azul*, Madrid, núm. 19 (10 de junio de 1937), p. 1.

3. V. Aleixandre, «Federico», en *Hora de España*, Valencia, VII (agosto de 1937), pp. 43-45.

4. L. A. de Villena, «La casa del poeta, la casa de la vida», en *El Mundo*, Madrid, 7 de mayo de 1995.

5. L. Cernuda, «Elegía a un poeta muerto», en *Hora de España*, Valencia, VI (junio de 1937), pp. 33-36; para la versión completa del poema, titulada «A un poeta muerto (F. G. L.)», véase, L. Cernuda, *Poesía completa I*, ibíd., pp. 254-258.

6. A. Rivero Taravillo, *Luis Cernuda. Años españoles (1902-1938)*, Barcelona, Tusquets, 2008, p. 383.

7. *OC*, I, p. 965.

8. Ibíd., p. 633.

9. Ibíd., pp. 627-628.

10. J. L. Cano, *Los cuadernos de Velingtonia*, Barcelona, Seix Barral, 1986, pp. 284-285.

11. *OC*, III, p. 1331.

12. Christopher Maurer en su edición de García Lorca, *Conferencias*, II, nota 33, p. 123.

13. Ibíd.

14. *EC*, p. 690.

15. *OC*, II, p. 304; para la variante, véase F. García Lorca, *El público*, edición de María Clementa Millán, Madrid, Cátedra, 1987, p. 154, nota 79.

16. *OC*, I, pp. 592-593; P. Binding, *García Lorca o la imaginación gay*, Barcelona, Laertes, 1987, pp. 196-198; Sahuquillo, p. 129.

17. *OC*, I, p. 637.

18. Ibíd., p. 629.
19. Ibíd., pp. 631-632.
20. Ibíd., p. 632.
21. F. García Lorca, *Poeta en Nueva York*, edición de María Clementa Millán, Madrid, Cátedra, 1986, pp. 273-274.
22. A. Mira, *Para entendernos: diccionario de cultura homosexual gay y lésbica*, Barcelona, Ediciones de la Tempestad, 1999, p. 597.
23. Citado por C. Jerez Farrán, *Un Lorca desconocido. Análisis de un teatro «irrepresentable»*, Madrid, Biblioteca Nueva, 2004, p. 267, nota 40.
24. OC, I, p. 965.
25. Ibíd., p. 966.
26. Ibíd., p. 963.
27. E. Fernández-Santos, «Las declaraciones homófobas de Cela sobre García Lorca provocan una ola de críticas», en *El País*, Madrid, 12 de junio de 1998.
28. «Reacciones airadas a las palabras de Cela sobre los gays», *El Mundo*, Madrid, 12 de junio de 1998.
29. Ibíd.
30. E. Fernández-Santos, «Las declaraciones...», ibíd.
31. Ibíd.
32. T. Moix, «El Nobel en la letrina», *El País*, Madrid, 15 de junio de 1998.
33. E. Fernández-Santos, «Las declaraciones...», ibíd.
34. F. Delgado, «Las bromas de Cela», en *Informaciones*, Madrid, 17 de junio de 1998.
35. *El País*, Madrid, 23 de junio de 1998.
36. E. Fernández-Santos, «Las declaraciones...», ibíd.
37. Á. Sahuquillo, *Federico García Lorca and the Culture of Male Homosexuality*, North Carolina, McFarland & Company, 2007, p. 236. Traduzco las citas del inglés.
38. V. Molina Foix, «Entiéndame usted», en *El País*, Madrid, 17 de noviembre de 1999, p. 54.
39. A. Mira, *Para entendernos...*, ibíd., pp. 674-675.

40. M. García-Posada, «Exclusiones y acusaciones», en *El País*, Madrid, 9 de marzo de 2000.

41. A. Soria Olmedo, *Fábula de fuentes. Tradición y vida literaria en Federico García Lorca*, Madrid, Residencia de Estudiantes, 2004.

42. Ibíd., p. 396.

43. I. Gibson, «Con Dalí y Lorca en Figueres», en *El País*, Madrid, 26 de enero de 1986, pp. 10-11.

44. D. Cañas, «Lorca/Cummings: una amistad más allá del bien y del mal», en *Los Cuadernos del Norte*, Oviedo, núm. 52 (diciembre 1988-enero 1989), p. 28.

45. P. Neruda, *Obras completas*, Buenos Aires, Losada, 1968, II, p. 17.

Capítulo i. El artista joven [pp. 53-145]

1. A. Penón, *Diario de una búsqueda lorquiana* (1955-1956), Barcelona, Plaza y Janés, 1990, p. 245.

2. Conversaciones del autor con doña Carmen Ramos, Fuente Vaqueros, 1965-1966; conversaciones de Couffon con Carmen Ramos, *García Lorca y Granada*, Buenos Aires, Losada, 1967, pp. 17-26; las de Eulalia Dolores de la Higuera Rojas con la misma, *Mujeres en la vida de García Lorca*, Madrid, Editora Nacional, 1980, pp. 163-172.

3. E. Valdivielso Miquel, *El drama oculto. Buñuel, Dalí, Falla, García Lorca y Sánchez Mejías*, Madrid, Ediciones de la Torre, 1992, p. 153-154.

4. Ibíd., p. 155,

5. Ibíd., p. 152.

6. Ibíd., p. 153.

7. *OC*, IV, pp. 161-162.

8. Ibíd., p. 521.

9. Ibíd., I, p. 72.

10. «La aurora», ibíd., p. 536.

11. R. Martínez Nadal, «Introducción a Federico García Lorca», en S. Spender y J. L. Gili (eds.), *Poems*, Londres, The Dolphin Book Company, 1942, p. vii.

12. L. Sáenz de la Calzada, *La Barraca. Teatro universitario*, Madrid, *Revista de Occidente*, 1976, p. 57.

13. Conversación del autor con doña Isabel García Lorca, Madrid, 18 de marzo de 1983.

14. E. Molina Fajardo, *Los últimos días de García Lorca*, Barcelona, Plaza y Janés, 1983, pp. 15-16; J.-L. Schonberg [seud. Louis Stinglhamber-Schonbcrg], *Federico García Lorca. L'Homme-L'Oeuvre*, prefacio de Jean Cassou, París, Plon, 1956, p. 7.

15. Conversación del autor con don Alfredo Anabitarte, Madrid, 21 de noviembre de 1983.

16. J. Moreno Villa, «Recuerdo a Federico García Lorca», en *Homenaje al poeta García Lorca contra su muerte*, Valencia-Barcelona, Ediciones Españolas, 1937, p. 23; Francisco García Lorca, *Federico y su mundo*, edición y prólogo de Mario Hernández, Madrid, Alianza Editorial, 2.ª ed., 1981, p. 61; conversación del autor con don Santiago Ontañón, Toledo, 15 de mayo de 1979.

17. Conversación del autor con don José María Alfaro, Madrid, 11 de octubre de 1979.

18. Documentación en E. Molina Fajardo, *Los últimos días...*, ibíd., pp. 297-299.

19. Conversaciones del autor con don José Caballero, don Santiago Ontañón y don Rafael Alberti, Madrid, 1978-1986.

20. *OC*, I, pp. 96-97.

21. «El compadre pastor» y «Mi amiguita rubia» están fechados «1. Abril», «Mis juegos» está fechado «3 de Abril». La letra de Lorca parece anterior a la de los manuscritos de abril de 1917.

22. *OC*, IV, pp. 854-858.

23. «El Dauro y el Genil» (17 junio 1918), ibíd., p. 397.

24. *La imagen poética de don Luis de Góngora*, en *OC*, III, p. 1307.

25. Ibíd., pp. 526-527.

26. La estatuilla de Minerva se reproduce en el catálogo *Los bronces romanos en España*, Madrid, Ministerio de Cultura, 1990, núm. 153.

27. F. García Lorca, *Poesía inédita de juventud* (ed. Paepe), pp. 385-387 y nota.

28. *OC*, IV pp. 403-406 y nota.

29. «[La oración brota de la torre vieja]», ibíd., p. 446.

30. Ibíd., III, pp. 523, 526-527.

31. Ibíd., pp. 555-556.

32. *Impresiones y paisajes*, en *OC*, IV, p. 132.

33. *La viudita se quería casar*, ibíd., pp. 912, 960.

34. *OC*, I, p. 512.

35. A. Penón, *Diario...*, ibíd., pp. 101-102.

36. Conversación del autor con el doctor José Rodríguez Contreras, Granada, 23 de agosto de 1978.

37. *OC*, I, p. 538.

38. Ibíd., p. 587.

39. E. Molina Fajardo, *Los últimos días...*, ibíd, p. 206.

40. AFFGL; Ch. Maurer, en su edición de Lorca, *Prosa inédita de juventud*, Madrid, Cátedra, 1994, p. 13, nota 1, dice que se trata de «una carta sin fechar, pero probablemente de 1916». No se ha fijado en que, al final de esta, Martínez Fuset consigna que escribe en la «noche de San Benjamín»; es decir, la noche del 31 de marzo. Por la referencia contenida en la carta al inicio de la relación de Martínez Fuset con una chica llamada Lina Viedma, mencionada en otros momentos del epistolario, podemos tener la seguridad de que es de 1917. Además, parece fuera de duda que Lorca y Martínez Fuset se conocieron durante la visita del primero a Baeza en junio de 1916.

41. *Divagación. Las reglas en la música*, en OC, IV, p. 42.

42. Ibíd., pp. 242-243.

43. Ibíd., p. 50.

44. Ibíd., pp. 676-679.

45. Ibíd., p. 47.

46. Ibíd., pp. 812-815.

47. Ibíd., pp. 801-802.

48. Ibíd., pp. 680-683.

49. E. Valdivielso Miquel, *El drama...*, ibíd., p. 137.

50. OC, IV, pp. 771-790; la cita, p. 779.

51. *Mística que trata del dolor de pensar*, ibíd., p. 541.

52. Ibíd., pp. 640-643.

53. *Paisaje de oro y pasión*, ibíd., pp. 659-661; *Alegoría: la primavera llega*, ibíd., pp. 664-665.

54. Ibíd., pp. 715-719.

55. Ibíd., p. 709.

56. Ibíd., p. 566.

57. Ibíd., p. 220.

58. Ibíd., pp. 237-238.

59. Ibíd., pp. 248-249.

60. Ibíd., pp. 364-367.

61. Ibíd., pp. 484-486.

62. Ibíd., pp. 523-524.

63. Ibíd., p. 537.

64. Ibíd., pp. 549-550.

65. Ibíd., p. 553.

66. Ibíd., p. 566.

67. Ibíd., p. 666.

68. Ibíd., p. 653.

69. Percy A. Scholes, *The Oxford Companion to Music*, 9.ª ed., 1955, p. 565.

70. OC, IV, p. 566.

71. Ibíd., p. 835.

72. Manuel Ángeles Ortiz, en A. Rodrigo, *Memoria de*

Granada: Manuel Ángeles Ortiz. Federico García Lorca, Barcelona, Plaza y Janés, 1984, p. 167.

73. *OC*, IV, p. 128.
74. Conversaciones del autor con doña Isabel García Lorca, Madrid, 1978.
75. Testimonio de Manuel Ángeles Ortiz en A. Rodrigo, *Memoria de Granada*, ibíd., p. 167.
76. *OC*, I, p. 129.
77. Conversaciones del autor con doña María del Carmen Hitos Natera, Madrid, marzo-abril de 2008.
78. *OC*, IV, p. 666.
79. Agradezco profundamente a don Bartolomé Menor Borrego, párroco del Sagrario, en Córdoba, la localización de la copia de la partida de bautismo de Luisa Natera.
80. Conversación con doña Pilar Hitos Natera, Madrid, 23 de agosto de 2008.
81. Ibíd.
82. Correo electrónico de doña María del Carmen Hitos Natera, 21 de agosto de 2008.
83. Conversaciones con doña María del Carmen Hitos Natera, Madrid, abril-mayo de 2008.
84. *OC*, IV, p. 632.
85. Ibíd., p. 633.
86. [¿*Qué hay detrás de mí?*], ibíd., p. 648; [*El orden*], ibíd., p. 675.
87. «Meditación bajo la lluvia», *OC*, I, p. 154.
88. «Canción menor», ibíd., p. 72.
89. «Los álamos de plata», ibíd., p. 152.
90. *OC*, IV, p. 220.
91. «[Todo será el corazón]», ibíd., p. 534.
92. «Oración», ibíd., p. 370.
93. «Ángelus», ibíd., p. 285.
94. Ibíd., pp. 316-318.
95. Ibíd., p. 288.

96. Ibíd., p. 651.

97. Ibíd., pp. 381-382.

98. *OC*, I, p. 99.

99. Ibíd., IV, p. 342.

100. [*Comedia de la carbonerita*], ibíd., p. 1026.

101. «La noche», ibíd., p. 235.

102. Ibíd., pp. 909-966.

103. Ibíd., I, pp. 78-79.

104. Ibíd., p. 88.

105. «Canción erótica con tono de elegía lamentosa», en *OC*, IV, p. 252.

106. [*Pequeña elegía a María Blanchard*], en *OC*, III, p. 133.

107. *María Elena. Canción*, en *OC*, IV, pp. 827-828.

108. «Elegía», ibíd., p. 335.

109. *OC*, III, p. 378.

110. J. Caro Baroja, *Los moriscos del reino de Granada. Ensayo de historia social*, Madrid, Istmo, 2.ª ed., 1976, pp. 88-89.

111. *OC*, I, p. 160.

112. Ibíd., IV, p. 107.

113. Ibíd, p. 49.

114. Ibíd, p. 344.

115. Ibíd., p. 454.

116. F. Umbral, *Lorca, poeta maldito*, Madrid, Biblioteca Nueva, 1968, p. 50.

117. M. Fernández-Montesinos García, *Descripción de la biblioteca de Federico García Lorca (Catálogo y estudio)*, tesina para la licenciatura presentada por el autor en la Universidad Complutense, Madrid, 13 de septiembre de 1985, p. 53.

118. Hesíodo, *La teogonía*, versión directa y literal de Luis Segalá y Estalella, Barcelona, Tipografía La Académica, 1910, p. 18.

119. T. D'Arch Smith, *passim*; Julio Gómez de la Serna, nota

en su traducción de *Corydon*, de Gide, segunda edición española (1931), p. 47; Sahuquillo, pp. 184, 246-247, 287.

120. *OC*, I, pp. 174-176.

121. Sahuquillo, pp. 207-262.

122. G. Grigson, *The Goddess of Love. The Birth*, *Triumph*, *Death and Return of Aphrodite*, Londres, Constable, 1976, p. 207.

123. *OC*, IV, p. 229.

124. Ibíd., I, pp. 160-161.

125. Ibíd., pp. 141-144.

126. Ibíd., pp. 249-250.

127. «Tarde de abril», en *OC*, IV, p. 332.

128. Ibíd., pp. 566-567.

129. Ibíd., pp. 593-601.

130. Ibíd., p. 649.

131. Ibíd., pp. 793-795.

132. Véase, por ejemplo, el poema «La prostituta. *La mujer de todos*», ibíd., pp. 254-255.

133. A. Penón, *Diario*..., ibíd., p. 73.

134. Eulalia Dolores de la Higuera Rojas, *Mujeres*..., ibíd., p. 52.

135. *OC*, I, p. 587.

136. J. Mora Guarnido, *Federico García Lorca y su mundo* [1958], prólogo de Mario Hernández, Granada, Fundación Caja de Granada, 1998, pp. 50-69; Francisco García Lorca, *Federico*..., ibíd, pp. 103-113, 141-157.

137. *OC*, IV, p. 134.

138. Detalle que nos transmitió don Luis Jiménez Pérez, colaborador de Lorca en la revista *gallo*, Granada, 27 de marzo de 1986.

139. M. Orozco, «La Granada de los años veinte. En torno a unas fotos inéditas de Federico», en *Abc*, Madrid, 6 de noviembre de 1966.

140. Conservados en la hemeroteca municipal de Granada (Casa de los Tiros).

141. J. Mora Guarnido, *Federico...*, ibíd., p. 12; esquela de Soriano Lapresa en *El Defensor de Granada*, 18 de julio de 1934, p. 2.

142. J. Mora Guarnido, *Federico...*, ibíd., p. 57.

143. *OC*, III, p. 365.

144. Francisco García Lorca, *Federico...*, ibíd., p.143.

145. Entrevista nuestra con el doctor José Rodríguez Contreras, Granada, 23 de agosto de 1978.

146. E. Molina Fajardo, *Los últimos días...*, ibíd., p. 206.

147. R. Martínez Nadal, *Federico García Lorca. Mi penúltimo libro sobre el hombre y el poeta*, Madrid, Editorial Casariego, 1992, p. 303.

148. J. Mora Guarnido, *Federico...*, ibíd., pp. 55-56; necrología de Soriano Lapresa en *El Defensor de Granada*, 18 de julio de 1934, p. 2; M. Orozco, «La Granada...», ibíd.; Francisco García Lorca, *Federico...*, ibíd, pp. 141-143; E. Molina Fajardo, *Los últimos días...*, ibíd, p. 206; conversación del autor con el doctor José Rodríguez Contreras, Granada, 23 de agosto de 1978.

149. J. Mora Guarnido, *Federico...*, ibíd., p. 51.

150. O. Wilde, *De profundis*; *El alma del hombre*; *Máximas*, Madrid, Editorial América, 1919, traducción de A. A. Vasseur (detalles en bibliografía); M. Fernández-Montesinos, *Descripción...*, ibíd., núm. 344, p. 119 y, para detalles de los subrayados, pp. 170-171.

151. Citamos de Sahuquillo, p. 301.

152. M. Fernández-Montesinos, *Descripción...*, ibíd., núm. 345, p. 120.

153. Citado por C. Jerez Farrán, *Un Lorca desconocido* p. 133, nota. De la obra de J. Boswell existe edición en castellano, *Cristianismo, tolerancia social y homosexualidad*, Barcelona, El Aleph Editores, 1993.

154. Conversaciones nuestras con don José María García

Carrillo, Granada, 1965-1966; M. Orozco, «José María García Carrillo», en *Ideal*, Granada, 23 de agosto de 1987, p. 4.

155. A. Penón, *Diario...*, ibíd., pp. 227-229.

156. Francisco García Lorca, *Federico...*, ibíd, p. 161.

157. M. Fernández-Montesinos, *Descripción...*, ibíd., p. 18.

158. *EC*, p. 869.

159. A. Penón, *Diario...*, ibíd., p. 232.

160. «[Budha]», en *OC*, IV, pp. 277-278.

161. *Mística que trata de nuestra pequeñez y del misterio de la noche*, ibíd., p. 557.

162. Entrevista del autor con don Luis Jiménez Pérez, Granada, 30 de marzo de 1986.

163. *OC*, IV, p. 575.

164. «[¡Azul! ¡Azul! ¡Azul!]», ibíd., p. 400.

165. «Un tema con variaciones pero sin solución», ibíd., p. 241.

166. *Impresiones...*, en *OC*, IV, p. 66.

167. Ibíd., p. 898.

168. Ibíd., I, p. 127.

169. Ibíd., IV, p. 571.

170. Ibíd., p. 574.

171. [*Dios, el Mal y el Hombre*], pp. 890-891.

172. [*Jehová*], ibíd., pp. 1004-1010.

173. *Mística que trata de la melancolía*, ibíd., p. 549.

174. Ibíd., pp. 627-628.

175. «Manantial», ibíd., I, p. 157.

176. «Canción desolada», ibíd., IV, p. 248.

177. *Mística en que se trata de Dios*, ibíd., p. 614.

178. *Impresiones...*, ibíd., p. 118.

179. *Mística de negrura y ansia de santidad*, ibíd., p. 545.

180. Ibíd., p. 621.

181. Ibíd., p. 613.

182. Conversación del autor con doña Clotilde García Picossi, una de las primas más queridas del poeta, Granada, 1966.

183. *OC*, IV, p. 371.
184. Ibíd., p. 735.
185. Ibíd., p. 979.
186. Ibíd., pp. 970-971.
187. Ibíd., p. 619.
188. Ibíd., I, p. 562.
189. Ibíd., IV, p. 619.
190. Ibíd., pp. 435-436.
191. Ibíd., pp. 558-564.
192. Ibíd., p. 733.
193. Ibíd., pp. 734-735.
194. «Los álamos de plata», ibíd., I, pp. 151-152.
195. Ibíd., IV, p. 1081.
196. Ibíd., p. 254.
197. Ibíd., I, pp. 423-424.
198. *Impresiones...*, ibíd., IV, pp. 70-73.
199. Ibíd., pp. 97-98,100-101.
200. Conversaciones del autor con don Ricardo Gómez Ortega en Ibiza, verano de 1966; con don Miguel Carlón Guirao, en Vélez-Rubio (Almería), 1965.
201. *Divagación. Las reglas en la música*, en *OC*, IV, p. 44.
202. R. Darío, *Poesías completas*, Madrid, Aguilar, 10.ª ed., 1967, p. 673.
203. *Divagación. Las reglas en la música*, en *OC*, IV, p. 42.
204. *Impresiones...*, ibíd., p. 107.
205. Ibíd., pp. 51-52.
206. R. Darío, *Poesías completas*, ibíd., pp. 665-666.
207. *OC*, I, p. 83.
208. R. Darío, *Poesías completas*, ibíd., p. 688.
209. Conversación del autor con don Francisco García Lorca, Nerja, verano de 1966. Según su hermano, el poeta tenía un ejemplar de la segunda edición de Maucci, Barcelona (publicada en 1905).
210. Sahuquillo, p. 283.

211. R. Darío, *La vida de Rubén Darío escrita por él mismo*, Barcelona, Maucci, sin fecha, 1915 o 1916, p. 148.
212. R. Darío, *Los raros*, Barcelona, Maucci, 2.ª ed., corregida y aumentada, 1905, pp. 45-51.
213. *OC*, I, pp. 257-260.
214. A. del Valle Hernández, *Adriano del Valle. Mi padre*, Sevilla, Renacimiento, 2006, p. 36. La carta se conserva en AFFGL.
215. *OC*, IV, p. 351.
216. *EC*, pp. 47-51; reproducida fotográficamente en Valle Hernández, *Adriano del Valle. Mi padre* (Sevilla, Renacimiento, 2006), pp. 37-40.
217. *OC*, I, p. 282.
218. Sahuquillo, p. 283.
219. M. Fernández-Montesinos, *Descripción...*, ibíd., núm. 331, p. 115.
220. P. Verlaine, *Fiestas galantes. Poemas saturnianos. La buena canción. Romanzas sin palabras. Sabiduría. Amor. Parábolas y otras poesías*, Madrid, Francisco Beltrán, ¿1908?
221. A. Mira, *Para entendernos...*, ibíd., p. 724.
222. P. Verlaine, *Fiestas galantes*, ibíd., pp. 213-214.
223. «La balada de las tres rosas», *OC*, IV, p. 526.
224. Ibíd., I, pp. 372-373.
225. A. Penón, *Diario...*, ibíd., pp. 186-187.
226. *OC*, IV, p. 693.
227. J. Murciano, «En el Centro Artístico. Ismael. Federico García Lorca», en *El Eco del Aula*, Granada, 27 de marzo de 1918, p. 5.
228. I. Gibson, *Vida, pasión y muerte de Federico García Lorca*, Barcelona, De Bolsillo, 2006, p. 119.
229. «Divagaciones de un cartujo. La ornamentación», en *Grecia*, Sevilla, núm. 1 (12 de octubre de 1918), pp. 13-15.
230. «Un manifiesto literario», en *Grecia*, Sevilla, núm. 11 (15 de marzo de 1919), p. 11.

231. Carta en AFFGL consultada por el autor en 1982.
232. I. Gibson, *Vida...*, ibíd., pp. 127-128,138.

CAPÍTULO 2. RESIDENCIA EN MADRID (1919-1929)
[pp. 147-264]

1. A. Jiménez Fraud, «Lorca y otros poetas», en *El Nacional*, Caracas, 19 de septiembre de 1957; carta de la Residencia de Estudiantes al padre del poeta, 22 de julio de 1919, en AFFGL; I. Pérez-Villanueva Tovar, *La Residencia de Estudiantes. Grupos universitarios y de señoritas, Madrid, 1910-1936*, Madrid, Ministerio de Educación y Ciencia, 1990, p. 164.
2. *EC*, pp. 57, 59.
3. «Los poetas del Ultra. Antología», en *Cervantes*, Madrid, junio de 1919, pp. 84-86.
4. *EC*, pp. 60-61.
5. M. de Unamuno, *Ensayos*, Madrid, Residencia de Estudiantes, seis tomos, 1916-1918, VI, p. 65.
6. *EC*, pp. 52-53.
7. J. Mora Guarnido, *Federico...*, ibíd., p. 123.
8. Conversación nuestra con don Miguel Cerón, Granada, 17 de septiembre de 1965.
9. Conversación nuestra con don Manuel Ángeles Ortiz, Granada, verano de 1965; M. Auclair, *Enfances et mort de Garcia Lorca*, París, Seuil, 1968, p. 99.
10. «[Yo estaba triste frente a los sembrados]», en *OC*, IV, pp. 217-219.
11. Ibíd., I, p. 99.
12. Ibíd., IV, p. 180.
13. Ibíd., p. 207.
14. Ibíd., p. 192.
15. *EC*, p. 50.
16. I. Gibson, *Federico García Lorca. I. De Fuente Vaque-*

ros a *Nueva York (1898-1929)*, Barcelona, Editorial Grijalbo, 1985, pp. 248-265.

17. J. Moreno Villa, *Vida en claro. Autobiografía*, México, Colegio de México, 1944, p. 107.

18. L. Buñuel, *Mon Dernier Soupir*, París, Robert Laffont, 1982, p. 75; *Mi último suspiro*, Barcelona, Plaza y Janés, 2.ª ed., 1983.

19. Programa de la velada en el archivo de la Residencia de Estudiantes.

20. L. Buñuel, *Mi último suspiro*, ibíd., pp. 75-76.

21. Ibíd., pp. 78-79.

22. *OC*, I, p. 390.

23. L. Buñuel, *Mi último suspiro*, ibíd., p. 144.

24. C. Jerez Farrán, *Un Lorca desconocido*, ibíd., p. 136.

25. M. Aub, *Conversaciones con Buñuel, seguidas de Cuarenta y cinco entrevistas con familiares, amigos y colaboradores del cineasta aragonés*, Madrid, Aguilar, 1984, p. 62.

26. *OC*, I, pp. 381-382.

27. C. Jerez Farrán, *Un Lorca desconocido*, ibíd., pp. 136-137.

28. L. Buñuel, ibíd., pp. 154-155.

29. Archivo particular.

30. *OC*, I, p. 59.

31. A. Salazar, «Un poeta nuevo. Federico G. Lorca», en *El Sol*, Madrid, 30 de julio de 1921, p. 3.

32. AFFGL.

33. *EC*, p. 121.

34. C. Rivas Cherif, «Federico García Lorca. *Libro de poemas*», en *La Pluma*, Madrid, núm. 15 (agosto de 1921), pp. 126-127; G. de Torre, «*Libro de poemas*, por F. García Lorca», en *Cosmópolis*, Madrid, núm. 35 (noviembre de 1921), p. 18.

35. Carta de Melchor Fernández Almagro a Lorca (agosto de 1922), AFFGL; G. de Torre, *Literaturas europeas*

de vanguardia, Madrid, Caro Raggio, 1925, pp. 80-81.

36. *EC*, p. 108.

37. Ibíd., p. 122.

38. En *EC*, p. 55, se reproduce una silueta de Prados, conservada en AFFGL, con la indicación manuscrita: «Málaga/Verano 1918.»

39. E. Prados, *Diario íntimo*, Málaga, El Guadalhorce, 1966, p. 26.

40. Ibíd., pp. 29-30.

41. Ibíd., p. 13.

42. R. Tinnell, «Epistolario de Emilio Prados a Federico García Lorca», en *Boletín de la Fundación Federico García Lorca*, Madrid, núms. 21-22 (diciembre de 1997), pp. 39-41.

43. R. Alberti, *La arboleda perdida*, Barcelona, Galaxia Gutenberg / Círculo de Lectores, 2003, II, p. 381.

44. M. Aub, *Conversaciones...*, ibíd., p. 105.

45. Jorge de Persia, «Memoria de un español polifacético», artículo del sitio web del Centro de Documentación de la Residencia de Estudiantes.

46. *EC*, p. 190.

47. Ibíd., p. 192, nota.

48. Archivo Manuel de Falla, Granada.

49. AFFGL.

50. Conversación nuestra con doña María Luisa González, Madrid, 8 de abril de 1982.

51. Numerosas conversaciones del autor a lo largo de los años con Cheli Durán, hija de Gustavo Durán, en Londres y Madrid.

52. *EC*, p. 474.

53. Ibíd., pp. 279-280.

54. F. García Lorca, *Suites*, edición crítica de André Belamich, Barcelona, Ariel, 1983, p. 19.

55. Ibíd., p. 22.

56. *OC*, I, p. 219.
57. Ibíd., pp. 205-206.
58. Sobre el simbolismo del lirio morado en la poesía de Lorca, véase I. Gibson, «Lorca's 'Balada triste': Children's Songs and the Theme of Sexual Disharmony in *Libro de poemas*», en *Bulletin of Hispanic Studies*, Liverpool, XLVI (1969), pp. 21-38.
59. *EC*, p. 125.
60. *OC*, I, p. 712.
61. *EC*, pp. 735-736.
62. F. García Lorca, *Suites*, ibíd., pp. 220-221.
63. F. García Lorca, *Suites*, ibíd., pp. 107-108.
64. *OC*, I, p. 853.
65. S. Dalí, *Un diari: 1919-1920. Les meves impressions i records íntims*, Fundació Gala-Salvador Dalí / Edicions 62, Barcelona, 1994, p. 85.
66. Ibíd., pp. 135, 154 y 172.
67. S. Dalí, *Vida secreta de Salvador Dalí*, Figueres, Dasa Edicions, 1981, p. 133.
68. J. Clara, «Salvador Dalí, empresonat per la dictadura de Primo de Rivera», en *Revista de Girona*, núm. 162 (enero-febrero de 1993), p. 53.
69. S. Dalí, *Vida secreta*, ibíd., p. 131.
70. Ibíd., p. 187.
71. S. Dalí, *La Vie Secrète de Salvador Dalí. Suis-je un génie?*, Lausanne, DSA Éditions / N. V., 2006, p. 382; S. Dalí, *Vida secreta*, ibíd., p. 188.
72. S. Dalí, *La Vie Secrète*, ibíd., p. 418; S. Dalí, *Vida secreta*, ibíd., pp. 217-218.
73. Archivo particular de D. Ignacio Lassaletta, Barcelona.
74. R. Santos Torroella (ed.), *Salvador Dalí escribe...*, ibíd., p. 16.
75. Ibíd., p. 20.
76. Ibíd., p. 32.
77. Borrador de la oda en AFFGL.

78. J. Moreno Villa, «La exposición de Artistas Ibéricos».

79. F. García Lorca, *Antología comentada*, dos tomos, edición de Eutimio Martín, Madrid, Ediciones de la Torre, 1988,1, p. 83, nota 15.

80. Ibíd., p. 81.

81. F. García Lorca, *Antología comentada* (ed. Martín), I, p. 83, nota 16.

82. A. Soria Olmedo, «La "Oda a Salvador Dalí"», p. 202, nota 25.

83. *Revista de Occidente*, Madrid, abril de 1925, pp. 52-58; *OC*, I, pp. 457-461.

84. Traduzco del catalán. Véase Gibson, *Lorca-Dalí El amor que no pudo ser*, pp. 100-101.

85. L. Cernuda, *Poesía completa*, ibíd., pp. 181-182.

86. A. Bosquet, *Entretiens avec Salvador Dalí*, París, Pierre Belfond, 1966, p. 56: «*Mais je me sentáis fort flattéaupoint de vue du prestige. C'est que, au fond de moi-méme, je me disais qu'il était un tres grand poete et que je lui devais un petit peu du trou du c... du Divin Dalí! Il a fini par semparer d]une jeune filie, et c'est elle qui m'a remplacé dans le sacrifice. Wayantpas obtenu que je mette mon c... á sa disposition, il m'a juré que le sacrifice obtenu de la jeune filie se trouvait compensé par son sacrifice d lui: c' était la premiére fois qu il couchait avec une femme.*»

87. *OC*, I, p. 453.

88. I. Gibson, «Con Dalí y Lorca...», ibíd.

89. Carta publicada en *El País*, Madrid, 31 de enero de 1986.

90. Carta publicada en *El País*, Madrid, 30 de enero de 1986.

91. S. Ontañón y J. M. Moreiro, *Unos pocos amigos verdaderos*, Madrid, Fundación Banco Exterior, 1988, p. 122

92. Conversación del autor con don José María Alfaro, Madrid, 22 de junio de 1992.

93. El expediente de Margarita Manso se conserva, como el de Dalí, en los archivos de la Facultad de Bellas Artes de la Universidad Complutense.

94. R. Santos Torroella (ed.), *Salvador Dalí escribe...*, ibíd., p. 36.

95. Ibíd., p. 57.

96. Ibíd., p. 88.

97. *OC*, II, pp. 242-243.

98. Ibíd., p. 260.

99. Ibíd., pp. 262-264.

100. Ibíd., p. 263.

101. M. Aub, *Conversaciones...*, ibíd., p. 104.

102. L. Buñuel, *Mon dernier soupir*, ibíd., pp. 122-123; L. Buñuel, *Mi último suspiro*, ibíd., pp. 100-101.

103. M. Aub, *Conversaciones...*, ibíd., p. 105.

104. C. Beurdeley, *L'Amour Bleu*, Rizzoli, Nueva York, 1978, p. 84.

105. A. Savinio, *Nueva enciclopedia*, Barcelona, Seix Barral, 1983, p. 369.

106. S. Freud, *Introductory Lectures on Psycho-Analysis*, London, The Hogarth Press, 1975, p. 154.

107. R. Santos Torroella (ed.), *Salvador Dalí escribe...*, ibíd., pp. 44-45.

108. Ibíd., p. 42.

109. Dalí se refiere explícitamente en su carta al poema «Naranja y limón», en *OC*, I, p. 383.

110. R. Santos Torroella (ed.), *Salvador Dalí escribe...*, ibíd., pp. 58-59.

111. R. Descharnes, *Dalí, la obra y el hombre*, Barcelona, Tusquets, 1984, p. 68.

112. R. Descharnes, *The World of Dalí*, Nueva York / Evanston, Harper and Row, 1962, p. 21.

113. *EC*, p. 500. El manuscrito de la carta se conserva en la Fundado Gala-Salvador Dalí, Figueres. Escrita en letra menuda, ofrece varias dificultades de lectura. R. Santos

Torroella la reproduce fotográficamente y la transcribe, con comentarios, en *Dalí residente*, Madrid, Publicaciones de la Residencia de Estudiantes, 1992, pp. 176-178.

114. *EC*, p. 502.

115. A. Sánchez Vidal, *Buñuel, Lorca, Dalí: el enigma sin fin*, Barcelona, Planeta, 1988, p. 158.

116. Ibíd., p. 159.

117. Ibíd., p. 162.

118. *EC*, pp. 511-512. Carta conservada en el antiguo archivo de Ana María Dalí, transcrita por Rafael Santos Torroella en 1949. Hoy se desconoce el original.

119. Para el texto completo, véase I. Gibson, *Lorca-Dalí...*, ibíd., pp. 171-177.

120. *OC*, I, p. 490.

121. *EC*, pp. 543-544.

122. *OC*, I, pp. 264-265.

123. E. Martín, *Federico García Lorca, heterodoxo y mártir. Análisis y proyección de la obra juvenil inédita*, Madrid, Siglo XXI, 1986, p. 262.

124. Expediente de Emilio Aladrén Perojo, núm. 1266, conservado en el archivo de la Facultad de Bellas Artes, Universidad Complutense, Madrid.

125. Ibíd.

126. R. Tinnell, «Epistolario de Emilio Aladrén a Federico García Lorca. Conservado en la Fundación Federico García Lorca», en AA. VV., *Federico García Lorca. Estudios sobre las literaturas hispánicas en honor a Christian De Paepe*, Lovaina, Leuven University Press, 2003, pp. 222-223.

127. Conversación del autor con doña Margarita Aladrén Perojo, Madrid, 13 de junio de 1983.

128. Conversación del autor con don José María Alfaro, Madrid, 3 de diciembre de 1985.

129. Conversación del autor con doña Maruja Mallo, Madrid, 26 de junio de 1982.

130. Conversación del autor con don Cristino Mallo, Madrid, 4 de octubre de 1977.

131. Expediente académico de Aladrén, ibíd. Véase nota 124.

132. A. Sánchez Vidal, *Buñuel...*, ibíd., p. 198.

133. A. Penón, *Diario...*, ibíd., pp. 105-107; conversaciones del autor con don José María García Carrillo, Granada, 1965-1966.

134. R. Tinnell, «Epistolario de Emilio Aladrén...», ibíd., pp. 223-224.

135. R. Martínez Nadal, *Cuatro lecciones sobre Federico García Lorca*, Madrid, Fundación Juan March / Cátedra, 1980, pp. 13, 29.

136. Ibíd., pp. 29-30.

137. R. Martínez Nadal, *Federico...*, ibíd., p. 86.

138. *OC*, I, p. 513.

139. Conversación del autor con don Jorge Guillén, Málaga, 8 de diciembre de 1979.

140. *EC*, p. 580.

141. AFFGL.

142. *La Gaceta Literaria*, Madrid, 15 de agosto de 1928, p. 2.

143. *El Defensor de Granada*, 11 de septiembre de 1928, p. 1. Un año después se publicó una fotografía de la escultura en la revista madrileña *Cosmópolis*, núm. 21 (agosto de 1929), p. 69, con el pie «El poeta Federico García Lorca, por Aladrén».

144. AFFGL.

145. Ibíd.

146. Conversación del autor con doña Maruja Mallo, Madrid, 26 de junio de 1982.

147. M. Proust, *À la Recherche du temps perdu. I. Du Côté de chez Swann*, París, Gallimard, 1954, p. 133.

148. *EC*, p. 555.

149. El manuscrito del poema se reproduce fotográficamente en E. Martín, *Federico...*, ibíd., pp. 75-77.

150. Sahuquillo, p. 192.

151. M. Proust, *El mundo de Guermantes, II; Sodoma y Gomorra I*, Madrid, Espasa Calpe, 1932.

152. M. Proust, *À la Recherche...*, *IV, Sodome et Gomorrhe*, ibíd., p. 21. La traducción de la cita es nuestra.

153. Ibíd., p. 23.

154. Ibíd., pp. 36-37.

155. R. Martínez Nadal, *El público. Amor y muerte en la obra de Federico García Lorca*, México, Joaquín Mortiz, 1974, p. 158.

156. *OC*, I, p. 578.

157. Ibíd., p. 585.

158. E. Martín, *Federico...*, ibíd., p. 78.

159. *El Defensor de Granada*, 3 de agosto de 1928, p. 1.

160. AFFGL.

161. Ibíd.

162. Carta de Aleixandre (7 de septiembre de 1928) desde Miraflores de la Sierra, en AFFGL.

163. *EC*, p. 573.

164. I. Gibson, *Federico García Lorca...*, ibíd., I, p. 594.

165. R. Martínez Nadal, *Federico...*, ibíd., p. 308, nota 19.

166. Ibíd., pp. 290-291; *EC*, pp. 574-575.

167. *EC*, pp. 575-576.

168. Ibíd., pp. 577-578.

169. Ibíd., pp. 581-582.

170. Ibíd., pp. 582-583.

171. F. García Lorca, *Oda y burla de Sesostris y Sardanápalo*, edición de Miguel García-Posada, Ferrol, Esquio, 1985, p. 80.

172. Ibíd., p. 21.

173. Ibíd., p. 61.

174. Ibíd., p. 69.

175. *OC*, I, p. 516.

176. R. Martínez Nadal, *Cuatro lecciones...*, ibíd., p. 30.

177. Véase F. García Lorca, *Oda y burla de Sesostris...*, ibíd., pp. 33-44.

178. R. Santos Torroella (ed.), *Salvador Dalí escribe...*, ibíd., pp. 88-94.

179. R. Martínez Nadal, *Federico...*, ibíd., p. 53.

180. *EC*, p. 586.

181. Ibíd., p. 589.

182. *El Defensor de Granada*, 28 de septiembre de 1926, p. 1.

183. *OC*, III, p. 183.

184. *OC*, I, pp. 427-429.

185. Ibíd., p. 579.

186. Carta citada por A. Sánchez Vidal en su introducción a L. Buñuel, *Obra literaria*, Zaragoza, Ediciones de Heraldo de Aragón, 1982, p. 30.

187. *EC*, p. 371, nota 1085.

188. Ibíd., p. 587.

189. *OC*, I, pp. 494-496.

190. *EC*, p. 588.

191. *OC*, III, p. 120.

192. Ibíd., p. 366.

193. M. Aub, *Conversaciones...*, ibíd., p. 550.

194. A. Sánchez Vidal, «Introducción a Buñuel», en L. Buñuel, *Obra literaria*, ibíd., p. 36.

195. *EC*, p. 658.

196. C. Morla Lynch, *En España con Federico García Lorca (Páginas de un diario íntimo, 1928-1936)*, Sevilla, Renacimiento, 2008, pp. 584-585.

197. *OC*, I, pp. 71-72.

198. Ibíd., p. 426.

199. S. Dalí, «Luis Buñuel», en *L'Amic de les Arts*, Sitges (31 de marzo de 1929), p. 16.

200. R. Martínez Nadal, *Cuatro lecciones...*, ibíd., pp. 33-34.

201. Ibíd., pp. 31-32; copia de la partida de matrimonio de Aladrén y Dove obtenida por nosotros en Somerset House, Londres.

202. *EC*, p. 611.

203. Ph. Cummings, introducción a García Lorca, en *Songs*, Pittsburgh, Duquesne University Press, 1976, pp. 178-179.

204. I. Gibson, *Vida...*, ibíd., pp. 360-364.

205. Museo Joan Abelló, Mollet del Vallès (Barcelona).

Capítulo 3. Nueva York, Cuba [pp. 265-339]

1. *EC*, pp. 613-614.
2. Conversación nuestra con don Luis Rosales, Madrid, 25 de mayo de 1985.
3. *EC*, p. 632.
4. Ibíd., p. 615.
5. B. Bussell Thompson y J. K. Walsh, «Un encuentro de Lorca y Hart Crane en Nueva York», en *Ínsula*, Madrid, núm. 479 (octubre de 1986), p. 1; D. Solana, «Federico García Lorca», *Alhambra*, Nueva York, I, núm. 3 (agosto de 1929), p. 24.
6. *EC*, pp. 637-638.
7. B. Bussell Thompson y J. K. Walsh, «Un encuentro...», ibíd., p. 1; M. Adams, *García Lorca: Playwright and Poet*, Nueva York, George Braziller, 1977, p. 122.
8. A. L. Rowse, *Homosexuals in History. A Study of Ambivalence in Society, Literature and the Arts*, Londres, Weidenfeld and Nicolson, 1977, pp. 313-316. Existe edición en castellano: *Homosexuales en la historia: estudio de la ambivalencia en la sociedad, la literatura y las artes*, Barcelona, Planeta, 1981.
9. *OC*, 1, 382.
10. F. García Lorca, *Manuscritos neoyorquinos. Poeta en Nueva York y otras hojas y poemas*, Madrid, Tabapress / Fundación Federico García Lorca, 1990, p. 47.
11. Sahuquillo, p. 125.
12. *OC*, I, p. 528.

13. Sahuquillo, p. 125.

14. *OC*, III, p. 166.

15. Ibíd., pp. 166-167.

16. George Chauncey, citado por C. Jerez Farrán, *Un Lorca desconocido*, pp. 152-153 y nota 12.

17. L. A. de Villena, «Correspondencia. Hombres públicos, cartas privadas», en *El Mundo*, Madrid, 14 de enero de 1995; conversación del autor con don Luis Antonio de Villena, Madrid, 28 de agosto 1997.

18. *OC*, I, pp. 518-522.

19. *EC*, p. 631.

20. «El rey de Harlem», *OC*, I, p. 526.

21. *OC*, III, p. 167.

22. *EC*, p. 636.

23. *OC*, III, p. 170.

24. *EC*, p. 640.

25. Carta de Philip Cummings a Daniel Eisenberg (21 de octubre de 1974), publicada en D. Eisenberg, *Poeta en Nueva York: historia y problemas de un texto de Lorca*, Barcelona-Caracas-México, Ariel, 1976, p. 181, nota 155.

26. Ibíd.

27. Conversación nuestra con don Philip Cummings, Woodstock, Vermont, 4 de abril de 1986.

28. *EC*, p. 642.

29. Ibíd., pp. 642-643.

30. Carta de Daniel Eisenberg a Ángel Sahuquillo, citada por éste en Sahuquillo, pp. 127-128.

31. *OC*, III, p. 171.

32. Garcilaso de la Vega, *Poesía castellana completa*, Madrid, Cátedra, 1990, p. 98.

33. En 1930, en Cuba, Lorca entregó una versión mecanografiada del poema, con correcciones manuscritas, a Juan Marinello para su publicación en *Revista de Avance*, donde sin embargo no salió. Luego, en Espa-

ña, lo revisó con vistas a su inclusión en *Poeta en Nueva York*. En 1965 Marinello dio a conocer en facsímil el texto mecanografiado de 1930, con las correcciones manuscritas de Lorca.

34. F. García Lorca, *Poeta en Nueva York. Tierra y luna*, edición de Eutimio Martín, Barcelona, Ariel, 1981, pp. 202-203.
35. *EC*, p. 639.
36. D. Harris, *Federico García Lorca. Poeta en Nueva York*, Londres, Grant & Cutler Ltd. / Tamesis Books Ltd., 1978, p. 29.
37. *OC*, I, p. 538.
38. Ibíd., pp. 401-402.
39. Ibíd., pp. 578-579.
40. Sahuquillo, pp. 251-252.
41. F. García Lorca, *Poeta en Nueva York. Tierra y luna*, ibíd., pp. 202-203.
42. D. Eisenberg, «A Chronology of Lorca's Visit to New York and Cuba», en *Kentucky Romance Quarterly*, xxiv, 1975, pp. 237-238.
43. F. García Lorca, *Poeta en Nueva York. Tierra y luna*, ibíd., p. 133.
44. R Binding, *García Lorca*, ibíd., p. 28.
45. *OC*, III, p. 165.
46. P. Binding, *García Lorca...*, ibíd., p. 28; Sahuquillo, p. 246.
47. *OC*, I, p. 536.
48. Ibíd., p. 547.
49. Ibíd., p. 428.
50. *OC*, III, p. 165.
51. P. Binding, *García Lorca...*, ibíd., p. 28.
52. A. Sahuquillo, *Federico García Lorca and the Culture...*, ibíd., pp. 101-102.
53. P. Binding, *García Lorca...*, ibíd., p. 28.
54. A. Sahuquillo, *Federico García Lorca and the Culture...*, ibíd., p. 102.

55. *EC*, p. 653.

56. Ibíd., p. 657.

57. Ch. Maurer, «Federico García Lorca escribe a su familia desde Nueva York y La Habana [1929-30]», en *Poesía. Revista Ilustrada de Información Poética*, Madrid, núms. 23-24,1986, pp. 133-141; A. A. Anderson, «On Broadway, Off Broadway: García Lorca and the New York Theatre, 1929-1930», en *Gestos*, Irvine, University of California, núm. 16 (noviembre de 1983), pp. 135-148.

58. A. Anderson, «On Broadway...», ibíd., p. 137.

59. *EC*, p. 660 y nota.

60. *OC*, III, p. 168.

61. Ibíd., I, p. 525.

62. Ibíd., pp. 561-563.

63. Facsímil del manuscrito en F. García Lorca, *Manuscritos neoyorquinos...*, ibíd., p. 174.

64. *OC*, I, p. 556.

65. Véase Sahuquillo, pp. 101-166.

66. *EC*, p. 660.

67. F. García Lorca, *Autógrafos. I. Facsímiles de ochenta y siete poemas y tres prosas*, Oxford, The Dolphin Book Co. Ltd., 1975, p. xxxv y nota 16.

68. Ibíd., pp. 242-245.

69. M. Zambrano, «El viaje: infancia y muerte», en *Trece de Nieve*, Madrid, 2.ª serie, núms. 1-2 (diciembre de 1976), pp. 181-190.

70. Sahuquillo, p. 155.

71. F. García Lorca, *Poeta en Nueva York. Tierra y luna*, ibíd., p. 117.

72. Ibíd., p. 118.

73. A. Soria Olmedo, por ejemplo, para quien Menton representa una «variación del lugar paradisíaco y primordial» de la infancia del propio poeta (*Fábula de fuentes...*, ibíd., p. 54, nota 79). La interpretación me parece incoherente e insostenible.

74. A. Penón, *Diario de una búsqueda lorquiana*, ibíd., p. 107.
75. R. Martínez Nadal, *Cuatro lecciones*, ibíd., pp. 28-29.
76. Martínez Nadal, *Federico García Lorca...*, ibíd., p. 83.
77. P. Binding, *García Lorca...*, ibíd., p. 32.
78. «Canciones verdaderas», *OC*, IV, p. 220.
79. Ibíd., I, p. 549.
80. F. Rodríguez Marín, *Cantos populares españoles*, III, núm. 3589.
81. Ibíd., núm. 3671.
82. Ibíd, II, p. 182.
83. M. García-Posada, *Lorca: interpretación...*, ibíd., pp. 130-131.
84. *OC*, I, pp. 513-515.
85. F. García Lorca, *Manuscritos neoyorquinos...*, ibíd., p. 48.
86. R. Martínez Nadal, *Cuatro lecciones*, ibíd., p. 30.
87. F. García Lorca, *Manuscritos neoyorquinos...*, ibíd., pág. 50.
88. Ibíd., p. 54.
89. R. Diers, nota introductoria a García Lorca, «Trip to the Moon. A Filmscript», en *New Directions*, Norfolk, Connecticut, vol. 18, 1964, pp. 33-34; F. García Lorca, *Federico García Lorca escribe a...*, ibíd., p. 82, nota 4. El guion de *Un Chien andalou* se editó en la revista belga *Variétés* (15 de julio de 1929), en *Revue du Cinéma*, París, núm. 5 (noviembre de 1929) y, al mes siguiente, en *La Révolution Surréaliste*, París.
90. T. Pérez Turrent y Javier de la Colina, *Buñuel por Buñuel*, Madrid, Plot, 1993, p. 21.
91. J. F. Aranda, *Luis Buñuel. Biografía crítica*, Barcelona, Lumen, pp. 65-66, nota.
92. R. Diers, «Trip to the Moon», ibíd., pp. 34-35.
93. M. Laffranque, «Equivocar el camino. Regards sur un scénario de Federico García Lorca», en AA. VV., *Hom-*

mage à Federico García Lorca, Université de Toulouse-Le Mirail, 1982, p. 90.

94. Ibíd.
95. *OC*, II, p. 272.
96. Santa Radegunda —no Rodegunda, como escribe el poeta— era una princesa merovingia (520-587), amiga de san Gregorio de Tours. Murió de muerte natural y no está claro el porqué del interés que despertó en el poeta.
97. F. García Lorca, *Dibujos*, catálogo, proyecto y catalogación de Mario Hernández, Madrid, Ministerio de la Cultura, Fundación para el Apoyo a la Cultura, 1986, núm. 158, p. 167, y comentario de Mario Hernández.
98. Ibíd., núm. 159, p. 168.
99. Testimonio de una íntima amiga inglesa de Eleanor Dove, doña Norma Middleton, con quien mantuvimos una larga correspondencia epistolar entre 1990 y 1992.
100. *OC*, III, p. 173.
101. Dedicatoria del poeta en un ejemplar en *Impresiones y paisajes*; reproducida por E. D. de la Higuera, *Mujeres...*, ibíd., p. 12.
102. *OC*, III, p. 173.
103. Ibíd.
104. *EC*, p. 686.
105. V. Lorca Romero, *Cartas de Vicenta Lorca a su hijo Federico*, edición de Víctor Fernández Puertas, Barcelona, RBA, 2008, p. 84.
106. Ibíd., pp. 86-87.
107. Ibíd., p. 87.
108. *EC*, pp. 693-694.
109. L. Cardoza y Aragón, *El río. Novelas de caballería*, México, Fondo de Cultura Económica, 1986, p. 350.
110. Ibíd., p. 351.
111. G. Cabrera Infante, «Lorca hace llover en la Habana»,

en *Cuadernos Hispanoamericanos*, Madrid, núms. 433-434,1986, pp. 241-248.

112. Anécdota que oí repetidas veces en La Habana, abril de 1987.

113. Ibíd.

114. Conversación del autor con madame Sara Fidelzeit, segunda esposa de Pérez de la Riva, La Habana, 25 de abril de 1987.

115. L. Cardoza y Aragón, *El río...*, ibíd., pp. 352-353.

116. Ibíd., p. 353; véase también la entrevista de F. Gaudry y J. M. Olivares con Cardoza y Aragón, «Artaud en México. El grito y la decepción. Entrevista con Luis Cardoza y Aragón», en *Quimera*, Barcelona, núms. 54-55,1986, p. 61.

117. F. García Lorca, *El público y Comedia sin título. Dos obras teatrales póstumas*, Barcelona, Seix Barral, 1978, p. 164.

118. R. Martínez Nadal, en F. García Lorca, *El público y Comedia sin título...*, ibíd., p. 175.

119. I. Gibson, *Federico García Lorca...*, ibíd., p. 590.

120. A. García Pintado, «Diecinueve razones para amar lo imposible», en *Cuadernos El Público*, Madrid, núm. 20, 1987, pp. 8-10.

121. F. Cardoza y Aragón, *El río...*, ibíd., p. 328.

122. F. García Lorca, *Autógrafos II. El público. Facsímil del manuscrito*, Oxford, The Dolphin Book Co. Ltd., p. 128.

123. *OC*, II, p. 304.

124. R. Martínez Nadal, *El público. Amor y muerte...*, ibid., pp. 250, 259 (nota 5) y 280 (nota 9), y F. García Lorca, *Autógrafos. II. El público*, ibíd., p. ix.

125. F. García Lorca, *Oeuvres complètes*, 2 tomos, edición de André Belamich, París, Gallimard (Pléiade), 1981, II, p. 1052, nota 8. Traducimos del francés.

126. C. Jerez Farrán, *Un Lorca desconocido*, p. 57.

127. *OC*, II, p. 305.
128. Ibíd., p. 306.
129. Ibíd., I, p. 516.
130. Ibíd., II, p. 316.
131. Ibíd., p. 319.
132. Ibíd., III, p. 442.
133. Ibíd., II, p. 274.
134. Ibíd., p. 288.
135. Ibíd., p. 293.
136. Ibíd,, p. 317.
137. Ibíd., p. 295.
138. Ibíd., p. 304.
139. C. Jerez Farrán, *Un Lorca desconocido*, ibíd., p. 58.
140. Ibíd., p. 57.
141. Manuscrito de la oda reproducido por R. Martínez Nadal en F. García Lorca, *Autógrafos, I...*, ibíd., pp. 204-217.
142. R. Darío, *Poesías completas*, ibíd., p. 538.
143. G. de la Torre, «Hermeneusis y sugerencias. Un poeta energético» [Mauricio Bacarisse], *Cervantes*, Madrid, diciembre de 1918, p. 71.
144. G. de la Torre, *Hélices. Poemas*, Madrid, Mundo Latino, 1923, p. 15.
145. E. Martín, *Federico...*, ibíd., p. 91.
146. Conversaciones del autor con don José Landeira Yrago, Madrid, 1984-1985.
147. A. Crespo, *Estudios sobre Pessoa*, Barcelona, Bruguera, 1984, pp. 289-310.
148. F. Pessoa, «Saludo a Walt Whitman», en *Poesía*, Madrid, Alianza, 2.ª ed., 1984, pp. 221-228.
149. L. Rius, *León Felipe, poeta de barro*, México, Colección Málaga, 1974, p. 156.
150. Ibíd,, «Advertencia preliminar».
151. Ibíd., p. 160.
152. Ibíd., p 161.

153. *OC*, IV pp. 764-765.
154. F. García Lorca, *Poeta en Nueva York. Tierra y luna*, ibíd., p. 238; M. Ucelay, introducción a su edición de *Así que pasen cinco años*, p. 96.
155. *OC*, I, p. 468.
156. Manuscrito de la oda reproducida por Martínez Nadal en García Lorca, *Autógrafos*, ibíd., I, p. 210.
157. *OC*, IV, p. 229.
158. Ibíd., I, p. 89.
159. *EC*, p. 587.
160. Sahuquillo, pp. 109-111.
161. Agradezco a mi amigo Eutimio Martín sus comentarios sobre estos versos, que en parte acepto.
162. P. Binding, *García Lorca...*, ibíd., p. 159.
163. L. Cernuda, «Federico García Lorca (1898-1936)», *Prosa I*, Madrid, Siruela, edición de Derek Harris y Luis Maristany, pp. 206-214. Esta cita, p. 212.
164. M. Adams, *García Lorca...*, ibíd., p. 137.
165. M. Aub, *Conversaciones...*, ibíd., p. 105.
166. Carta de Juan Vicéns a León Sánchez Cuesta, 28 de mayo de 1930, archivo León Sánchez Cuesta, Residencia de Estudiantes, Madrid.

CAPÍTULO 4. AMOR EN TIEMPOS DE REPÚBLICA
[pp. 341-460]

1. «Nota biográfica», en F. de los Ríos, *El sentido humanista del socialismo*, Madrid, Castalia, 1976, p. 52. Para el pacto de San Sebastián, véase G. Cabanellas, *La guerra de los mil días. Nacimiento, vida y muerte de la Segunda República Española*, Buenos Aires, Editorial Heliasta, 2 tomos, 1975, I, pp. 161-162; G. Jackson, *The Spanish Republic and the Civil War*, 1931-1938, Princeton N. J., Princeton University Press, 1966,

p. 24; e Indalecio Prieto *Convulsiones de España*, México, Ediciones Oasis, 3 tomos, 1967-1969, pp. 55-56.

2. R. Martínez Nadal, *Federico...*, ibíd., pp. 296-299; *EC*, pp. 689-690.

3. A. Penón, *Diario...*, ibíd., p. 177.

4. *EC*, p. 691.

5. Ibíd., pp. 692-693.

6. S. Dalí, *Vida secreta...*, ibíd., pp. 274-281; I. Gibson, *Lorca-Dalí...*, ibíd., pp. 254-255.

7. Conversación del autor con don Rafael Alberti, Madrid, 4 de octubre de 1980.

8. R. Santos Torroella, *Dalí residente...*, ibíd., pp. 229-230.

9. AFFGL.

10. Conversación del autor con don Rafael Santos Torroella, Madrid, febrero de 1986.

11. Copia de la partida de matrimonio de Aladrén y Eleanor Dove obtenida por el autor en Somerset House, Londres.

12. Conversación del autor con don Luis Rosales, Madrid, 29 de mayo de 1986.

13. S. Dalí, *Vida secreta...*, ibíd., p. 390.

14. D. Ridruejo, *Casi unas memorias*, Barcelona, Planeta, 1976, pp. 142-144.

15. Conversación del autor con don José Jiménez Rosado, Madrid, 28 de julio de 1988.

16. J. Pérez de Urbel, «Mi recuerdo de Emilio Aladrén», en *Exposición homenaje en memoria del escultor Emilio Aladrén*, Madrid, Museo Nacional de Arte Moderno, junio de 1945.

17. *Abc*, Madrid, 5 de marzo de 1944.

18. San Isidro, patio 6, manzana D, duplicado, fila 6, sepultura número 12.

19. Conversación telefónica del autor con don Jaime Aladrén, en Inglaterra, 22 de abril de 1985.

20. «Veleta», *Libro de poemas*, en *OC*, I, p. 62.

21. El libro no tiene colofón. Sabemos que se publicó en enero de aquel año por una reseña, fechada el 30 de enero de 1929, aparecida el 5 de febrero en *Heraldo de Madrid*, p. 7 (Francisco Haro García, «Un libro del doctor Gregorio Marañón. *Los estados intersexuales en la especie humana*»).

22. G. Marañón, *Los estados intersexuales en la especie humana*, Madrid, Javier Morata, 1929, pp. 125-126.

23. Ibíd., pp. 125-127, nota 2.

24. V. Domingo Loren, *Los homosexuales frente a la Ley. Los juristas opinan*, Barcelona, Plaza y Janés, 1977, p. 23.

25. Ibíd., p. 24.

26. C. Morla Lynch, *En España...* (2008), ibíd., pp. 325-327.

27. M. Auclair, *Enfances...*, ibíd., p. 313; fotografías en pp. 312-313.

28. A. Gide, *Corydon*, ibíd., pp. [9] y [29].

29. A. Mira, *Para entendernos...*, ibíd., p. 474.

30. *OC*, III, p. 372.

31. Ibíd., p. 375.

32. Conversación del autor con don Vicente Aleixandre, Madrid, 26 de abril de 1982.

33. Véase, al respecto, R. Martínez Nadal, *El público. Amor y muerte...*, ibíd., p. 17.

34. *OC*, II, p. 360.

35. Ibíd., p. 183.

36. Ibíd., p. 354.

37. Ibíd., p. 365.

38. Ibíd., p. 356.

39. Ibíd., p. 337.

40. Ibíd., I, pp. 171-172.

41. Ibíd., II, p. 380.

42. Ibíd., p. 335.

43. Ibíd., p. 380.
44. Ibíd., I, p. 223.
45. Ibíd., p. 205.
46. Introducción de Margarita Ucelay a su edición de *Así que pasen...*, ibíd., pp. 142-143.
47. *OC*, II, p. 366.
48. Ibíd., I, p. 281.
49. J. A. Valente, «Pez luna», en *Trece de Nieve*, Madrid, 2.ª serie, núms. 1-2 (1976), p. 196.
50. J. B. Trend, *Lorca and the Spanish Poetic Tradition*, Oxford, Basil Blackwell, 1956, p. 23, nota 19.
51. Conversación del autor con don José Jiménez Rosado, Madrid, 4 de noviembre de 1985.
52. Padrón municipal de 1935, distrito de Buenavista, hoja núm. 17 776.
53. R. Martínez Nadal, *Federico...*, ibíd., pp. 149-151.
54. *EC*, pp. 704-706.
55. V. Lorca Romero, *Cartas...*, ibíd., pp. 94-96.
56. M. Pomès, «Une Visite à Federico García Lorca», en *Le Journal des Poètes*, Bruselas, núm. 5 (mayo 1950), pp. 1-2.
57. *EC*, pp. 744-745, 748.
58. «La silueta de la semana. Federico García Loca [*sic*] o cualquiera se equivoca», en *Gracia y Justicia*, Madrid, 23 de julio de 1932, p. 10.
59. En el artículo «Don Fernando de los Ríos, en Estado», por ejemplo, en *Gracia y Justicia*, Madrid, 17 de junio de 1933, p. 10.
60. «El carro de Tespis», en *Gracia y Justicia*, Madrid, 23 julio 1932, p. 13.
61. «No hay crisis teatral», en *El Duende*, Madrid, 10 de febrero de 1934, p. 15.
62. «La Barraca», en *FE*, Madrid, 5 de julio de 1934, p. 11.
63. E. Rodríguez Valdivieso, «Un dios gitano», en «Babelia», *El País*, 12 de junio de 1993, p. 4.

64. *EC*, pp. 744-746.
65. «Sección de rumores», *Heraldo de Madrid*, 4 de mayo de 1932, p. 6.
66. *EC*, p. 745.
67. «Ya no es director del Teatro Lírico Nacional el señor Rivas Cherif», en *La Nación*, Madrid, 27 de octubre de 1932, p. 11.
68. *EC*, p. 747.
69. Ibíd., pp. 754-756.
70. Ibíd., pp. 757-759.
71. R. Martínez Nadal, *Federico*..., ibíd., p. 275.
72. Ibíd., p. 279.
73. C. Morla Lynch, *En España*... (2008), ibíd., p. 337.
74. Ibíd., pp. 112-113.
75. Ibíd., p. 115.
76. Ibíd., p. 118,
77. Ibíd., p. 227.
78. Ibíd., p. 255.
79. Ibíd., p. 344.
80. Ibíd., p. 372.
81. París, Ruedo Ibérico, 1971.
82. Oxford, The Dolphin Book Company, 1970.
83. *El público. Amor y muerte*..., ibíd.
84. F. García Lorca, *El público y Comedia sin título*..., ibíd.
85. F. Umbral, «Análisis y síntesis de Lorca», *Revista de Occidente*, Madrid, XXXII, núm. 95,1971, pp. 223-224.
86. Ibíd., p. 225.
87. Ibíd., p. 226.
88. Carta desde Londres fechada el 27 de noviembre de 1971.
89. R. Martínez Nadal, *El público. Amor, teatro*..., ibíd., p. 147.
90. Ibíd., pp. 39-40.
91. Ibíd., p. 44.

92. Ibíd., p. 82.

93. Ibíd., p. 160.

94. Ibíd., p. 166.

95. Carta desde Londres, sin fecha, 1972.

96. «Lorca, el oscuro», *Cambio 16*, Madrid, núm. 344 (9-15 de julio de 1978), pp. 2-5.

97. R. Martínez Nadal, *Federico...*, ibíd., p. 16.

98. Ibíd., p. 192.

99. Ibíd., pp. 50, 53, 92-93, nota 46.

100. Ibíd., pp. 56-57 y 91, notas 31 y 32.

101. Ibíd., p. 93.

102. «¿Frustración amorosa en Lorca? *Niente. Night starvation? My foot!*», ibíd., p. 58.

103. Ibíd., pp. 60-61.

104. Ibíd., p. 90, nota 25.

105. Correo electrónico, fechado el 21 de agosto de 2008, al periodista y lorquista Víctor Fernández. Firmado por Isabel Núñez, del Servicio de Valoración e Incremento del Patrimonio. Agradezco a mi amigo Víctor Fernández su valiosa colaboración.

106. Para la posible destrucción de la carta, véase *EC*, p. 690, nota 782.

107. C. Ruiz Silva, «La figura y la obra de Eduardo Blanco-Amor», en Blanco-Amor, *La parranda*, Madrid, Ediciones Júcar, 1985, p. 10.

108. C. Casares, «Leira con Eduardo Blanco-Amor», en *Grial*, Vigo, núm. 41 (1973), p. 342.

109. Ibíd., p. 341.

110. I. Gibson, *Federico García Lorca...*, *II*, ibíd., pp. 233-234.

111. Conversación telefónica nuestra con don Ernesto Güerra da Cal (en Lisboa), 5 de enero de 1986.

112. E. Blanco-Amor, «Evocación de Federico», en *La Nación*, Buenos Aires, 21 de octubre de 1956; y «¡Juventud, divino tesoro!», en *La Nación*, Buenos Aires, 2.ª

sección, 15 de julio de 1934, p. 2. Blanco-Amor se refiere someramente a su visita a Granada, pero sin alusión alguna a Lorca.

113. E. Blanco-Amor, «¡Juventud...!», ibíd., véase nota previa.

114. E. Blanco-Amor, «Federico, otra vez; la misma vez», en *El País*, Madrid, «Arte y Pensamiento», año II, núm. 51 (1 de octubre de 1978), p. VII, columna 4.

115. José Luis Salado, «En el ensayo general de *Yerma*, la comedia de García Lorca, se congregaron, entre otros ilustres rostros rasurados, las tres barbas más insignes de España: las de Unamuno, Benavente y Valle-Inclán», en *La Voz*, Madrid, 29 de diciembre de 1934, p. 3.

116. C. Rivas Cherif, «Poesía y drama del gran Federico. La muerte y la pasión de García Lorca», en *Excelsior* («Diorama de la Cultura»), México, 13 de enero de 1957, p. 4.

117. Dimitri Escalpelhoff [seud], «La temporada teatral», en *Gracia y Justicia*, Madrid, 5 enero 1935, p. 8.

118. «Antena literaria», ibíd., 5 de enero de 1935, p. 14.

119. Recorte sin identificar que en 1966 nos regaló en Granada un amigo.

120. *Gracia y Justicia*, Madrid, núm. 160 (12 de enero de 1935), p. 9.

121. E. Blanco-Amor, «Apostillas a una barbarie», en *El Defensor de Granada*, 7 de julio de 1935, p. 1.

122. La fotografía, con la inscripción perfectamente legible, acompañó el artículo de E. Blanco-Amor, «Federico...», ibíd., p. VI.

123. I. García Lorca, *Recuerdos míos*, Barcelona, Tusquets, 2002, pp. 273-274.

124. M. Pérez Coterillo, «En Galicia con E. Blanco-Amor y al fondo... Lorca», en *Reseña*, Madrid, núm. 73, 1974, p. 18.

125. Diario inédito de Agustín Penón correspondiente al 3 de abril de 1955 (antiguo archivo de Agustín Penón perteneciente a William Layton, hoy en Granada).

126. A. Penón, *Diario*..., ibíd., p. 113.

127. *OC*, I, p. 563.

128. A. Penón, *Diario*..., ibíd., p. 113.

129. E. Blanco-Amor, «Federico...», ibíd., p. VI, col. 4.

130. Conversación del autor con don Eduardo Rodríguez Valdivieso, Granada, 30 de julio de 1980.

131. Conversación nuestra con don Luis Rosales, Madrid, 16 de enero de 1979; F. García Lorca, *Dibujos*, ibíd., núm. 145, p. 162.

132. R. Gubern, «Las fuentes de *Un perro andaluz* en la obra de Dalí», en AA. VV., *Ola Pepín!*..., ibíd., p. 126.

133. M. Pérez Coterillo, «En Galicia...», ibíd., pp. 17-18.

134. Conversación telefónica del autor con la hija de Navarro Pardo, señora de Benito Jaramilla, Madrid, 7 de septiembre de 1984.

135. Información que me proporcionó don Fernando Nestares el 12 de enero de 1988 en una conversación celebrada en Madrid.

136. AFFGL.

137. «La sombra de mi alma», *OC*, I, p. 83.

138. Mira, *Para entendernos*..., p. 122.

139. E. Blanco-Amor, «Apuntes sobre el teatro de Federico García Lorca», redactados para el programa de la puesta en escena de *Así que pasen cinco años* por el TEC (Teatro Estable Castellano), Madrid, otoño de 1978.

140. La carta está en mi archivo, conservado en la casa-museo del poeta en Fuente Vaqueros.

141. L. Cernuda, «Federico García Lorca (Recuerdo)», en *Hora de España*, Barcelona, XVIII (julio de 1938), reproducido en L. Cernuda, *Prosa*, ibíd., II, pp. 148-149.

142. Ibíd., p. 149.

143. L. Cernuda, «Notas eludidas. Federico García Lorca»,

en *Heraldo de Madrid*, 26 de noviembre de 1931, p. 12, reproducido en L. Cernuda, *Prosa*, ibíd., II, pp. 40-43.

144. E. Garrigues Díaz-Cañabate, «Al teatro con Federico García Lorca», en *Cuadernos Hispanoamericanos*, Madrid, núm. 340, 1978, pp. 106-107.

145. R. Martínez Nadal, *Cuatro lecciones...*, ibíd., p. 28.

146. R. Martínez Nadal, *Españoles en la Gran Bretaña. Luis Cernuda: el hombre y sus temas*, Madrid, Hiperión, 1983, pp. 232-234; L. A. de Villena, «Cernuda recordado...», ibíd., pp. 85-86.

147. *EC*, pp. 707-708.

148. C. Morla Lynch, *En España...* (2008), ibíd. pp. 244, 251, 277.

149. R. Martínez Nadal, *Españoles...*, ibíd., pp. 232-234; L. A. de Villena, «Cernuda recordado...», *ibíd.*, pp. 85-86.

150. Conversación nuestra con don Vicente Aleixandre, Madrid, 26 de abril de 1982; L. A. de Villena, «La casa...», ibíd.

151. J. L. Cano, *Los cuadernos...*, ibíd., p. 147.

152. V. Aleixandre, «Luis Cernuda deja Sevilla», en *Los encuentros*, Madrid, Guadarrama, 1958, pp. 139-143.

153. L. A. de Villena, «Cernuda recordado...», ibíd., p. 84.

154. L. Cernuda, «Federico García Lorca. (Recuerdo)...», ibíd.

155. *OC*, I, p. 595.

156. Ibíd., III, pp. 288-290; la cita de Paz en Sahuquillo, p. 116.

157. A. Rivero Taravillo, *Luis Cernuda...*, ibíd., p. 331.

158. L. Cernuda, «Federico García Lorca. *Romancero gitano*. Edición de homenaje popular. Editorial 'Nuestro Pueblo', 1937», *Hora de España*, Valencia, IX (septiembre de 1937), pp. 335-337; reproducida en L. Cernuda, *Prosa*, II, ibíd., pp. 127-130.

159. «Micrófono», en *Heraldo de Madrid*, 26 de febrero de 1931, p. 8.

160. *EC*, pp. 712-713; C. Morla Lynch, *En España...* (2008), ibíd., p. 111.

161. R. Martínez Nadal, *Federico...*, ibíd., p. 293 y nota 22, p. 308.

162. L. Sáenz de la Calzada, *La Barraca...*, ibíd., p. 189.

163. Entrevista nuestra con Francisco y José María García Carrillo, Granada, otoño de 1965.

164. E. Blanco-Amor, «Federico...», ibíd., p. VII, col. 4.

165. C. Rivas Cherif, «Poesía...», ibíd., 27 de octubre de 1957, p. 3.

166. *OC*, II, pp. 766-767.

167. Ibíd., p. 808.

168. Conversación del autor con don Luis Antonio de Villena, Madrid, febrero de 1998.

169. R. Martínez Nadal, *Federico...*, ibíd., pp. 302-303; *EC*, p. 803.

170. *EC*, p. 813.

171. AAFGL.

172. L. Cernuda, *Prosa*, II, ibíd., pp. 781-783, 833 nota.

173. Conversación del autor con don Miguel Ruiz del Castillo, Granada, 24 de agosto de 1978.

174. AFFGL.

175. José María García Carrillo a Agustín Penón, Granada, 1956. Archivo de Agustín Penón, consultado en Madrid (1990).

176. Ibíd.

177. A. Nin Frías, *Ensayo sobre tres expresiones del espíritu andaluz. Juan F. Muñoz Pabón (la ciudad); Pedro Badanelli (el agro); Federico García Lorca (los gitanos)*, Buenos Aires, 1935, p. 5.

178. A. Nin Frías, *Homosexualismo creador*, Madrid, Javier Morata, 1933, p. 367.

179. AFFGL.

180. A. Nin Frías, *Ensayo...*, ibíd., p. 57.

182. A. Penón, *Diario...*, ibíd., p. 178.

183. Ibíd., pp. 107-108.

184. Ibíd., pp. 111-112.

185. Conversaciones del autor con don Miguel Ruiz del Castillo, Granada, 24 de agosto de 1978, y Fuente Vaqueros, 4 de junio de 1979.

185. A. Penón, *Diario*..., ibíd., pp. 151-152.

186. Ibíd., p. 116.

187. Ibíd., p. 152.

188. Ibíd., p. 115.

189. M. Orozco, «José García Carrillo», ibíd.

190. A. Penón, *Diario*..., ibíd., p. 180.

191. Conversación del autor con don Manuel Barrios, Sevilla, 4 de octubre de 1985.

192. *EC*, p. 810.

193. Ibíd., notas 1107-1109.

194. L. Sáenz de la Calzada, *La Barraca*... (1998), ibíd., p. 20.

195. Conversaciones del autor con don Pedro Miguel González Quijano, Madrid, 11 de abril de 1983; y con don Luis Sáenz de la Calzada y otros miembros de La Barraca, 1978-1986.

196. C. Morla Lynch, *En España*... (2008), ibíd., p. 347.

197. Ibíd., p. 354.

198. Ibíd., pp. 347, 358.

199. L. Sáenz de la Calzada, *La Barraca*... (1998), ibíd., pp. 245-246.

200. Conversación nuestra con don Modesto Higueras, Madrid, 31 de enero de 1981.

201. AFFGL.

202. S. Novo, *Continente vacío. Viaje a Sudamérica*, Madrid, Espasa Calpe, 1935, pp. 188, 201-204.

203. Sesión maratoniana de ocho horas con don José Bello y don Santiago Ontañón en mi casa de Madrid, 4 de mayo de 1980.

204. Detalles en I. Gibson, *Federico García Lorca*..., II, ibíd., pp. 263-306.

205. *EC*, pp. 803-804.
206. Conversación del autor con don Marino Gómez Santos, Madrid, 14 de marzo de 1987.
207. L. Cardoza y Aragón, *El río...*, ibíd., pp. 352-353.
208. Ch. Maurer, «De la correspondencia de García Lorca: datos inéditos sobre la transmisión de su obra», *Boletín de la Fundación Federico García Lorca*, Madrid, I, núm. 1, 1987, p. 76.
209. *OC*, III, pp. 545, 548.
210. Ibíd., p. 552.
211. L. Sáenz de la Calzada, *La Barraca...* (1998), ibíd., pp. 211-212.
212. J. Guillén, «Federico en persona», en F. García Lorca, *Obras completas*, Madrid, Aguilar, 22.ª ed., 1986, I, p. lxx.
213. Ibíd., p. xvii.
214. Nicolas Barquet, «Lorca à Barcelone», en *Opéra. Le Journal de la Vie Parisienne*, París, 9 de enero de 1952. Artículo que no he logrado poder consultar. Citado por A. Rodrigo, *García Lorca en Cataluña*, Barcelona, Planeta, 1975, pp. 398-399.
215. F. García Lorca, *Teatro inconcluso. Fragmentos y proyectos inacabados*, Granada, Universidad de Granada, 1987, p. 344.
216. Ricardo G. Luengo, «Conversación con Federico García Lorca», en *El Mercantil Valenciano*, 15 de noviembre de 1935, entrevista descubierta por nosotros y recogida en *OC*, III, pp. 611-616.
217. I. Gibson, *Federico García Lorca...*, ibíd., II. p. 391.
218. M. García-Posada en *OC*, I, p. 963.
219. *OC*, I, p. 632.
220. Ibíd., p. 967.
221. Ibíd., pp. 631-632; J. Gil-Albert, «Memorabilia (1934-1939)», en J. Gil-Albert, *Obras completas en prosa*, Institució Alfons el Magnànim, Diputación Provincial

de Valencia, II, 1982, pp. 244-251; conversación con don Juan Gil-Albert, Valencia, 12 de julio de 1987.

222. Le agradezco a mi amigo Eutimio Martín el envío de una fotocopia del manuscrito, sacada del catálogo de la exposición *Federico García Lorca (1898-1936)*, Museo Nacional Centro de Arte Reina Sofía, 1998, p. 309.

223. *OC*, I, p. 425.

224. Ibíd., II, p. 304.

225. Ibíd., p. 295.

226. A. Mira, *Para entenderos...*, ibíd., p. 619.

227. C. Rivas Cherif, «Poesía...», ibíd., 13 de enero de 1957, p. 4; 27 de enero de 1957, p. 3.

228. *Excelsior*, México, 9 de febrero de 1957.

229. *OC*, III, pp. 628-629.

230. Conversación del autor con don Luis Rosales, Madrid, 16 de enero de 1979, en presencia de don Ricardo Gullón.

CAPÍTULO 5. ÚLTIMO ACTO Y MUTIS [pp. 461-501]

1. «Sección de rumores», *Heraldo de Madrid*, 12 de febrero de 1936, p. 9.

2. P. Suero, «Los últimos días con Federico García Lorca», en *España levanta el puño*, Buenos Aires, *Noticias Gráficas*, 1936.

3. P. Suero, *Figuras contemporáneas*, Buenos Aires, Sociedad Impresora Americana, 1943; entrevista con Margarita Xirgu citada por Laffranque en su introducción a F. García Lorca, *Comedia sin título*, en F. García Lorca, *El público y Comedia...*, ibíd., p. 283.

4. «Sección de rumores», *Heraldo de Madrid*, 29 de mayo de 1936, p. 9.

5. *OC*, II, pp. 781-783.

6. Ibíd., pp. 783-784.

7. «Sección de rumores», *Heraldo de Madrid*, 29 de mayo de 1936, p. 9.

8. G. Prieto, *Lorca en color*, Madrid, Editora Nacional, 1969, p. 29.

9. I. Gibson, *Federico García Lorca...*, I, ibíd., p.48.

10. La boda se celebró en Fuente Vaqueros el 2 de abril de 1909. De acuerdo con el Registro Civil (conservado en el ayuntamiento), Aurelia tenía veinticuatro años y su marido, veintiocho. Según la familia de Aurelia, sin embargo, esta nació en 1888, con lo cual tenía veintiún años cuando se casó (conversación telefónica con don Enrique Roldán, marido de la nieta de Aurelia, 5 de enero de 1988). No he podido localizar la partida de nacimiento de Aurelia en Fuente Vaqueros. ¿Nació en otro lugar, tal vez en Granada?

11. *Heraldo de Madrid*, 29 de mayo de 1936, p. 9.

12. A. Salazar, «La casa de Bernarda Alba», en *Carteles*, La Habana, 10 de abril de 1938, p. 30.

13. Según la inscripción sobre la tumba de Francisca Alba en el cementerio de Valderrubio, murió el 22 de julio de 1924.

14. Información procedente de Mercedes Delgado García en E. D. de la Higuera Rojas, *Mujeres...*, ibíd., pp. 187-189; A. Ramos Espejo, «En Valderrubio, Granada. La casa de Bernarda Alba», en *Triunfo*, Madrid, 6.ª serie, núm. 4 (febrero de 1981), p. 61.

15. Conversación del autor con don José Arco Arroyo, Valderrubio, 17 de agosto de 1986; P. Góngora Ayala y M. Caballero Pérez, *Negocios y política de Federico García Rodríguez y el asesinato de Federico García Lorca*, Madrid, Ibersaf, 2007, p. 157.

16. Conversación del autor con don Francisco García Lorca, Madrid, 1978.

17. L. Seco de Lucena, *Anuario de Granada*, Granada, tip. *El Defensor de Granada*, 1917, p. 285.

18. P. Góngora y M. Caballero, *Negocios...*, ibíd., *passim*.
19. I. Gibson, *Federico García Lorca...*, ibíd., II, pp. 461-62; P. Góngora y M. Caballero, *Negocios...*, ibíd., pp. 77, 170-171.
20. B. Vaquero Cid, «Federico en Valderrubio», en *El Semanario*, Granada, 11 de junio de 1988, p. 14.
21. B. Vaquero Cid, «¿Por qué mataron a García Lorca?», artículo inédito fechado el 17 de noviembre de 1986 (copia regalada a I. Gibson), p. 5.
22. I. Gibson, *El hombre que detuvo a García Lorca. Ramón Ruiz Alonso y la muerte del poeta*, Madrid, Aguilar, 2007, *passim*; P. Góngora y M. Caballero, *Negocios...*, ibíd., *passim*.
23. «Una nieta de Francisca Alba se querella contra los herederos de García Lorca», en *El País*, Madrid, 22 de noviembre de 1985.
24. *OC*, II, p. 631.
25. Ibíd., III, pp. 634-639.
26. J. Tamayo y Rubio, *Lengua española*, Madrid, Librería de Enrique Prieto, 1936, p. 259.
27. I. Gibson, *Vida...*, ibíd., p. 638.
28. S. Novo, *Continente...*, ibíd., pp. 201-202.
29. Conversación del autor con don Luis Sáenz de la Calzada, Madrid, 1979.
30. Conversación del autor con don José Amorós, Madrid, 24 de enero de 1986.
31. Conversación del autor con don José Caballero, Madrid, 15 de febrero de 1987.
32. C. Morla Lynch, *En España...* (2008), ibíd., pp. 534-535.
33. *La Voz*, Madrid, 23 de abril de 1936, p. 4.
34. I. Gibson, *El asesinato de Garda Lorca*, Madrid, Punto de Lectura, 2005, pp. 332-323.
35. Ibíd.
36. C. Morla Lynch, *En España...* (2008), ibíd., pp. 537-538.
37. M. Auclair, *Enfances...*, ibíd., p. 367.

38. Información de Fulgencio Díez Pastor, en M. Auclair, *Enfances...*, ibíd., pp. 368-369; conversación del autor con don Fulgencio Díez Pastor, Madrid, 10 de octubre de 1978.

39. Pedro Christian García Buñuel, *Recordando a Luis Buñuel*, Excma. Diputación Provincial de Zaragoza / Excmo. Ayuntamiento de Zaragoza, 1985, pp. 68-69.

40. I. Gibson, *La noche en que mataron a Calvo Sotelo*, Barcelona, Plaza y Janés, 1986, *passim*.

41. De «Sociedad», *El Defensor de Granada*, 10 de julio de 1936, p. 1.

42. Carta al autor de R. Martínez Nadal desde Londres fechada el 19 de diciembre de 1977. Se puede consultar en mi archivo, conservado en la casa-museo Federico García Lorca de Fuente Vaqueros.

43. I. García Lorca, *Recuerdos...*, ibíd., pp. 166-167.

44. R. Martínez Nadal, «El último día de Federico García Lorca en Madrid» (1963), recogido en R. Martínez Nadal, *El público. Amor y muerte...*, ibíd., pp. 9-14.

45. I. Gibson, *El hombre que detuvo...*, ibíd., pp. 84-86.

46. A. Penón, *Diario...*, ibíd., p. 178.

47. Testimonio de don José Fernández Castro recogido por el autor, Granada, 11 de febrero de 1987.

48. L. Réau, *Iconographie de l'art chrétien*, París, Presses Universitaires de France, 1958, III, p. 544.

49. *EC*, p. 288.

50. A. Penón, *Diario...*, ibíd., pp. 60-61.

51. I. Gibson, *El asesinato...*, ibíd., p. 214.

52. Ibíd., pp. 215-216.

53. E. Rodríguez Valdivieso, «Horas en la Huerta de San Vicente», en «Babelia», *El País*, Madrid, 26 de agosto de 1995, p. 8.

54. Ibíd.

55. Conversación del autor con don Eduardo Rodríguez Valdivieso, Granada, 30 de julio de 1980.

56. I. Gibson, *El asesinato...*, ibíd., pp. 245-261.

57. Andrés Sorel, *Yo, García Lorca*, Bilbao, Zero, 1977, p. 203.

58. Entrevista nuestra con don José Rosales, Granada, 26 de agosto de 1978; con don Luis Rosales, Madrid, 23 de enero de 1979.

59. I. Gibson, *El asesinato...*, ibíd., p. 257.

60. *OC*, I, p. 110.

61. Ibíd., II, p. 158.

62. Mi agradecimiento a doña Maribel Falla, que me mostró el libro de Romero Murube, que yo desconocía, en 1983.

63. Se reproducen traducciones de algunos de los poemas en I. Gibson, *El asesinato...*, ibíd., pp. 296-298, 469-472.

64. Entrevista del autor con don Ángel Saldaña, Madrid, 27 de mayo de 1966.

65. El testimonio de Gabriel Morcillo fue recogido por el médico y escritor granadino Manuel Orozco, que nos lo transmitió amablemente en 1967.

66. M. Titos Martínez, *Verano del 36 en Granada. Un testimonio inédito sobre el comienzo de la guerra civil y la muerte de García Lorca*, Granada, Editorial Atrio, 1995, p. 117.

67. Conversación del autor con don Rafael Rodríguez Contreras, Granada, 1971.

68. I. Gibson, *Vida...*, ibíd., pp. 78-79.

69. A. Sorel, *Yo, García Lorca*, ibíd., p. 222.

70. Entrevista del autor con don Miguel Cerón Rubio, Granada, 1967.

71. Conversaciones del autor con el doctor José Rodríguez Contreras, Granada, 1966.

72. M. T. León, *Memoria de la melancolía*, Barcelona, Editorial Laia / Ediciones Picazo, 1977, p. 214.

73. C. Rivas Cherif, «Poesía...», ibíd., 27 de enero de 1957, col. 3.

74. Detalles del pormenorizado relato que amablemente nos suministró en su momento don Paulino García Toraño.
75. Fotocopia de la partida de defunción de Rapún amablemente proporcionada por su hermano, don Tomás Rodríguez Rapún.

Epílogo [pp. 501-518]

1. *OC*, IV, pp. 731-736.
2. *EC*, p. 588.
3. Ibíd., p. 581.
4. C. Morla Lynch, *En España...* (2008), ibíd. p. 31.
5. Prologo de Andrés Trapiello a C. Morla Lynch, *España sufre. Diarios de guerra en el Madrid republicano*, Sevilla, Renacimiento, 2008, pp. 10-11.
6. Patricia Rafael, «La mitad de los gays sufre violencia en el aula», *Público*, Madrid, 30 de enero de 2009, p. 26.
7. «Ritmo de otoño», *OC*, I, pp. 166-170.

Bibliografía

1. Ediciones de Federico García Lorca
   citadas o aludidas (orden alfabético)

Antología comentada, 2 tomos, edición de Eutimio Martín, Madrid, Ediciones de la Torre, 1988.

Así que pasen cinco años. Leyenda del tiempo, edición de Margarita Ucelay, Madrid, Cátedra (Letras Hispánicas), 1995.

Autógrafos. I. Facsímiles de ochenta y siete poemas y tres prosas, prólogo, transcripción y notas de Rafael Martínez Nadal, Oxford, The Dolphin Book Co. Ltd., 1975.

Autógrafos. II. El público. Facsímil del manuscrito, prólogo, versión depurada y transcripción de Rafael Martínez Nadal, Oxford, The Dolphin Book Co. Ltd., 1976.

Autógrafos. III. Facsímil de Así que pasen cinco años, transcripción, notas y estudio por Rafael Martínez Nadal, Oxford, The Dolphin Book Co. Ltd., 1979.

Conferencias, 2 tomos, introducción, edición y notas de Christopher Maurer, Madrid, Alianza, 1984.

Dibujos, catálogo, proyecto y catalogación de Mario Hernández, Madrid, Ministerio de Cultura / Fundación para el Apoyo a la Cultura, 1986.

El público, edición de María Clementa Millán, Madrid, Cátedra (Letras Hispánicas), 1987.

El público y Comedia sin título. Dos obras teatrales póstumas, introducción, transcripción y versión depurada de R. Martínez Nadal y Marie Laffranque, Barcelona, Seix Barral, 1978.

Epistolario completo, al cuidado de Andrew A. Anderson y Christopher Maurer, Madrid, Cátedra (Crítica y Estudios Literarios), 1997. Sigla en las notas: *EC*.

Federico García Lorca escribe a su familia desde Nueva York y La Habana [1929-1930], edición de Christopher Maurer, en *Poesía. Revista Ilustrada de Información Poética*, Madrid, núms. 23-24,1986.

Manuscritos neoyorquinos. Poeta en Nueva York y otras hojas y poemas, edición, transcripción y notas de Mario Hernández, Madrid, Tabapress / Fundación Federico García Lorca, 1990.

Obras completas, 3 tomos, 22.ª ed., Madrid, Aguilar, 1986.

Obras completas, 4 tomos, edición de Miguel García-Posada, Barcelona, Galaxia Gutenberg / Círculo de Lectores, 1996. Sigla en las notas: *OC*.

Oeuvres complètes, 2 tomos, edición de André Belamich, París, Gallimard (Pléiade), 1981.

Oda y burla de Sesostris y Sardanápolo, edición de Miguel García-Posada, Ferrol, Esquio, 1985.

Poems, edición de Stephen Spender y J. L. Gili, Londres, The Dolphin Book Company, 1942.

Poesía inédita de juventud, edición de Christian de Paepe, Madrid, Cátedra (Letras Hispánicas), 1994.

Poeta en Nueva York. Tierra y luna, edición crítica de Eutimio Martín, Barcelona, Ariel, 1981.

Poeta en Nueva York, edición de María Clementa Millán, Madrid, Cátedra (Letras Hispánicas), 1986.

Prosa inédita de juventud, edición de Christopher Maurer, Madrid, Cátedra (Letras Hispánicas), 1994.

Suites, edición crítica de André Belamich, Barcelona, Ariel, 1983.

Songs, traducción e introducción de Philip Cummings, con la asistencia de Federico García Lorca (1929), editado por Daniel Eisenberg, Pittsburgh, Duquesne University Press, 1976.

Teatro inconcluso. Fragmentos y proyectos inacabados, estudio y notas de Marie Laffranque, Granada, Universidad de Granada, 1987.

Teatro inédito de juventud, edición de Andrés Soria Olmedo, Madrid, Cátedra (Letras Hispánicas), 1994.

«Trip to the Moon. A Filmscript», traducción de Bernice C. Duncan, introducción de Richard Diers, en *New Directions*, Norfolk, Connecticut, vol. 18 (1964), pp. 33-41.

Viaje a la luna (guion cinematográfico), edición e introducción de Marie Laffranque, Loubressac, Braad Editions, 1980.

2. Libros y artículos citados, consultados o aludidos

AA. VV., *Hommage à Federico García Lorca*, Université de Toulouse-Le Mirail, 1982.

AA. VV., *El ultraísmo y las artes plásticas*. Comisarios: Juan Manuel Bonet y Carlos Pérez. Documentación: M.ª Jesús Folch Alonso, Valencia, IVAM Centre Julio González / Generalitat Valenciana, 1996.

AA. VV., *Federico García Lorca. Estudios sobre las literaturas hispánicas en honor a Christian De Paepe*, Leuven, Leuven University Press, 2003.

AA. VV., *Ola Pepín! Dalí, Lorca y Buñuel en la Residencia de Estudiantes*, Madrid, Residencia de Estudiantes, 2007.

ADAMS, Mildred, *García Lorca: Playwright and Poet*, Nueva York, George Braziller, 1977.

ALEIXANDRE, Vicente, «Federico», en *El Mono Azul*, Madrid, núm. 19 (10 de junio de 1937), p. 1; *Hora de España*, Valencia, VII (agosto de 1937), pp. 43-45.

Los encuentros, Madrid, Guadarrama, 1958.

ALBERTI, Rafael, *La arboleda perdida*, 2 tomos, Barcelona, Galaxia Gutenberg / Círculo de Lectores, 2003.

ALONSO, Dámaso, *La poesía de san Juan de la Cruz (desde esta ladera)*, 4.ª ed., Madrid, Aguilar, 1966.

ANDERSON, Andrew A., «On Broadway, Off Broadway: García Lorca and the New York Theatre, 1929-1930», en *Gestos*, Irvine, University of California, núm. 16 (noviembre de 1983), pp. 135-148.

«*El público, Así que pasen cinco años* y *El sueño de la vida*: tres dramas expresionistas de García Lorca», en *El teatro en España entre la tradición y la vanguardia (1918-1939)*, coordinación y edición de Dru Dougherty y María Francisca Vilches de Frutos, Madrid, Consejo Superior de Investigaciones Científicas, Fundación Federico García Lorca y Tabacalera, 1992, pp. 215-226.

ARANDA, J. Francisco, *Luis Buñuel. Biografía crítica*, Barcelona, Lumen [1969], nueva edición revisada y aumentada, 1975.

AUB, Max, *Conversaciones con Buñuel, seguidas de cuarenta y cinco entrevistas con familiares, amigos y colaboradores del cineasta aragonés*, prólogo de Federico Álvarez, Madrid, Aguilar, 1984.

AUCLAIR, Marcelle, *Enfances et mort de García Lorca*, París, Seuil, 1968.

BARGA, Corpus, «Una teoría antigua del amor», en *Revista de Occidente*, Madrid, núm. 15 (septiembre 1924), pp. 380-385.

BEURDELEY, Cécile, *L'Amour bleu*, traducido del francés por Michel Taylor, Nueva York, Rizzoli, 1978.

BINDING, Paul, *Lorca. The Gay Imagination*, Londres, GMP Publishers, 1985; *García Lorca o la imaginación gay*, Barcelona, Laertes, 1987.

BLANCO-AMOR, Eduardo, «¡Juventud, divino tesoro!», en *La Nación*, Buenos Aires, 2.ª sección, 15 de julio de 1934.

«Apostillas a una barbarie», en *El Defensor de Granada*, 7 de julio de 1935.

«Evocación de Federico», en *La Nación*, Buenos Aires, 21 de octubre de 1956.

«Apuntes sobre el teatro de Federico García Lorca», redactados para el programa de la puesta en escena de *Así que pasen cinco años* por el TEC (Teatro Estable Castellano), Madrid, otoño de 1978.

«Federico, otra vez; la misma vez», en «Arte y Pensamiento», *El País*, Madrid, año II, núm. 51 (1 de octubre de 1978), pp. I, VI-VII.

BONET, Juan Manuel, *Diccionario de las vanguardias en España (1907-1936)*, Madrid, Alianza, 1995.

BOSQUET, Alain, *Entretiens avec Salvador Dalí*, París, Pierre Belfond, 1966.

Dalí desnudado, Buenos Aires, Paidós, 1967.

BOSWELL, John, *Cristianismo, tolerancia social y homosexualidad*, Barcelona, El Aleph Editores, 1993.

BUÑUEL, Luis, *Mon Dernier Soupir*, París, Robert Laffont, 1982; *Mi último suspiro*, traducción de Ana María de la Fuente, 2.ª ed., Barcelona, Plaza y Janés, 1983.

Obra literaria, introducción y notas de Agustín Sánchez Vidal, Zaragoza, Ediciones de Heraldo de Aragón, 1982.

BUSSELL THOMPSON, B. y WALSH, J. K., «Un encuentro de Lorca y Hart Crane en Nueva York», en *Ínsula*, Madrid, núm. 479 (octubre de 1986), pp. 1, 12.

CABANELLAS, Guillermo, *La guerra de los mil días. Nacimiento, vida y muerte de la Segunda República española*, 2 tomos, Buenos Aires, Editorial Heliasta, 1975.

CABRERA INFANTE, Guillermo, «Lorca hace llover en La Habana», en *Cuadernos Hispanoamericanos*, Madrid, núms. 433-434 (1986), pp. 241-248.

CANO, José Luis, *Los cuadernos de Velingtonia*, Barcelona, Seix Barral, 1986.

CAÑAS, Dionisio, «Lorca / Cummings: una amistad más allá del bien y del mal», en *Los Cuadernos del Norte*, Oviedo, núm. 52 (diciembre 1988-enero 1989), pp. 27-29.

CARDOZA Y ARAGÓN, Luis, «Federico García Lorca», en *El Nacional*, México, 30 de septiembre de 1936.

Entrevista con F. Gaudry y J. M. Oliveras, «Artaud en México. El grito y la decepción. Entrevista con Luis Cardoza y Aragón», en *Quimera*, Barcelona, núms. 54-55 (1986), pp. 59-61.

El río. Novelas de caballería, México, Fondo de Cultura Económica, 1986.

CARO BAROJA, Julio, *Los moriscos del reino de Granada. Ensayo de historia social*, 2.ª ed., Madrid, Istmo, 1976.

CASARES, Carlos, «Leira con Eduardo Blanco-Amor», en *Grial*, Vigo, núm. 41 (1973), pp. 337-344.

CERNUDA, Luis, «Notas eludidas. Federico García Lorca», en *Heraldo de Madrid*, 26 de noviembre de 1931, p. 12; reproducido en L. Cernuda, *Prosa* (véase abajo), II, pp. 40-43.

«Elegía a un poeta muerto», en *Hora de España*, Valencia, VI (junio de 1937), pp. 33-36; para la versión completa, titulada «A un poeta muerto (F. G. L.)», véase abajo L. Cernuda, *Poesía completa*, pp. 254-258.

«Federico García Lorca (Recuerdo)», en *Hora de España*, Barcelona, XVIII (julio de 1938), pp. 13-20. Fechado «Londres, abril 1938». Recogido en L. Cernuda *Prosa*, II (véase abajo), pp. 148-154.

«Federico García Lorca (1898-1936)», recogido en L. Cernuda *Prosa*, I (véase abajo), pp. 206-214.

Prosa, I, II, edición a cargo de Derek Harris y Luis Maristany, 2.ª ed., Madrid, Siruela, 2002.

Poesía completa, edición a cargo de Derek Harris y Luis Maristany, 5.ª ed., Madrid, Siruela, 2005.

CLARA, Josep, «Salvador Dalí, empresonat per la dictadura de Primo de Rivera», en *Revista de Girona*, núm. 162 (enero-febrero 1993), pp. 52-55.

COUFFON, Claude, *García Lorca y Granada*, Buenos Aires, Losada, 1967.

CRESPO, Ángel, *Estudios sobre Péssoa*, Barcelona, Bruguera, 1984.

DALÍ, Salvador, *Vida secreta de Salvador Dalí*, Figueres, Dasa Edicions, S.A., 1981.

Un diari: 1919-1920. Les meves impressions i records íntims, edición de Fèlix Fanés, Barcelona, Fundació Gala-Salvador Dalí / Edicions 62, 1994.

La Vie secrète de Salvador Dalí. Suis-je un génie?, edición crítica de Frédérique Joseph-Lowery, Lausanne, DSA Éditions, 2006.

D'ARCH SMITH, Timothy, *Love in Earnest. Some Notes on the Lives and Writings of English Uranian Poets from 1889 to 1930*, Londres, Routledge & Kegan Paul, 1970.

DARÍO, Rubén, *Los raros*, 2.ª ed. corregida y aumentada, Barcelona, Maucci, 1905.

La vida de Rubén Darío escrita por él mismo, Barcelona, Maucci, sin fecha [1915 o 1916].

Poesías completas, edición, introducción y notas de Alfonso Méndez Plancarte, aumentada con nuevas poesías y otras adiciones por Antonio Oliver Belmás, 10.ª ed., Madrid, Aguilar, 1967.

DELGADO, Fernando, «Las bromas de Cela», en *Informaciones*, Madrid, 17 de junio de 1998.

DESCHARNES, Robert, *The World of Salvador Dalí*, Nueva York y Evanston, Harper and Row, 1962.

Dalí, la obra y el hombre, Barcelona, Tusquets, 1984.

DEVOTO, Daniel, «García Lorca y Darío», en *Asomante*, Puerto Rico, 13 (1967), pp. 22-31.

DIERS, Richard, introducción a F. García Lorca, «Trip to the Moon. A Filmscript», traducido por Bernice C. Duncan,

New Directions, Norfolk, Connecticut, vol. 18 (1964), pp. 33-41.

DOMINGO LOREN, Victoriano, *Los homosexuales frente a la Ley. Los juristas opinan*, Barcelona, Plaza y Janés, 1977.

ESCALPELHOFF, Dimitri [seud.] «La temporada teatral», en *Gracia y Justicia*, Madrid, 5 enero 1935, p. 8.

EISENBERG, Daniel, «A Chronology of Lorca's Visit to New York and Cuba», en *Kentucky Romance Quarterly*, xxiv (1975), pp. 233-250.

«Lorca en Nueva York», en *Textos y documentos lorquianos* (1975), Tallahassee, Florida, edición particular, 1975, pp. 17-36.

«Cuatro pesquisas lorquianas», en *Thesaurus. Boletín del Instituto Caro y Cuervo*, Bogotá, xxx (1975).

Poeta en Nueva York: historia y problemas de un texto de Lorca, Barcelona, Caracas, México, Ariel, 1976.

FERNÁNDEZ-MONTESINOS GARCÍA, Manuel, *Descripción de la biblioteca de Federico García Lorca (Catálogo y estudio)*, tesina para la licenciatura presentada por el autor en la Universidad Complutense, Madrid, 13 de septiembre de 1985.

FERNÁNDEZ-SANTOS, E., «Las declaraciones homófobas de Cela sobre García Lorca provocan una ola de críticas», en *El País*, Madrid, 12 de junio de 1998.

FERRERES, Rafael, *Verlaine y los modernistas españoles*, Madrid, Gredos (Biblioteca Románica Hispánica), 1975.

FREUD, Sigmund, *Introductory Lectures on Psycho-Analysis*, London, The Hogarth Press, 1975.

GALLEGO MORELL, Antonio, *García Lorca. Cartas, postales, poemas y dibujos*. Edición, introducción y notas por Antonio Gallego Morell, Madrid, Moneda y Crédito, 1968.

GARCÍA BUÑUEL, Pablo Christian, *Recordando a Luis Buñuel*, Zaragoza, Excma. Diputación Provincial de Zaragoza / Excmo. Ayuntamiento de Zaragoza, 1985.

GARCÍA LORCA, Francisco, *Federico y su mundo*, edición y prólogo de Mario Hernández, 2.ª ed., Madrid, Alianza Editorial, 1981.

GARCÍA LORCA, Isabel, *Recuerdos míos*, Barcelona, Tusquets, 2002.

GARCÍA PINTADO, Ángel, «Diecinueve razones para amar lo imposible», en *Cuadernos El Público*, Madrid, núm. 20 (1987), pp. 7-11.

GARCÍA-POSADA, Miguel, *Lorca: interpretación de Poeta en Nueva York*, Madrid, Akal, 1981.

«Exclusiones y acusaciones», en *El País*, 9 de marzo de 2000.

GARCÍA VALDÉS, Alberto, *Historia y presente de la homosexualidad. Análisis crítico de un fenómeno conflictivo*, Madrid, Akal, 1981.

GARCILASO DE LA VEGA, *Poesía castellana completa*, edición de Consuelo Burell, Madrid, Cátedra (Letras Hispánicas), 1990.

GARRIGUES DÍAZ-CAÑABATE, Emilio, «Al teatro con Federico García Lorca», en *Cuadernos Hispanoamericanos*, Madrid, núm. 340 (1978), pp. 99-117.

GIBSON, Ian, «Lorca's *Balada triste*: Children's Songs and the Theme of Sexual Disharmony in *Libro de poemas*», en *Bulletin of Hispanic Studies*, Liverpool, XLVI (1969), pp. 21-38.

La represión nacionalista de Granada en 1936 y la muerte de Federico García Lorca, París, Ruedo Ibérico, 1971.

Crítica de Rafael Martínez Nadal, *El público: amor, teatro y caballos en la obra de Federico García Lorca*, en *Bulletin of Hispanic Studies*, Liverpool, XLIX, 1972, pp. 311-314.

Federico García Lorca. I. De Fuente Vaqueros a Nueva York (1898- 1929), Barcelona, Editorial Grijalbo, 1985.

«Con Dalí y Lorca en Figueres», en *El País*, Madrid, 26 de enero de 1986, pp. 10-11.

La noche en que mataron a Calvo Sotelo, Barcelona, Plaza y Janés, 1986.

Federico García Lorca. II. De Nueva York a Fuente Grande (1929-1936), Barcelona, Editorial Grijalbo, 1987.

«Los amores oscuros de García Lorca», en *Diario 16*, Madrid, 4 de junio de 1992, pp. VI-VIII [reseña de R. Martínez Nadal, *Federico García Lorca. Mi penúltimo libro sobre el hombre y el poeta*].

La vida desaforada de Salvador Dalí, Barcelona, Anagrama, 1998.

Lorca-Dalí. El amor que no pudo ser, Barcelona, Plaza y Janés, 1999.

Cela, el hombre que quiso ganar, Madrid, Aguilar, 2003.

El asesinato de García Lorca, Madrid, Punto de Lectura, 2005.

Vida, pasión y muerte de Federico García Lorca, Barcelona, De Bolsillo, 2006.

El hombre que detuvo a García Lorca. Ramón Ruiz Alonso y la muerte del poeta, Madrid, Aguilar, 2007.

GIDE, André, *Corydon*, traducción de Julio Gómez de la Serna con un diálogo antisocrático del doctor Marañón, 3.ª ed., Madrid, Ediciones Oriente, 1931. [Así la portada. La cubierta reza: André Gide, *Corydon. La novela del amor que no puede decir su nombre*. Prólogo del Dr. Gregorio Marañón. Una nota explica que el texto de Marañón, fechado «Pontaillac, septiembre 1929», se escribió expresamente para esta nueva edición española del libro.]

Journal. 1889-1939, París, Gallimard (Bibliothèque de la Pléiade), 1955.

GIL-ALBERT, Juan, *Obras completas en prosa*, 2 tomos, Institución Alfonso el Magnánimo / Diputación Provincial de Valencia, 1982.

GÓNGORA AYALA, Pilar y CABALLERO PÉREZ, Miguel, *Negocios y política de Federico García Rodríguez y el asesinato de Federico García Lorca*, Madrid, Ibersaf, 2007.

GRIGSON, Geoffrey, *The Goddess of Love. The Birth, Triumph, Death and Return of Aphrodite*, Londres, Constable, 1976.

GUILLÉN, Jorge, «Federico en persona», en F. García Lorca, *Obras completas*, 3 tomos, 22.ª ed., Madrid, Aguilar, 1986, 1, pp. xvii-lxxxiv.

GUILLÉN, Mercedes, *Artistas españoles de la Escuela de París*, Madrid, Taurus, 1960.

HARRIS, Derek, *Federico García Lorca. Poeta en Nueva York*, Londres, Grant & Cutler / Tamesis Books Ltd., 1978.

HESÍODO, *La teogonía*, versión directa y literal de Luis Segalá y Estalella e ilustraciones de Juan Flaxman, Barcelona, Tipografía La Académica, 1910.

HIGUERA ROJAS, Eulalia Dolores de la, *Mujeres en la vida de García Lorca*, Madrid, Editora Nacional, 1980.

JACKSON, Gabriel, *The Spanish Republic and the Civil War. 1931-1938*, Princeton, Princeton University Press, 1966.

JEREZ FARRÁN, Carlos, *Un Lorca desconocido. Análisis de un teatro irrepresentable*, Madrid, Biblioteca Nueva, 2004.

La pasión de san Lorca y el placer de morir, Madrid, Visor, 2006.

JIMÉNEZ FRAUD, Alberto, «Lorca y otros poetas», en *El Nacional*, Caracas, 19 de septiembre de 1957.

LAFFRANQUE, Marie, «Equivocar el camino. Regards sur un scénario de Federico García Lorca», en AA. VV., *Hommage à Federico García Lorca*, Toulouse, Université de Toulouse-Le Mirail, 1982, pp. 73-92.

LEÓN, María Teresa, *Memoria de la melancolía*, Barcelona, Editorial Laia / Ediciones Picazo, 1977.

LORCA ROMERO, Vicenta, *Cartas de Vicenta Lorca a su hijo Federico*, edición de Víctor Fernández Puertas, Barcelona, RBA, 2008.

MARAÑÓN, Gregorio, *Los estados intersexuales en la especie humana*, Madrid, Javier Morata, 1929.

MARCILLY, C., *Ronde et fable de la solitude a New York. Prélude à Poeta en Nueva York de F. G. Lorca*, París, Ediciones Hispano-Americanas, 1962.

MARTÍN, Eutimio, *Federico García Lorca, heterodoxo y mártir. Análisis y proyección de la obra juvenil inédita*, Madrid, Siglo XXI, 1986.

MARTÍNEZ NADAL, Rafael, «Introducción a Federico García Lorca», en Stephen Spender y J. L. Gili (eds.), *Poems*, Londres, The Dolphin Book Company, 1942, pp. vii-xxviii.

«El último día de Federico García Lorca en Madrid» (1963), recogido en *El público. Amor y muerte en la obra de Federico García Lorca* (véase abajo), pp. 9-14.

El público. Amor, teatro y caballos en la obra de Federico García Lorca, Oxford, The Dolphin Book Company, 1970.

El público. Amor y muerte en la obra de Federico García Lorca, México, Joaquín Mortiz, 1974.

Lorca's The Public. A Study of his Unfinished Play (El público) and of Love and Death in the Work of F. García Lorca, Londres, Calder and Boyars in Association with the Lyrebird Press, 1974.

Cuatro lecciones sobre Federico García Lorca, Madrid, Fundación Juan March / Cátedra, 1980.

Españoles en la Gran Bretaña. Luis Cernuda: el hombre y sus temas, Madrid, Hiperión, 1983.

Federico García Lorca. Mi penúltimo libro sobre el hombre y el poeta, Madrid, Editorial Casariego, 1992.

MAURER, Christopher, «El teatro», en F. García Lorca, *Federico García Lorca escribe a su familia desde Nueva York y La Habana* (véase arriba), pp. 133-141.

«De la correspondencia de García Lorca: datos inéditos sobre la transmisión de su obra», en *Boletín de la Fundación Federico García Lorca*, Madrid, I, núm. 1 (1987), pp. 58-95.

MIRA, Alberto, *Para entendernos. Diccionario de cultura homosexual, gay y lésbica*, Barcelona, Ediciones de la Tempestad, 1999.

«Foreward», prólogo a Ángel Sahuquillo, *Federico García Lorca and the Culture of Male Homosexuality*, North Carolina, McFarland & Company, 2007, pp. 3-9.

MOIX, Terenci, «El Nobel en la letrina», en *El País*, Madrid, 15 de junio de 1998.

MOLINA FAJARDO, Eduardo, *Los últimos días de García Lorca*, Barcelona, Plaza y Janés, 1983.

MOLINA FOIX, Vicente, «Entiéndame usted», en *El País*, Madrid, 17 de noviembre de 1999, p. 54 [comentario al recientemente publicado libro de A. Mira, *Para entendernos*; véase arriba].

MONTES, Eugenio, «*Un Chien andalou* (film de Luis Buñuel y Salvador Dalí, estrenado en Le Studio des Ursulines, París)», en *La Gaceta Literaria*, Madrid, núm. 60 (15 junio 1929), p. 1.

MORA GUARNIDO, José, *Federico García Lorca y su mundo* [1958], prólogo de Mario Hernández, Granada, Fundación Caja de Granada, 1998.

MORENO VILLA, José, «La exposición de Artistas Ibéricos», en *La Noche*, Barcelona, 12 de junio de 1925, p. 4.

«Recuerdo a Federico García Lorca», en *Homenaje al poeta García Lorca contra su muerte (Antonio Machado, José Moreno Villa, José Bergamín, Dámaso Alonso, Vicente Aleixandre, Emilio Prados, Pedro Garfias, Juan Gil-Albert, Pablo Neruda, Rafael Alberti, Manuel Altolaguirre, Arturo Serrano Plaja, Miguel Hernández, Lorenzo Varela, Antonio Aparicio)*, selección de sus obras (poemas, prosas, teatro, música, dibujos) por Emilio Prados, Valencia-Barcelona, Ediciones Españolas, 1937, pp. 23-24.

Vida en claro. Autobiografía, México, Colegio de México, 1944.

Los autores como actores y otros intereses literarios de acá y de allá, México, Fondo de Cultura Económica, 1976.

MORLA LYNCH, Carlos, *En España con Federico García Lorca. Páginas de un diario íntimo, 1928-1936*, Madrid, Aguilar, 1957; nueva edición ampliada, con prólogo de Sergio Macías Brevis, Sevilla, Renacimiento, 2008.

España sufre. Diarios de guerra en el Madrid republicano, prólogo de Andrés Trapiello, Sevilla, Renacimiento, 2008.

MURCIANO, José, «En el Centro Artístico. Ismael. Federico García Lorca», en *El eco del aula*, Granada, 27 de marzo de 1918, p. 5.

NERUDA, Pablo, *Obras completas*, Buenos Aires, Losada, 1968.

NIN FRÍAS, Alberto, *Alexis o el significado del temperamento urano*, Buenos Aires, Librería El Ateneo, 1932.

Homosexualismo creador, Madrid, Javier Morata, 1933.

Ensayo sobre tres expresiones del espíritu andaluz. Juan F. Muñoz Pabón (la ciudad); Pedro Badanelli (el agro); Federico García Lorca (los gitanos), Buenos Aires, 1935.

NORDAU, Max, *Dégénérescence*, 2 tomos, traducción del alemán de Auguste Dietrich, París, Félix Alean Éditeur, 1894.

NOVO, Salvador, *Continente vacío. Viaje a Sudamérica*, Madrid, Espasa Calpe, 1935.

ONTAÑÓN, Santiago y José María Moreiro, *Unos pocos amigos verdaderos*, prólogo de Rafael Alberti, Madrid, Fundación Banco Exterior, 1988.

OROZCO, Manuel, «La Granada de los años veinte. En torno a unas fotos inéditas de Federico», en *Abc*, Madrid, 6 de noviembre de 1966.

«José María García Carrillo», en *Ideal*, Granada, 23 de agosto de 1987, p. 4.

PENÓN, Agustín, *Diario de una búsqueda lorquiana (1955-1956)*, edición a cargo de Ian Gibson, Barcelona, Plaza y Janés, 1990.

PÉREZ COTERILLO, Moisés, «En Galicia con E. Blanco-

Amor y al fondo... Lorca», en *Reseña*, Madrid, núm. 73 (1974), pp. 14-18.

PÉREZ TURRENT, Tomás y José de la Colina, *Buñuel por Buñuel*, Madrid, Plot, 1993.

PÉREZ DE URBEL, Fray Justo, «Mi recuerdo de Emilio Aladrén», en el catálogo *Exposición homenaje en memoria del escultor Emilio Aladrén*, Madrid, Museo Nacional de Arte Moderno, junio de 1945.

PÉREZ-VILLANUEVA TOVAR, Isabel, *La Residencia de Estudiantes. Grupos universitarios y de señoritas, Madrid, 1910-1936*, Madrid, Ministerio de Educación y Ciencia, 1990.

PERMANYER, Lluís, *Los años difíciles de Miró, Llorens Artigas, Fenosa, Dalí, Clavé, Tàpies*, Barcelona, Lumen, 1975.

PESSOA, Fernando, *Poesía*, selección, traducción y notas de José Antonio Llardent, Madrid, Alianza, 2.ª ed., 1984.

POMÈS, Mathilde, «Une Visite à Federico García Lorca», en *Le Journal des Poètes*, Bruselas, núm. 5 (mayo de 1950), pp. 1-2.

PRADOS, Emilio, *Diario íntimo*, Málaga, El Guadalhorce, 1966.

PRIETO, Gregorio, *Lorca en color*, Madrid, Editora Nacional, 1969.

PRIETO, Indalecio, *Convulsiones de España*, 3 tomos, México, Ediciones Oasis, 1967-1969.

PROUST, Marcel, *El mundo de Guermantes II, Sodoma y Gomorra I*, traducidos por José María Quiroga Pla, Madrid, Espasa Calpe, 1932.

À la recherche du temps perdu. I. Du Côté de chez Swann, París, Gallimard, 1954.

À la recherche du temps perdu. IV. Sodome et Gomorrhe, París, Gallimard, 1992.

RAMOS ESPEJO, Antonio, «En Valderrubio, Granada. La casa de Bernarda Alba», en *Triunfo*, Madrid, 6.ª serie, núm. 4 (febrero de 1981), pp. 58-63.

RÉAU, Louis, *Iconographie de l'art chrétien*, París, Presses Universitaires de France, 1958.

RIDRUEJO, Dionisio, *Casi unas memorias*, Barcelona, Planeta, 1976.

RÍO, Ángel del, *Poeta en Nueva York: pasados veinticinco años*, Madrid, Taurus, 1958.

RÍOS, Fernando de los, *El sentido humanista del socialismo*, introducción y notas de Elías Díaz, Madrid, Castalia, 1976.

RIUS, Luis, *León Felipe, poeta de barro*, México, Colección Málaga, 1974.

RIVAS CHERIF, Cipriano, «Federico García Lorca. *Libro de poemas*», en *La Pluma*, Madrid, núm. 15 (agosto de 1921), pp. 126-127.

«Poesía y drama del gran Federico. La muerte y la pasión de García Lorca», en *Excelsior*, 6 de enero de 1957, México, pp. 1, 4; 13 de enero de 1957, pp. 1, 4; 27 de enero de 1957, p. 3.

RIVERO TARAVILLO, Antonio, *Luis Cernuda. Años españoles (1902-1938)*, Barcelona, Tusquets, 2008.

RODRIGO, Antonina, *García Lorca en Cataluña*, Barcelona, Planeta, 1975.

Memoria de Granada: Manuel Ángeles Ortiz. Federico García Lorca, Granada, Diputación Provincial de Granada / Patronato Cultural Federico García Lorca, 1984.

RODRÍGUEZ MARÍN, Francisco, *Cantos populares españoles*, 5 tomos, Sevilla, Francisco Álvarez y Compañía, 1882-1883.

RODRÍGUEZ VALDIVIESO, Eduardo, «Un dios gitano. La deslumbrante irrupción de García Lorca en un mundo provinciano, rutinario y conformista», en «Babelia», *El País*, Madrid, 12 de junio de 1993, pp. 4-5.

«Horas en la huerta de San Vicente», en «Babelia», *El País*, Madrid, 26 de agosto de 1995, p. 8.

ROWSE, A. L., *Homosexuals in History. A Study of Ambivalence in Society, Literature and the Arts*, Londres,

Weidenfeld and Nicolson, 1977. Existe edición en castellano: *Homosexuales en la historia: estudio de la ambivalencia en la sociedad, la literatura y las artes*, Barcelona, Planeta, 1981.

RUIZ SILVA, Carlos, «La figura y la obra de Eduardo Blanco-Amor», prólogo a E. Blanco-Amor, *La parranda*, Madrid, Ediciones Júcar, 1985, pp. 9-36.

SÁENZ DE LA CALZADA, Luis, *La Barraca. Teatro universitario*, Madrid, Revista de Occidente, 1976.

La Barraca. Teatro universitario, seguido de *Federico García Lorca y sus canciones para La Barraca*, en transcripción musical de Ángel Barja, edición revisada y anotada por Jorge de Persia, Madrid, Residencia de Estudiantes / Fundación Sierra-Pambley, 1998.

SAHUQUILLO, Ángel, *Federico García Lorca y la cultura de la homosexualidad. Lorca, Dalí, Cernuda, Gil-Albert, Prados y la voz silenciada del amor homosexual*, Universidad de Estocolmo, 1986.

Federico García Lorca y la cultura de la homosexualidad masculina. Lorca, Dalí, Cernuda, Gil-Albert, Prados y la voz silenciada del amor homosexual, Alicante, Instituto de Cultura «Juan Gil-Albert», 1991.

Federico García Lorca and the Culture of Male Homosexuality, traducción de Erica Frouman-Smith, prefacio de Alberto Mira, North Carolina, McFarland & Company, 2007.

SALAZAR, Adolfo, «Un poeta nuevo. Federico G. Lorca», en *El Sol*, Madrid, 30 de julio de 1921, p. 3.

«La casa de Bernarda Alba», en *Carteles*, La Habana, 10 de abril de 1938, p. 30.

SÁNCHEZ VIDAL, Agustín, *Buñuel, Lorca, Dalí: el enigma sin fin*, Barcelona, Planeta, 1988.

SANTOS TORROELLA, Rafael, *La miel es más dulce que la sangre. Las épocas lorquiana y freudiana de Salvador Dalí*, Barcelona, Seix Barral, 1984.

Salvador Dalí escribe a Federico García Lorca (1925-1936), en *Poesía. Revista Ilustrada de Información Poética*, Madrid, Ministerio de Cultura, núms. 27-28, 1987.

Dalí residente, Madrid, Publicaciones de la Residencia de Estudiantes, 1992.

SAVINIO, Alberto, *Nueva enciclopedia*, Barcelona, Seix Barral, traducción de Jesús Pardo, 1983.

SCHOLES, Percy Alfred, *The Oxford Companion to Music*, 9.ª ed., Oxford, Oxford University Press, 1955.

SCHONBERG, Jean-Louis (seud. Louis Stinglhamber-Schonberg), *Federico García Lorca. L'Homme-L'Oeuvre*, prefacio de Jean Cassou, París, Plon, 1956.

SECO DE LUCENA, Luis, *Anuario de Granada*, Granada, *El Defensor de Granada*, 1917.

SOLANA, Daniel, «Federico García Lorca», en *Alhambra*, Nueva York, I, núm. 3 (agosto de 1929), p. 24.

SOREL, Andrés, *Yo, García Lorca*, Bilbao, Zero, 1977.

SORIA OLMEDO, Andrés, *Fábula de fuentes. Tradición y vida literaria en Federico García Lorca*, Madrid, Residencia de Estudiantes, 2004.

«La "Oda a Salvador Dalí"», en AA. VV., *Ola Pepín!* (véase arriba), pp. 175-211.

SUERO, Pablo, «Los jóvenes poetas están con la España Nueva» y «Los últimos días con Federico García Lorca. El hogar del poeta», en *España levanta el puño*, Buenos Aires, Noticias Gráficas, 1936.

Figuras contemporáneas, Buenos Aires, Sociedad Impresora Americana, 1943.

TAMAYO Y RUBIO, Juan, *Lengua española*, Madrid, Librería de Enrique Prieto, 1936.

TINNELL, Roger, «Epistolario de Emilio Prados a Federico García Lorca», en *Boletín de la Fundación Federico García Lorca*, Madrid, núms. 21-22 (diciembre de 1997), pp. 25-72.

«Epistolario de Emilio Aladrén a Federico García Lorca. Conservado en la Fundación Federico García Lorca», en

AA. VV., *Federico García Lorca. Estudios sobre las literaturas hispánicas en honor a Christian De Paepe*, Leuven, Leuven University Press, 2003, pp. 219-229.

TITOS MARTÍNEZ, Manuel, *Verano del 36 en Granada. Un testimonio inédito sobre el comienzo de la guerra civil y la muerte de García Lorca*, Granada, Editorial Atrio, 1995.

TORRE, Guillermo de, «Hermeneusis y sugerencias. Un poeta energético», en *Cervantes*, Madrid, diciembre de 1918, pp. 70-81.

«*Libro de poemas*, por F. García Lorca», en *Cosmópolis*, Madrid, núm. 35 (noviembre de 1921), p. 18.

Hélices. Poemas, Madrid, Mundo Latino, 1923.

Literaturas europeas de vanguardia, Madrid, Caro Raggio, 1925.

Apollinaire y las teorías del cubismo, Barcelona, Edhasa, 1967.

TREND, J. B., *Lorca and the Spanish Poetic Tradition*, Oxford, Basil Blackwell, 1956.

UMBRAL, Francisco, *Lorca, poeta maldito*, Madrid, Biblioteca Nueva, 1968.

«Análisis y síntesis de Lorca», en *Revista de Occidente*, Madrid, XXXII, núm. 95 (1971), pp. 221-229.

UNAMUNO, Miguel de, *Ensayos*, 6 tomos, Madrid, Residencia de Estudiantes, 1916-1918.

VALDIVIELSO MIQUEL, Emilio, *El drama oculto. Buñuel, Dalí, Falla, García Lorca y Sánchez Mejías*, Madrid, Ediciones de la Torre, 1992.

VALENTE, José Ángel, «Pez luna», en *Trece de Nieve*, Madrid, 2.ª serie, núms. 1-2 (1976), pp. 191-201.

VALLE HERNÁNDEZ, Adriano del, *Adriano del Valle. Mi padre*, Sevilla, Renacimiento, 2006.

VAQUERO CID, Benigno, «Federico en Valderrubio», en *El Semanario*, Granada, 11 de junio de 1988, p. 14.

«¿Por qué mataron a García Lorca?», artículo inédito fechado el 17 de noviembre de 1986 (copia regalada a Ian Gibson).

VEGA DÍAZ, Francisco, «Muerto cayó Federico. Un testigo presencial relata una versión inédita del asesinato del poeta», en *El País*, Madrid, 19 de agosto de 1990.

VERLAINE, Paul, *Fiestas galantes. Poemas saturnianos. La buena canción. Romanzas sin palabras. Sabiduría. Amor. Parábolas y otras poesías*, precedidas de un prefacio de François Coppée, traduciclas al castellano por Manuel Machado, prólogo de Enrique Gómez Carrillo, Madrid, Francisco Beltrán, 1908.

VILLENA, Luis Antonio de, «Cernuda recordado por Aleixandre. (Notas de vida y literatura)», en *A una verdad. Cernuda*, edición de Andrés Trapiello y Juan Manuel Bonet, Sevilla, Universidad Internacional Menéndez Pelayo, 1988, pp. 82-89.

«Correspondencia. Hombres públicos, cartas privadas», en «La Esfera», *El Mundo*, Madrid, 14 de enero de 1995.

«La casa del poeta, la casa de la vida», en *El Mundo*, Madrid, 7 de mayo de 1995, p. 66.

«Los males del mito», en *El Mundo*, Madrid, 8 de mayo de 1995, p. 63.

Whitman, Walt, *Poemas*, versión de Armand Vasseur, Valencia, F. Sempere y Compañía Editores, sin fecha, ¿1912? El prólogo de Vasseur está fechado en San Sebastián, febrero de 1912.

The Complete Poems, editado por Francis Murphy, Harmondsworth, Inglaterra, Penguin Books, 1984.

Poesía completa, 4 tomos, edición bilingüe, traducción de Pablo Mañé Garzón, Barcelona, Libros Río Nuevo, 1978-1983.

WILDE, Oscar, *De profundis*, *El alma del hombre*, *Máximas*, traducción de A. A. Vasseur, preceden unos recuerdos de André Gide, traducidos por J. García Monje, Madrid, Editorial América (Biblioteca de Autores Célebres), 1919.

ZAMBRANO, María, «El viaje: infancia y muerte», en *Trece de Nieve*, Madrid, 2.ª serie, núms. 1-2 (diciembre de 1976), pp. 181-190.

Índice onomástico

Benavides, los: 472.

Benavides Peña, José (*Pepico el de Roma*): 469.

Benet (barbero): 494-495.

Benítez Inglott, Miguel: 294, 343, 423.

Berenguer Fusté, Dámaso: 341.

Bergamín Gutiérrez, José: 169, 290.

Bérriz, José María: 498.

Bertolucci, Bernardo: 452.

Beurdeley, C.: 538.

Beveride, Norberto: 339.

Biblia, la: 369.

Binding, Paul: 16, 36, 37, 39, 45, 47, 282, 284, 296, 336, 520, 545, 547, 551.

Bivanck: 512.

Blanco-Amor, Eduardo: 395-410, 422, 440, 506, 556, 557, 558, 560.

Bloch, Iwan: 352.

Bloy, Léon: 512.

Bodas de sangre (F. García Lorca): 24, 66, 355, 375, 376, 377, 380, 397, 440, 443, 445, 453.

bola negra, La (*La piedra oscura. Drama epéntico*) (F. García Lorca): 422, 423.

Boletín de la Fundación Federico García Lorca: 535, 562.

Bonafoux, Luis: 518.

Bonet, J. M.: 339.

bonne chanson, La (P. Verlaine): 139.

Borges, Jorge Luis: 395.

Bosquet, Alain: 195, 537.

Boswell, John: 111, 529.

Brahmacharin Bodhabhikshu (J. C. Chatterji): 112.

Brickell, Norma: 338.

bromas de Cela», «Las (F. Delgado en *Informaciones*): 521.

bronces romanos en España, Los: 524.

Brown, Norman: 113.

«Bruma del corazón» (F. García Lorca): 77.

Buda, Siddharta Gautama, *llamado*: 108, 113.

«Budha» (F. García Lorca): 530.

buena canción, La (P. Verlaine): 532.

Bulletin of Hispanic Studies (revista): 386, 536.

Buñuel Portolés, Luis: 156, 157, 158, 159, 160, 161, 168, 169, 179-181, 199, 201, 202, 201, 210, 211, 219, 220, 221, 236, 249, 254, 258, 261, 262, 273, 294, 302, 303, 305, 338, 403, 470, 522, 534, 538, 539, 540, 542, 547, 566.

Buñuel, Lorca, Dalí: el enigma sin fin (A. Sánchez Vidal): 539.

Buñuel por Buñuel (T. Pérez y J. de la Colina): 547.

burlador de Sevilla, El (Tirso de Molina): 438.

Byron, George Gordon, lord: 110, 129.

Caballero, José: 342, 476, 478, 523, 565.

De Amicis, Edmundo: 516.

«De la correspondencia de García Lorca: datos inéditos sobre la transmisión de su obra» (Ch. Maurer en *Boletín de la Fundación Federico García Lorca*): 562.

De profundis (O. Wilde): 110, 323, 529.

decadencia de la mentira, La (O. Wilde): 111.

Decadent Movement in Literature», «The (A. J. A. Symons): 517.

declaraciones homófobas de Cela sobre García Lorca provocan una ola de críticas», «Las (E. Fernández-Santos en *El País*): 521.

Dédicaces (P. Verlaine): 139.

degollación de los inocentes, La (F. García Lorca): 258.

Del sentimiento trágico de la vida (M. de Unamuno): 453.

Delgado, Fernando G.: 42, 521.

Delgado Barreto, Manuel: 370.

Delgado García, Mercedes: 468, 564.

Deschamps, Léon: 513.

Descharnes, Robert: 538.

Descripción de la biblioteca de Federico García Lorca (Catálogo y estudio) (tesina de M. Fernández-Montesinos García): 527.

«Despedida» (F. García Lorca): 175.

destrucción de Sodoma, La (F. García Lorca): 312, 442-445.

«Diálogo antisocrático sobre Corydon» (G. Marañón): 356.

Diario (Journal 1889-1939) (A. Gide): 311.

Diario de una búsqueda lorquiana (1955-1956) (A. Penón): 522, 524, 528, 530, 532, 540, 547, 552, 558, 560, 561, 566.

Diario íntimo (E. Prados): 165-166, 535.

Dibujos (F. García Lorca) (catálogo, proyecto y catalogación de Mario Hernández): 548, 569.

Diccionario de las vanguardias en España (1907-1936) (J. M. Bonet): 339.

«Diecinueve razones para amar lo imposible» (A. García Pintado en *Cuadernos El Público*): 549.

Diego, Gerardo: 147, 148, 337.

Diers, R.: 547.

Díez Pastor, Fulgencio: 578, 566.

Díez-Canedo, Enrique: 395.

Diocleciano, emperador: 204.

«Dios, el Mal y el Hombre» (F. García Lorca): 530.

diosa del amor. El nacimiento, triunfo, muerte y regreso de Afrodita, La (G. Grigson): 99.

«Discurso al alimón» (P. Neruda y F. García Lorca): 399.

«Divagación. Las reglas en la música» (F. García Lorca): 525, 531.

macho cabrío», «El (F. García Lorca): 96, 97.

«Madrigal apasionado» (F. García Lorca): 78.

«Madrigal de verano» (F. García Lorca): 58.

madrigal triste de los ojos azules», «El (F. García Lorca): 78.

Mahoma, Abu l-Qasim Muhammad ibn 'Abd All h al-Hashimi al-Qurashi, llamado: 113, 465.

maleficio de la mariposa, El (F. García Lorca): 54, 81, 152-155, 161, 315.

Malena, la (bailaora): 436.

Mallarmé, Stéphane: 516.

Mallo, Cristino: 220, 540.

Mallo, Maruja: 220, 228, 293, 539, 540.

Malraux, André: 169.

«Manantial» (F. García Lorca): 530.

Manso, Margarita: 195-199, 236, 245, 246, 257, 538.

Manuscritos neyorquinos Poeta en Nueva York y otras hojas y poemas (F. García Lorca): 543.

«Mañana» (F. García Lorca): 65, 96.

Maórtua de Ucelay, Pura: 141, 363, 484.

«Mar» (F. García Lorca): 95.

Marañón Posadillo, Gregorio: 351-358, 395, 553.

Marcilly, Charles de: 45.

María de Nazaret (la Virgen): 130, 141, 514, 515.

«María Elena. Canción» (F. García Lorca): 527.

Mariana Pineda (F. García Lorca): 205, 309, 368, 415, 427.

Marinello, Juan: 544, 545.

Marquina Angulo, Eduardo: 147.

Martín, Eutimio: 16, 53, 118, 191, 216, 234, 277, 537, 545, 551, 563.

Martín-Fernández de la Torre, Néstor: 171, 247.

Martínez Barbeito, Carlos: 175.

Martínez Fuset, Lorenzo: 70, 71, 144, 168, 301, 524.

Martínez Nadal, Dolores: 366.

Martínez Nadal, Ernesto: 367.

Martínez Nadal, Rafael: 33, 110, 223, 224, 233, 237, 244, 248, 262, 272, 288, 289, 293, 298, 300, 312, 316, 342, 343, 344, 345, 346, 366, 367, 380, 381, 382, 383, 384, 385, 388, 389, 390, 392, 393, 394, 413, 414, 421, 423, 432, 434, 442, 456, 479, 480, 481, 482, 483, 486, 508, 523, 529, 540, 541, 542, 547, 549, 550, 551, 552, 553, 554, 555, 556, 559, 560, 566.

Martínez Sierra, Gregorio: 147, 151, 152.

Mauclair, Camille: 131.

Maurer, Christopher: 285, 519, 520, 524, 546, 562.

Máximas (O. Wilde): 529.

«Meditación bajo la lluvia» (F. García Lorca): 9, 526.

Prieto Tuero, Indalecio: 552.

primitivo auto sentimental, El (F. García Lorca): 114.

Primo de Rivera y Orbaneja, Miguel: 258, 341, 354, 370, 536.

Primo de Rivera Sáenz de Heredia, José Antonio: 349.

«Prólogo» (F. García Lorca): 114.

Prosa inédita de juventud (F. García Lorca, edición de Ch. Maurer): 524.

Prosas profanas (R. Darío): 131.

prostituta. La mujer de todos» «La (F. García Lorca): 528.

Proust, Marcel: 27, 47, 132, 227, 228, 231, 232, 233, 293, 385, 442, 540, 541.

público, El (F. García Lorca): 31, 32, 34, 35, 37, 43, 135, 231, 253, 271, 301, 307, 312-321, 344, 347, 358, 367, 376, 377, 383, 384, 387, 388, 389, 394, 417, 446, 452, 453, 463, 473, 480, 482, 520, 549.

público y Comedia sin título. Dos obras teatrales postumas, El (F. García Lorca): 549, 555, 563.

público. Amor, teatro y caballos en la obra de Federico García Lorca, El (1970) (R. Martínez Nadal): 383.

público. Amor y muerte en la obra de Federico García Lorca, El (1974) (R. Martínez Nadal): 384, 541, 549, 553, 555, 566.

puente, El (H. Crane): 268.

«¿Qué hay detrás de mí?» (F. García Lorca): 104, 526.

«¿Qué tiene el agua del río?» (F. García Lorca): 65.

Qucipo de Llano y Sierra, Gonzalo: 490, 496.

Querelle de Brest (J. Genet): 269.

Quevedo Villegas, Francisco de: 447, 476, 487.

Quimera (revista): 549.

Quiroga Forteza, Horacio: 395.

Rachilde, madame: 131.

Radegunda, santa (princesa merovingia): 306, 548.

«Ráfaga» (F. García Lorca): 175.

Ramírez de Lucas, Juan: 484-487.

«Ramón en Berlín» (en *La Gaceta Literaria*) 339.

Ramos, Carmen: 58, 522.

Ramos Espejo, A.: 564.

Ramsés II, faraón: 244.

raros, Los (R. Darío): 131, 511, 532.

Ravel, Joseph Maurice: 110.

«Reacciones airadas a las palabras de Cela sobre los gais» (en *El Mundo*): 521.

«Realidad» (F. García Lorca): 175.

realidad y el deseo, La (L. Cernuda): 337, 418.

Regoyos, Darío de: 128.

regreso», «El (F. García Lorca): 174, 363.